Neue Perspektiven der Medienästhetik

Reihe herausgegeben von
I. Ritzer, Bayreuth, Deutschland

Die Reihe „Neue Perspektiven der Medienästhetik" versteht sich als Brücken-schlag zwischen Ansätzen von Medientheorie und ästhetischer Theorie. Damit sollen ästhetische Qualitäten weder als determinierende Eigenschaften einer tech-nologisch-apparativen Medialität noch als Effekt dieses medialen Apriori begriffen sein. Stattdessen werden sowohl die Relevanz des Technologisch-Apparativen als auch die im Rahmen der apriorischen Konstellation sich entfaltende Potenti-alität an ästhetischen Verfahren ernst genommen. Die Frage nach medienästheti-schen Qualitäten bedeutet demnach, die einem Medium zur Verfügung stehenden ästhetischen Optionen zu spezifizieren, um ihrer Rolle bei der Konstitution des jeweiligen medialen Ausdrucks nachzuspüren. Dabei projektiert die Reihe insbesondere, entweder bislang vernachlässigte Medienphänomene oder bekannte Phänomene aus einer bislang vernachlässigten Perspektive zu betrachten.

Weitere Bände in der Reihe http://www.springer.com/series/13443

Jens Schröter · Gregor Schwering
Dominik Maeder · Till A. Heilmann
(Hrsg.)

Ambient

Ästhetik des Hintergrunds

 Springer VS

Herausgeber
Jens Schröter
Universität Bonn
Bonn, Deutschland

Gregor Schwering
Germanistisches Institut
Ruhr-Universität Bochum
Bochum, Deutschland

Dominik Maeder
Institut für Sprach-, Medien- und
Musikwissenschaft, Universität Bonn
Bonn, Deutschland

Till A. Heilmann
Institut für Sprach-, Medien- und
Musikwissenschaft, Universität Bonn
Bonn, Deutschland

Neue Perspektiven der Medienästhetik
ISBN 978-3-658-19751-3   ISBN 978-3-658-19752-0   (eBook)
https://doi.org/10.1007/978-3-658-19752-0

Die Deutsche Nationalbibliothek verzeichnet diese Publikation in der Deutschen Nationalbiblio-grafie; detaillierte bibliografische Daten sind im Internet über http://dnb.d-nb.de abrufbar.

Springer VS
© Springer Fachmedien Wiesbaden GmbH 2018

Verantwortlich im Verlag: Barbara Emig-Roller

Gedruckt auf säurefreiem und chlorfrei gebleichtem Papier

Springer VS ist Teil von Springer Nature
Die eingetragene Gesellschaft ist Springer Fachmedien Wiesbaden GmbH
Die Anschrift der Gesellschaft ist: Abraham-Lincoln-Str. 46, 65189 Wiesbaden, Germany

Inhaltsverzeichnis

Einleitung

Den Begriff ‚Ambient' als Bezeichnung für eine Spielart populärer Musik lanciert der Musikproduzent und Soundtüftler Brian Eno mit dem Album *Ambient – Music for Airports* aus dem Jahre 1978.

Seitdem verbinden sich mit dieser Bezeichnung jene gleichermaßen unaufdringlichen wie hörintensiven Klänge und Klangfolgen, die Eno in den *liner notes* zum *Airport*-Album als „surrounding influence" bezeichnet. Obwohl also nicht im Vordergrund situiert und damit nach Aufmerksamkeit strebend, soll die *Ambient Music* andererseits nicht im oder mit dem Hintergrund verschwimmen. Vielmehr legt das Konzept nahe, im Rahmen einer „surrounding influence" über mögliche Einflüsse des Hintergrundes oder Einflussnahmen durch ihn nachzudenken: Der Hintergrund, wie er in der *Ambient Music* hervortreten soll, ist kein zu vernachlässigender Ort, sondern jene Sphäre, die sich in zwar dezenter, aber trotzdem nachhaltiger Form ins Spiel bringen kann und soll. Was ist dabei nun zu beachten und zu beobachten? Wie ist *Ambient Music* als „surrounding influence" zu denken und wie wird diese musikalisch umgesetzt? Wie ist der ‚Einfluss' der *Ambient Music* zu beschreiben? Was unterscheidet diese von *Muzak*, jener Fahrstuhl- oder Kaufhausmusik, die gleichfalls im Hintergrund wirken soll? Und weiterführend ist zu fragen: Lässt sich das Konzept des Ambient auch als eine *Ästhetik des Hintergrunds* begreifen, die sich auf ähnlich gelagerte Phänomene ausweiten lässt, etwa auf mediale Umgebungen (*Ambient Media, Ambient Intelligence* usw.) oder solche der Arbeitswelt, auf die Lektüre von Texten (Paratexten) oder andere sogenannte Hintergrunderscheinungen? Können von da aus bereits bekannte Einsichten nochmals überprüft und gegebenenfalls sogar erweitert werden? Wie verhält sich der ‚Hintergrund' zu Begriffen wie Atmosphäre, Horizont oder Rauschen?

Noch einmal anders gesagt: Traditionelle Ästhetiken gehen meist und selbstverständlich davon aus, dass sich die Aufmerksamkeit auf das ästhetische Objekt richtet. Mehr noch: Ästhetische Wahrnehmung scheint wesentlich dadurch definiert zu sein, dass sie nicht nur das Objekt, sondern ihren eigenen Vollzug aufmerksam beobachtet. Kann es demgegenüber auch eine zerstreute, verteilte, nicht-gerichtete Wahrnehmung geben, die noch das Etikett ‚ästhetisch‘ verdient? Und weiter gefragt: Welche Praktiken, welche Medienästhetiken des Hintergrunds gibt es?

In diesen Hinsichten werfen die damit verbundenen Fragen nicht zuletzt die grundsätzliche Frage nach einer Ästhetik und Theorie des Hintergrunds auf, welche, wie Enos Konzept es propagiert, dessen *reduziertes Erscheinen* ernst nehmen. Davon ausgehend versammelt der vorliegende Band eine Reihe von Studien, die – teilweise experimentell verfahrend – den oben gestellten Fragen nachgehen und dazu vielschichtige Diskussionen bezüglich einer Ästhetik des Hintergrunds entfalten. Ansatzpunkte dazu bilden u. a., wie angedeutet, die theoretische Konzeption des Ambient-Begriffs als „surrounding influence“, die Abgrenzung von ‚Ambient‘ und ‚Atmosphäre‘ sowie das Zusammen- und Wechselspiel von Medien und verschiedenen Praktiken des Hintergrunds.

In der Folge widmet sich der erste Teil des Bandes der Quelle des ästhetischen Ambient-Begriffs, also der Musik: *Gregor Schwerings* Beitrag „*Surrounding influence“ – Brian Eno und Ambient Music* geht hierin sowohl der Genese als auch der Theorie des Ambient-Begriffs bei Eno sowie der damit verbundenen musikalischen Praxis des Soundtüftlers nach. Über Enos viel zitierte ‚Ursprungserzählung‘ hinaus fragt der Text gleichfalls nach weiteren möglichen Einflüssen an der Wurzel der *Ambient Music*. In den Fokus gerät hier Enos Besuch bei den ‚Krautrockern‘ der Bands *Cluster* und *Harmonia*. Dieser Besuch, so die These, bereitete maßgeblich vor, was später unter dem Begriff ‚Ambient‘ die Musikwelt erobern sollte. Ein kurzer *Appendix* mit einem Interview, das *Philipp Kressmann* anlässlich des vorliegenden Buches mit Hans-Joachim Roedelius, einem Mitglied der Bands *Cluster* sowie *Harmonia* geführt hat, erhellt die damalige Arbeitsatmosphäre wie auch die Arbeitsweise der Musiker im niedersächsischen Dorf Forst.

Bettina Schlüters Text *Hintergrund-Wissen. Erik Satie und seine „Musique d'Ameublement"* weitet die Perspektive einer Geschichte der *Ambient Music* vor Eno auf die musikalische Praxis des Avantgardekomponisten Erik Satie aus. Dabei hat sich Eno selbst mehrfach auf Satie bezogen und dessen Werk als Einfluss hinsichtlich der Musik sowie auch des Konzepts der *Ambient Music* ausgezeichnet. Schlüter zeigt, inwiefern und inwieweit Saties Konzept einer *Musique d'Ameublement* nicht zuletzt vor dem Hintergrund einer Umorientierung des

Wissens zu denken ist, die auf der Basis empirisch-experimenteller Forschungen (Helmholtz) während des 19. Jahrhunderts entsteht und in der Folge dazu ansetzt, die allgemeinen Vorstellungen von Wahrnehmungsprozessen und Bewusstseinsabläufen, des Hörens sowie der Verarbeitung akustischer Umwelten zu verändern.

Im zweiten Teil des Bandes geht es dann darum, annäherungsweise und in wiederum experimenteller Ausrichtung den Ambient-Begriff sowie das Ambient-Konzept für ästhetische Fragestellungen auch außerhalb der Musikwelt fruchtbar zu machen. Im Einzelnen geschieht dies zunächst mit *Jens Bonnemanns* Beitrag *Geschnittener Sinn. Zur Rolle des zeitlich-ästhetischen Hintergrunds in der Literatur und im Film.* Der Autor diskutiert die Frage nach einer Ästhetik des Hintergrunds vor allem aus dem Blickwinkel der philosophischen Ästhetik. Dabei schließt sich der Aufsatz der Vorgehensweise von Rudolf Arnheim und Günther Figal an, indem er die Erscheinungsweise von Literatur und Film in den Mittelpunkt rückt und fragt, auf welche Weise der ästhetische Hintergrund zum einen in der Literatur-, zum anderen in der Filmrezeption gegeben ist. Daran anknüpfend wird weiterhin die Frage nach der Aufgabe des ästhetischen Hintergrunds für die Konstitution des Sinngehalts diskutiert.

Nicola Glaubitz' Untersuchung *Ambient und Literatur. Populäre Kultur, populärer Realismus und Raumbeschreibungen in zwei Romanen Alan Hollinghursts und Hanya Yanagiharas* wirft die Frage auf, ob es ein Äquivalent zur *Ambient Music* in der Literatur überhaupt geben kann. Die Vorstellung, dass Literatur ein Hintergrundphänomen und optionales Angebot ist, welches man ein- und ausblenden kann, während man etwas anderes tut, scheint mit der kulturell etablierten, aber auch materiell und physiologisch bedingten Rezeptionsweise von Literatur in der Form des konzentrierten Lesens schwer vereinbar zu sein. Glaubitz argumentiert, dass ‚Ambient' für die literaturwissenschaftliche Arbeit vor allem als historische Semantik und als Suchbegriff fruchtbar gemacht werden kann, was an den Romanen *The line of beauty* (2004) von Alan Hollinghurst und *A little life* (2015) von Hanya Yanagiharas diskutiert wird. Denn beide Texte entfalten die seit Erik Satie für ambiente Phänomene eingebürgerte Metapher der Möblierung zu einem Statusbericht über die Rolle der ästhetischen Sensibilität in der Gegenwart.

Die Übertragbarkeit des Ambient-Begriffs auf das Medium Film weist *Oliver Fahle* in seinem Beitrag *Ambient Film* nach. Dabei befasst er sich nicht mit der, bereits verschiedentlich diskutierten, ästhetischen Entgrenzung des Films (etwa durch die Migration filmischer Bilder aus dem Kinosaal heraus); vielmehr geht es ihm um die Frage, wie Ambient eine Kategorie des Films selbst sein kann.

Im Vordergrund stehen also die medialen Strategien und Operationen des Films, durch die ambiente Phänomene hervorgebracht werden. Mit Bezug auf aktuelle Theoriedebatten um *Ambient Sound* und *Ambience* sowie mit Analysen dreier aktueller Filmbeispiele spürt Fahle den ästhetischen Interferenzen von Bild und Ton nach, die nicht allein der Narration dienen, sondern an einer Akusmatisierung des filmischen Raums arbeiten, in der Filmbild und -ton füreinander zu Umgebungen werden.

Ralf Adelmanns Text: *Die Beiläufigkeit des Ambienten. Zu einer Theorie audiovisueller Umgebungsmedien* geht von Anna McCarthys einschlägiger Studie zum „Ambient Television" aus. Adelmann weitet die dort für das Fernsehen in Anschlag gebrachten Merkmale des ‚Nebenbei' zu einer Konzeption von Umgebungsmedien aus, die er an rezente medienökologische Ansätze anschließt. Für die gegenwärtigen Mediengefüge erweist sich dabei deren Hintergründigkeit als ein wesentliches Kennzeichen: Umgebungsmedien zeichnen sich, so Adelmann, durch eine variable Beiläufigkeit der Rezeption, ihre ubiquitäre Verfügbarkeit und Mobilität sowie ihre Unendlichkeit aus und werden als spezifische Wahrnehmungssituationen so auch medienästhetisch anschreibbar.

Dominik Maeders Untersuchung *Light itself: Medienästhetik des Hintergrunds in der Flugzeugkabine* hebt auf das konkrete medienästhetische Ambiente des Flugzeugs ab. Ausgehend von einer Beschreibung aviatorischer Raumwahrnehmung sowie der medientechnischen Hochrüstung der Passagierkabine etwa durch *In-Flight Entertainment* analysiert der Beitrag vorrangig lichtgestützte Technologien (Multichromatismus, *mood lighting*, LED-Projektionen) zur Erzeugung von *Ambiance*. Diese Medienästhetik des Hintergrunds ist dabei, so führt Maeder aus, unhintergehbar gekoppelt an steuernde, diskursive Zugriffe auf das ko-evolutionäre Verhältnis von Mensch und Technik.

Jens Schröters Studie *...especially the „ambient term," was a terrible thing. Ambient und Atmosphäre in der Computergrafik* fragt, ob es eine Ästhetik des Hintergrunds in der Computergrafik gibt. Dazu wird ein Standardwerk zur Computergrafik auf die Begriffe ‚Ambient' und ‚Atmosphäre' hin durchsucht und anschließend die Verwendung dieser Termini in der Geschichte der Computergrafik und näherhin in Beleuchtungsmodellen rekonstruiert. Dabei kommt dem Ambient-Begriff eine weit wichtigere Bedeutung zu als dem der Atmosphäre, da es sich bei der Form des ‚ambient terms' um ein zentrales Element von Beleuchtungsmodellen handelt, das sich – obwohl eine Art ad hoc-Konstruktion und ein ‚hack' – bis heute durchhält. In diesem Sinne erschüttert die Frage nach ‚Ambient' in der Computergrafik auch die Fortschrittsnarrative in der historischen Darstellung der Entwicklung der Computergrafik, die diese immerzu auf dem Weg zu einem perfekten, physikalistischen Realismus sieht.

Die gemeinhin als ‚Fahrstuhlmusik' bekannt gewordene funktionale Musik des *Muzak* nimmt *Heiner Wilharm* in seinem Beitrag *It moves, it feels. Arbeit an der guten Laune* zum Ausgangspunkt für die Analyse medialer Affektmodulation durch Marketing und Werbung, die im Begriff der *mood media* kulminiert. Der Beitrag zeigt dabei u. a. durch die Perspektivierung der diese ‚Stimmungsbewirtschaftung' fundierenden Epistemologien, dass die kalkulierte Modulation von Affekten ganz maßgeblich auf die Figur des Hintergrunds rekurriert und Verhalten eher über die Erzeugung von Atmosphären denn unmittelbar zu beeinflussen trachtet. Die kritischen Überlegungen zu *mood media* allgemein und der funktionalen Musik des *Muzak* im Besonderen bezieht Wilharm schließlich auf die Enos *Ambient Music* zurück und diskutiert darin das Potential eines künstlerischen Zugriffs auf Stimmung und Atmosphäre.

Christoph Ernsts Ausführungen mit dem Titel *Achtsames Ambient – Über Ambient-Ästhetik, Medienökologie und Medienpraktiken der Achtsamkeitsmeditation* widmen sich dem Zusammenhang von Ambient und Achtsamkeit. Dabei geht Ernst aus medienökologischer Perspektive der Frage nach, wie sich das Konzept Ambient für eine ästhetische Analyse aktueller digitaler Technologien nutzbar machen lässt. Vor dem Hintergrund des gegenwärtigen öffentlichen Diskurses um Achtsamkeit untersucht Ernst apparativ gestützte Medienpraktiken der *mindfulness*. Als Gegenstand hierfür dienen ihm zwei beispielhafte Dienste für mobile Geräte: Apples *Health*-Schnittstelle, welche Userinnen und User von iPhones und Apple Watches durch automatische Protokollierung des Nutzungsverhaltens der Geräte zu mehr Achtsamkeit anleiten will, und die App *Buddhify*, welche durch situativ zugeschnittene Meditationsinstruktionen auf eine Veränderung des alltäglichen Weltverhältnisses zielt. Seine Analyse führt Ernst schließlich zum Begriff des *Ambient Monitoring*: eine durch vernetzte ‚smarte' Geräte und Einrichtungen implementierte maschinelle Aufmerksamkeit oder Achtsamkeit, die wahlweise als eine auf den Menschen gerichtete Überwachung oder als eine sich ubiquitär einrichtende verteilte Kognition der digitalen Systeme selbst gelesen werden kann.

Wie die in diesem Band versammelten Übertragungen des Konzepts Ambient auf weitere ästhetische Bereiche eindrucksvoll zeigen, bietet Enos begriffliche Innovation das Potenzial nicht nur zu einer wissenschaftlichen Auseinandersetzung damit, sondern auch die Möglichkeit, diesbezüglich weiterführend auf den Feldern der Medien-, Kultur-, Musik- und Literaturwissenschaften zu arbeiten. Zweifellos fehlt in diesem Panorama ein Text, der die Übertragung des Ambient-Begriffs aus Sicht der bildenden Kunst beleuchtet und diskutiert. Wir haben uns bemüht, diese Lücke zu schließen, doch leider ist es uns nicht gelungen: Alle angefragten KollegInnen haben aufgrund akuter beruflicher Überlastung abgesagt. Wir bedauern das und hoffen, dass der vorliegende Band dazu beiträgt, das Thema Ambient auch in den Kunstwissenschaften populär zu machen.

Des Weiteren möchten wir uns bei allen Beiträgern sowie den anderen beteiligten Personen für die vielfältige Unterstützung bei der Umsetzung unseres Vorhabens bedanken. Peggy Denda und Luisa Glees haben redaktionelle Mitarbeit geleistet und stets dafür gesorgt, dass der Faden der Forschungsliteratur nicht abriss. Vielen Dank! Dem Springer-Verlag und insbesondere Ivo Ritzer danken wir für die Aufnahme des Buchs in das Verlagsprogramm, die problemlose Zusammenarbeit sowie die freundliche Geduld bei der verzögerten Abgabe des Typoskripts. Dies alles hat zu einem ebenso angenehmen wie anregenden Ambiente bei der Durchführung unseres Projekts beigetragen.

Jens Schröter
Gregor Schwering
Dominik Maeder
Till A. Heilmann

Teil I
Ambient in der Musik

„Surrounding influence"

Brian Eno und Ambient-Music

Gregor Schwering

1   Aufriss

Den Begriff ‚Ambient Music' (oder kürzer: ‚Ambient') verdankt die (Pop-) Musikwelt dem Soundtüftler und Produzenten Brian Eno. In dieser Hinsicht steht der Begriff in Zusammenhang mit vier Alben, die Eno ab 1978 in einer Serie unter dem Obertitel *Ambient* veröffentlicht: *Ambient 1: Music for Airports, Ambient 2: Plateaux of Mirror, Ambient 3: Day of Radiance* und *Ambient 4: On Land.* Heute bezeichnet der Begriff ein Genre populärer Musik, das von z. B. *Aphex Twins* (d. i. Richard James) frühen Alben[1] über Harold Budds Soloveröffentlichungen sowie seinen Kollaborationen mit Eno, Robin Guthrie oder John Foxx, David Sylvains *Approaching Silence, The KLF*'s *Chill Out,* Wolfgang Voigts *Gas*-Projekt bis hin zu den Veröffentlichungen des 12k-Labels sowie der erfolgreichen *Pop Ambient*-Reihe des Kölner Kompakt-Labels reicht.[2]

---

[1]Wobei hier vor allem auf die zweite der mit *Selected ambient works* betitelten Arbeiten hinzuweisen ist.

[2]Letzteres lässt sich auch als „Ambient-House" bestimmen: „Aus […] dem erweiterten Horizont vieler Rave-DJs entstand eine Ambient-Musik vom Plattenteller, die man stark vereinfacht als meditative Stimmungsmusik bezeichnen konnte, die aber zumindest in ihren Anfängen auf Klangfarben und Harmonien basierte, die man zuvor auf der Tanzfläche gehört hatte" (Diederichsen 1999, S. 158 f.).

G. Schwering (✉)
Germanistisches Institut, Ruhr-Universität Bochum, Bochum, Deutschland
E-Mail: gregor.schwering@rub.de

© Springer Fachmedien Wiesbaden GmbH 2018   3
J. Schröter et al. (Hrsg.), *Ambient,* Neue Perspektiven der Medienästhetik,
https://doi.org/10.1007/978-3-658-19752-0_1

Doch was ist ‚Ambient' oder wie hört es sich an? *Wikipedia* beschreibt ‚Ambient Music' wie folgt:

> Ambient ist eine Variante der elektronischen Musik, bei der sphärische, sanfte, lang gezogene und warme Klänge dominieren. Rhythmus und Perkussion stehen bei der Ambient-Musik im Hintergrund oder sind überhaupt nicht vorhanden, sie erscheinen als subtile Perkussionstexturen, als Arpeggien oder in rhythmisch eingebrachten Melodie- und Bassverläufen. Häufig wird auch mit räumlichen Effekten, Soundscapes und Feldaufnahmen experimentiert, vielfach werden elektronische Orgeln (Keyboards) und Blasinstrumente eingesetzt. Auch Naturgeräuschkulissen […] haben ihren Platz. Die Musikstücke sind meist sehr langsam und lang, bauen sich oft gemächlich auf und gehen ineinander über, wobei sie selten einer klassischen Songstruktur folgen (Wikipedia 2016; Herv. i. O.).

Dabei ist diese Form elektronischer Musik keineswegs unumstritten: Während die einen deren experimentelle Ausrichtung bei einer zugleich ruhig-entspannten Klangwelt schätzen, fühlen sich andere Hörer der auch meditativen Soundlandschaften der ‚Ambient Music' an den „Chill-Bereich einer Esoterikmesse" (Schaffhäuser 2016, S. 97) oder die Beschallung einer „sich fortschrittlich gebenden Kirchentagsveranstaltung" (Schaffhäuser 2016, S. 97) erinnert. Jörg Heiser (2015, S. 396) beschreibt „Enos Ambient" als „bloße übertünchende Hintergrundmusik".[3] ‚Ambient Music', heißt das, ist hier wieder bei einem ihrer Ausgangspunkte angelangt: dem *Muzak*. Gemeint ist also jene unaufdringliche, auch ‚Fahrstuhlmusik' genannte Gebrauchsmusik, die in Warteräumen, Supermärkten, Hotellobbys über Lautsprecher eingespielt wird, um eine angenehme Warte-/Einkaufsatmosphäre zu schaffen bzw. die Stille sowie Umweltgeräusche zu übertönen oder abzumildern.[4]

Eno selbst hat diese Seite der ‚Ambient Music' nie angezweifelt oder bestritten, beharrt jedoch darauf, dass diese nicht alles sei.[5] Was aber muss hinzukommen,

---

[3]Vgl. auch Seth Kim-Cohens (2016) Abrechnung mit Enos ‚Ambient Music'. Doch bezieht er sich darin nur auf *Discreet Music* sowie (kurz) *Music for Airports*. Nicht zuletzt geht es dem Autor hier um eine Dekonstruktion des Ambient- „creation myth" (Kim-Cohen 2016, S. 28; im vorliegenden Text siehe dazu weiter unten).

[4]Die Firma *Muzak Inc.* wird 1934 von dem ehemaligen US-General George Owen Squier gegründet. Sie fußt auf dem Muzak-Vorläufer *Wired Music,* der bereits 1922 auf der Basis von Squiers Patenten eine populäre, speziell arrangierte und instrumentale Hintergrundmusik über Telefonleitungen in Büros oder Fabrikhallen übertrug. So sollte die Arbeitsproduktivität gesteigert werden. Später läuft Muzak auch in Fahrstühlen, Wartehallen, Supermärkten etc. Der Firmenname Muzak setzt sich aus Music und Kodak zusammen, da Squier das damals aufstrebende Fotografie -Unternehmen bewunderte.

[5]Dabei beurteilt auch Eno die Expansion des ‚Ambient'-Universums durchaus kritisch: „Ich weiß nicht, ob ich noch verstehe, wofür der Begriff steht; er scheint mir angeschwollen, um einige unerwartete Bettgenossen zu beherbergen" (Sherburne und Eno 2017).

damit ‚Ambient Music' die Grenze zum Experiment oder zur musikalischen Avantgarde überschreiten kann? Welche Einflüsse und Strukturen waren/sind hier (noch)
maßgebend bzw. tragen zu Enos ‚Ambient'-Konzept bei, das den Begriff nicht nur
popularisierte, sondern die mit ihm verbundene musikalische Praxis bis heute an
besagte Bezugspunkte knüpft? Und wie kam es dazu? Das soll im Folgenden thematisiert werden.

2   Die *Ambient*-Reihe

Von 1978 bis 1982 veröffentlicht Eno, wie gesagt, vier Alben, die er explizit mit
dem Titel *Ambient* ausflaggt. Dabei sind dies nicht die einzigen Einspielungen des
selbst ernannten „Nicht-Musikers" (Eno, zit. nach Sun 2016, S. 31), die zum Kos-
mos des ‚Ambient' gerechnet werden können. Zuvor hatte Eno mit *Discreet Music*
(1975) bereits ein Proto-Ambient-Album vorgelegt. Aber auch auf *Evening Star*, der
im selben Jahr veröffentlichten Kollaboration mit Robert Fripp, sowie dem Soloal-
bum *Another Green World* finden sich Stücke, die Ambient-Charakter haben. Nach
der *Ambient*-Reihe produziert Eno zusammen mit seinem Bruder Roger und Daniel
Lanois die Filmmusik *Apollo Atmospheres & Soundtracks* (1983) sowie gemeinsam
mit Harold Budd *The Pearl* (1984), die sich gleichfalls als Ambient Music bezeichnen lassen. Und ebenso weisen Teile von David Bowies *Low*- und „*Heroes*"-LP's,
an deren Her- und Fertigstellung Eno Ende der 1970er Jahre maßgeblich beteiligt
ist, ambientähnliche Strukturen auf. Vor Enos Zusammenarbeit mit Bowie liegt sein
Besuch in Forst bei den ‚Krautrockern' *Cluster* bzw. *Harmonia*, aus dem – das wird
zu zeigen sein – Ambient als eigenständiges Sounduniversum und -konzept erst hervorgeht. Später, 1992, erscheint die Hommage an den russischen Künstler Sergei
Shutov *(The Shutov Assembly)* und 1993 *Neroli*, ein Album mit einem einzigen, ein-
stündigen Track. 2012 schafft Eno mit *Lux* nochmals eine Platte, die ihn „so ambient
wie lange nicht mehr zeigt" (Boehme und Eno 2013, S. 9). *Reflection*, das 2017 auf
den Markt kommt, ist dann Enos vorläufig letztes Ambient-Werk.

   Dennoch kann man sagen, dass die Arbeiten der *Ambient*-Reihe diese Musik
nicht zuletzt deshalb hervorragend repräsentieren, weil Eno zu zwei der vier
Alben, nämlich zu *Music for Airports* und *On Land*, programmatische *liner notes*,
d. h. auf dem Cover oder der Plattenhülle abgedruckte Begleittexte verfasst, die
sowohl das Konzept der Ambient Music als auch Enos diesbezügliche Arbeitsweise erläutern. Bevor wir uns jedoch diesen Schriften zuwenden, ist noch ein
Blick auf die ‚Sachen selbst' zu werfen.

Ambient 1: Music for Airports Im Erscheinungsjahr von *Ambient 1* (1978) ist
Eno längst kein Unbekannter mehr. Seine ersten Erfolge feiert er mit der Glam-
Rock-Band *Roxy Music*. Zwar werden die Songs der ersten beiden *Roxy*-Alben, an

denen Eno beteiligt ist, sämtlich vom Sänger der Band, Bryan Ferry, geschrieben, doch sind es gleichermaßen Enos Experimente mit Synthesizern, Tonbandgeräten und -collagen, die das ebenso progressive wie exzentrische Erscheinungsbild der Band prägen (vgl. Pattie 2016a; Heiser 2015, S. 391 f.). Nach dem Ausstieg bei *Roxy Music*[6] bleibt Eno diesem Stil zunächst treu (*Here Come the Warm Jets* [1974]), wendet sich nachfolgend aber jenen Projekten und Kollaborationen zu, deren Resultat u. a. das erste Album der *Ambient*-Reihe ist. Dabei kommt ihm, wie Eno später in einem Interview berichtet, die Idee für diese Arbeit auf dem Flughafen Köln/Bonn, an dem er auf der Durchreise einige Stunden festsitzt:

> Ich kam gerade aus Conny Planks Studio und war auf dem Weg zurück nach London. Ich erinnere mich, dass es ein Sonntagmorgen war und ich diese Zeit auf dem Flughafen totschlagen musste, der, nebenbei gesagt, von Paul Schneider-Esleben entworfen wurde, dem Vater des *Kraftwerk*-Musikers Florian Schneider. Der Flughafen ist ein schönes Gebäude und war damals noch ziemlich neu. – So, und da saß ich nun an diesem herrlichen Sonntag im Flughafen, fast niemand war um mich herum, und alles, was ich denken konnte, war dies: Was für ein fantastischer Ort. Es fühlte sich alles so modern an, bis auf… […] Na ja, bis auf die schreckliche Musik, die da lief. Das hatte einfach nichts mit dem Rest des Erlebens zu tun und ich dachte, wie lächerlich es sei, hunderte von Millionen DM für den Bau eines solchen Flughafens auszugeben und nicht darüber nachzudenken, welche Musik man in ihm spielen könnte. […] Musik für einen Raum wie diesen muss sich mit ihrer Umwelt verbinden, sie muss für ihn designt werden, ambient sein[7] (Dax und Eno 2011).[8]

„Zugleich", antwortet Eno weiter auf die Frage des Interviewers Max Dax, ob Ambient Music in diesem Sinne „funktional" sein müsse, sei Ambient jedoch

---

[6]Vgl. dazu ausführlich Buckley (2005), S. 154–165.

[7]Conrad ‚Conny' Planks Name ist untrennbar mit der Musik der ‚Krautrocker' *Cluster, Harmonia, Kraftwerk* und *NEU!* verbunden, die er als Toningenieur und Produzent betreute (vgl. dazu unten sowie zuletzt Simmeth 2016, S. 286–291). Sein Studio befand sich in Wolperath in der Nähe Kölns. Plank arbeitete dort auch mehrfach mit Eno sowie später mit *Devo, Ultravox, Deutsch Amerikanische Freundschaft* (DAF) und den *Eurythmics*. Zu Planks enormer Bedeutung für die Musik des Krautrocks vgl. Simmeth (2016, S. 286–291) sowie Esch (2014, S. 65–71).
Das von dem Architekten Schneider-Esleben entworfene Terminal 1 des Köln/Bonner Flughafens wurde 1970 eingeweiht.

[8]Meine Übersetzung. Alle weiteren Übersetzungen von/aus bislang unübersetzten Texten sind meine; G.S.

„das Gegenteil von Muzak, die ja auch als funktional beurteilt wird […]. Muzak existiert, um die Arbeit zu unterstützen, dein Energielevel etwas zu erhöhen, dich zurück ans Band zu bringen, deinen Job zu tun. […] Und ich wollte, das Ambient Music das Gegenteil tut" (Dax und Eno 2011). Somit startet das Projekt *Music for Airports* tatsächlich auf einem Flughafen und es macht es sich zur Aufgabe, den Hörern Zeit zu gönnen, d. h. sie einzuladen, „für die nächsten 20 Minuten nichts zu tun" (Dax und Eno 2011).

In diesem Sinne finden sich auf *Music for Airports* vier Stücke, die, bis auf das erste, das eine Koproduktion Enos mit dem Gastmusiker Robert Wyatt sowie dem Toningenieur Rhett Davies ist, von Eno komponiert sind. Aufgenommen werden sie sowohl in London als auch in Planks Studio. Auf dem Albumcover sind die Tracks lediglich durch Zahlen ausgewiesen. Diese Nummerierung bezieht sich auf die Vinylpressung, bei der sich die Stücke (jeweils ein langes und ein kürzeres) gleichmäßig auf beide Seiten der Platte verteilen: 1/1, 1/2 und 2/1, 2/2. Sie zeichnen sich durch schwebende Soundflächen oder sphärengleiche, geloopte Singstimmen (drei weibliche und Enos eigene)[9] aus, in die sachte Pianotupfer und -melodien eingelassen sind. Darin entwickeln sich die Texturen jedoch nicht auf einen Bezugspunkt hin – es gibt weder Refrains noch andere Höhepunkte –, sondern bieten allein diskrete Wiederholungen/Verschiebungen des Klangs. So driften die Stücke ruhig und gelassen, „wie Eisberge im Nebel" (Fulford-Jones 2007, S. 421), dahin.

Ambient 2: The Plateaux of Mirror Für die zweite Aufnahme (1980) der *Ambient*-Reihe arbeitet Eno mit dem amerikanischen Avantgardekomponisten und Pianisten Harold Budd zusammen. Dessen Album *The Pavilion of Dreams* hatte Eno zunächst produziert. Für *Ambient 2* entwirft Eno verschiedene Soundlandschaften, in die sich Budds Klavierspiel einfügt und -bettet. Dies geschieht ohne zuvor ausgearbeiteten Pfad. Und so tastet, improvisiert und manövriert sich Budds Piano durch Enos aus Synthesizerflächen und Geräuschen (etwa Tierstimmen) geknüpfte Klanggebilde. Das Resultat sind zehn Tracks, deren musikalische Färbung von entspannt über melancholisch bis hin zu unheimlich reicht. Nichtsdestoweniger ist diese Veröffentlichung die womöglich zugänglichste der

---

[9]Eine der weiblichen Stimmen gehört Planks Frau Christa Fast.

Ambient-Serie. Denn sie demonstriert auf überzeugende Weise, dass und wie „studio-produzierte Ambient-Soundlandschaften [auch] eher konventionelle Instrumentaldarbietungen begleiten können" (Achtermann 2016, S. 101). Vier Jahre später arbeiten beide Musiker nochmals zusammen und realisieren *The Pearl* als direkte Fortsetzung des mit *Ambient 2* begonnenen Projekts.

Ambient 3: Day of Radiance Den dritten Teil der Reihe betreut Eno vor allem als Produzent. Im Vordergrund steht hier die Musik des Zither-/Hackbrettspielers Laraaji: Als Edward Larry Gordon in Philadelphia geboren, studiert Laraaji zunächst Musik, um sich dann der fernöstlichen Kultur zuzuwenden. In der Folge beginnt Laraaji mit dem Zitherspiel, wobei er das Saiteninstrument auch elektronisch verstärkt und verfremdet. Eno spricht Laraaji in New York an, wo dieser im Washington Square Park als Straßenmusiker auftritt. Als Frucht ihrer Kollaboration erscheint ebenfalls 1980 *Ambient 3,* das fünf Stücke enthält. Sie verteilen sich auf eine *Dance-* und eine *Meditation-*Seite und vermitteln durch Laraajis Zither- und Hackbrettspiel eine fernöstliche bzw. indische Atmosphäre: Während die erste Seite der LP das *Dance-*Motiv variiert, offeriert die zweite eine vor allem meditative Akustik – hier treten die perlenden Melodien auf der Stelle, werden ein- und ausgeblendet, und entfalten so eine hypnotische Wirkung. Darin kommt dieser Teil des *Ambient 3-*Albums dem Klischee der Ambient Music als esoterischer ‚Sauna'-, ‚Lichtgrotten-' oder ‚Wellnessoasen'-Beschallung vielleicht am nächsten. Dennoch bleibt hinsichtlich Enos Ambient-Konzept festzuhalten, dass es diesem – ähnlich den fernöstlichen Meditationspraktiken – darauf ankommt, die „Achtsamkeit für das Hier und Jetzt" (Achtermann 2016, S. 101) zu schärfen und zu betonen (vgl. auch Toop 1995, S. 279 f.).

Ambient 4: On Land 1982 realisiert Eno den vierten und letzten Teil seiner *Ambient-*Reihe. Von der Kritik wird die Platte als die „radikalste" (Achtermann 2016, S. 101) der Folge beurteilt. Zu deren Aufnahme versammelt der Klangkünstler diverse Musiker, u. a. den Bassisten Bill Laswell sowie Daniel Lanois als Toningenieur. Laswell ist es auch, der Eno mit dem Fotografen Felipe Orrego bekannt macht, dessen Tonaufnahmen von Froschchören auf dem Album zu hören sind. Laswell: „Eno war richtig versessen auf diese Aufnahmen" (ders., zit. nach Toop 1995, S. 132). In den *liner notes* zur Wiederauflage des Albums 1986 notiert Eno dann, dass er die Klangerzeugung durch Synthesizer zunehmend unbefriedigend fand (vgl. ders. 1986) und auf der Suche nach eher „organischen" (Eno 1986) Tönen war:

Als ich, zum Beispiel, in Ghana war, nahm ich ein Stereomikrofon und einen Kassettenrekorder mit, mit der Absicht einheimische Musik und Sprachmuster aufzunehmen. Anstelle dessen fand ich mich dann manchmal am Abend auf der Veranda sitzend wieder, wobei ich das Mikrofon aufstellte, um alle möglichen Ambient-Sounds aus allen Richtungen einzufangen, und ihnen dann über meinen Kopfhörer zu lauschen. Der Effekt dieses einfachen technologischen Systems war es, all diese verschiedenen Sounds in einem Hörrahmen zu bündeln; sie wurden Musik. […] Meine Instrumentierung verschob sich so allmählich von elektromechanischen und akustischen Instrumenten hin zu Nicht-Instrumenten wie Kettenteile, Stöcke oder Steine. An diesen Übergang gekoppelt war ein gesteigertes Interesse an vorgefundenen Klängen als plastisches sowie veränderbares Material […] (Eno 1986).

Dennoch spielen Synthesizer und andere Instrumente (Piano, Gitarre, Bass, Trompete) bei den Aufnahmen eine wichtige Rolle, auch insofern sie natürliche Geräusche, z. B. das Schlagen von Metallseilen an Bootsmasten auf dem Track „The Lost Day", imitieren (vgl. Pattie und Albiez 2016, S. 3). Doch werden die Instrumente durch die hier verstärkt eingesetzten *field recordings,* d. h. in der Natur oder außerhalb des Studios aufgenommene Klänge, nicht lediglich begleitet. Vielmehr entstehen in der hybriden, sich mischenden Kombination beider Elemente und ihrer Möglichkeiten jene „Schnappschüsse" (Achtermann 2016, S. 103) aus den Soundwelten der Umgebung, welche, als Musik nun neu oder anders hörbar, die Frage sowohl nach sich selbst als auch danach, was „Musik sein [kann]?" (Achtermann 2016, S. 103) zu stellen vermögen: „Enos Musik klingt nicht mehr nur wie eine akustische Umgebung oder wie eine Art Klangtapete. Sie fügt sich auch harmonisch in die Geräusche der Außenwelt ein. Sogar die Geräusche vorbeifahrender Autos klingen wie mitkomponiert" (Lippegaus 1982, S. 31).

* * *

Im Kontext der populären Musik ihrer Zeit wirken Enos *Ambient*-Arbeiten wie erratische Blöcke: 1978 etwa, dem Erscheinungsjahr von *Ambient 1*, erreicht der (Post-) Punk Rock mit den Debütalben von *Siouxsie and the Banshees* und *Public Image Ltd.* einen Höhepunkt. Ein Jahr zuvor waren die bahnbrechenden Aufnahmen der *Sex Pistols* und von *The Clash* erschienen. Ebenfalls 1977 beginnt mit dem Tanz- und Musikfilm *Saturday Night Fever* die Ära der Disco Music, die 1978 mit *Chic's* zweitem Album ein Meisterwerk hervorbringt. Im selben Jahr schaffen *Blondie* mit *Parallel Lines* den internationalen Durchbruch, während *Devo* mit dem (von Eno produzierten) Longplayer *Q: Are We Not Men? A: We are Devo!* ein viel beachtetes Debüt vorlegen. Aus Deutschland kommt 1978 *Kraftwerks* konzeptuell aufsehenerregende wie auch kommerziell erfolgreiche LP *Die*

Mensch-Maschine.[10] Die Charts der westlichen Welt werden z. B. von den *Bee Gees*/Andy Gibb, *Rolling Stones, Wings,* von *Boney M.*, *ABBA* sowie dem Soundtrack der Musicalverfilmung *Grease* angeführt.

In diesem Sinne kann man für *Music for Airports* nur unterstreichen, was Karl Lippegaus (1982) zu *On Land* notiert: „Ich kann mir schwerlich vorstellen, dass man diese Platte im Radio oft hören wird, schon gar nicht in Rocksendungen." Und: „Wer von ihm [Eno] endlich ein neues Songalbum in der Art der ersten Platten erwartet hat, wird eine herbe Enttäuschung erleben" (Lippegaus 1982). Ähnliches lässt sich damals wohl nur über Bowies 1977 veröffentlichtes *Low*-Album sagen, das, stark von Enos Einfluss geprägt, die Fans vor ein ähnliches Rätsel stellte. Was aber liegt diesem Irritationspotenzial zugrunde bzw. welches Konzept lässt die Aufnahmen so ungewöhnlich oder auch experimentell erscheinen? Darauf wird im Folgenden näher einzugehen sein.

3   Eine ‚Urszene' und Texte (Theorie) zur Ambient Music: Ästhetik des Hintergrunds?

Im Jahr 1975, ein Jahr nach der Veröffentlichung des leidlich erfolgreichen Soloalbums *Here Come the Warm Jets,* wird Eno beim Überqueren der Straße von einem Auto angefahren. Er muss ins Krankenhaus und ist längere Zeit bettlägerig. Zur Unterhaltung bringt ihm eine Freundin jene Harfenmusik des 18. Jahrhunderts mit, die den Soundtüftler nicht unbeeindruckt lässt. Denn dieses Hörerlebnis ist, wie Eno später erzählt, von einer seltsamen Ambivalenz: Da nur eine der beiden Boxen seiner Stereoanlage fehlerfrei funktioniert und der Kranke weder in der Lage ist, aufzustehen, um den Mangel zu beheben noch, die Lautstärke zu erhöhen, vermischen sich die leisen Harfenklänge mit dem Rauschen des Regens, der gegen die Fenster schlägt. Eno: „Ich lag da, hörte den Regen und nur die lautesten Momente [der Musik], immer wieder nur einzelne Noten oder kleine Notenverwirbelungen. Ich dachte mir nun, dass es eigentlich ganz gut klingt – es war richtig gut anzuhören – und ich fragte mich, warum es solche Musik nicht gab" (zit. nach Eno und Korner 1996; vgl. auch Toop 1995, S. 139 f.).[11] Bald nach

---

[10]Zu *Kraftwerks* Konzept der „Mensch-Maschine" vgl. Bunz (2001), S. 277 f.

[11]Ob es sich hier um einen „creation myth" handelt, wie Kim-Cohen argwöhnt, möchte ich dahingestellt sein lassen. Vor allem aber läuft Enos ‚Ambient Music' ja keineswegs allein auf diesen ‚Mythos' zu (oder geht nur von ihm aus). Insofern ist Enos „sickbed" (Kim-Cohen 2016, S. 28) lediglich ein Teil des Geflechts, aus dem Ambient erwächst (s. u.).

seiner Genesung beginnt Eno, die Musik zu realisieren, die er mit *Music for Airports* offiziell als ‚Ambient' bezeichnen wird. Ein erster Schritt dazu ist 1975 die Veröffentlichung von *Discreet Music,* die bereits von ausführlichen *liner notes* begleitet wird. Dort geht Eno nicht nur auf den Unfall ein, sondern bringt auch bereits den Begriff ‚Ambient' ins Spiel. Auf dem Programm steht dabei, so führt er aus, „ein neuer Weg, Musik zu hören – nämlich als Teil des Ambientes oder der Umwelt, so wie die Farbe des Lichts und das Geräusch des Regens Teil des Ambientes sind" (Eno 1975). Nicht also soll Musik aus ihrer Umgebung hervorstechen, sie weder betonen noch übertönen, sondern sich in sie als deren „Teil" einfügen: „Discreet Music". Dazu gehört für Eno, dass sich deren ‚Macher' ebenfalls in Diskretion zu üben hat. Er muss der „Tendenz" widerstehen, den „rumwurstelnden und sich einmischenden Künstler zu spielen" (Eno 1975). Und so entwickelt Eno ein „Endlosverfahren", das „auf zwei aneinandergekoppelten Revox-Maschinen [basiert], mit denen ein einmal hinein gegebenes Synthesizer- oder Gitarrenmotiv sich durch zeitliche Verzögerung mittels Delay selbst weiterspielt" (Lippegaus 1982, S. 29). Dieses Verfahren wird Eno für *Music for Airports* z. T. beibehalten, wenn er auch hier *tape loops* nutzt. Für uns interessant ist nun aber vor allem der Begleittext, den der Engländer für das erste offizielle *Ambient*-Album schreibt.[12]

Dort bezieht Eno sich zunächst auf die im Allgemeinen ‚Fahrstuhlmusik' oder ‚Muzak' genannte Hintergrundbeschallung, die, wie gesagt, in Kaufhäusern, Hotels oder auf Flughäfen eine möglichst angenehme Einkaufs-/Warteatmosphäre schaffen soll. So gilt *Muzak* primär als seichte Gebrauchsmusik. Dabei verdeckt dieses Vorurteil jedoch, hält Eno fest, dass der Gedanke einer Hintergrund- oder „Umgebungsmusik" durchaus mehr „Aufmerksamkeit verdient" (Eno 1978). Denn nimmt man das Konzept einer „Musik als Ambiente" oder „Ambient Music" (Eno 1978) ernst, sollte es möglich sein, darin zu Formen vorzustoßen, die nicht durch einen reinen Warencharakter kompromittiert sind. In diesem Sinne setzt Eno die eigenen Experimente von der „handelsüblichen Konservenmusik" (Eno 1978) ab bzw. stellt klar, warum er für sein Vorhaben den Begriff ‚Ambient' bevorzugt. Worin genau aber liegen die Unterschiede? Eno erklärt sie in seinen *liner notes* wie folgt:

---

[12]Vgl. im Folgenden Schwering (2013). Ich halte mich an meine dortigen Ausführungen.

Wo die bestehende Konservenmusikindustrie an ihrem Ausgangspunkt dazu ansetzt, die Umgebung durch Ausblendung ihrer akustischen und atmosphärischen Eigenarten zu regulieren, ist Ambient Music bestrebt, sie aufzuwerten. Wo die konventionelle Hintergrundmusik dazu dient, alle Zweifel und Unsicherheiten (und somit jedes echte Interesse) von der Musik fernzuhalten, bewahrt Ambient Music solche Qualitäten. Und wo die Intention der ersteren darin besteht, die Umwelt durch Anreize ‚aufzuhübschen' […], möchte Ambient Music Ruhe und einen Raum der Reflexion erzeugen. Ambient Music muss in der Lage sein, vielfältige Hörlevel einzubeziehen ohne eines davon zu verstärken […] (Eno 1978).

Demnach definiert sich das Profil von Ambient Music hinsichtlich einer Umgebung, die vor allem in ihrer Eigenart aufzufassen und zu respektieren ist: Weder soll ein Milieu durch den Soundtrack zurückgedrängt noch betont werden. In der Folge kommt es darauf an, die Umwelt in diesem Klang wahrzunehmen und so den Klang als Teil einer Umwelt zu begreifen, die über die Konventionen der Warenförmigkeit hinausreicht, deren hörbares Zeichen die ‚Fahrstuhlmusik' ist: Auf dem Spiel steht keine künstliche Anreicherung des Ambientes, die dieses zu regulieren sucht, sondern die Eröffnung akustischer Vielfalt in einem Hörraum, der auch Irritationen – Nachdenklichkeit und Unsicherheit – zulässt. Nichts anderes illustriert das Bild der ‚Urszene' des Ambient in einem Krankenzimmer, das mit der Passivität des Hörers zugleich ein Ambiente auftauchen lässt, welches mit Eno als „surrounding influence" (Eno 1978) zu beschreiben wäre.[13] Denn hier *überlässt* sich das Ohr einem Prozess, mit dem die Regentropfen und Harfenklänge oder, wie Eno (1986) in den *liner notes* zur vierten LP der *Ambient*-Reihe ausführt, „Vor- und Hintergrund ineinander verschwimmen".

An die Stelle klarer Unterscheidungen treten so akustische Mixturen, die sich einerseits aufseiten der Umwelt als Mischung aus Musik und Regen, andererseits aufseiten des Hörenden als dessen Einbettung in eine Soundlandschaft bemerkbar machen, die ihn nicht unberührt lässt. Im Zentrum der Ambient Music steht für Eno deshalb eine Aufmerksamkeit, die durch die spezifische Klanggestaltung *gegeben* wird, und die das Hören nicht ausrichtet, weil sie es – als offenes Ohr – allererst erlaubt: „[A]ls Eno den Begriff ‚Ambient Music' auf seine Aktivitäten

---

[13]Ich lasse Enos Begriff unübersetzt, da mir mögliche Übersetzungen wie z. B. ‚Umgebungseinfluss', ‚umgebender Einfluss' oder ‚Einflussnahme der/durch Umgebung' die Vielschichtigkeit der Vokabel ‚influence' (nämlich auch: Einfluss*möglichkeit*) zu kassieren scheinen. So aber geht verloren, was, so meine ich, ein zentrales Merkmal des Konzepts der ‚Ambient Music' ist: das Offenhalten des Hörens als – vor allem – dessen *Möglichkeit* bzw. Ungezwungenheit (vgl. die folgenden Ausführungen).

übertrug, verschob er den Akzent von der Herstellung von Musik weg, um den Hörakt zu fokussieren" (Toop 1995, S. 40). Oder mit Eno (1986) gesagt: „Als Hörender möchte ich mich lieber innerhalb eines großen Feldes aus lose geknüpftem Sound aufhalten, als mit einem straff organisierten Monolithen […] konfrontiert zu sein."

Demnach wird die Grenze immer dann überschritten, wenn sich die, um im Bild zu bleiben, offenen Fäden des Sounds derart verknoten, dass die „surrounding influence" zum Objekt herabsinkt, d. h. als fest umrissene Substanz erscheint. Zugleich ist es nur folgerichtig, dass, wie Eno (1978) hervorhebt, Ambient „so unaufdringlich wie interessant" sein müsse, also weder eine vordergründige Präsenz beanspruchen noch in einer reinen Beschallungsfunktion aufgehen dürfe. In dieser Hinsicht entzieht sich das Ambient-Konzept einerseits der herkömmlichen Praxis von Rock- oder Popmusik: Jenseits fixer Songstrukturen, ausgefeilter Gitarrensoli/Stimmakrobatik oder eingängiger Melodien, die gerade auf eine Bündelung von Aufmerksamkeit zielen, setzt Ambient auf die Auflösung solcher festen Formen zugunsten einer beiläufigen Rezeption. Andererseits bleibt es für Ambient nicht dabei: Entgegen der Intention von *Muzak* beabsichtigt die Ambient Music nicht, eine Umwelt möglichst unauffällig zu übertönen bzw. sie auch in ihrer Warenförmigkeit auszustellen. Vielmehr passt Ambient sich in die Umwelt ein, um diese in einem Netz aus musikalischen und organischen Sounds *(field recordings)* als „surrounding influence" hörbar zu machen. In diesem Sinne geht Ambient ebenso über Erik Saties *Musique d'meublement* hinaus, da sich der Klang nicht nur nützlich in ein Ambiente einfügen oder es kreieren,[14] sondern ihm Geltung verschaffen soll.

Anstatt sich also Hörbarem nur zuzuwenden, wird das Ohr in der Ambient Music zum Teil einer hybriden Soundlandschaft, in die die Frage, wer Subjekt und wer Objekt des Hörens ist oder zu sein hat, suspendiert ist. In diesem Sinne verzichtet Ambient nicht allein auf prägnante Refrains, sondern verweist für das Hören auf eine lose verknüpfte Soundlandschaft, welche die Aufmerksamkeit vor allem entkrampft, d. h. sie der Umwelt öffnet. So treffen wir auf eine Akustik, welche die Ökonomisierung und Konventionen der Hörwelt in Zweifel zieht

---

[14] „Wir wollen", schreibt Satie (zit. nach Volta 1994, S. 124) demgemäß, „eine Musik einführen, die die ‚nützlichen' Bedürfnisse befriedigt. […] Die ‚Musique d'ameublement' erzeugt Schwingungen; sie hat kein weiteres Ziel; sie erfüllt die gleiche Rolle wie das Licht, die Wärme – der Komfort in jeder Form" (ders. zit. nach Volta 1994, S. 124). Eine partiell anders gelagerte Sicht auf Saties *Musique d'meublement* bietet Bettina Schlüters Beitrag in diesem Band. Zu Saties Einfluss auf Eno vgl. zuletzt Sun (2016), S. 42–45.

bzw. sie zu zerstreuen beabsichtigt. Dabei setzt sie auf eine Aufmerksamkeit des Gehörs, die man, da sie sich nicht auf Fixpunkte konzentrieren muss, als ‚in der Schwebe' bezeichnen kann. Dass in solcher Aufgeschlossenheit des Ohrs nicht schon jegliche Reflexion ausgeschaltet ist, akzentuiert das Konzept gleichfalls. Doch entsteht letztere nicht gemäß einer Logik des Subjekts als Beobachtung oder Einkreisung passiver (Hör-) Objekte. „Surrounding influence" meint in diesem Zusammenhang die Entspannung als Ausfächerung der Aufmerksamkeit (hier: des Hörens) in einem Ambiente, das eigenartige, auch: überraschende, Akzente setzt. Dabei zu beachten ist daher zunächst ein Modus der Wahrnehmung, die sich als vor allem aufnehmende versteht: Nicht also geht es vorab um eine Aufmerksamkeitssteuerung, um die Zuordnung des Gegebenen zu bestimmten Bereichen oder um dessen Einordnung in geordnete Strukturen. Vielmehr kommt es auf eine Landschaft des Hörens an, die – als „surrounding influence" und akustische Welt – aus dem Hören und dem Hörbaren selbst erwächst, d. h. zuerst eine Gemengelage ausbildet, die von Routinen oder Konventionen noch nicht bestimmt ist. Anstelle dessen tauchen Irritationen auf, mit und in denen sich das Ohr *öffnet,* d. h. Anteil an dem nimmt (oder nehmen kann), was sich zu Gehör bringt (oder bringen kann). „Nicht die", so pointiert es Diedrich Diederichsen (1999, S. 156), „[…] Konzeptualisierung musikalischer Inneneinrichtung wäre dann das Thema des Projekts Ambient, sondern es ginge vielmehr um das Herbeiführen von oder Arbeiten mit neuen *Aufmerksamkeitsformen.*"

4   ‚Urszenen' der Ambient Music Teil II: Krautrock

Als eine ‚Urszene' der Ambient Music beschreibt Eno, wie gesehen, den Moment, in dem er ein merkwürdiges Hörerlebnis als Mischung aus Harfenmusik, Regenrauschen und Bettlägerigkeit hat. Doch ist dies vielleicht nicht der einzige Impuls, der ihm den Weg zu den Soundlandschaften des Ambient weist. Ein anderer, so die These, führt uns jetzt nach Westdeutschland. Dort entsteht Ende der 1960er bis ca. Mitte der 1970er Jahre eine Spielart der Rockmusik, für die sich schnell die Bezeichnung ‚Krautrock' durchsetzt. Hierin steht der Begriff nun nicht nur für die Herkunft der Musik ein. Zugleich meint er deren Tendenz, sich bewusst von angloamerikanischen Vorbildern und Trends zu distanzieren, um auf eigenen Wegen zu neuen Ufern vorzustoßen. Die Gründe dafür sind jedoch weder Deutschtümelei noch andere nationalistische Tendenzen, sondern der Wunsch ebenso wie die Suche der Musiker nach einer spezifischen, unabhängigen Formensprache (vgl. Simmeth 2016, S. 82–93). In diesem Sinne bilden sich um 1970 mehrere Projekte, die sich der Klangforschung widmen. Zu diesen Bands, die auch international rasch bekannt werden, können *Amon Düül II, Can, Kluster/Cluster, Faust, Harmonia, Kraftwerk, NEU!* sowie *Tangerine Dream* gezählt werden.[15] Dabei gehört zu den Merkmalen des *German Sounds* auch eine Hinwendung zur elektronischen Musik, die am konsequentesten, folgen- und erfolgreichsten im Schaffen von *Kraftwerk* und *Tangerine Dream* zum Ausdruck kommt; beide gelten als Wegbreiter für Techno, House und Hip-Hop. Aber auch die anderen Bands beginnen, z. T. unter dem Einfluss Planks, mit ungewöhnlichen Klangerzeugern und Aufnahmetechniken zu arbeiten: „[D]ie Wichtigkeit des Sängers und des Songs mit Strophe und Refrain [trat] zurück gegenüber dem kollektiven Spiel [...]; der improvisatorische ‚Jam' [...] verknüpfte sich mit Ideen und Prinzipien der zeitgenössischen Neuen Musik (Tonbandmanipulationen, Loops, Vermeiden konventioneller Akkord-Progressionen usw.)" (Heiser 2015, S. 224 f.). In diesen Hinsichten wird der Krautrock im (vor allem englischen) Ausland schnell nicht nur als anders, sondern ebenso als hochinnovativ wahrgenommen. Zugleich wandelt sich der Begriff, dessen Popularisierung dem legendären Radio-DJ John Peel zugeschrieben wird,[16] und der einerseits nicht frei ist von spöttischen (Sauerkraut als Inbegriff ‚deutschen' Essens), andererseits pejorativen (‚*Krauts*' als Bezeichnung für deutsche Soldaten) Konnotationen, zum Gütesiegel. Und so interessieren sich auch zwei Engländer für die neue Musik aus Deutschland, deren Arbeit gleichfalls als Stil prägend und avantgardistisch bewertet wird: Bowie und Eno.

In der Konsequenz kommt es in Hamburg zu einer Begegnung, die Michael Rother, Gitarrist bei *NEU!* und *Harmonia*, in einem Interview wie folgt beschreibt:

---

[15]Allerdings stehen die genannten Namen eher für die experimentelle Seite des Krautrocks. Andere Musiker, beispielsweise Udo Lindenberg oder Marius Müller-Westernhagen, die ihre Karrieren zur selben Zeit starten, nutzen zwar die deutsche Sprache für ihre Texte, bewegen sich aber musikalisch im traditionellen Rahmen. Erfolgreich sind sie damit vor allem im deutschen Sprachraum. Zu einer möglichen Binnendifferenzierung des Krautrocks vgl. (in Anlehnung an Elmar Siepen) Simmeth (2016, S. 54 ff.). Zugleich spielt Rockmusik „aus der DDR [...] im Zusammenhang mit einer ‚freien' oder ‚elektronischen Avantgarde' [...] zu keinem Zeitpunkt eine Rolle, weder zeitgenössisch noch retrospektiv wurden Gruppen und Interpreten aus der DDR mit Krautrock als Pop-Avantgarde in Verbindung gebracht" (Simmeth 2016, S. 57).

[16]Der Ursprung des Begriffs selbst liegt im Dunkeln (vgl. Simmeth 2016, S. 53 f.): Womöglich geht er auf zwei Songtitel, nämlich *Fausts* „Krautrock" und/oder *Amon Düüls* „Mama Düül und ihre Sauerkrautband spielt auf", zurück.

Brian Eno [saß] plötzlich 1974 in der ersten Reihe in Hamburg in der Fabrik bei einem *Harmonia*-Konzert. Die Vorgeschichte dazu ist, dass Brian zu der Zeit auf einer eigenen Promotiontour unterwegs war in Deutschland und an dem Tag Station hatte in Bremen. Dort wurde er von dem Musikjournalisten Winfried Trenkler interviewt […]. Genau dem hat Brian gesagt, wie sehr er unsere Kunst schätzt. Da hat der Winfried ihm erzählt, dass *Harmonia* heute Abend in Hamburg spielen werde. Brian kam also und wollte uns sofort vorgestellt werden. Nach der Pause passierte das dann auch, und wir haben sogar auf der Bühne spontan noch eine Session gemacht. Da haben wir Brian natürlich auch eingeladen, uns in Forst zu besuchen, was dann ja zwei Jahre später auch passiert ist (Kubanke et al. 2009).

Dabei hat auch *Harmonia* eine Vorgeschichte, die zu Enos Wertschätzung der Band beigetragen haben dürfte. Denn *Harmonia* gilt als Krautrock-‚Supergruppe‘, insofern deren Mitglieder Dieter Moebius, Hans-Joachim Roedelius sowie Rother bereits in anderen Zusammenhängen auf sich aufmerksam gemacht hatten: Moebius und Roedelius gründen 1969 in Westberlin die Band *Kluster,* zu deren Anfangsformation auch Conrad Schnitzler gehört, der ebenfalls bei *Tangerine Dream* aktiv ist. Ihr Treffpunkt ist das Zodiak Free Arts Lab, wo sich die Berliner Kunst- und Musikszene versammelt. Das gemeinsame Interesse gilt der elektronischen Musik sowie dem Versuch, darin zu eigenständigen Ausdrucksweisen zu finden. Nach Schnitzlers Ausscheiden benennen sich Moebius und Roedelius 1971 in *Cluster* um und ziehen von Berlin in das niedersächsische Dorf Forst. Dort bewirtschaften sie einen Bauernhof mit Tonstudio, das Moebius und Roedelius für ihre musikalischen Experimente nutzen. Spätestens mit dem Album *Cluster II,* das 1972 in Hamburg aufgenommen wird, finden sie zu dem für sie „typischen Umgang mit dem elektro-akustischen Instrumentarium [als] Königsweg zwischen Improvisation und automatischen Prozessen" (Tietchens 2010, S. 3). Dabei „entdecken Roedelius und Moebius schon sehr früh die Bandschleife (Loop) als Möglichkeit, repetitive Muster zu erzeugen" (Tietchens 2010, S. 4) und entwickeln darin einen weitgehend elektronischen, rein instrumentalen Sound: „Immer fließt die Musik, und ohne brutal zu sein, sind die Klänge bisweilen schroff" (Tietchens 2010, S. 9). In der Musikpresse werden diese Tracks als „kosmische Fahrten" (*Sounds,* zit. nach Simmeth 2016, S. 163) beschrieben.

Rother hingegen arbeitet zunächst mit *Kraftwerk.* Hier lernt er den Schlagzeuger Klaus Dinger kennen, mit dem er die Band *NEU!* formiert: „Wir scheiterten bei den Aufnahmen zum zweiten *Kraftwerk*-Album in Hamburg. […] Klaus und ich hatten da schon die gemeinsame Vision, dass wir als Duo weitermachen würden" (Rother, zit. nach Esch 2014, S. 58 f.). 1972 erscheint dann mit der programmatisch *NEU!* betitelten Platte jenes Album, dessen Einfluss bis heute ungebrochen ist. Kennzeichnend für den Sound des Duos ist sowohl Dingers geradlinig-monotoner Beat (‚Motorik‘) als auch Rothers ebenso minimalistisches

Gitarrenspiel, das auf Soli verzichtet und in seinen mal verzerrten, mal melodischen Tonfolgen einen atmosphärischen (‚ambienten') Charakter hat. Dazu kommen elektronische Verfremdungseffekte sowie *field recordings:* Auf zwei der sechs Stücke hört man das Plätschern von Wasser (vermutlich an einem See) sowie (unverständliche) Gesprächsfetzen.

Doch kriselt es bald zwischen Dinger und Rother, sodass letzterer sich auf der Suche nach Gleichgesinnten zu Moebius und Roedelius aufmacht: „Ich besuchte die beiden *Cluster*-Musiker zu Ostern 73 im Weserbergland, und zwar in eben jenem Haus in Forst aus dem 16. Jahrhundert [...]" (Rother, zit. nach Esch 2014, S. 104). Danach schließt Rother sich *Cluster* auch musikalisch an. Das neue Projekt der drei Musiker heißt *Harmonia*, d. h. die Band, deren Mitglieder Eno unbedingt treffen will und mit denen er in Hamburg spontan auf die Bühne geht.

Zwei Jahre nach diesem Kontakt ist es dann so weit: Eno reist nach Forst, um mit Moebius, Roedelius und Rother zu leben und zu arbeiten. Zwar ist *Harmonia* zu dieser Zeit bereits Geschichte, die Band hatte sich aufgelöst. Zu Enos Besuch finden die Musiker jedoch noch einmal zusammen. Dabei verläuft dieses Treffen ebenso beschaulich wie produktiv: Die vier Männer reden viel, gehen im Wald Holz schlagen, spielen Tischtennis und der zu *Roxy*-Zeiten für seine Extravaganz bekannte Eno passt auf Roedelius' kleines Kind auf. Rother: „Da gab es keine Spur von der [...] schrillen Figur, als die man Brian Eno als Mitglied der Rockband Roxy Music kannte. Deswegen fiel es uns auch ganz leicht, auf einer völlig gleichberechtigten, sympathischen Ebene miteinander zu kommunizieren. Es ging ausschließlich um das gemeinsame Interesse an Musik" (Kubanke et al. 2009).[17]

Hinsichtlich des Letzteren arbeiten *Harmonia* und Eno dann auch im Studio des Bauernhofs. Dort wird, wie Rother sich erinnert, „sehr ausgiebig gejammt" (Kubanke et al. 2009) und es entstehen mehrere Stücke, die allerdings erst 1997 bzw. vollständig erst 2009 unter dem Titel *Tracks and Traces* veröffentlicht werden. Danach fährt

---

[17]Dass Eno im persönlichen Umgang unkompliziert und von Staralüren frei ist, fällt auch anderen auf: „Er [Eno]", berichtet etwa Wolfgang Flür (zit. nach Esch 2014, S. 142), „hat ja immer viel mit Plank gearbeitet. Christa, Connys Frau, hat mir erzählt, dass Brian Eno ein ganz bodenständiger Typ war. Er hat während der Produktionen bei ihnen gewohnt, hat auch beim Kochen geholfen, sich eine Schürze umgebunden, Kartoffeln geschält, all das." Das änderte sich, wenn Eno Termine mit Journalisten hatte: Dann konnte „er professionell den Schalter umlegen. [...] Aber kaum waren sie weg, zog er die Schürze wieder an und schrubbte weiter die Möhren" (Esch 2014).

Eno [...] weiter nach Westberlin, wo er mit David Bowie zu arbeiten begann. 1977 entstanden dort in enger Zusammenarbeit zwischen Eno und Bowie dessen ‚Berliner' Alben *Low* und *Heroes*, die eine ganze Reihe von Anspielungen auf den von beiden geschätzten Krautrock enthielten: Der Titel des Albums *Heroes* beispielsweise gilt als von dem *NEU!*-Stück *Hero* inspiriert, das darauf befindliche Stück *V2-Schneider* ist eine Hommage an Florian Schneider von *Kraftwerk* (Simmeth 2016, S. 253).

Rein musikalisch ist es vor allem die B-Seite der *Low*-LP,[18] die Bowies Rocksound in Richtung Elektronik/Ambient aufbricht. Auf „*Heroes*" gilt dies für die Titel „Sense of Doubt" und „Neukölln", wobei auf letzterem Bowies Saxofonspiel einen eigenwilligen Kontrast zu Enos ambienten Synthieflächen/-effekten setzt.

Doch kommen *Cluster* und Eno noch zu einer weiteren Kollaboration zusammen, die ebenfalls 1977 realisiert wird. Moebius, Roedelius und Eno treffen sich in Planks Studio und spielen innerhalb kurzer Zeit zwei Tonträger ein: *Cluster & Eno* und *After the Heat*. Für unsere Zusammenhänge ist das erste der Alben interessant, da es – nach *Discreet Music* und vor *Music for Airports* – einen weiteren (und wie ich meine: maßgeblichen) Schritt in Richtung Ambient Music geht. Wieso?

Das Resultat dieser kollektiven Arbeit und Erfahrung sind neun instrumentale Tracks, die auf subtile Weise elektronische mit akustischer Klangerzeugung kombinieren: So passt sich das leicht fließende Pianospiel in synthetische Töne und Effekte ein (und umgekehrt). Dem längsten Stück der LP verleihen die metallischen Klänge einer Sitar die fremdartig-meditative Atmosphäre. Das rudimentäre Schlagzeugspiel auf „Selange" sticht nicht als rhythmischer Orientierungspunkt hervor, sondern fügt sich lose in den Klangkörper ein. Allen Tracks gemeinsam ist, dass sie auf der Stelle zu treten scheinen: Es gibt kein erkennbares Ziel und keinen Höhepunkt auf das/den sie zulaufen oder das/der den Texturen eine Richtung gibt bzw. ihnen diese vorschreibt. Darin erstarren die Stücke jedoch nicht, sondern beginnen sich zur Umgebung auszufächern. Zugleich erweist sich dieses Soundgewebe selbst als Anknüpfungspunkt eines Hörens, welches, nun in diese Landschaft eingelassen, sie ohne Vorgabe und auf eigene Weise durchstreifen kann. Oder anders gesagt: Die Musik auf *Cluster & Eno* kann als ebenso „unaufdringlich wie interessant" bzw. als „surrounding influence" beschrieben werden. Eno charakterisiert die Zusammenarbeit so: „Mein Problem beim Jammen mit anderen Leuten war zuvor, dass sie zu schnell auf Änderung aus waren, sie hörten nicht, wo sie waren. Mit Cluster konnten wir am selben Ort verweilen und auf Details des Stücks eingehen, es als/wie eine Landschaft erfühlen" (ders., zit. nach

---

[18]Das Album entsteht bereits 1976, wird aber auf Betreiben der Plattenfirma erst 1977 veröffentlicht.

Iliffe 2009). Zugleich führt *Cluster & Eno* über *Discreet Music* hinaus, insofern
es die automatische (vorwiegend maschinelle) Klangerzeugung wieder zu auch
organischen Akustiken und Abläufen führt. Darin weist *Cluster & Eno* insbesondere auf *Ambient 2* (Budd, Eno) und *Ambient 3* (Laraaji) voraus.[19]

In diesem Sinne lässt sich Enos Begegnung mit dem Krautrock in seiner Prägung durch *Cluster* und *Harmonia* nun als vielleicht entscheidende Gelenkstelle
auf dem Weg des Engländers zur Ambient Music auszeichnen – nicht umsonst
betont er, *Harmonia* sei die „wichtigste Band der Welt" (vgl. Pattie 2016b, S. 56).
Zwar heben Eno selbst sowie auch die Forschung mehrfach hervor (vgl. Pattie
und Albiez 2016; Sun 2016; Toop 1995), dass das Konzept der *Ambient Music*
auch Einflüsse der Neuen Musik/*Minimal Music* des 20. Jahrhunderts (etwa: John
Cage, Steve Reich, Terry Riley, Erik Satie) verarbeitet. Doch ist es erst die musikalische Praxis im Zusammenspiel mit den Krautrockern, die den Durchbruch
bringt. Hans Lampe (zit. nach Esch 2014, S. 142), damals Planks Studioassistent,
fasst es wie folgt: „Brian Eno kam rüber, um sich das Ganze mal vor Ort anzu-
schauen […]. Er muss eine Menge an Inspiration bekommen haben, das hat man
nach seinem Besuch hören können. Wir dachten, er hat einiges aus dem Weserbergland importiert, was eigentlich von Moebius, Roedelius und Rother stammt."
So zugespitzt, meint Roedelius (zit. nach Esch 2014, S. 143) rückblickend, muss
und sollte man es zwar nicht sehen: Eno „ließ uns teilhaben an seiner Ideenwelt,
seinem Fachwissen, seiner Spielfreude. Er schenkte uns seine Sympathie und Für-
sorge." Nichtsdestoweniger kann, das akzentuiert Asmus Tietchens (2009, S. 6),
der als Gastmusiker auf *Cluster & Eno* mitwirkt, diese Arbeit durchaus und „ohne
Übertreibung als das erste in Deutschland produzierte Ambient-Album betrachtet
werden". Als solches entsteht es in einem Prozess der Wechselwirkung, in dem,
wie gesehen, alle Beteiligten *aufeinander hören:* „Lasst uns", formuliert Eno
(zit. nach Pattie und Albiez 2016, S. 2) in diesem Sinne, „die Idee des ‚Genies'
für eine Weile vergessen und über eine ganze Ökologie der Ideen nachdenken,
die neuen, guten Denkweisen und ebenso guten Arbeiten Vorschub leistet". So
gesehen, verstehen und begreifen sich die Mitwirkenden als Teil einer offenen

---

[19]Dennoch findet Eno auch nach *Discreet Music* immer wieder zu einer „generativen
Musik" zurück, in der er, darin auf Steve Reich verweisend, Maschinen oder Programmen
den Prozess der Klangerzeugung überlässt. Auf *Reflection* etwa wird diese durch einen
Algorithmus gesteuert. Eno: „Die Experimente, die ich mit generativen Prozessen mache,
dienen dazu, eine neue Art von Musik zu realisieren und aus diesem Grund beschäftige ich
mich damit" (Boehme und Eno 2013, S. 10).

Klanglandschaft, einer „surrounding influence", die, da sie als Umwelt zur Geltung kommt und gebracht wird, das Ohr zugleich öffnet, an- und entspannt.

Folglich kündigt sich bereits bei der Produktion der Ambient Music an, was
deren Hörerlebnis auszeichnet. Zugleich erscheinen der Prozess der Aufnahme
und dessen Ort, das Tonstudio, nicht nur als Mittel zum Zweck, sondern werden
ebenfalls zu Instrumenten; sie haben an der Klangerzeugung teil, statt sie nur auf-
zuzeichnen. Genau das ist der Ansatz des Toningenieurs Plank:[20] „Er hat sich in
die Musik", betont Roedelius (zit. nach Esch 2014, S. 68), „total eingefühlt und
ihrem klanglichen Inhalt auf seine Weise zu einer besseren Qualität verhelfen
können." Und: „Conny war Mitmusiker [...] mit großem kreativen Input" (nach
Esch 2014, S. 67). Lampe (zit. nach Esch 2014, S. 71) beschreibt die Studioarbeit
so: „Dieses Experimentelle hat er schon gesucht, das fand Conny gut. Unortho-
doxe Dinge machen." Nicht also steht bei den Aufnahmen zuvor fest, wo Anfang
und Ende sind und wie sie aussehen sollen oder könnten: Es ist der hier durch-
schrittene Prozess, der, wenn überhaupt, als ‚Zielvorgabe' fungiert.

Auf diese Weise stellt ‚Ambient Music' eine musikalische Praxis dar und aus,
in der, so können wir Enos programmatische *liner notes* jetzt lesen, „Vor- und
Hintergrund" permanent und auf allen Ebenen „ineinander verschwimmen". Die
operative Kette, in der Musiker, Instrumente und Tonstudio zusammentreffen,
bleibt darin in sich verschiebbar bzw. initiiert einen Ablauf von Handlungen, in
dem sich die Beteiligten (eben auch: die Technik) trotz ihrer Heterogenität gegenseitig bedingen, aufeinander einwirken sowie darin modifiziert werden. Weder
steht, wie z. B. noch bei *Discreet Music,* die Apparatur im Vordergrund noch
die Musiker. So kann es zu Überraschungen, d. h. jenen Verschiebungen kommen, welche die Produktion maßgeblich beeinflussen bzw. variieren. „Plötzlich",
beschreibt es Rother (zit. nach Esch 2014, S. 68), „hatte ich ein schrilles Feed-
back, so eine Rückkopplung auf dem Instrument, mit der ich die Töne lang ziehen konnte. Conny ließ später die Bänder auf der Tonbandmaschine rückwärts
laufen, so kreierte er einen analogen Rückwärtseffekt." Damit drängt sich das
Instrument kurzfristig und eigenwillig in den Vordergrund, verändert die musikalische Richtung ebenso wie den Ablauf der Aufnahme/Produktion, um sich dann
wieder, nun als Klangeffekt, in das Gefüge zu integrieren, d. h. zum Teil auch
eines Hintergrunds zu werden. Derart zur Maxime der Produktion erhoben, stattet

---

[20]Das Studio als „Kompositionstool" zu nutzen, kennzeichnet später auch Enos eigene Stu-
diopraxis (vgl. Albiez und Dockwray 2016).

dieses Wechselspiel das darin entstehende Klanggewebe mit flexiblen Kopplungen aus, mit denen, so Eno (1986) in den *liner notes* zu *On Land,* die „Sounds […] sich gelegentlich ballen", ohne darin jedoch, wie etwa in einer Strophe oder einem Refrain, „musikalisch' zusammengebunden" zu werden. Vielmehr steht jedes Element zunächst für sich und verändert sich dann hinsichtlich seiner Eingebundenheit in einen Prozess, der in diesen Veränderungen selbst stetig changiert. Die Frage hierbei ist, wie alles – Musiker, Instrumente, Studio – zueinander findet, nicht aber, wie eines alles andere überspielt oder -tönt.

5   Schluss

Als „surrounding influence" folgt die ‚Ambient Music' einer Dynamik, in der zunächst nichts feststeht. Vielmehr gilt es, sich als Produzent wie Rezipient einem Prozess des Hörens zu überlassen, in dem die Musik zum Teil des Ambientes wird bzw. dieses ist. „Für mich", gibt Eno anlässlich seiner neuesten Produktion – *Reflection* – bezüglich der ‚Ambient Music' zu Protokoll, „bezog sich die zentrale Idee auf eine Musik als Ort, zu dem du dich hinbewegst […], es ist ein Feld, das du klanglich durchwanderst […]. Und es gibt niemanden, der dich durch dieses Feld führt; du findest deinen eigenen Weg" (Sherburne und Eno 2017). In diesem Sinne umgibt die Musik die an ihr Beteiligten – Macher wie Hörer – und wirkt zugleich auf sie ein. Für diese geht es darum, in eine Klangtextur einzutauchen. Letzteres geschieht nun aber nicht auf der Basis fester, also auf eine fokussierte Aufmerksamkeit zielender Strukturen, wie sie etwa durch Refrains, Soli, Gesang oder eine entsprechende Studioarbeit zum Ausdruck kommen bzw. vorgegeben werden. Vielmehr möchte ‚Ambient Music' zugleich interessant *und* unaufdringlich sein, d. h. das Ohr öffnen, ohne es zu bedrängen: Es soll sich seinen Zugang selbst suchen können, wobei es auch auf Überraschungen gefasst sein muss. Denn ‚Ambient Music' kann zwar als eine Ästhetik des Hintergrunds wahrgenommen und beschrieben werden und will – einerseits – auch nichts anderes sein. Andererseits geht sie darin keineswegs auf. Denn sie geht auf eine Praxis zurück und stellt diese aus, in der, so markiert es Eno, „Vor- und Hintergrund ineinander verschwimmen." In den ‚Vordergrund' tritt somit dieses Wechselspiel, das alle Mitwirkenden – wiederum: Macher wie Hörer – einlädt, sich ebenso gelassen wie angeregt „innerhalb eines großen Feldes aus lose geknüpftem Sound auf[zu]halten" (Eno 1986).

Literatur

Achtermann, Mark Edward. 2016. Yes, but is it music? Brian Eno and the definition of ambient music. In *Brian Eno. Oblique music*, Hrsg. Sean Albiez und David Pattie, 85–104. London: Bloomsbury.

Albiez, Sean, und Ruth Dockwray. 2016. Before and after Eno: Situating the recording studio as a compositional tool. In *Brian Eno. Oblique music*, Hrsg. Sean Albiez und David Pattie, 139–173. London: Bloomsbury.

Boehme, Caspar, und Brian Eno. 2013. Brian Eno. Der Komponist als Gärtner. *De Bug. Elektronische Lebensaspekte* 169:8–12.

Buckley, David. 2005. *Bryan Ferry und Roxy music*. Höfen: Hannibal.

Bunz, Mercedes. 2001. Das Mensch-Maschine-Verhältnis. Ein Plädoyer für eine Erweiterung der Medientheorie am Beispiel von Kraftwerk, Underground Resistance und Missy Elliott. In *Sound signatures. Pop-Splitter*, Hrsg. Sean Albiez und Jochen Bonz, 272–290. Frankfurt a. M.: Suhrkamp.

Dax, Max, und Brian Eno. 2011. Interview: Stealing time with Brian Eno. Electronic beats. http://www.electronicbeats.net/stealing-time-with-brian-eno/. Zugegriffen: 17. Dez. 2016.

Diederichsen, Diedrich. 1999. *Der lange Weg nach Mitte. Der Sound und die Stadt*. Köln: Kiepenheuer & Witsch.

Eno, Brian. 1975. Discreet music. Liner notes. http://music.hyperreal.org/artists/brian_eno/discreet-txt.html. Zugegriffen: 19. Dez. 2016.

Eno, Brian. 1978. Ambient 1: Music for airports. Liner notes. http://music.hyperreal.org/artists/brian_eno/MFA-txt.html. Zugegriffen: 19. Dez. 2016.

Eno, Brian. 1986. Ambient 4: On land. Liner notes. http://music.hyperreal.org/artists/brian_eno/onland-txt.html. Zugegriffen: 19. Dez. 2016.

Eno, Brian, und Anthony Korner. 1996. Aurora Musicalis. Interview with Brian Eno. Artforum 86. http://music.hyperreal.org/artists/brian_eno/interviews/artfor86.html. Zugegriffen: 17. Dez. 2016.

Esch, Rüdiger. 2014. *Electri_city. Elektronische Musik aus Düsseldorf 1970–1986*. Frankfurt a. M.: Suhrkamp.

Fulford-Jones, Will. 2007. Brian Eno: Ambient 1: Music for airports. In *1001 Alben. Musik die Sie hören sollten, bevor das Leben vorbei ist*, Hrsg. Sean Albiez und Dimery Robert, 421. Zürich: Edition Olms.

Heiser, Jörg. 2015. *Doppelleben. Kunst und Popmusik*. Hamburg: Philo Fine Arts.

Iliffe, Stephen. 2009. Booklet zum Reissue von *Cluster* und Brian Eno: *Cluster & Eno*, 1–8. Sky Records.

Kim-Cohen, Seth. 2016. *Against ambience and other essays*. New York: Bloomsbury.

Kubanke, Ulf, Hans-Joachim Roedelius, und Michael Rother. 2009. Interview: Krautrock: „Was wollen die denn im Wald?". http://www.laut.de/Krautrock/Interviews/Was-wollen-die-denn-im-Wald-28-09-2009-648. Zugegriffen: 17. Dez. 2016.

Lippegaus, Karl. 1982. Brian Eno: Afrika auf dem Silbertablett. *Spex. Musik zur Zeit* 5:28–31.

Pattie, David. 2016a. The bogus man: Eno, Ferry and Roxy music. In *Brian Eno. Oblique music*, Hrsg. Sean Albiez und David Pattie, 11–27. London: Bloomsbury.

Pattie, David. 2016b. Taking the studio by strategy. In *Brian Eno. Oblique music*, Hrsg. Sean Albiez und David Pattie, 49–68. London: Bloomsbury.

Pattie, David, und Sean Albiez. 2016. Introduction: Brian Eno: A problem of organization. In *Brian Eno. Oblique music*, Hrsg. Sean Albiez und David Pattie, 1–8. London: Bloomsbury.

Schaffhäuser, Mathias. 2016. John Beltran. Everything at once. *Groove. Elektronische Musik und Clubkultur* 6:97.

Schwering, Gregor. 2013. Zwei Hörräume ,gleichschwebender Aufmerksamkeit'. Psychoanalyse und Ambient. In *Auditive Medienkulturen. Techniken des Hörens und Praktiken der Klanggestaltung*, Hrsg. Axel Volmar und Jens Schröter, 359–372. Bielefeld: Transcript.

Sherburne, Philip, und Brian Eno. 2017. Interview: A conversation with Brian Eno about ambient music. Pitchfork 2017. http://pitchfork.com/features/interview/10023-a-conversation-with-brian-eno-about-ambient-music/. Zugegriffen: 3. März 2017.

Simmeth, Alexander. 2016. *Krautrock Transnational. Die Neuerfindung der Popmusik in der BRD, 1968–1978*. Bielefeld: Transcript.

Sun, Cecilia. 2016. Brian Eno, non-musicianship and the experimental tradition. In *Brian Eno. Oblique music*, Hrsg. Sean Albiez und David Pattie, 29–48. London: Bloomsbury.

Tietchens, Asmus. 2009. Musikalisches Wagnis zwischen allen Stühlen. Booklet zum Reissue von Brian Eno, Dieter Moebius, und Hans-Joachim Roedelius: *After the heat*, 1–8. bureau.b, Sky Records.

Tietchens, Asmus. 2010. Faszinierendes Neuland. Booklet zum Reissue von *Cluster: Cluster II*, 1–12. Brain, Universal Music.

Toop, David. 1995. *Ocean of sound. Aether talk, ambient sound and imaginary worlds*. London: Serpent's Tail.

Volta, Ornella. 1994. *Satie/Cocteau. Eine Verständigung in Missverständnissen*. Hofheim: Wolke.

Wikipedia. 2016. Eintrag Ambient. https://de.wikipedia.org/wiki/Ambient. Zugegriffen: 15. Nov. 2016.

Appendix: Brian Eno in Forst

Interview mit Hans-Joachim Roedelius

Philipp Kressmann und Gregor Schwering

Brian Enos Kooperation mit *Cluster/Harmonia* fand nur wenige Jahre vor der ersten Veröffentlichung der *Ambient*-Reihe statt: Mitte der 1970er Jahre besuchte Eno Hans-Joachim Roedelius, Dieter Moebius und Michael Rother in Forst, um dort gemeinsam mit ihnen zu arbeiten. In einem exklusiven Interview anlässlich der Veröffentlichung seiner Autobiografie, das per Email geführt wurde, erinnert sich Hans-Joachim Roedelius an diese Zeit. Sofern nicht anders vermerkt, basieren die folgenden Zitate auf diesem Gespräch, für das wir uns an dieser Stelle ganz herzlich bedanken.

1 Forst

Roedelius, dessen musikalische Laufbahn im Zentrum Westberlins begann, beschreibt den Umzug nach Forst als ein zentrales Kapitel seines Lebens. Beeindruckt ist er vor allem von der dortigen Ruhe und Natur:

> Das war einer der Gründe, auf das Land, quasi in den Frieden der Natur zu ziehen: Ich war ja seit 1943 ununterbrochen auf Achse: Erst raus aus dem Bombenberlin, hin und her in Deutschland bis zum Kriegsende. Dann wurde die Familie zum Aufenthalt in der russischen Zone und ich als Soldat in die Kasernierte Volkspolizei

P. Kressmann (✉)
Institut für NDL und Medienwissenschaft, Fernuniversität Hagen, Hagen, Deutschland
E-Mail: philipp.kressmann@fernuni-hagen.de

G. Schwering
Germanistisches Institut, Universität Bochum, Bochum, Deutschland
E-Mail: gregor.schwering@rub.de

© Springer Fachmedien Wiesbaden GmbH 2018
J. Schröter et al. (Hrsg.), *Ambient,* Neue Perspektiven der Medienästhetik,
https://doi.org/10.1007/978-3-658-19752-0_2

gezwungen, desertierte nach Westberlin, kehrte aus familiären Gründen zurück in die DDR und wurde wegen Kriegs- und Boykotthetze zur 4 Jahren Zuchthaus verurteilt, von denen ich zwei Jahre und zwei Monate in verschiedenen Gefängnissen absaß, um danach an der Charite Berlin Krankengymnastik zu studieren.

In Forst sorgt ein „kleiner Gasthof mit einem damit verbundenen Minibordell am Eingang zum Weserhof" für ein wenig „Zulauf zu der dortigen Künstlerkommune" (Roedelius 2016, S. 161), in der die Musiker leben und arbeiten. Zugleich führt, „nicht nur die geografische Abgeschiedenheit, sondern auch die Tatsache, dass wir kaum zu Auftritten eingeladen und nur wenige Tonträger verkauft wurden, dazu, dass wir quasi gezwungen waren, bestimmte handwerkliche Fertigkeiten zu erlernen." Roedelius:

Hauptsächlich beschäftigte ich mich mit dem Anschleppen, Zerkleinern und Aufstapeln von Bruchholz zu Meilern für die Winterzeit, dem Anlegen eines kleinen Gemüsegartens, dem Pflücken von Früchten frei stehender Obstbäume, Pilze- und Wildfrüchtesammeln in den umliegenden Wäldern, dem Kochen und Konservieren von Marmeladen […]. Hier schreibe ich [Roedelius; P.K.] meine ersten, später unter dem Namen „Selbstportraits" herauskommenden, Musiken, meist nächtens auf Tonband in einem provisorischen Studio; im Sommer bei offenen Fenstern, mit dem Schnauben der Pferde auf der Wiese davor im Ohr, dem Plätschern des Wassers des vorüber fließenden Flusses, den Geräuschen der Blätter der Eschen, Espen und Pappeln, die das Haus umsäumen (Roedelius 2016, S. 118 f.).

In dieser Umgebung nimmt die Band ihre Musik in ihrem „eigens hergerichteten, provisorischen Studio" auf, wobei die Musiker auch wiederholt Naturgeräusche einbeziehen. Doch wird deren Einbettung nicht zum Konzept erhoben. Roedelius akzentuiert, dass den Aufnahmen kein spezifisches, der Natur entlehntes Oberthema zugrunde lag:

Nichts wurde bewusst eingefangen. Alles war ein Fluss an diesem Fluss: Unsere künstlerische Arbeit, unsere Lebensführung dort, die Begegnungen mit anderen Menschen, sowie die Wälder die uns Holz gaben und die Pilze und Beeren, die Wiesen mit ihrem artenreichen Gräser- und Blumenbestand. Ebenso die Herausforderungen, denen wir uns stellen mussten, da wir ja schließlich keine Bauern oder Handwerker waren. Letztlich war das insgeheim das Leitmotiv hauptsächlich für mich als Nichtmusiker, der sich vorgenommen hatte, sich mit einer eigenen Tonsprache verständlich zu machen.

Eno findet die technische Ausrüstung des Studios eher minimal und schlicht, wie es in Roedelius' Autobiografie dokumentiert ist. Roedelius zitiert Eno:

> Es war eine sehr angenehme Zeit, dort zu arbeiten. Es war eine Art Luftblase in meiner Geschichte. Teilweise, weil es eine so entlegene Gegend war. Wir arbeiteten nicht weit entfernt von diesem mächtigen Flusslauf. Der Song „By This River" aus meinem Album „Before And After Science" ist an diesen Ort gebunden. Wir lebten in diesem sehr stillen, ruhigen alten Bauernhaus. Die Weser war dort ein schneller, fast rasender Fluss. Mir kam er vor wie ein Bild für die ungeheuer schnell verrinnende Zeit. Demgegenüber wirkte das Leben in dem alten Haus noch ruhiger! Die Musik, die dort entstand, besaß etwas Magisches. Wie können wir aus Nichts Etwas machen? Das war die Kernfrage. Wie bei einem Zaubertrick. Wir hatten nur einfache Instrumente. […] Wir benutzten einfach, was in dem Raum vorhanden war, und das war nicht viel (Eno, zit. nach Roedelius 2016, S. 176).

Roedelius präzisiert, dass das Studio den Blick auf die Weser freigab, dass es also eine unmittelbare Sicht „auf das Wasser, auf die Bäume und Pferde und Kühe" erlaubte. Hier „befand sich auch die von Michael Rother extra für die Sessions mit Eno ausgeliehene Vierspur-Tonbandmaschine sowie unser zusammengewürfeltes Equipment aus selbstgebauten Tonerzeugern und vielerlei Apparaten zum Einspielen der Töne und Klänge". Roedelius erinnert sich, dass gelegentlich auch Nicht-Instrumente (deren Gebrauch für Eno später zentral werden sollte) während der Produktion zum Einsatz kamen. Dabei waren die Ohren ständig „auf das, was geräuschmäßig draußen vor den Fenstern des Studios passierte", gerichtet.

2 Eno in Forst

Als Gast der ‚Krautrocker' genoss Eno in Forst zwar kein Privileg, wurde jedoch von einigen anfallenden Arbeiten verschont. Roedelius:

> Er ist zwar überall hin mitgekommen – auch zum Einkaufen und zum Holzsammeln für den Winter – aber Hand angelegt hat er kaum. In der Nacht nahm er uns Gott sei Dank manchmal das Baby ab, damit wir eine Extramütze Schlaf finden konnten. Ich glaube, dass das Ganze für ihn zutiefst prägend war. […] Bei den Aufnahmen haben wir uns zugelauscht, aber nicht gefachsimpelt. Alles geschah intuitiv. Ohne viel Brimborium und overdubbing. Selbst „After The Heat" [die zweite Zusammenarbeit von Cluster mit Brian Eno; P.K.], das offensichtlich einen direkten Eno-Touch ausstrahlt, ist auf diese Weise entstanden, wenngleich ein bisschen elaborierter in der Endbearbeitung.

In diesem Sinne verliefen die Aufnahmen „[…] wechselseitig – auf alle Fälle demokratisch. Jeder brachte sich so ein, wie es ihm möglich war und von jedem anderen wurde es so akzeptiert." Bezüglich des Einflusses, den der Aufenthalt in Forst auf Enos späteres Ambientkonzept haben sollte, hält Roedelius sich im Interview eher zurück:

> Wer kann das wirklich wissen? In den Arbeitswochen haben wir mit ihm lange Gespräche geführt, aber eigentlich nichts anderes erfahren, als dass er bereits ein Konzeptkünstler war, bevor er zu uns kam und mit uns arbeitete. Er hat einfach, wie wir, alles Mögliche ausprobiert und dabei die Grenzen des für ihn Machbaren ausgelotet.

Dieter Moebius wird in der BBC-Dokumentation *Krautrock. The rebirth of Germany* hingegen deutlicher: „Brian came to our house to learn from us. […] He didn't know what to do really, I think, in this moment. He was at a dead end of a street." Somit kursiert der später programmatisch aufgeladene Begriff *Ambient* in Forst noch nicht. Roedelius hält ihn bezüglich seiner eigenen Produktionen auch heute noch für unangemessen – wenngleich er seine Musik in seiner Autobiografie als mögliche „Matrix all dessen, was mittlerweile unter diesem Begriff verstanden wird" charakterisiert (Roedelius 2016, S. 37).

Literatur

BBC Dokumentation: Krautrock. The rebirth of Germany. YouTube: https://www.youtube.com/watch?v=lnMhkkgWpG4. Zugegriffen: 19. Mai 2017.
Roedelius, Hans-Joachim. 2016. *Roedelius. Das Buch*. Bad Vöslau.

Hintergrund-Wissen

Erik Satie und seine *Musique d'Ameublement*

Bettina Schlüter

1   Konfektionsware

Mit der Entstehung neuer Phänomene treten auch vergangene Konfigurationen in den Blick, in denen sich dieses Neue bereits anzudeuten scheint, durch die es Prägnanz und historische Tiefe gewinnt. Dies trifft auch auf den Begriff ‚Ambient' zu, der als Label eines spezifischen Musikgenres von Brian Eno in den 1970er Jahren etabliert wird und dem sich alsbald die Geschichte seiner musikalischen ‚Vorläufer' zugesellt – allen voran in der Gestalt Erik Saties und seiner im Jahr 1918 erstmals erwähnten *Musique d'Ameublement* (Satie 1988, S. 29 ff.). Diese Rückblende verfügt in Saties Fall offenkundig über ein hohes Maß an Suggestivität, ist diesem Komponisten doch nicht nur späterhin, sondern bereits zu Lebzeiten mehrfach die Rolle eines Vordenkers ästhetischer Ideen zugedacht worden. Dieser Umstand hängt unmittelbar mit dem Verlauf seiner eigenen künstlerischen Karriere zusammen: Bleiben ihm die Wege in die etablierten Pariser Musikinstitutionen und Konzertsäle zunächst versagt, so erlangt Satie ab den 1910er Jahren größere Bekanntheit durch die ‚Wiederentdeckung'[1] seiner frühen Klavierwerke im Zuge veränderter kompositionsästhetischer und musikstilistischer Bedingungen. Die Mentorenrolle, die ihm hier von einer Gruppe junger Komponisten,

---

[1]Zu den genaueren Hintergründen dieser ‚Wiederentdeckung' und Ravels Kalkül vgl. Voltas Anmerkungen zu Saties Schriften (Satie 1988, S. 452).

B. Schlüter (✉)
Forum Internationale Wissenschaft, Universität Bonn, Bonn, Deutschland
E-Mail: schlueter@uni-bonn.de

© Springer Fachmedien Wiesbaden GmbH 2018   29
J. Schröter et al. (Hrsg.), *Ambient,* Neue Perspektiven der Medienästhetik,
https://doi.org/10.1007/978-3-658-19752-0_3

den *Jeunes Ravêlites,* im Umfeld der ersten, großen Erfolge von Maurice Ravel angetragen wird, liefert Satie neue Impulse, seine zwischenzeitlich durch einen akademischen Abschluss gleichsam approbierte und nobilitierte kompositorische Tätigkeit mit größerer Intensität wiederaufzunehmen. Die Kompositionen dieser Zeit schließen einerseits stilistisch an seine frühen Arbeiten, insbesondere die Klavierwerke, an, reagieren anderseits und vor allem aber auf kulturelle Veränderungen innerhalb der Pariser Kunstszene. Die Auseinandersetzungen, die hier um neue ästhetische Konzepte und Darbietungsformen jenseits tradierter Stillagen und institutionell geprägter Routinen geführt werden, spiegeln sich in der Gründung immer neuer Gruppierungen mit wechselnden personellen und ästhetischen Allianzen sowie in unzähligen Publikationen und Proklamationen mit ihren polemischen, konfliktuösen Zuschärfungen. Ein solches Kultur- und Musikleben, das wenige Jahre später mit der Adaption des Dada noch weiter an Dynamik gewinnt, bildet ein hoch responsives künstlerisches Umfeld, das Saties kompositorisch-konzeptueller Beweglichkeit und prägnanter Gestaltungsweise entspricht und das geeignete Rahmenbedingungen für variable künstlerische Zusammenarbeiten schafft. Aus solch einem Kontext heraus wendet sich 1918 ein weiteres Mal eine Gruppe junger Komponisten an Satie.[2] In Anlehnung an die *Jeunes Ravêlites* formieren sie sich auf seine Anregung hin zunächst als *Nouveaux Jeunes* und benennen sich 1920 in *Les Six* um. Nach Auflösung dieser *Groupe,* ein Jahr später,[3] folgt Satie in einem mittlerweile eingespielten Ritual schließlich noch der Bitte von vier weiteren Musiker, sich als Namenspatron einer nach seinem Wohnort bei Paris benannten „Schule von Arcueil" zur Verfügung zu stellen.[4] Diese gleichsam inflationierende ‚Nachfrage' verbindet Satie jedoch nicht mit der Rolle eines

---

[2]Es handelt sich um Georges Auric, Louis Durey, Arthur Honegger, Germaine Taileferre, wenig später ergänzt um François Poulenc und Darius Milhaud.

[3]Zu den genaueren Umständen der Gründung sowie zu den Friktionen und Saties wechselnder Beziehung zu dieser Gruppe vgl. Voltas Anmerkungen (Satie 1988, S. 478 f.).

[4]„Die Gruppe der *Six (wie entsetzlich!)* wird einige ‚Abgänge' mit Pauken und Trompeten veranstalten. Jawohl. Was die *Six* betrifft – deren Niedergang, deren tödlichen Niedergang man bereits mehrmals angekündigt hat –, muß ich gestehen, daß sie als Gruppe nicht mehr existieren. Mit einem Wort, es gibt die Gruppe der *Six* nicht mehr. […] Das Auftauchen von vier neuen Musikern, den Herren Henri Cliquet-Pleyel, Roger Désormière, Maxime Jacob und Henri Sauguet – ich hatte die Ehre, sie am Collège de France vorzustellen –, wird unsere ästhetische Position festigen. Diese junge Gruppe junger Männer nennt sich selbst die *Schule von Arcueil,* aus Sympathie für einen alten Freund, der an diesem Ort wohnt und der ihnen sehr verbunden ist" (Satie 1988, S. 190 f.).

„Schulmeisters"[5], der in seinen ästhetischen Vorgaben und als Hüter stilistischer Traditionen unweigerlich innovatorische Entwicklungen blockieren würde. Im Einklang mit dem avantgardistischen Selbstanspruch der jungen Komponisten begreift er sich selber vielmehr als „Fetisch"[6], d. h. als Adressat einer funktionalen Zuschreibung, die in ihm vor allen Dingen die Verkörperung des Prinzips ästhetischer Originalität sieht – und damit ein zentrales Element der späteren Satie-Rezeption von John Cage[7] bis Brian Eno auf treffende Weise selbst umreißt.

Eine solche Verlagerung kompositorischer Vorbildfunktionen – gleichsam auf eine Ebene zweiter Ordnung – verleiht Saties früher und dauerhafter Abkehr von konventionalisierten Kompositionsweisen neues Gewicht. In den Mittelpunkt der Aufmerksamkeit einer jungen Komponistengeneration rücken nun seine prägnant skizzierten Ideen, die den oftmals experimentell-prototypisch angelegten Charakter seiner kompositorischen Tätigkeit hervortreten lassen. Dass eine solche Verwandlung der Werke in exemplarische Anwendungsfälle, die auf spontane Ideen oder konzeptuelle Vorüberlegungen reagieren, auch das Gefüge zwischen Komposition und ästhetischer Kommunikation verschiebt und von der Tendenz her die Unterscheidung selbst einebnet, konvergiert wiederum mit ästhetischen Praktiken der Avantgarde-Bewegungen. Beachtung finden zudem die vielfältigen kompositorischen Applikationen, die Satie aus den musikalischen Bezugnahmen auf alltagskulturelle Phänomene gewinnt und die damit bereits auf Aspekte einer *Musique d'Ameublement* vorausweisen. Ebenso trifft die kompositorische Integration musikalischer Stillagen, die der Salon- und Unterhaltungsmusik, dem Kabarett, dem Varieté, Zirkus oder auch sakral-okkulten Ausdrucksformen von Sekten und religiösen Orden entstammen,[8] auf ein zunehmendes Interesse jüngerer Komponisten.

---

[5]„*Es gibt keine Satie-Schule*. Der Satismus könnte nicht existieren. Er hätte mich zum Feinde. Die Kunst braucht keine sklavische Gefolgschaft. Ich habe immer alle meine Kräfte darauf verwandt, die Mitläufer vom Wege abzubringen, durch die Form & den Gehalt jeden neuen Werkes. Das ist für einen Künstler der einzige Weg, es zu vermeiden, Oberhaut einer Schule, das heißt ein Schulmeister, zu sein" (Satie 1988, S. 154).

[6]„Der Name ›Ecole d'Arcueil‹ kommt daher, daß sie den Wunsch haben, einen ihrer alten Freund, der in diesem unseren Vorort lebt – zum ›Fetisch‹ zu wählen… Komischer Gedanke! Dieser ›Fetisch‹ hatte bereits gedient: auch die ›Six‹ hatten ihn vordem in Gebrauch" (Satie 1988, S. 303).

[7]Zu Cages Auseinandersetzung mit Satie vgl. das „imaginäre Gespräch" zwischen beiden Komponisten aus dem Jahr 1958, wieder abgedruckt in: Metzger und Riehn (1986, S. 26–29).

[8]Wehmeyer (1992, S. 88) kennzeichnet diese Kompositionsweise Saties treffend als „musikalische Rede in Gemeinplätzen". Vgl. hierzu auch die stärker auf den Einfluss medialtechnischer Verfahren zielenden Ausführungen von Scherer (1989, S. 25–37).

Gleiches gilt für das Spiel mit paratextuellen Elementen, das musikalisch-performative Abläufe (etwa der Interaktion zwischen den Musikern während der Aufführung) in die musikalische Form selbst zurückspiegelt und gerade auch in der Erprobung alternativer Darbietungsformen im Umfeld des Dada Resonanz findet. Besondere Relevanz aber erlangt für die Pariser Kunstszene Saties Ansatz, kompositorische Arbeit und publizistische Äußerungsformen tendenziell einander gleichzuordnen und als funktionale Äquivalente in einem kommunikativen Spiel zu verstehen, das ästhetische Positionierungen und Zuschreibungen offen und offensiv aushandelt. Musikalische Werke erhalten auf diese Weise über ihren prototypischen Status hinaus den Charakter eines künstlerischen Kommentars, der auf sein kulturelles Umfeld reagiert, der kompositorische Gesten übernimmt, musikalisches Material zitiert, ästhetische Konventionen und kulturelle Praktiken exponiert. Umgekehrt adaptieren Saties Kritiken, Aphorismen, Zeitungsartikel und Karikaturen in ihrer sprachlich-literarisch und oftmals auch grafisch durchgestalteten Form[9] ästhetische Gestaltungsweisen und tragen in der Mimikry diverser Stillagen das ihrige dazu bei, die Unterscheidung zwischen Text und Paratext, zwischen Werk und Kommentar, aufzuheben. In dieser Engführung von Komposition und Kommunikation, deren latent entdifferenzierende Wirkung sich nahtlos in die kulturelle Dynamik der Pariser Kunstszene einfügt, vermag auch Saties mehrfach nachgefragte Patronage selbst ein offen gehandeltes symbolisches Kapital auf einem Markt konkurrierender Ideen zu bilden. Entsprechend agiert er vornehmlich als Stratege, Ratgeber und Kommunikator und wird auf diese Weise zentraler Akteur innerhalb eines hoch angereicherten Spiels mit ästhetischen Positionen, die immer wieder variiert, persifliert und unterlaufen werden – eines Spiels mit kommunikativen Einsätzen, schnell getakteten Interaktionen und wechselseitigen Überbietungen, in der jede Sprache einer ‚Eigentlichkeit' durch die Imitation und Kombination von Stillagen, durch parodistische und rekursiv kommentierende Funktionen ersetzt wird.

Diesen Zusammenhängen, die in Ablösung von einem tradierten Musik- und Kunstverständnis allererst die Voraussetzungen für die Idee einer gleichsam ästhetisch eingeebneten, mit der Umgebung verschmelzenden Hintergrundmusik schaffen, entstammen auch die eingangs bereits erwähnten kurzen Texte zu einer *Musique d'Ameublement*; Satie hat besagte Texte 1918 an Jean Cocteau sowie an Amedée Ozenfant anlässlich einer geplanten, aber letztlich nicht realisierten Darbietung in einem Pariser Modesalon geschickt.[10] Angesichts der

---

[9]Zu den kalligrafischen Qualitäten des Notenbildes vgl. Wehmeyer (1992, S. 84–97).

[10]Vgl. zu den Hintergründen und den weiteren kompositorischen, ästhetischen und filmmusikalischen Impulsen, die sich damit verbinden Satie (1988, S. 445).

kulturellen Dynamik dieser Zeit kann es jedoch kaum verwundern, dass sich hinter dem Begriff *Musique d'Ameublement* selbst keineswegs ein homogenes Konzept verbirgt, das einer Entstehungsgeschichte von ‚Ambient‘ als fixer Ankerpunkt dienen könnte. Die im Reklame-Jargon eines Konfektionsunternehmens geschriebenen Texte respektive ‚Anzeigen‘ kündigen eine neue, vielfältig einsetzbare ‚Musikform‘ an, die die üblicherweise bei gesellschaftlichen Ereignissen, „Abendgesellschaften, Versammlungen etc." (Satie 1988, S. 29) als Unterhaltungsmusik dargebotenen „Walzer" und „Opern-Fantasien", „Polkas, Tangos, Gavotten" (Satie 1988, S. 31) ersetzen soll. Die 1920 realisierten, anlässlich einer Vernissage in der *Galerie Barbazanges* unter dem Label *Musique d'Ameublement* schließlich als Zwischenaktmusik zu einer Komödie von Max Jacob erklingenden Kompositionen[11] *Chez un Bistro* und *Un Salon* basieren jedoch, für ein Pariser Publikum unüberhörbar, genau auf einem solchen Arrangement populärer Opernmelodien und Tänze – konkret auf musikalischem Material aus Ambroise Thomas' Oper *Mignon* und Camille Saint-Saëns *Danse macabre*. Die syntaktisch schlichte Reihung der zitierten melodischen Linien und Fragmente lässt die musikalische Banalität keineswegs zufällig überdeutlich hervortreten. Und auch in der Insistenz, mit der sich diese abgezirkelten Perioden in einer potenziell endlosen Wiederholungsschleife weniger Take aneinanderreihen sowie in der Spezifik der instrumentalen Besetzung (vierhändiges Klavier, drei Klarinetten und eine Posaune), die – zumal im Raum verteilt dargeboten – jede Charakteristik einer Hintergrundmusik schon allein auf klanglicher Ebene konterkariert, spiegeln sich ganz andere Intentionen: Hier manifestiert sich das Bestreben, die gängige Praxis einer zu gesellschaftlichen Anlässen eingesetzten Unterhaltungsmusik mitsamt ihrer kompositorischen, ‚industriell‘[12] anmutenden Routinen auf die Spitze zu treiben und in ihrer nackten Stupidität bloßzustellen. Auch die von Besuchern der Abendaufführung kolportierte Intervention Saties gegen eine dem Konzept der *Musique d'Ameublement* zuwiderlaufende Bereitschaft der Besucher, reflexhaft die Haltung eines konzentriert-disziplinierten Konzertpublikums anzunehmen, dürfte kaum – wie dies meist kolportiert wird[13] – als ernsthaft-paradoxes Bemühen zu verstehen sein, dem Konzept qua Anweisung zum Nicht-Zuhören

---

[11]Vgl. zu dieser Aufführung Wehmeyer (1992, S. 56 f.) und Satie (1988, S. 445).

[12]Satie verwendet als alternative Bezeichnung für *Musique d'Ameublement* den Begriff *sons industriel* (Satie 1988, S. 29).

[13]Schon Darius Milhaud äußert sich in seinem Bericht über die Aufführung in der Galerie Barbazange in diesem Sinne. Vgl. Milhaud (1962, S. 96) und Wehmeyers (1992, S. 57) Ausführungen.

Geltung zu verschaffen. Vielmehr stellt diese Intervention einen weiteren gezielten Einsatz dar, gängige Praktiken des Musiklebens als absurd zu demaskie-
ren und dabei nicht zuletzt auch die ‚Elaborate' seiner älteren, von ihm wenig
geschätzten Komponistenkollegen Thomas und Saint-Saëns musikalisch zu kom-
promittieren.[14] Ein Jahr später, 1921, stellt Satie der imaginierten Leserschaft in
einem (unveröffentlichten) Fragment „eine einfache Frage" (Satie 1988, S. 220),
die seine Haltung angesichts einer um sich greifenden Beschallung von öffentlichen Räumen unmissverständlich kennzeichnet: „Was ziehen Sie vor: Musik oder
Wurstwaren?" Dies sei eine Frage, „die sich", so Satie, spätestens zu Beginn „des
Hors d'Oeuvre stellen sollte." Denn „die Masse liebt es, gefällig Aufgewärmtes,
albernes sentimentales Geleier zu hören, während man ein Bier trinkt oder eine
Hose anprobiert; den Eindruck zu erwecken, als lausche man den klanglichen
Pflichtübungen von Bässen, Kontrabässen & anderen unsauberen Tröten, und
dabei an nichts zu denken." „Das Heilmittel" gegen eine solche Merkantilisierung
respektive „Dyfayêlesierung der Musik": „Saftige Abgaben; schreckliche Schika-
nen; empfindliche Strafen, ja Folter" (Satie 1988).

Die Bedeutungsrichtung, die Satie dem von ihm kreierten Begriff einer
Musique d'Ameublement in der Realisation von *Chez un Bistro* und *Un Salon*
1920 verleiht, ist in der Neigung zum kombinatorischen Spiel mit kulturellen,
ästhetischen und musikalischen Konventionen, mit sprachlichen Versatzstücken
und tradierten Stillagen, jedoch nur eine Variante in einem breiter gefassten
Spektrum kompositorischer Optionen. Diese Offenheit verdankt sich, so legen
seine unzähligen Schriften, Aufzeichnungen, Skizzen und Notizen nahe, einer
gedanklichen Beweglichkeit, die entlang spielerisch-assoziativer Verknüpfungen
jederzeit bereit ist, auch ganz andere Anschlussmöglichkeiten auszureizen. Eine
Variante bildet die (weniger ernsthaft denn spielerisch-ironisch verfolgte) Vorstellung von einer *Musique d'Ameublement,* die „Teil der Geräusche der Umgebung ist, die sie einkalkuliert. Ich stelle sie mir melodiös vor, sie soll den Lärm
der Messer und Gabeln mildern, ohne ihn zu übertönen, ohne sich aufzudrängen.
Sie soll das oft lastende Schweigen zwischen den Gästen möblieren" (zit. nach

---

[14] „Nein: Saint-Saëns ist kein Deutscher... Er ist lediglich etwas schwer von Begriff... und
versteht alles ganz verkehrt, nichts weiter..."; „Die französische Kunst gehört Saint-Saëns.
Das ist schlimm für jene, die zu verstehen glauben" (Satie 1988, S. 156, 335); „Ambroise
Thomas. Seine Kunst? Darüber mit Verlaub will ich hier nicht reden, sondern beschränke
mich darauf, einige vage Eindrücke wiederzugeben. Warum von seiner sonderbaren Proso-
die sprechen? Philine singt: ‚I-ich bin Titania, die Blonde'; Laertes teilt uns mit: ‚Schöne,
habt Mitleid m*i-it* uns.' Das genügt" (Satie 1988, S. 141).

Wehmeyer 1992, S. 57). Der Einsatz der Musik zur akustischen Maskierung einer Umgebung sowie zur kommunikativen Entlastung schließt an ein Musikgenre an, das als Tafel- oder Salon-Musik Gesprächs- und Interaktionsräume musikalisch-klanglich modelliert und im Sinne der gewünschten Unterhaltungseffekte strukturiert.[15] Eine wieder andere Variante, die auf die Verschmelzung von Musik und Hintergrund zu einem räumlichen Gesamtarrangement an halböffentlichen und privaten Orten zielt, deutet sich in den erwähnten Texten von 1918 an. Hier bildet der Begriff des „musikalischen Möbels" das Initiativmoment einer Serie von Aphorismen, in deren persiflierender Zuspitzung Musik- und Industrieproduktion kurzgeschlossen werden.[16] Die Idee, Musik in das Sortiment von Einrichtungsgegenständen und Konfektionswaren aufzunehmen, setzt dann in einem weiteren Schritt den offenkundig reizvollen Gedanken frei, dieser Analogie eigenes ästhetisches Gewicht zu verleihen. In Saties Nachlass finden sich neben der Notiz zur Komposition eines *Sonoren Wandbehanges*[17] noch zwei weitere (erst im Jahr 1975 edierte) kompositorische Miniaturen von je vier, ad libitum zu wiederholenden Takten Umfang, die konsequenterweise ebenfalls unter den Begriff *Musique d'Ameublement* gefasst werden[18] und die nun in der Tat in einzelnen Dimensionen ihrer musikalischen Gestaltung als frühe Realisation einer ‚Ambient'-Musik gewertet werden können. Die kompositorische Anlage der *Tapisserie en fer forgé* und der *Carrelage phonique* knüpft zwar an den bereits in *Chez un Bistro* und *Un Salon* realisierten repetitiv-reduktionistischen Grundcharakter an; der musikalische Gesamteindruck einer kleinschrittigen Kombinatorik musikalischer Bausteine wird jedoch einschneidend verändert durch Verknüpfungsprinzipien, die sich strukturell offenkundig an den Titel gebenden Wanddekorationen orientieren: Aus einer figural-feingliedrigen Struktur, die nie die Konsistenz melodischer Konturbildung gewinnt und daher in ihrer mikrostrukturellen kombinatorischen

---

[15]Auch hier nicht zuletzt in maskierender und modellierender Funktion, die den Raum strukturiert, variable Gesprächsformationen ermöglicht, den Verlauf des Abends gliedert und kommunikative Interpunktionen glättet. Vgl. Ballstaedt und Widmaier (1989); Gradenwitz (1991) und Schlüter (2011).

[16]In Saties Notizen und Aufzeichnungen gibt es eine Vielzahl solcher Sprachfiguren („Intervalle im Sonderangebot zu verkaufen"; „Das Haus übernimmt harmonische Reparaturen", „Musikalisches Möbel: Industrieklänge, dem Musikhandel entliehen" u. v. a.), vgl. Satie (1988, S. 256 f., 357 ff.)

[17]„Sonore Wandbehänge: wäre äußerst angebracht in einem Louis-XVI.-Salon während eines Empfangs für die Eltern aus der Provinz" (Satie 1988, S. 353).

[18]Vgl. hierzu Wehmeyer (1992, S. 57).

Flexibilität die Nahtstellen der prädefinierten Anschluss- und Übergangsstellen nach dem Vorbild von Tapeten- und Kachelmustern in einer ornamentalen Verbindung überspielt, resultiert eine musikalische Form, die sich von den hart gefugten, abgezirkelten syntaktischen Perioden eines *Chez un Bistro* oder *Un Salon* deutlich abhebt. Indem die additive Aneinanderreihung musikalischer Versatzstücke durch den Verzicht auf kadenzierende Einschnitte sowie (in der *Tapisserie en fer forgé*) durch rhythmische Verschiebungen unterlaufen wird, entsteht bei aller Reduktion des musikalischen Materials der Eindruck einer intern pulsierenden Bewegung. Der repetitiv-minimalistische, um ein geringes Maß an Variabilität angereicherte Charakter der Musik erzeugt auf diese Weise nach kurzer Zeit den Eindruck eines zwar in hohem Maße homogenen, in sich aber leicht changierenden Klangbandes. Auch die durch subdominantische Beziehungen und Paralleltonarten geprägte, mitunter harmonisch ambivalente schwebende Akkordfolge, aus der heraus sich in *Tapisserie en fer forgé* eine über die Oktavlagen hinweg rhythmisch verzahnte absteigende Tonbewegung ergibt, verbindet sich zu einem klanglich oszillierenden musikalischen Kontinuum, das dem Konzept einer sich in die Umgebung einfügenden Hintergrundmusik entgegenkommt.

Der Begriff *Musique d'Ameublement* vereinigt somit unterschiedliche konzeptuelle Ansätze und führt daher auch zu verschiedenen ästhetischen Ergebnissen: Zum einen die gezielte, persiflierend-aufdringliche Exposition musikalischer Versatzbausteine, des Weiteren die kompositorisch nicht umgesetzte Idee eines Klang- und Akustikdesigns *avant la lettre,* das an Traditionen der Tafel- und Salonmusik anknüpft, und zum dritten die formale Adaption visuell-dekorativer Gestaltungsprinzipien zur Genese einer durchlaufenden, im Hintergrund verbleibenden Klangschicht. Alle Varianten vereinigen – so ließe sich in einem zeitlichen Ausgriff auf spätere Konzepte formulieren – noch unter einem gemeinsamen Begriff das, was Eno ein halbes Jahrhundert später in Muzak und ‚Ambient' auftrennt und aus dessen kritischen Absetzbewegungen ‚Ambient'-Musik als Genre eigenen Zuschnitts hervorgeht.[19]

Dass der Gedanke einer ‚Ambient'- oder Hintergrundmusik jenseits etablierter Unterhaltungsformen oder karikierender Arrangements populärer Melodien überhaupt entstehen konnte und erste ästhetische Experimente initiiert hat, lenkt den Blick auf eine zweite, gleichsam tiefer liegende Schicht von Voraussetzungen.

---

[19]„Wo die konventionelle Hintergrundmusik dazu dient, alle Zweifel und Unsicherheiten (und somit jedes echte Interesse) von der Musik fernzuhalten, bewahrt Ambient Music solche Qualitäten. Und wo die Intention der ersteren darin besteht, die Umwelt durch Anreize ‚aufzuhübschen' […], möchte Ambient Music Ruhe und einen Raum der Reflexion erzeugen" (Eno 1978).

Über die bislang akzentuierten kulturellen Rahmenbedingungen einer Freisetzung künstlerischer Potenziale hinaus, wie sie die Pariser Musik- und Kunstszene
in der Ablösung von einer bürgerlichen Musikkultur vollzogen hat, betrifft dies
zunächst grundlegend die Vorstellungen davon, welches Verhältnis das wahrnehmende Bewusstsein zu seiner Umwelt unterhält. Welches Wissen, so ließe sich
jenseits aller personellen Zurechnungen künstlerischer Innovation fragen, liegt
einer ästhetischen Stoßrichtung zugrunde, die in dieses Zusammenspiel zwischen
Wahrnehmung und Umgebung modellierend eingreifen möchte? Was begründet
die Unterscheidung zwischen einer Vordergrund- und Hintergrundstruktur und
speist die musikalischen Gestaltungstechniken? Enos erste einschlägige Kompositionen auf dem Gebiet der ‚Ambient'-Musik fallen in eine Zeit, in der psycho-
akustische und musikpsychologische Studien bereits auf eine jahrzehntelange,
in den 1970er Jahren durch wirtschaftliche Interessen noch einmal intensivierte
Forschung zurückschauen können. Satie dagegen beginnt seine kompositorische
Tätigkeit zu einem Zeitpunkt, an dem sich dieses Wissen gerade formiert und in
der es auf der Grundlage empirisch-experimenteller Forschungen die allgemeinen Vorstellungen von Sinneswahrnehmungen und Bewusstseinsprozessen, von
Hörvorgängen und der Verarbeitung einer akustischen Umwelt, einschneidend zu
verändern beginnt. Diese Frage nach den Entstehungsbedingungen einer Hintergrundmusik jenseits der seit dem 18. Jahrhundert tradierten Formen der Unterhaltungsmusik lenkt den Blick in das 19. Jahrhundert zurück.

2   Schwingung, Licht, Wärme

Es erscheint für die wissenschaftlichen Entwicklungen des 19. Jahrhunderts und
deren nachhaltigen Einfluss auf Bereiche der Kunst durchaus signifikant, wenn
Satie 1918 anmerkt, die *Musique d'Ameublement* sei reine „Schwingung" und
diene daher wie ihr visuelles und taktiles Pendant „Licht" und „Wärme" allein
der Erzeugung eines allgemeinen (und bei ihm käuflich zu erwerbenden) „Komforts" (Satie 1988, S. 31).[20] Damit lenkt der Komponist – wie ironisch gebrochen
auch immer – die Aufmerksamkeit auf eine gleichsam ‚aisthetische', d. h. auf die
Sinnesempfindung zielende, Wirksamkeit, die sich noch diesseits einer bewussten Wahrnehmung musikalischer Strukturen entfaltet. Diese physiologischen oder

---

[20] „Die *Musique d'Ameublement* erzeugt Schwingungen; sie hat kein weiteres Ziel. Sie
erfüllt die gleiche Rolle wie das Licht, die Wärme und der Komfort in jeder Form" (Satie
1988, S. 31).

auch unbewussten Dimensionen des Hörens, die Satie hier anspricht, werden im Horizont naturwissenschaftlich-experimenteller Verfahren im 19. Jahrhundert eingehend erforscht und in den Gesamtkomplex eines neuen Wissens vom Menschen eingeordnet. Bei diesen Untersuchungen tritt eine Binnenkomplexität der Sinneswahrnehmungen in Erscheinung, die die sensorische Aufnahme äußerer Reize in ihrer Relevanz neu vermisst und in der Folge physiologische Forschungen als ein Beobachtungsfeld eigenen disziplinären Zuschnitts markiert.[21] Auf diese Weise rejustiert sich das gesamte Zusammenspiel von physikalisch-akustischen, hörphysiologischen, psychischen und (musik-)ästhetischen Prozessen und löst – insbesondere indem es das Verständnis von der Funktionsweise kognitiver Abläufe einschneidend verändert – einen älteren, noch bis weit in das 19. Jahrhundert hinein präsenten Wissensbestand Schritt für Schritt ab.

Im Rahmen dieser Entwicklungen spielen die (zunächst noch aus einem theoretisch-mathematischen Denken abgeleiteten[22]) akustischen Untersuchungen und Experimente von Hermann von Helmholtz eine zentrale Rolle. Seine Studien konturieren erstmals das Gebiet einer „physiologischen Akustik" (Helmholtz 1971, S. 7) als eigenen Forschungsbereich, in dessen Rahmen nicht nur der Weg, den die Schallwellen im Ohr durchlaufen, minutiös beschrieben wird, sondern auch Phänomene der klanglichen Wahrnehmung als Effekte physiologischer Operationen identifiziert und den entsprechenden Vorgängen zugeordnet werden. Aus den Untersuchungen resultiert ein neues Verständnis von einer gleichsam mathematisch organisierten[23] Funktionsweise des Ohres (vgl. Helmholtz 1971, S. 39 f.), das nach dem Muster einer Differenzialrechnung Töne, d. h. zusammengesetzte

---

[21]„Vor dem neunzehnten Jahrhundert galt der wahrnehmende Mensch generell als passiver Empfänger von Reizen, die von äußeren Objekten ausgingen und Wahrnehmungen hervorbrachten, die diese äußere Welt abspiegelten. Was dagegen in den letzten zwei Jahrzehnten des neunzehnten Jahrhunderts Gestalt annahm, war ein Konzept von Wahrnehmung, bei dem das Subjekt als dynamischer psycho-physikalischer Organismus – durch einen geschichteten Komplex von sensorischen und kognitiven Prozesse, von höheren und niederen zerebralen Zentren – die Welt um sich herum aktiv konstruierte" (Crary 2002, S. 81). Vgl. zu diesem Zusammenhang auch das erste Kapitel von Crary (2002) sowie Peters (2002).

[22]Vgl. hierzu Schlüter (2016b).

[23]„So wie die Saiten, geben nun auch fast alle anderen musikalischen Instrumente Tonwellen, die nicht genau der reinen Wellenform entsprechen, sondern aus einer größeren oder geringeren Zahl einfacher Wellen zusammenzusetzen sind. Das Ohr analysiert sie alle nach dem Fourierschen Satze, trotz dem besten Mathematiker, und hört bei gehöriger Aufmerksamkeit die den einzelnen einfachen Wellen entsprechenden Obertöne heraus" (Helmholtz 1971, S. 39 f.).

„Wellenformen", in „einfache Wellen" (Helmholtz 1971), d. h. Sinusschwingungen, zerlegt. Das Produkt dieser Zerlegung ist der Wahrnehmung wiederum nur in synthetisch-aggregierter Weise (etwa als Klangfarbe oder Grad der „Rauigkeit" eines Klangs) zugänglich. Helmholtz' Studien erschließen damit nicht nur erstmals systematisch basale Prinzipien der Tonerzeugung sowie Ursprung, Aufbau und Wirkung der Obertöne, sondern lassen – viel grundsätzlicher – den transformativen Grundcharakter von Wahrnehmungsprozessen kenntlich werden. Durch den Akt des Hörens ziehen sich systemische Grenzen zwischen physikalischen, physiologischen und psychischen Vorgängen, deren Verschaltungen und Interferenzen eigene, komplexe Untersuchungsfelder darstellen.[24] Statt den Hörvorgang somit als passive Übermittlung akustischer Ereignisse an ein Bewusstsein zu verstehen, in dessen Zuständigkeit dann Mechanismen einer wie auch immer gearteten Synthese fallen, treten nun mehrfach gestaffelte Modellierungs- und Verarbeitungsfunktionen der „Tonempfindungen" hervor, die wesentlich über Rahmenbedingungen und Gestalt musikalischer Vorgänge im Bewusstsein mit bestimmen. Entsprechend strahlt auch das Wissen der „physiologischen Akustik", wie Helmholtz bereits 1857 andeutet und 1863 in seiner *Lehre von den Tonempfindungen* detailliert ausführt, auf benachbarte Untersuchungsfelder aus. Den Eindrücken von Konsonanz und Dissonanz, von Klangfarbe, von Raum- und Zeitverhältnissen liegen, so seine zentralen Beobachtungen, spezifische Schwingungsrelationen und Schwingungsinterferenzen der Härchen des Innenohres zugrunde (vgl. Helmholtz 1870, Kap. 1). Diese Erkenntnisse über hörphysiologischen Operationen greifen als faktorielles Gefüge tief in die Gebiete der Musiktheorie und der Musikästhetik (vgl. Helmholtz 1971, S. 54)[25] ein und speisen in direkter Konsequenz den Gedanken einer ästhetischen Adressierbarkeit physiologischer Prozesse, wie sie unter anderem auch dem Konzept einer ‚Ambient'-Musik *avant la lettre* zugrunde liegen.[26]

---

[24]Vgl. Schlüter (2016a).

[25]„Die Ästhetik sucht das Wesen des künstlerisch Schönen in seiner unbewußten Vernunftmäßigkeit. Ich habe Ihnen heute das verborgene Gesetz aufzudecken versucht, was den Wohlklang der harmonischen Tonverbindungen bedingt. Es ist recht eigentlich ein unbewußtes, so weit es in den Obertönen beruht, die zwar vom Nerven empfunden, gewöhnlich doch nicht in das Gebiet des bewußten Vorstellens eintreten, deren Verträglichkeit oder Unverträglichkeit aber doch gefühlt wird, ohne daß der Hörer weiß, wo der Grund seines Gefühls liegt" (Helmholtz 1971, S. 54).

[26]Vgl. die Ausführungen im dritten Teil dieses Beitrags.

Darüber hinaus modifizieren die physiologischen Untersuchungen aber auch in sehr grundsätzlicher Weise das Bild von der Arbeitsweise des Bewusstseins. Dabei ist der Grundgedanke, größere und geringere Präsenzgrade, bewusste und unbewusste Zustände, Vordergrund- und Hintergrundstrukturen zu unterscheiden, Teil eines bereits etablierten, älteren Wissens, an das die aktuelle Forschung mit neuen Ergebnissen anknüpft. Die Intensitätsdifferenz zwischen der Empfindung eines Reizes und einer Erinnerung, in der diese ursprüngliche Intensität zu einer „Spur" verblasst, begründet – so Herrmann Ebbinghaus (1885, § 26) in Rekapitulation dieses Wissensstandes[27] – allererst die Unterscheidung zwischen Gegenwartserfahrung und Erinnerung. Und sie kennzeichnet in ihrer kleinschrittigen Rhythmik die Arbeitsweise des Bewusstseins selbst; denn das Verblassen von Inhalten, das Raum für nachfolgende Vorstellungen macht, wird, wie Wilhelm Wundt in seinen Schriften ausführlich darlegt, zum integralen Bestandteil eines Bewusstseins, das seine eigene Prozessualität sicherstellen und die Sukzessivität seiner Inhalte organisieren muss.

In Folge der experimentellen physiologischen Untersuchungen, die an diesen älteren Wissensstand anknüpfen und ihr Augenmerk jetzt ganz gezielt auf die Schnittstelle zwischen sensorischer Empfindung und Wahrnehmung richten, geraten neue Phänomene in den Blick, die auch das Verhältnis von Vorder- und Hintergrund weiter komplizieren. In Fechners Experimenten treten „Reiz-" und „Unterschiedsschwellen" hervor (Fechner 1860, S. 246), die nicht harte Grenzen des Hör-, Sicht- und Fühlbaren markieren, sondern fließende Übergangsbereiche bilden, in denen „Empfindungen" möglicherweise „im Unbewusstsein bleiben" oder sich „das Unbewusstsein" in wechselnder Intensität „mehr und mehr vertieft" (Fechner 1860, S. 246).[28] Diese „Schwellen" werden ihrerseits von Kräften

---

[27]„Die einen halten sich, wie es scheint, vorwiegend an die auffallende Wiederkehr lebhafter Erinnerungsbilder selbst nach größeren Zeiträumen. Sie nehmen an, dass von den Empfindungen, die durch Eindrücke der Außenwelt erregt werden, abgeblaßte Bilder, "Spuren", zurückbleiben, die zwar in jeder Beziehung schwächer, luftiger seien als ihre Empfindungsvorbilder, aber in der Intensität, die sie nun einmal haben, ziemlich unverändert und dauernd fortbestehen" (Ebbinghaus 1885, § 26).

[28]„Je tiefer die Größe des Reizes oder Reizunterschiedes unter die Schwelle sinkt, um so weniger vermag der Reiz oder Reizunterschied empfunden zu werden, um so grösserer Zuwüchse dazu wird es erst bedürfen, ehe seine Empfindung eintritt. So lange der Reiz oder Reizunterschied unter der Schwelle bleibt, bleibt die Empfindung desselben, wie man sagt, unbewusst, und das Unbewußtsein vertieft sich mehr und mehr, nach Massgabe, als die Größe des Reizes oder Reizunterschiedes tiefer unter die Schwelle herabgeht. So bleiben der entfernte Schall, die Geruchsreize in der Atmosphäre unter der Schwelle und hiermit die dadurch erweckte Empfindung im Unbewusstsein, bis die Intensität jener Reize eine gewisse Größe, die Schwelle übersteigt" (Fechner 1860, S. 246).

dominiert, die auf tiefere, dem Wahrnehmungsakt vorgelagerte Konditionierungen verweisen. Der „Einfluss wachsender Uebung" (Fechner 1860, S. 82) auf die Wahrnehmungsfähigkeit wird dabei ebenso deutlich wie der Grad der Aufmerksamkeit, die, mit einem eigenen Zeitindex ausgestattet, Tendenzen zur Überreizung und Ermüdung mit sich führt. All diese Momente fließen in den Aufbau und die Auswertung der empirischen Studien als Variablen mit ein. Allerdings unterläuft der Kontrollmechanismus, der ursprünglich die Genauigkeit der empirischen Untersuchungen und die Vergleichbarkeit der Messergebnisse sicherstellen sollte, dabei den Untersuchungsgegenstand und wird selbst konstitutiver Teil des Beobachtungsfeldes. Prozesse der Konzentration und Konditionierung werden nun in „eigenen Verlaufskurven registriert" (Fechner 1860, S. 82)[29] und beginnen das Bild von der Grunddisposition der Wahrnehmung einschneidend zu verändern – einer Wahrnehmung, die nun zunehmend als fragile, durch mannigfache Umwelteinflüsse manipulierbare und durch unterschiedliche Kurzzeit- und Langzeiteffekte geprägte Instanz erscheint. So ist auch der „Schwellenwerth" bzw. die Wahrnehmung „der Reize als Reizunterschiede" durch „Verhältnisse der Ermüdung, Gewöhnung, Uebung, innere Ursachen der Aufregung oder Lähmung, Arzneien, die Periodicität des Lebens, individuelle Konstitution u. s. w." bestimmt und „der grössten und mannichfaltigsten Abänderungen fähig" (Fechner 1860, S. 248).

Auch in Helmholtz' Untersuchungen zeichnen sich zwischen „Tonempfindung" (als physiologische Operation) und „Tonvorstellung" (als Operationen des Bewusstseins) Interferenzen ab, in die Prozesse der Konditionierung und Gewöhnung eingreifen. Sie betreffen in grundlegender Weise die Gelenkstelle, an der sich die physiologisch-analytischen Operationen des Ohres in synthetisch-aggregierende Wahrnehmungsvorgänge übersetzen und an der sich im Zuge dieses Transformationsaktes die elementaren Einheiten des Bewusstseins ausbilden. Wenn der Ton, so Helmholtz' Gedankengang an dieser Stelle, eine komplexe, aus verschiedenen Ober- und Kombinationstönen zusammengesetzte Einheit darstellt, die der Wahrnehmung aber nicht als Mehrzahl von Tönen, sondern lediglich als Einfärbung eines in seiner Schwingungsintensität dominierenden Grundtones zugänglich ist, auf welche Weise können angesichts der gleichförmig strukturierten mathematischen Arbeitsweise des Ohres (d. h. der Zerlegung einer aus

---

[29]„Einerseits kommen, namentlich bei mangelnder Uebung, die Aufmerksamkeit und die Thätigkeit der Sinnesorgane durch eine gewisse Dauer der Versuche erst so zu sagen in Zug und fangen an, mit einer gewissen Gleichförmigkeit zu wirken, anderseits werden sie durch eine längere Fortsetzung abgespannt, ermüdet oder nach Umständen überreizt" (Fechner 1860, S. 82).

mehreren Schallwellen bestehenden Wellenform in Sinusschwingungen) dann
überhaupt verschiedene, simultan wahrnehmbare Hörereignisse im Bewusstsein
entstehen? Konkret auf die Musik bezogen heißt dies: Wie kann der Hörsinn
einen Ton (als einer Mehrzahl gleichzeitig erklingender Teil- bzw. Obertöne) von
einem Akkord (als einer Mehrzahl gleichzeitig erklingender Töne) unterscheiden,
und welche Prozesse steuern den Zuschnitt dieser elementaren Bewusstseinsein-
heiten? Helmholtz gibt auf diese Frage keine endgültige Antwort, verweist aber
auf eine gleichsam evolutionäre Dimension in der Entwicklung des Menschen
und eine damit verbundene pragmatische Notwendigkeit, Klänge hinsichtlich
ihres Klangursprungs voneinander zu unterscheiden – eine Konditionierung, die
sich dann noch in die Wahrnehmung musikalischer Strukturen hinein fortsetzt.
„Wir sind", so sein Resümee in dieser Sache, „in dieser Beziehung Alle, mehr
als wir vermuthen, höchst einseitige und rücksichtslose Anhänger des praktischen
Nutzens" (Helmholtz 1971, S. 27). Zugleich experimentiert Helmholtz mit Spiel-
räumen einer Selbstkonditionierung des Hörens, das die aggregierenden Mechanismen des Bewusstseins konterkariert und zu diesem Zweck Obertöne durch
Resonatoren gezielt verstärkt, um in der klanglichen Akzentuierung einzelner
Tonkonstituenten den Wahrnehmungsvorgang dem Unterscheidungsniveau physiologischer Prozesse anzugleichen. Intendiert sind letztlich Trainingseffekte, die
aus der künstlichen Lenkung der Wahrnehmung ein verfeinertes natürliches Hör-
vermögen hervorgehen lassen sollen.

Aus all diesen Untersuchungszusammenhängen kristallisieren sich schließlich
jene begrifflichen Unterscheidungsstandards heraus, deren definitorische Kraft
künftig das Wissen von Bewusstseinsprozessen[30] prägt:

> Den durch eigenthümliche Gefühle charakterisierten Zustand, der die klarere Auf-
> fassung eines psychischen Inhalts begleitet, nennen wir die Aufmerksamkeit; den
> einzelnen Vorgang, durch den irgendein psychischer Inhalt zu klarer Auffassung
> gebracht wird, die Apperception. Dieser stellen wir die sonstige, ohne den beglei-
> tenden Zustand der Aufmerksamkeit vorhandene Auffassung von Inhalten als
> die Perception gegenüber. Die Inhalte, denen die Aufmerksamkeit zugewandt ist,
> bezeichnen wir, nach Analogie des äußeren optischen Blickpunktes, als den Blick-
> punkt des Bewusstseins oder den inneren Blickpunkt, die Gesamtheit der in einem
> gegebenen Moment vorhandenen Inhalte dagegen als das Blickfeld des Bewusst-
> seins oder das innere Blickfeld. Der Uebergang irgendeines psychischen Vor-
> gangs in den unbewussten Zustand endlich wird das Sinken unter die Schwelle des
> Bewusstseins, das Entstehen irgend eines Vorgangs die Erhebung über die Schwelle
> des Bewusstseins genannt (Wundt 1896, S. 245).

---

[30]Vgl. hierzu auch die Ausführungen von Crary (2002, S. 232 ff.)

An den Übergängen zwischen der „Schwelle des Bewusstseins", den „Blickfeldern" und den „Blickpunkten" stellt sich der „Wechsel der psychischen Gebilde in ihrem Zusammenhang" als „ein fortwährendes Gehen und Kommen dar" (Wundt 1896, S. 246), deren komplexere zeitliche Verzahnung letztlich mit der Definition des Bewusstseins selbst zusammenfällt (vgl. Wundt 1896, S. 138).[31] Die Fokussierungsfähigkeiten des Bewusstseins steuern gleichsam das ‚Framing' und avancieren zu einer begrenzten Ressource, die die Anzahl und die Klarheit simultan appräsentierbarer Bewusstseinsinhalte limitiert. Dieser Mechanismus erstreckt sich über verschiedene Sinneswahrnehmungen und gehorcht einer (dem Prinzip der Erhaltung der Kraft folgenden) Ökonomie einer wechselseitigen Absorption von Bewusstseinsenergien, die jeweils auf visuelle oder auditive Eindrücke gerichtet werden können (vgl. Fechner 1860, S. 39).[32]

An der Grenze zwischen physiologischen und psychischen Prozessen sowie in den gleitenden Bewegungen zwischen verschiedenen „Graden des Bewusstseins" (Wundt 1896, S. 243)[33] und unterschiedlichen Sinneswahrnehmungen werden somit als Ergebnis der Untersuchungen Zonen erkennbar, in die Selbst- und Fremdkonditionierungen eingreifen und die damit zugleich auch einer Modellierung durch ästhetische Gestaltungsverfahren offenstehen. In diesem Zusammenhang avanciert die „Aufmerksamkeit", wie Jonathan Crary (2002) in seiner

---

[31] „Da sich jedes psychische Gebilde aus einer Vielheit elementarer Processe zusammensetzt, die weder sämmtlich genau im selben Moment zu beginnen noch aufzuhören pflegen, so reicht der Zusammenhang, der die Elemente zu einem Ganzen verbindet, im allgemeinen stets über dieses hinaus, so dass verschiedene gleichzeitige wie successive Gebilde wieder, wenn auch loser, unter einander verbunden werden. Diesen Zusammenhang der psychischen Gebilde nennen wir das Bewusstsein" (Wundt 1896, S. 138).

[32] „In eine äussere Anschauung ganz versunken sein und zugleich tief nachdenken, geht nicht. Zugleich aufmerksam sehen und hören, geht nicht. Um schärfer auf etwas zu reflectieren, müssen wir von Anderem mehr abstrahiren; und wie sich die Aufmerksamkeit theilt, schwächt sie sich für das Einzelne. Hier könnte man allerdings ein Spiel rein psychologischer Gesetze sehen, wenn diese Thatsachen allein ständen. Aber sie hängen zu sehr mit den vorigen zusammen, um nicht darin zugleich eine Ausdehnung des Gesetzes der Erhaltung der Kraft auf das rein psychophysische Spiel zu sehen" (Fechner 1860, S. 39).

[33] „Hiernach unterscheiden wir überhaupt Grade des Bewusstseins. Die untere Grenze, der Nullpunkt dieser Grade, ist die Bewusstlosigkeit. Von ihr, die als ein absoluter Mangel psychischer Zusammenhänge dem Bewusstsein gegenübersteht, ist wesentlich zu unterscheiden das Unbewusstwerden einzelner psychischer Inhalte. Dieses findet bei dem stetigen Fluss des psychischen Geschehens fortwährend statt, indem nicht nur complexe Vorstellungen und Gefühle, sondern auch einzelne Elemente dieser Gebilde verschwinden können, während neue an ihre Stelle treten" (Wundt 1896, S. 243).

Studie am Beispiel von Malerei und Fotografie des ausgehenden 19. Jahrhunderts umfassend darlegt, zu einer zentralen Kategorie, die auf ästhetische und technische Weise in eins angesprochen, thematisiert und als manipulierbare Instanz performativ in das Wechselspiel zwischen Kunstwerk und Beobachtung eingebunden wird.

Dieses neue Wissen von Sinnesempfindungen und Wahrnehmungsprozessen konstituiert somit nicht nur – zur Ausgangsfrage nach den Voraussetzungen einer ‚Ambient'- oder Hintergrundmusik zurückkehrend – die zentralen Basisunterscheidungen zwischen Apperzeption und Perzeption, zwischen Vordergrund- und Hintergrundstrukturen, zwischen verschiedenen Intensitätsgraden, Wirkweisen und Konditionierungseffekten; es markiert zugleich auch den Einsatzpunkt für eine ästhetische Modellierung dieses Zusammenhangs. Und es vermittelt gerade in der starken Bedeutung, die die prozessuale Dimension sensorisch-kognitiver Abläufe in diesem Rahmen gewinnt, sinnfällige Ansatzpunkte für eine künstlerisch-kompositorische Gestaltung, die ihre eigene Prozessualität und Mehrschichtigkeit der Abläufe als musikalisches Gestaltungsmoment reflektiert zu nutzen versteht.

3   Komfort

Mit diesen Gestaltungsmöglichkeiten experimentiert Satie nicht allein in den beiden erwähnten Miniaturen *Carrelage Phonique* und *Tapisserie en Fer Forgé*, sondern bereits in den frühen Klavierwerken, den *Sarabanden*, *Gymnopedien* und *Gnossiennes*. Er knüpft damit an Tendenzen des späten 19. Jahrhunderts an, die das Verhältnis zwischen physiologischen, psychischen und musikalischen Abläufen ästhetisch-reflexiv in die kompositorische Arbeit einfließen lassen und aus dem neu erworbenen Wissen über Korrelationen und strukturelle Konvergenzen formbildende Prinzipien ableiten. Musik ist nicht länger primär das „Objekt" einer „Einbildungskraft", die sich im Rahmen der Temporalisierungsschübe des ausgehenden 18. Jahrhunderts „anstrengen und ungewöhnlich erweitern" muss, um die Eindrücke „festzuhalten, zusammenzufassen und wieder zurückzurufen" und das „Mannichfaltige" „zu einem Ganzen vereinigen" (Michaelis 1997, S. 242); an die Stelle dieser kognitiven Synthetisierungsleistung tritt nun vielmehr ein transitorisch-prozessualer Charakter der Musik, in dem verstärkt Potenziale erblickt werden, sich mit Bewusstseinsprozessen gleichsam zu ‚synchronisieren', sie auf diese Weise zu steuern oder ihnen als komplementären Part in einem mikrostrukturellen Spiel wechselseitiger Interferenzen und Ergänzungen eine eigene formative Rolle zuzuweisen. Im Wissen um die ästhetische Adressierbarkeit physiologischer und psychischer Prozesse verläuft das Verhältnis zwischen Musik und Wahrnehmung in diesen Fällen dann nicht mehr primär entlang ästhetischer Synthesen, sondern verdichtet sich über formale Homologien in feingliedriger Taktung zu strukturellen Kopplungen.

In *Gnossienne 1* wird, um ein konkretes Beispiel in die Betrachtungen einzubeziehen, eine solche Abstimmung musikalischer und mentaler Prozesse auf verschiedenen Ebenen der kompositorischen Disposition wirksam. Die Oberstimme vollführt eine Bewegung, die sich aus einer musikalisch-symmetrisch geregelten Strukturbildung herauslöst und mit der irregulären Erweiterung der achttaktigen Periode um einen neunten Takt[34] eigenen Impulsen zu folgen scheint. Dieser Effekt wird durch weitere musikalische Mittel unterstützt. Gleich zu Beginn werden einzelne Töne durch kurze Vorschlagsbildungen akzentuiert und erlangen auf diese Weise den Charakter eigener profilierter, auch in der Wahrnehmung der Hörerinnen und Hörer entsprechend markierter Minimaleinheiten. Diese Minimaleinheiten, die zunächst integrativer Bestandteil einer genormten Phrasenbildung sind, gewinnen im Übergang vom sechsten zum siebten Takt die Qualität eines eigenständigen musikalischen Motivs. Die Vorschlagsfigur setzt sich von einer regulären Syntax ab und wird als freigestelltes Element Trägerin einer kontinuierlichen Abwärtsbewegung, die einen neuen harmonischen Fluchtpunkt jenseits der bislang vorherrschenden Tonart der Oberstimme sucht. Sie gewinnt als isolierte Einheit eine eigene rhythmische Charakteristik und erzeugt Anschlüsse, deren abgestufte Intensitäten sich wie Reflexe, Nachklänge, Bestätigungen vorausgehender musikalischer Einheiten ausnehmen.[35] Jenseits einer konventionalisierten Syntax werden im musikalischen Verlauf somit Effekte einer zeitlichen Bindung erzeugt, die sich nicht primär aus prädefinierten Taktschemata, Akzentschwerpunkten und Sequenzbildungen ableiten lassen, sondern sich dem Fortschreiten des Materials selbst zu verdanken scheinen. Sie konvergieren in ihrer formalen Disposition mit der Struktur eines Bewusstseins, das ohne die Zuführung äußerer Reize Anschluss-‚Bewegungen‘ autopoietisch aus eigenen

---

[34]So umfasst z. B. der erste Teil bis zur Wiederholung neun (vier plus fünf) statt acht (vier plus vier) ‚Takte‘. Satie hat die Taktstriche selbst ausgespart und damit, was zu seiner Zeit noch höchst ungewöhnlich war, die zeitliche Flexibilisierung der Syntax auch im Notenbild markiert. Zur einfacheren Orientierung wird im Folgenden auf die am Rhythmus der Unterstimme orientierte Taktzählung Bezug genommen (Satie 2006).

[35]Vgl. z. B. die Takte 6 bis 9.

Rückbezüglichkeiten und Verweisungen erzeugt, assoziative Fortspinnungen entwickelt, bei Einzelheiten verweilt, ihnen nachsinnt, gedankliche Konturen entstehen und wieder verblassen lässt.

Die musikalische Charakteristik der Oberstimme, deren Prägnanzgrade (wie soeben beschrieben) changieren, manifestiert sich jedoch nicht allein in der Sukzession melodisch-figuraler Verknüpfungen, sondern erlangt besondere Formen der Prägung erst in Verbindung mit einem weitgehend gleichbleibenden, akkordisch bestimmten, harmonisch nur minimal variierten klanglichen Untergrund. Oder anders formuliert: Die Faktur der Unterstimme, die zunächst vollkommen der Funktion einer einfachen Begleitstimme zu gehorchen scheint, erzeugt durch Verschiebungen im Verhältnis zur Oberstimme zusätzliche Effekte, die in die Gestalt der Melodieführung eingreifen und ihre musikalische Qualität verändern. Der gleichbleibende Sarabanden-Rhythmus unterläuft dabei die Akzentschwerpunkte der Oberstimme, mildert deren syntaktische Konturen und Einschnitte und bindet sie in eine konstant durchgehende Bewegung ein, deren synkopische Anlage dem zunächst sequenziell angelegten, dann freier sich fortentwickelnden melodischen Ablauf einen durchgehend fließenden Charakter ohne spezifische Richtungskoordinaten oder Steigerungsmomente verleiht. In besonderer Weise beziehen jedoch die beschriebenen Irregularitäten der musikalischen Entwicklung gegen Ende des ersten Abschnitts wesentliche Aspekte ihrer musikalischen Charakteristik aus der durchgehenden Präsenz dieses Klanguntergrunds. In der Angleichung des rhythmischen Schwerpunktes an den Sarabandenrhythmus sowie in der harmonischen Anpassung der zunächst in bitonaler Spannung gegen die Grundtonart (f-moll) gesetzten Melodieführung (c-moll) an die Unterstimme entsteht der Eindruck einer Assimilationsbewegung. Auf diese Weise tritt die Oberstimme als Produkt einer Gestaltbildung hervor, die ihre Konturen aus einer harmonischen und rhythmisch-metrischen Verschiebung gegenüber einem klanglichen Hintergrund bezieht und mit ihrer formalen Assimilationsbewegung daher auch Teile ihres Profils einbüßt. Sinnfällig unterstützt wird dieser Effekt durch eine Abwärtsbewegung (T. 5 bis 9), die sich im zweiten Abschnitt (T. 10 bis 13) in abgeschwächter Form[36] noch zwei weitere Male wiederholt. In der dreifachen

---

[36]Die Subdominante B-Dur ersetzt in Takt 10 und 11 die Molldominante c-moll des siebten Taktes, die Oberstimme eliminiert das h' vollständig zugunsten des harmonisch an die Unterstimme angepassten b'; die gesamte Melodieführung stellt damit in syntaktischer Parallelität zu den Takten 6 bis 9 einen abgeschwächten Prozess der Auflösung harmonisch eigenständiger Konturen der Oberstimme dar.

Abfolge, mit der die melodischen Gestalten der Oberstimme gleichsam in einen klanglichen Untergrund ‚zurücksinken', deutet sich ein Grundprinzip dieser Komposition an. Es akzentuiert die Differenz zwischen stärkerer und schwächerer Konturbildung – man könnte pointiert auch formulieren: zwischen Form und Medium – und bildet diese Differenz auf die Ober- und Unterstimme und damit zugleich auch auf die Differenz zwischen melodischen und harmonischen Strukturen ab. Dieses Prinzip bestimmt die Gesamtdisposition des Stücks, in dessen Verlauf der musikalische Assimilationsvorgang am Ende der einzelnen Abschnitte regelmäßig wiederkehrt und das melodische Geschehen buchstäblich ausklingen lässt. Und dies prägt auf mikrostruktureller Ebene Details der Komposition, deren melodische Fragmente, Intervalle, Vorschlagfiguren oder auch einzelne Töne in ihrer rhythmisch-metrischen und harmonischen Parametrisierung einen oftmals ambivalenten Status erlangen, der sich der doppelten, musikalisch gegeneinander verschobenen Kontextuierung durch Ober- und Unterstimme verdankt. So wird beispielshalber in einer Wiederholungssequenz der Melodie eine neue harmonische Wendung ‚untergeschoben', und mit diesem Wechsel verändert sich auch die musikalische Bedeutung einzelner Melodietöne in ihrem syntagmatischen Zusammenhang.[37] Diese Rekontextuierung wird im Rahmen der übergreifenden kompositorischen Anlage wiederum genutzt, um die Assimilationsbewegung einzuleiten, in deren Folge sich die strukturbildende Macht und Definitionshoheit über die musikalische Bedeutung einzelner Elemente im Verhältnis zwischen Ober- und Unterstimme weiter verschiebt und damit die Prozesshaftigkeit des Geschehens noch einmal sinnfällig vorgeführt wird. Die verschiedenen Bedeutungen löschen sich jedoch nicht wechselseitig vollständig aus, sondern die aktuelle Konstellation überschreibt lediglich den vorausgehenden Zustand und verschiebt

---

[37]Vgl. Takt 6 f. Das g' in den Takten 6 und 7 wird durch den harmonischen Wechsel der Unterstimme von f-moll nach c-moll aus seiner dominantischen Funktion (Takt 5: h'–g' als Teil von G-Dur bezogen auf die Grundtonart der Oberstimme) partiell herausgelöst und kann als fünfte Stufe von c-moll nun gleichermaßen der Unterstimme zugeordnet werden. Dies bereitet die Abwärtsbewegung g'–f' des achten Taktes vor, mit der sich die Oberstimme der musikalischen Struktur der Unterstimme anpasst und ihre harmonische Eigenständigkeit aufgibt. Zugleich bleibt jedoch – gleichsam auf syntagmatischer Achse – in der direkten Korrelation zwischen Takt 2 und Takt 6 die ursprüngliche harmonische Funktion des g' als Teil von G-Dur zunächst noch erhalten, verleiht diesem melodischen Moment somit einen ambivalenten Status, der erst mit der anschließenden nochmaligen Bestätigung der harmonischen Dominanz der Unterstimme so viel kontextuelles Gewicht gewinnt, dass sich die neue funktionale Bedeutung des Scharniertones g' (als plagale Schlusswendung im f-moll der Unterstimme) durchsetzt.

ihn damit in seiner nun abgeschwächten Form in die Sphäre eines Verweisungs-
horizonts. Gerade in der Kopräsenz zwischen aktualem musikalischen Geschehen
und musikalischer Erinnerung manifestiert sich somit der (von Wundt und anderen Forschern beobachtete) Effekt, dass Präsenzeffekte und Redundanzen für die
Durchsetzungskraft struktureller Zuordnungen respektive kontextuell generierter
Bedeutungen verantwortlich sind. Die *Gnossienne 1* folgt damit einer musikalischen Disposition, die nicht nur die Differenz zwischen Vordergrund und Hintergrund als Differenz zwischen Melodie- und Begleitstimme in sich abbildet,
sondern die auf der Ebene ihrer eigenen formalen Verfahren vorführt, wie auf
subtile Weise ein Vordergrund durch einen Hintergrund eingefärbt und verändert
wird, wie Bedeutungen sich verschieben, wie Konturen zugeschärft oder einge-
ebnet werden. In der formalen Konvergenz von musikalischen und mentalen Prozessen werden musikalische Motive oder Figuren so Träger einer Bewegung, die
nicht (wie dies beispielshalber in den Werken von Wagner, Bruckner oder Mahler
der Fall ist) durch groß ausgreifende Entwicklungszusammenhänge geprägt ist,
sondern die sich durch wechselnde Spannungszustände, punktuelle Reize, Ska-
lierungen und unterschiedliche Dissonanzgrade auszeichnet,[38] die musikalische
Motive als transitorische, im Umfang veränderliche und in der Bedeutung oszil-
lierende Gestalten in Erscheinung treten lässt. All diese Momente sind geeignet,
die Aufmerksamkeit kurzzeitig zu binden und in den Repetitionen, Überschrei-
bungen und kontextuellen Verschiebungen die Wahrnehmung mit den Mechanismen ihres eigenen Prozessierens formal zu synchronisieren: mit changierenden
Prägnanzgraden, mit Übergängen zwischen aktualem Sinnesreiz und Erinnerung
sowie mit den Reflexen auf vorgängige Gestalten, die eine Zeit lang noch nach-
klingen, bis sie schließlich ganz in den Hintergrund zurücktreten. In der musikalischen Anlage der *Gnossienne 1,* die zunächst in ihrer Schlichtheit nahezu
konventionell erscheint, manifestieren sich daher formale Abläufe, die selbstbe-
züglich vorführen, wie einerseits Wahrnehmungsschwellen überschritten und
Figuren vorübergehend „klarer und deutlicher" werden, wenn „man einen und

---

[38]Besonders signifikant tritt dieses Moment eines punktuell gesetzten Reizes z. B. in Takt
14 hervor, in der die (bezogen auf C-Dur) leitereigenen, zugleich um den Gerüstton f ange-
ordneten und daher bereits in Spannung zu diesem Zentrum gesetzten Töne ihre eigentlich
Zuschärfung im Zusammenspiel mit den f-moll Akkorden der Unterstimme erhalten. Das
h' erscheint dann nicht nur als Leitton, der in Unterschreitung des üblichen Ambitus und
der Rückführbewegung zu f' keine Auflösung findet, sondern die große Terz g–h gewinnt
durch den harmonischen Schwerpunkt f-moll (und des damit implizierten b') in der Unterstimme den Charakter eines übermäßigen Tonschrittes. Zu Bezügen auf das griechische
Tonsystem vgl. Wehmeyer (1992, S. 28).

denselben Eindruck mehrmals nacheinander appercipirt" (Wundt 1896, S. 246), wie andererseits in der Instabilität der Wahrnehmung andere Figuren aus dem „Blickfeld" an die Ränder gleiten, ohne je in den „Blickpunkt" gelangt zu sein (Wundt 1896, S. 246), und wie sich all dies im Fluss einer unablässigen, gleichförmigen Bewegung vollzieht. Diese Konvergenzen zwischen musikalischen Prozessen und Bewusstseinsprozessen finden nicht zuletzt auch Eingang in die Spielanweisungen,[39] die Satie den *Gnossiennes* mitgibt und in deren Metaphorik sich einzelne Momente dieses Zusammenhangs abbilden (Satie 1988, S. 37: „Langsam. Sehr leuchtend. Fragen Sie. Vom Rande der Gedanken aus. Postulieren Sie in sich. Schritt für Schritt. Auf der Zunge").

Werden somit in *Gnossienne 1* Musik und Wahrnehmung über formale Analogien in ein Verhältnis der wechselseitigen Repräsentation gesetzt, und die sich herausbildende Form als Ergebnis einer Eigenaktivität des prozessualen Geschehens exponiert, so zielen die beiden *Musiques d'Ameublement, Carrelage Phonique* und *Tapisserie en Fer Forgé,* auf eine andere Variante der strukturellen Kopplung. Statt die Unterscheidung zwischen Vordergrund und Hintergrund auf Ober- und Unterstimme, Melodie und Harmonie, zu verteilen, zieht sich die Musik ganz in den Hintergrund zurück, um einen Vordergrund als einen Raum zu markieren, der nicht mehr musikalisch, sondern optional mit anderen Formen zu füllen ist.[40] An die Stelle einer kompositorischen Faktur, die den instabilen Verlauf der Aufmerksamkeit feingliedrig an sich bindet und in ihrer eigenen Formgestalt nachzeichnet, tritt ein Verhältnis der Komplementarität, in dem die kommunikativen oder kognitiven Eigenaktivitäten der Hörerinnen oder Hörer sich über einem Hintergrund freisetzen und den markierten Bereich mit eigenen Anschlussimpulsen füllen. Ein solcher Positionswechsel, der die Gestaltung der Übergänge zwischen verschiedenen Zuständen der Wahrnehmung aus der Musik selbst in die Gestaltung der Relation zwischen Musik und Umgebung verlagert, setzt andere Modi der Formgestaltung voraus.

---

[39]In den *Gnossiennes 1–3* ersetzt Satie erstmals die tradierten italienischen Spielanweisungen durch sprachliche Eigenschöpfungen (vgl. Wehmeyer 1992, S. 446, 449). Diese können, wie beispielshalber in den *Descriptions automatiques,* zu kleinen szenischen Interaktionen ausgeweitet werden. Ein anderes wiederkehrendes Motiv, das in den hier thematisierten Zusammenhängen passt, ist die synästhetische Rückkopplung tonaler bzw. klanglicher Elemente (vgl. z. B. Satie 1988, S. 62: „Dämpfer, Hand auf dem Bewusstsein").

[40]Die konzeptuellen Parallelen zum Ballett *Parade* (einer Zusammenarbeit zwischen Satie, Cocteau, Djagilew und Picasso) sind, wie Wehmeyer (1992, S. 50–55) ausführt, offenkundig: „Ich habe den Hintergrund für einige Geräusche komponiert, die Cocteau für die Atmosphäre seiner Figuren als unentbehrlich ansieht" (zit. nach Wehmeyer 1992, S. 52).

Zum einen verzichten die beiden Stücke auf stärker profilierte melodische Gestalten und harmonische Reize, die z. B. die *Gnossiennes* kennzeichnen. In der Radikalisierung des Prinzips mikrostruktureller, ‚minimalistischer' Verknüpfungen, das mit kleinschrittigen Intervallen und Tonbewegungen sowie repetitiv aneinander gefügten Figuren arbeitet, verbinden sich die Elemente zu einem gleichförmigen, aber in sich leicht bewegten Ablauf ohne leittonhafte Zuschärfungen und in einheitlicher, primär grundtönig gefärbter instrumentaler Besetzung. Pointiert ließe sich sagen, dass mit der Genese einer durchgehenden, in sich oszillierenden Klangschicht, der geringen Variabilität des Ablaufs, der Reduktion der formalen Gestaltungselemente auf basale Bausteine kompositorischer Arbeit die Miniaturen in ihrer Einfachheit gar nicht die Höhe musikalischer Formbildung erreichen. Sie verbleiben gleichsam im Zustand eines Mediums, das ohne Eigenprägnanz nahezu zwangsläufig Automatisierungseffekte des Hörens hervorruft. Der musikalische Ablauf organisiert auf diese Weise die Adaption der Wahrnehmung an seine eigenen Verlaufsstrukturen, die innerhalb kurzer Zeit unterhalb die Aufmerksamkeitsschwelle sinken.

Zum andern profitiert die hier zum Ausdruck gelangende kompositorische Intention, das Hören im Modus der Perzeption festzuhalten, von einer zeitlichen Disposition, die (wie bereits oben erwähnt) die minimalen Tonbewegungen ohne markante syntaktische Einschnitte in einen gleichförmigen Bewegungsfluss einbindet. Dessen rhythmisch-metrische Gestalt geht aber gleichwohl über einen einfachen Grundrhythmus, wie ihn die Unterstimme der *Gnossienne 1* realisiert, hinaus und stattet die musikalische Komposition auf diese Weise mit einem Minimum an musikalischer Eigenständigkeit aus. In der *Tapisserie en Fer Forgé* ergibt sich eine durchlaufende Achtelbewegung etwa erst aus einer rhythmischen Verzahnung der Stimmen und erzeugt damit in der versetzten Bewegung der Instrumente leichte Friktionen, die zudem durch einzelne, gegen die Taktschwerpunkte gesetzte Tonakzente verstärkt werden. In der Ausbalancierung zwischen Wiederholung und minimaler Variation, die die musikalische Struktur geringfügig konturiert, ohne jedoch Intensitätswechsel oder Einschnitte zu erzeugen, ergibt sich ein zeitlicher Ablauf, der die Wahrnehmung in einen kontinuierlichen Fluss einbettet. Dieser Ablauf wirkt grundierend, ohne die Aufmerksamkeit durch musikalische Formen zu binden, er strukturiert eine Bewegung, über deren gleitenden Rhythmen sich Gedanken in assoziativer Verkettung freisetzen können.

Eine solche Konfiguration, in der die musikalische Schicht gleichsam die Autopoiesis des Bewusstseins als formalen, inhaltlich unbestimmten Prozess unterstützt und in ihrer schwebenden harmonisch-klanglichen Anlage zugleich auch Eindrücke von Unbestimmtheit und Offenheit vermittelt, ruft noch weitere, zusätzlich Effekte hervor. Diese treten an den Übergangszonen zwischen Hintergrund und

Vordergrund auf und werden in den empirisch-experimentellen Forschungen der
Zeit als „Stimmung" registriert: „Erhebt sich irgendein psychischer Vorgang über
die Schwelle des Bewusstseins", so Wundt (1896, S. 253) in seinem *Grundriss
der Psychologie,* „so pflegen die Gefühlselemente desselben, sobald sie die hin-
reichende Stärke besitzen, zunächst merkbar zu werden, so dass sie sich bereits
energisch in den Blickpunkt des Bewusstseins drängen, ehe noch von den Vor-
stellungselementen irgend etwas wahrgenommen wird." „Es entstehen so",
schlussfolgert er, „jene eigenthümlichen Stimmungen, von deren Ursachen wir
uns nicht deutlich Rechenschaft geben" (Wundt 1896, S. 246). Dieser Effekt, der
teils „Gefühle", teils „variablere Empfindungen" (Wundt 1896, S. 246) dem Akt
der Apperzeption in der latenten Asynchronizität der Bewusstseinsprozesse beim
Überschreiten von Wahrnehmungsschwellen vorausgehen lässt, kann letztlich
durch jede Musik initiiert werden. Eine Hintergrundmusik adressiert diese tiefer
liegende Schicht jedoch als ihr primäres Ziel. Ähnlich wie harmonische Strukturen
nach Saties Worten (1988, S. 216) geeignet sind, eine Melodie „auszuleuchten", so
erzeugt nun eine klanglich-musikalische Gestalt, die ihre eigenen Konturen weitgehend einebnet, eine „eigene Gefühlsfärbung", die wie „jeder Inhalt des Bewusstseins eine Wirkung auf die Aufmerksamkeit ausübt" (Wundt 1896, S. 254).
Der musikalisch-klangliche Hintergrund gewinnt für den markierten Raum, in
dem sich Gedanken und Vorstellungen entfalten sollen, eine formative Funktion – ganz so, wie die harmonische Faktur der Unterstimme in *Gnossienne 1* die
melodischen Qualitäten mitprägt. Der Vordergrund „assimiliert" [41] sich dem Hintergrund und begründet damit in der Simultaneität verschiedener „sinnliche[r] oder
ästhetische[r] Elementargefühle" (Wundt 1896, S. 268) sowie daran anknüpfender
Gedanken und Assoziationen einen unteilbaren Gesamteindruck. „Die gesammte
Rückwirkung dieser dunkel bewussten Inhalte auf die Aufmerksamkeit", so Wundt
(1896, S. 254) zu diesem Vorgang, „verschmilzt dann aber, gemäß den allgemeinen
Gesetzen der Verbindung der Gefühlscomponenten, mit den an die klar bewussten
Inhalte gebundenen Gefühlen zu einem einzigen Totalgefühl".
   So ergibt sich eine Konstellation, in der Hintergrundmusik auf der einen Seite
als künstlich zugeführter Reiz eingesetzt werden kann, der Bewusstseinszustände
stimuliert und affektive Reaktionen steuert; der damit auf der anderen Seite aber
eine Assimilationsbewegung in Gang setzt, in der das musikalisch-klangliche
Geschehen seinen Status als Wahrnehmungsobjekt verliert und Teil eines inneren Erlebens wird, das sich mit den Gedanken und Assoziationen, die in seiner

---

[41]Zum Begriff der Assimilation vgl. Wundt (1896, S. 267–274).

Folge freigesetzt werden, untrennbar verbindet. Die Hintergrundmusik ist damit –
um noch einmal Saties ‚Reklame' für eine *Musique d'Ameublement* zu zitieren –
nicht nur ein Einrichtungsgegenstand, ein „musikalisches Möbel", sondern
zugleich auch Erzeugerin und Trägerin eines „Komforts", der sich in einem mul-
timodalen Arrangement und unterhalb bewusster Vorstellungsinhalte der Empfindung als „Schwingung", als „Klang, Licht und Wärme" darbietet.

Diese Konstellation geht – um einen letzten Aspekt zu berühren – einher
mit einer raum-zeitlichen Entgrenzung, die die Musik in ihre Umgebung hinein vollzieht. Ist es, wie Fechner (1876, S. 188) in der *Vorschule der Ästhetik*
schreibt, bei „Kunstwerken gewöhnlich, durch Umrahmungen, und so weit thun-
lich absichtliche Herstellung einer gleichgültigen Nachbarschaft eine Isolie-
rung künstlich [zu] bewerkstellig[en]" und damit einen von äußeren Einflüssen
unabhängigen Ort für das musikalische Geschehen bereitzustellen, so verzichtet
eine Hintergrundmusik dezidiert auf eine solche Grenzziehung. In dem von ihr
gestalteten komplementären Verhältnis, in dem sie sich selbst aus dem Fokus der
Aufmerksamkeit zurückzieht, verhandelt sie zugleich ihre eigene Stellung innerhalb der Musik- und Aufführungskultur neu. In dieser Form sind Saties Kompositionen Teil einer neuartigen Entwicklung, die sich sowohl in den ästhetischen
als auch den medialen Umbrüchen innerhalb der Musikkultur abbildet[42] und in
verschiedene Spielarten der musikalischen Avantgarde, einschließlich einer
‚Ambient'-Musik, hinein fortsetzt – die aber ihrerseits auf Voraussetzungen
beruht, die tief in den Veränderungen der Wissensstrukturen des 19. Jahrhunderts
verankert sind.

---

[42]Dies verleiht der Argumentation eine andere Stoßrichtung als sie in den Darlegungen von
Wolfgang Scherer vertreten wird, der mit Blick auf Saties kompositorische Arbeit gleichsam unmittelbar den Einfluss technischer Klangaufzeichnungs- und Wiedergabeverfahren
am Werk sieht – und diese Diagnose (man möchte im Blick auf die Vielfalt von Saties
Äußerungen sagen: natürlich) auch in Saties eigenen Worten bestätigt sieht (vgl. Scherer
1989, S. 32 ff.). Beide Entwicklungen, die musikalisch-ästhetische und die technische,
speisen sich in ihren Entstehungsbedingungen jedoch aus demselben Wissenszusammen-
hang. Die Affinitäten, die sie zueinander unterhalten (Arbeit mit Pattern, Prinzip der Reihung, Einbindung von Alltagsgeräuschen, Ablösung von symbolischer Notation hin zu
akustischer Aufzeichnung) mögen dann retrospektiv als technisch induzierte Prägung
erscheinen. Präziser scheint es jedoch, zu formulieren, dass die kompositorischen Innovationen in den technischen Medien und den Modi der Schallaufzeichnung eine prägnante,
parallele Ausdrucksform finden, die mit der Zeit aber so viel Eigengewicht gewinnt, dass
sie die anderen Bereiche nach und nach in der Eigenlogik ihrer eigenen Entwicklung über-
formt.

Literatur

Ballstaedt, Andreas, und Tobias Widmaier. 1989. *Salonmusik. Zur Geschichte und Funktion einer bürgerlichen Musikpraxis.* Stuttgart: Steiner.

Crary, Jonathan. 2002. *Aufmerksamkeit. Wahrnehmung und moderne Kultur.* Frankfurt a. M.: Suhrkamp.

Ebbinghaus, Hermann. 1885. *Über das Gedächtnis. Untersuchungen zur experimentellen Psychologie.* Leipzig: Duncker & Humblot.

Eno, Brian. 1978. *Ambient 1: Music for Airport.* Linernotes. Polydor.

Fechner, Gustav Theodor. 1860. *Elemente der Psychophysik*, Bd. 2. Leipzig: Breitkopf & Härtel.

Fechner, Gustav Theodor. 1876. *Vorschule der Ästhetik*, Bd. 2. Leipzig: Breitkopf & Härtel.

Gradenwitz, Peter. 1991. *Literatur und Musik in geselligem Kreise. Geschmacksbildung, Gesprächsstoff und musikalische Unterhaltung in der bürgerlichen Salongesellschaft.* Stuttgart: Steiner.

Helmholtz, Hermann von. 1870: *Die Lehre von der Tonempfindungen, als physiologische Grundlage für die Theorie der Musik*, 3. umgearb. Aufl. Braunschweig: Friedrich Vieweg & Sohn.

Helmholtz, Hermann von. 1971. Über die physiologischen Ursachen der musikalischen Harmonien. In *Mit einem wissenschaftshistorischen Nachwort*, Hrsg. Fritz von Krafft. München: Kindler (Erstveröffentlichung 1857).

Metzger, Heinz-Klaus, und Rainer Riehn, Hrsg. 1986. *Erik Satie. Musik-Konzepte 11.* München: edition text + kritik.

Michaelis, Christian Friedrich. 1997. *Über den Geist der Tonkunst und andere Schriften*, Hrsg. Lothar von Schmidt. Chemnitz: Gudrun Schröder.

Milhaud, Darius. 1962. *Noten ohne Musik. Eine Autobiographie.* Prestel: München.

Peters, John Durham. 2002. Helmholtz und Edison. Zur Endlichkeit der Stimme. In *Zwischen Rauschen und Offenbarung. Zur Kultur- und Mediengeschichte der Stimme*, Hrsg. Friedrich Kittler, Thomas Macho, und Sigrid Weigel, 279–312. Berlin: Akademie.

Satie, Erik. 1988. *Schriften*, Hrsg. Ornella von Volta. Hofheim: Wolke Verlag.

Satie, Erik. 2006. *Gnossiennes.* Les Édition Outremontaises.

Scherer, Wolfgang: 1989. Satie's Fiction. In *Arsenale der Seele. Literatur- und Medienanalyse seit 1870*, Hrsg. Friedrich Kittler und Georg Christoph Tholen, 25–38. München: Fink.

Schlüter, Bettina. 2011. Musikalische ‚Unterhaltungs-Techniken' in der ersten Hälfte des 19. Jahrhunderts. In *Geselliges Vergnüge. Kulturelle Praktiken der Unterhaltung in der ersten Hälfte des 19. Jahrhunderts*, Hrsg. Anna Ananieva, Dorothea Böck, und Hedwig Pompe, 121–140. Bielefeld: aisthesis Verlag.

Schlüter, Bettina. 2016a. Eigenzeiten der musikalischen Form. Musik-Wissen im Gefüge der Disziplinen des 19. Jahrhunderts. In *Zeiten der Form, Formen der Zeit*, Hrsg. Michael Gamper et al., 177–192. Hannover: Wehrhahn.

Schlüter, Bettina. 2016b. „Wellenformen" – Die Leistung mathematischer Modellbildung für Akustik, Physiologie und Musiktheorie. *Forum Interdisziplinäre Begriffsgeschichte* 5 (1): 31–42.

Wehmeyer, Grete. 1992. *Erik Satie.* München: Edition Spangenberg.

Wundt, Wilhelm. 1896. *Grundriss der Psychologie.* Leipzig: Wilhelm Engelmann.

Teil II
Übertragungen

Geschnittener Sinn

Zur Rolle des zeitlich-ästhetischen Hintergrunds in der Literatur und im Film

Jens Bonnemann

Das Vordergrund-Hintergrund-Verhältnis ist eine phänomenale Qualität, die Kunstobjekte mit gewöhnlichen Wahrnehmungsobjekten gemeinsam haben. Wenn gefragt wird, inwiefern dieses Verhältnis bei ersteren künstlerisch gestaltet ist und welche rezeptionsästhetische Rolle es spielt, dann wird eine Konzeption der philosophischen Ästhetik in Anspruch genommen, die sich am künstlerischen Gegenstand und insbesondere an dessen Erscheinungsweise orientiert. Dass sich die Ästhetik als philosophische Disziplin überhaupt noch für ästhetische Objekte interessiert – seien diese nun Kunstwerke, natürliche oder auch industriell hergestellte Objekte – ist jedoch keineswegs so selbstverständlich, wie es zunächst scheinen mag.

Für Rüdiger Bubner liegt der Grund für eine Abwendung der Theorie von den Kunstwerken darin, dass der Werkbegriff letztendlich fragwürdig geworden ist, denn die Hervorbringungen der künstlerischen Avantgarde – z. B. Marcel Duchamps Urinal mit dem Titel *Fountain* – sperren sich gegen eine Anwendung dieser traditionellen Kunstkategorie. Angesichts einer Situation, in der Andy Warhols Brillo-Kartons als Kunst gelten, obwohl sie nicht anders aussehen als ihre Gegenstücke in den Lagerräumen der Supermärkte, empfiehlt Bubner der Ästhetik, sich nicht mehr an den Gegenständen, sondern stattdessen an den Erfahrungen zu orientieren, die der Rezipient im Umgang mit solchen Gegenständen

J. Bonnemann (✉)
Institut für Philosophie, Universität Jena, Jena, Deutschland
E-Mail: jens.bonnemann@uni-jena.de

© Springer Fachmedien Wiesbaden GmbH 2018
J. Schröter et al. (Hrsg.), *Ambient,* Neue Perspektiven der Medienästhetik,
https://doi.org/10.1007/978-3-658-19752-0_4

macht: „Wenn zu den Charakteren der modernen Kunst das Neue ihrer uner-
warteten Verstöße, der Eroberung unbetretenen Terrains, der radikalen Verleug-
nung gewohnter Formen, der Selbstdestruktion, der Zuspitzung auf schockartige
Effekte gehört, so ist die ästhetische Erfahrung, in der sich das abspielt, die einzig
zuverlässige Auskunftsquelle" (Bubner 1989, S. 44).

Eine solche Abwendung von den Werken findet sich ebenfalls in der sprach-
analytischen Ästhetik, obwohl hierfür methodische Gründe und weniger künstlerische Entwicklungen ausschlaggebend sind. Die sprachanalytische Ästhetik
beschränkt sich ganz entschieden auf metaästhetische Fragen und eine Analyse
jener sprachlich formulierten Urteile, in denen man sich über Kunst äußert. So
schreibt z. B. George Dickie, ein Hauptvertreter dieser philosophischen Richtung:
„Ästhetik (zumindest philosophische Ästhetik) beschäftigt sich einzig und allein
mit der Sprache und den Begriffen, die zur Beschreibung und Bewertung von
Kunstwerken verwendet werden" (Dickie 1968, S. 324; deutsche Übersetzung zit.
nach Zimmermann 1980, S. 72).

Völlig konträr zu solchen Ansätzen ist nun die Auffassung, dass man keiner-
lei relevante Einsichten über die verschiedenen Kunstgattungen gewinnt, solange
nicht die Werke selbst in ihrer Erscheinungsweise betrachtet werden. Rudolf
Arnheim (2002, S. 20) betont in seinem Buch *Film als Kunst* von 1932, „daß die
Kunst ebenso sehr und ebenso wenig eine irdische und konkret erfaßbare Sache
sei wie die übrigen Dinge dieser Welt auch und daß der einzig mögliche Weg zum
Kunstverständnis der sei, von den einfachsten sinnesphysiologischen Empfindungen auszugehen und die Seh- und Hörkunst als eine veredelte Form des Sehens
und des Hörens zu betrachten". Solange die Wahrnehmung selbst nicht adäquat
begriffen wird, bleibt auch das Verständnis der Kunstwahrnehmung und damit der
Kunst selbst unzulänglich: „Wenn man vom einfachen Sehakt eine falsche Vorstellung hat, wird man unmöglich einen komplizierten richtig erklären und ästhetisch auswerten können" (Arnheim 2002, S. 21).

Aus ganz ähnlichen Gründen ist auch für Günter Figal (2010, S. 4) die Phänomenologie der Königsweg zur Ästhetik: „[E]in Kunstwerk [ist] wesentlich phänomenal; es ist Erscheinung, die nicht als Erscheinung von etwas, sondern rein
als Erscheinung zu nehmen ist. Entsprechend ist die Ästhetik wesentlich Phänomenologie; sie muß Phänomenologie sein, wenn sie das ästhetisch Erfahrbare
von der Kunst als von seiner klarsten und deutlichsten Ausprägung her fassen
will". Rudolf Arnheim und Günter Figal lassen sich also als Kronzeugen für eine

Ästhetik verstehen, der zufolge Kunstwerke in ihrer phänomenalen Gegebenheit analysiert werden müssen.[1]

Der vorliegende Aufsatz schließt sich Arnheims und Figals Vorgehensweise an, indem er die Erscheinungsweise von Literatur und Film in den Mittelpunkt rückt und fragt, auf welche Weise der ästhetische Hintergrund zum einen in der Literatur- und zum anderen in der Filmrezeption gegeben ist. Hieran anknüpfend soll dann die Frage nach der Aufgabe des ästhetischen Hintergrunds für die Konstitution des Sinngehalts gestellt werden. Beim Vergleich zwischen Literatur und Film liegt eine Konzentration auf den *zeitlich*-ästhetischen Hintergrund auf der Hand, weil beide Kunstformen sukzessive in der Zeit ablaufen. Folglich hat es die Rezeption mit einer fiktionalen Welt zu tun, in der sich fortwährend Bewegungen und Veränderungen abspielen. Anders als in der Malerei bewegt sich nicht nur die Rezeption – der Betrachter richtet seine Blicke abwechselnd auf die Gegenstände innerhalb eines Bildes –, sondern der rezipierte Gegenstand selbst bewegt sich. Die Lektüre eines Romans richtet sich in jedem neuen Augenblick auf eine andere Textpassage, die immer umgeben ist von einem Vergangenheitshorizont von Schon-Gelesenen und einem Zukunftshorizont von Noch-zu-Lesenden. Mit einem solchen zeitlich-ästhetischen Horizont hat es schließlich auch der Filmzuschauer zu tun, der das gegenwärtige bewegte Bild vor dem Hintergrund aller vorangegangenen erfasst und die kommenden Ereignisse mit Spannung – oder auch nicht – erwartet.

Wenn Rudolf Arnheim damit Recht hat, dass das Verständnis der Kunstwahrnehmung dasjenige der gewöhnlichen Wahrnehmung voraussetzt, dann liegt der Schluss nahe, dass auch der ästhetische Hintergrund nur zutreffend auf der Grundlage einer Analyse des nicht-ästhetischen Hintergrunds erschlossen werden kann.

---

[1]Letztlich ist allerdings Arthur C. Danto recht zu geben, dass der Kunstcharakter der avantgardistischen Kunst des 20. und 21. Jahrhunderts wohl nicht phänomenal begründet werden kann Es gibt jedenfalls keine phänomenalen Eigenschaften, die Kunstwerke wie Warhols Brillo-Kartons von gewöhnlichen Kartons unterscheiden. Mit Wahrnehmung und Beschreibung der Erscheinungsweise der betreffenden Kunstobjekte kommt man hier also nicht mehr weiter (vgl. hierzu Danto 1993, S. 45–69). Hierzu wäre zu bemerken: Natürlich sieht die Brillobox im Museum anders aus als im Supermarkt. Aber Danto will darauf hinaus, dass ihr Kunststatus nicht von ihrer Phänomenalität abhängt, sondern von dem Theoriezusammenhang, in den sie durch die Interpretation eingefügt wird. Insofern kann es nach Danto zwar eine phänomenologische *Ästhetik,* aber eben keine phänomenologische – genauer: phänomenologisch begründete – *Kunst*theorie geben. Sicher lassen sich Kunstwerke phänomenologisch analysieren. Aber es lässt sich nicht phänomenologisch begründen, *warum* sie Kunstwerke sind.

Im ersten Teil des Aufsatzes soll es deshalb um Edmund Husserls Phänomenologie des Zeitbewusstseins gehen, die kursorisch vorgestellt wird, insoweit sie für die Aufgabenstellung dieser Untersuchung von Relevanz ist. Nach Husserl, dem Gründervater der phänomenologischen Bewegung, ist die jeweilige aktuelle Wahrnehmung permanent von einem zeitlichen Horizont umgeben, dem es zu verdanken ist, dass Wahrnehmungsobjekte, die in der Zeit ablaufen, in ihrer Kohärenz aufgefasst werden können. Von hier aus leuchtet überhaupt erst ein, warum auch ein Roman oder ein Film als ein einheitlicher Zusammenhang erfahren wird (siehe Abschn. 1).

Insofern Literatur und Film notwendig in einem zeitlichen Prozess rezipiert werden, lässt sich davon ausgehen, dass die künstlerische Gestaltung maßgeblich auch die zeitliche Horizontstruktur berücksichtigt. Wenn Texte und Filme Einfluss darauf nehmen, auf welche Weise der Rezipient ihren zeitlichen Ablauf in den verschiedenen Stationen erlebt, dann ist der zeitliche Hintergrund nicht akzidentiell, sondern er spielt eine konstitutive Rolle für die Hervorbringung des Sinngehalts dieser Werke. So hat der Literaturtheoretiker Wolfgang Iser in *Der Akt des Lesens* (1976) – und zwar im expliziten Rückgriff auf Husserls phänomenologische Zeitanalysen – aufgewiesen, auf welche Weise Texte durch ihren zeitlichen Innenhorizont die Rezeption steuern und eine bestimmte Sinngebung nahelegen (siehe Abschn. 2).

Ganz ähnliche Überlegungen – wenn auch ohne phänomenologischen Einfluss – finden sich bereits in den 1920er und 1930er Jahren in den Essays des berühmten sowjetischen Regisseurs Sergej M. Eisenstein – und natürlich nicht nur dort, sondern praktisch umgesetzt in seinen richtungweisenden Montage-Filmen *Streik* (1925), *Panzerkreuzer Potemkin* (1925) und *Oktober* (1928). Der Vergleich zwischen Iser und Eisenstein zeigt eine Übereinstimmung in dem Grundgedanken, dass der künstlerische Sinn im Grunde das Produkt einer Montage von Textsegmenten bzw. filmischen Einstellungen ist und von einem sowohl intellektuell wie auch emotional in Anspruch genommenen Rezipienten in einem kreativen Prozess auf der Grundlage der Vorgaben des Werkes konstituiert werden muss. Der zeitlich-ästhetische Hintergrund ist für Iser und Eisenstein jedenfalls keine Begleiterscheinung, sondern produktiv am Literatur- und Filmverständnis beteiligt (siehe Abschn. 3).

Von einem *räumlich*-ästhetischen Hintergrund kann bei der Literaturrezeption wohl nur in einem metaphorischen, aber keineswegs in einem phänomenologischen Sinn die Rede sein. Beim Film liegt der Fall zweifellos anders – und diesem Aspekt geht der vierte Teil dieses Aufsatzes nach. Abschließend soll die Kritik erläutert werden, die gegen Eisensteins Montagefilmkunst einerseits von dem Filmtheoretiker André Bazin, andererseits von dem Regisseur Andrej

Tarkowskij vorgebracht worden ist – letzterer versteht sich geradezu als künstlerischer Antipode Eisensteins. Auch in dieser Diskussion spielt der ästhetische Hintergrund die entscheidende Rolle, denn Bazin und Tarkowskij stimmen darin überein, dass sie die Tiefe gegen die Montage, also den *räumlich*-ästhetischen Hintergrund gegen den *zeitlich*-ästhetischen Hintergrund ins Feld führen (siehe Abschn. 4).

1   Der zeitliche Horizont in der Wahrnehmung – Edmund Husserl

Innerhalb der Phänomenologie wie auch der Gestaltpsychologie wird immer wieder darauf hingewiesen, dass es die Wahrnehmung nicht mit isolierten Empfindungsdaten, sondern mit Konfigurationen zu tun hat. Das Einfachste, das wir sinnlich wahrnehmen können, ist demzufolge kein einzelner Punkt, sondern ein einzelner Punkt vor einem Hintergrund. Maurice Merleau-Ponty (1966, S. 22) notiert hierzu: „Stets liegt das ‚Etwas‘ der Wahrnehmung im Umkreis von Anderem, stets ist es Teil eines ‚Feldes‘".[2] Insoweit von einzelnen Daten überhaupt

---

[2]Während für Merleau-Ponty das Vordergrund-Hintergrund-Verhältnis unhintergehbar ist, hält es Arno Gurwitsch für möglich, wenngleich keinen Vordergrund ohne Hintergrund, so doch einen Hintergrund ohne Vordergrund wahrzunehmen: „Es verdient bemerkt zu werden, daß das primitivste visuelle Phänomen – primitiv im Sinne der Einfachheit, obgleich es nur unter überaus künstlichen Bedingungen zustande kommt – in der Erscheinung einer Art ungegliederten ‚Grundes‘ besteht und nicht im Auftreten einer Empfindung oder Mehrheit von Empfindungen im traditionellen Sinne. Die Metzgerschen Experimente zeigen die Möglichkeit an, zumindest innerhalb gewisser Grenzen das Phänomen des reinen ‚Grundes‘ ohne irgendeine ‚Figur‘ zu erzeugen. Im Gegensatz hierzu kann der ‚Grund‘ in der Wahrnehmung niemals fehlen. [...] So grundlegend auch die ‚Figur-Hintergrund-Beziehung‘ für die Wahrnehmung sein mag, so scheint doch das ‚Grund-Phänomen‘ noch primitiver zu sein" (Gurwitsch 1974, S. 95 f.). Ein Beispiel dafür wäre das Hören von Stille als „die Erfahrung des auditiven ‚Grundes‘ schlechthin, aus dem Töne auftauchen und in den sie wieder versinken" (Gurwitsch 1974, S. 95). In neuerer Zeit wird etwa von Gernot Böhme die Auffassung vertreten, dass die Wahrnehmung gar nicht zunächst auf Dinge, sondern auf Atmosphären gerichtet ist, aus denen erst im Nachhinein Objekte in Erscheinung treten: „Das grundlegende Wahrnehmungsereignis ist das *Spüren von Anwesenheit*. Dieses Spüren von Anwesenheit ist zugleich und ungeschieden das Spüren von mir als Wahrnehmungssubjekt wie auch das Spüren der Anwesenheit von etwas [...]. Bei der Ausdifferenzierung in Richtung eines Objektpols sind wir nicht gleich bzw. noch lange nicht bei einem Objekt qua Ding. Der erste Gegenstand der Wahrnehmung ist Atmosphäre oder das Atmosphärische" (Böhme 2001, S. 45).

noch zu Recht gesprochen werden kann, handelt es sich bei ihnen um das Resultat einer nachträglichen Abstraktion und keineswegs um den Ursprung der Wahrnehmung. Eine solche Abstraktion erlaubt dann erst die Feststellung, dass derselbe physikalisch messbare Reiz in unterschiedlichen Konfigurationen auch eine andere phänomenale Qualität besitzt. Ein bestimmter Grauton erscheint vor einem dunklen Hintergrund heller und dunkler vor einem hellen Hintergrund – und dasselbe gilt, wie Aron Gurwitsch ausführt, ebenso für die Töne innerhalb einer Melodie, also für ein zeitliches Verhältnis zwischen dem Einzelnen und der Konfiguration: „Ein Ton hat eine bestimmte musikalische Bedeutsamkeit in einer gegebenen Melodie. Objektiv ‚derselbe‘ Ton kann in einer anderen Melodie mit einer völlig verschiedenen musikalischen Bedeutung erscheinen" (Gurwitsch 1974, S. 99).

Dass es sich in den unterschiedlichen Konfigurationen überhaupt noch um denselben Ton handelt, ist aufgrund dieser phänomenalen Differenz kaum noch festzustellen:

> Für einen Menschen ohne absolutes Gehör ist es deshalb schwierig, wenn nicht gar unmöglich, zu bemerken, daß die beiden Melodien den ‚selben‘ Ton enthalten, erst recht vermag er das, was in der einen Melodie gehört wird, mit dem ‚selben‘ isoliert erklingenden Ton nicht zu identifizieren. Der Grund dafür ist, daß die auditive Gegebenheit durch den musikalischen Zusammenhang derart absorbiert und qualifiziert wird, daß sie für das Bewußtsein des Zuhörers ihre Identität nicht mehr bewahrt (Gurwitsch 1974, S. 99).

Husserl hat nun in seinen einflussreichen *Vorlesungen zur Phänomenologie des inneren Zeitbewußtseins* (1928) die aktuelle Wahrnehmung in ihrem zeitlichen Zusammenhang untersucht, wobei es ihm hauptsächlich um die Frage geht, auf welche Weise die Zeit ursprünglich erlebt wird, bevor man dazu übergeht, sie zu messen. Einen Einstieg bietet die folgende Überlegung: Wie kommt es, dass ich eine Melodie höre, obwohl ich doch streng genommen immer nur den einzelnen Ton hören kann, der jetzt in diesem Augenblick erklingt? Es lässt sich zeigen, dass ich den Ton, der zuvor erklungen ist, zwar jetzt nicht mehr hören kann, aber dennoch gewissermaßen ‚im Griff‘ behalte: „In diesem Zurücksinken ‚halte‘ ich ihn noch fest, habe ihn in einer ‚Retention‘, und solange sie anhält, hat er seine eigene Zeitlichkeit" (Husserl 1980, S. 385). Ich halte also die vergangenen Töne fest, die, je nachdem, wie weit sie sich vom aktuellen Jetzt entfernen, mehr und mehr an Klarheit verlieren und schließlich im Dunkel verschwinden (vgl. Husserl 1980, S. 387).

Wichtig ist allerdings in diesem Zusammenhang, dass die Retention ein „Bewußtsein von eben Gewesenen" (Husserl 1980, S. 392) ist und darum nicht mit dem *Nachklang,* also dem immer noch hörbaren, allmählichen Verhallen eines Tones, verwechselt werden darf. Denn letzteres wäre immer noch eine aktuelle

Impression, wenn auch eine, die immer schwächer wird. Die „primäre Erinnerung (Retention) von Ton [ist] etwas anderes als Empfindung von Ton" (Husserl 1980, S. 393). Sie ist aber auch etwas anderes als eine – sekundäre – Erinnerung: Die Retention gehört zum notwendigen Horizont jeder aktuellen Wahrnehmung, während die „Wiedererinnerung" eine vergangene Wahrnehmung nicht *noch,* sondern *wieder* intendiert. Da ihr Gegenstand nicht *gegenwärtig* ist, sondern *vergegenwärtigt* wird, hat die Wiedererinnerung mehr mit der Fantasie als mit der Wahrnehmung gemeinsam (vgl. Husserl 1980, S. 401).

Husserl nennt das Jetzt-Moment der Melodie, in dem der jeweils aktuelle Ton zu hören ist, die *Urimpression,* welche wiederum von dem bereits erwähnten Noch-Bewusstsein, also der *Retention,* umgeben ist. Neben der Retention gibt es ferner die *Protention,* d. h. den Zukunftshorizont der Urimpression, der das Kommende mehr oder weniger vage antizipiert. Dass ein solcher Zukunftshorizont jede aktuelle Wahrnehmung begleitet, zeigt sich gerade dann in aller Deutlichkeit, wenn die Erwartung, die ihre ungefähre Richtung von der Urimpression und den Retentionen erhält, schlichtweg enttäuscht wird:

> Ein halb ausgeschriebenes Wort, ein unvollständiger Vordersatz oder gar ein Satzstück, ein Wort (das nicht durch die Ausdrucksbetonung als ganzer Satz fungiert), erregt eine Erwartung, die es nicht befriedigt, so wie wenn wir uns zum Mittagessen setzen und nach der Suppe kommt nichts weiter. Eine Tonbewegung, die anhebt, aber nicht völlig abläuft, besitzt den Charakter des Unvollendeten, Mangelhaften. Wir ‚fühlen uns weiter fortgezogen', die Bewegung drängt nach Fortsetzung oder wie immer wir es auszudrücken mögen (Husserl 1985, S. 4 f.).

Aufgrund unserer Vertrautheit mit Musik geschieht dies auch mit unbekannten Melodien. Wir wissen, was ein „abgeschlossenes melodisches Ganzes ist und was nicht", und daher kommt dem Gehörten dann der „Charakter der Unvollkommenheit, der Lückenhaftigkeit oder Halbheit" (Husserl 1985, S. 6) zu. Die notwendigen Momente des Zeitbewusstseins sind also Urimpression, Retention und Protention. Fortwährend taucht eine neue Urimpression auf, die zuvor mehr oder weniger deutlich protentional intendiert worden ist und nun die vorangegangene Urimpression zur Retention herabsinken lässt (vgl. Husserl 1980, S. 390).

Obwohl wir streng genommen immer nur den jeweils aktuellen Ton wirklich wahrnehmen, ist es Husserl zufolge dennoch völlig legitim zu sagen, dass wir die ganze Melodie *wahrnehmen* (vgl. Husserl 1980, S. 398). Zwar kann ich niemals alle Töne der Melodie gleichzeitig hören, aber eine Melodie kann eben „nicht anders als in dieser Form ‚wahrgenommen', originär selbst gegeben sein. Der konstituierte, aus Jetztbewußtsein und retentionalem Bewußtsein gebaute Akt ist adäquate Wahrnehmung des Zeitobjekts" (Husserl 1980). Bei „Zeitobjekt-Wahrnehmungen"

(Husserl 1980, S. 399) liegt „ein zeitlich ausgebreiteter, sich allmählich und stetig entfaltender Akt [vor], der immerfort Wahrnehmen ist, und dieser Akt hat einen immer neu und neuen Punkt des „Jetzt'" (Husserl 1985, S. 33). Beendet ist der zeitlich ausgedehnte Akt genau dann, wenn es keine „neu auftretenden Urimpressionen" (Husserl 1980, S. 398) mehr gibt, d. h. wenn der letzte Ton verklungen ist. Wie sich nun zeigen wird, lässt sich nicht nur das Hören einer Melodie, sondern auch die Lektüre eines literarischen Textes auf diese Weise beschreiben.

2 Der zeitliche Horizont in der Literatur – Wolfgang Iser

Die Wirkungsästhetik Wolfgang Isers, die vor allem in seinem Buch *Der Akt des Lesens* entwickelt wird, geht von der entscheidenden Voraussetzung aus, dass literarische Texte ihren Sinn nicht selbst formulieren, sondern durch bestimmte Vorgaben das Rezeptionsbewusstsein des Lesers soweit lenken, dass der unformulierte Sinn in dessen Vorstellung konstituiert werden kann. Für Iser ist der Text eine Virtualität, die der Leser aktualisieren muss, und deshalb ist es unmöglich, die Bedeutung des Textes angemessen zu diskutieren, ohne die kreative Aktivität des Lesers zu berücksichtigen: „Bedeutungen literarischer Texte werden überhaupt erst im Lesevorgang generiert; sie sind das Produkt einer Interaktion von Text und Leser und keine im Text versteckten Größen, die aufzuspüren allein der Interpretation vorbehalten bleibt" (Iser 1994, S. 229).

Theodor W. Adorno sieht bei der Rezeptionsästhetik vor allem die Gefahr, dass das Werk zur „tabula rasa subjektiver Projektionen" (Adorno 1992, S. 33) wird. Was Iser jedoch einer genauen Untersuchung unterziehen will, sind gerade jene *dem Text eigenen Bedingungen,* unter deren Anleitung der Leser den Sinn des Textes hervorbringt. Ein Wort von Jean-Paul Sartre, der als einer der Begründer der Rezeptionsästhetik gilt, bringt sehr gut zum Ausdruck, auf welche Weise auch Iser den Vorwurf des Subjektivismus entkräften will: Die Lektüre ist zwar „gesteuertes *Schaffen"* (Sartre 1990, S. 40; eigene Herv., J. B.), aber eben *gesteuertes* Schaffen. Der Leser *entdeckt* also den Sinn nicht, er *konstituiert* ihn vielmehr. Dies tut er aber zu den Bedingungen des Textes, welche sein Vorstellungsbewusstsein – sogar gegen ihn selbst – lenken und bestimmen. Hier lässt sich noch einmal Sartre zur Veranschaulichung zitieren: „Ich will folgendes sagen: der Autor schreibt eine Partitur, aber erst der Leser wird dieses Konzertstück aufführen" (Sartre 1985, S. 79). Um in Sartres Bild zu bleiben: Rüdiger Bubner, der eingangs zitiert worden ist, konzentriert sich anlässlich der Werkkrise der modernen Kunst nur noch auf die *Aufführung.* Iser belässt es dabei nicht, sondern interessiert sich auch noch für die *Partitur* – mithin für die Bedingungen der Aufführung, die sich den Dispositionen des aufführenden Subjekts entziehen. Zusammenfassend lässt sich also sagen: Es gilt sowohl den Lesevorgang wie auch die Bedingungen zu berücksichtigen, die der Text selbst diesem Lesevorgang auferlegt.

Explizit erklärt Iser, dass er sich bei der Beschreibung des Lesevorgangs an Husserls Beispiel des Hörens einer Melodie aus der *Phänomenologie des inneren Zeitbewußtseins* orientiert (vgl. Iser 1994, S. 180 f.), denn auch der literarische Text ist ein Zeitobjekt, das nicht simultan, sondern sukzessiv erfahren wird. Als ein „wandernder Blickpunkt" (Iser 1994, S. 178) ist dem Leser der Text immer nur in aufeinander folgenden Phasen gegenwärtig, und der jeweilige Lektüreaugenblick erweist sich hierin als „Scheitelpunkt zwischen Protention und Retention" (Iser 1994, S. 181). Daraus ergibt sich, dass sich der wandernde Blickpunkt immer nur in einer der vier möglichen Textperspektiven befinden kann: Gemeint sind damit „die Perspektive des Erzählers, die der Figuren, die der Handlung bzw. Fabel *(plot)* sowie der markierten Leserfiktion" (Iser 1994, S. 162 f.). Da die Lektüre sich in einem zeitlichen Ablauf vollzieht, blickt der Leser jeweils auf eine Perspektive, die aktuell für ihn das Thema ist, aber er tut dies vor dem retentionalen Horizont aller anderen Perspektiven, die sein wandernder Blickpunkt im Verlauf der Lektüre bereits durchlaufen hat. „Blickt der Leser beispielsweise auf ein bestimmtes Verhalten des Helden, das dadurch für ihn zum Thema wird, so ist der Horizont, von dem aus diese Zuwendung erfolgt, etwa durch ein Segment der Erzählperspektive bzw. ein solches der Nebenfiguren, der Handlung des Helden oder der Leserfiktion immer schon konditioniert" (Iser 1994, S. 164).

Wenn der Erzähler z. B. vorher eine bestimmte Figur des Romans in den höchsten Tönen gelobt hat, und der Leser im weiteren Verlauf der Lektüre erstmals mit den Gedanken und Handlungsmotiven dieser Figur vertraut wird, dann dient der Erzählerkommentar im retentionalen Horizont zum Verständnis der aktuell gelesenen Passage, die zur Figurenperspektive des Helden gehört. Es ist allerdings auch möglich, dass die Textpassage innerhalb des retentionalen Horizonts einen völlig neuen Sinn erhält, wenn sich etwa die zuvor hochgelobte Figur als ein äußerst zweifelhafter Charakter herausstellt, und sich beim Leser deshalb Zweifel an der Glaubwürdigkeit der Erzählerperspektive melden. Ebenso wie das Verständnis des augenblicklich Gelesenen vor dem retentionalen Horizont geschieht, kann sich auch umgekehrt die bisherige Beurteilung des retentionalen Horizonts angesichts des augenblicklich Gelesenen als korrekturbedürftig erweisen.

In modernen Romanen mit zahlreichen einander widersprechenden Perspektiven wie z. B. Virginia Woolfs *Mrs. Dalloway* (1925) oder John Dos Passos' *Manhattan Transfer* (1925), in denen es die verlässliche Erzählerperspektive schon gar nicht mehr gibt, kann sich sogar fortwährend die Einschätzung des bereits Gelesenen verändern, wodurch gleichzeitig die Haltung zum augenblicklich Gelesenen und zum protentionalen Horizont in Mitleidenschaft gezogen wird. Denn jede Veränderung der Retention modifiziert ihrerseits auch die Protention, und insofern spielen im Lesevorgang „ständig modifizierte Erwartungen und erneut abgewandelte Erinnerungen ineinander" (Iser 1994, S. 182). Der Sinn von etwas, an dem der Blickpunkt bereits vorbei gewandert ist, steht also bis zum Ende des Romans keineswegs fest; er kann sich sogar mehrmals verändern.

Der zeitliche Horizont, jenes beständig im Wandel begriffene Vordergrund-Hintergrund-Verhältnis, überführt also die Perspektiven des Erzählers, der Figuren, der Handlung und der Leserfiktion in ein Verhältnis wechselseitiger Beobachtbarkeit (vgl. Iser 1994, S. 163). Auf diese Weise entfaltet der wandernde Blickpunkt „den Text als ein Beziehungsnetz im Bewußtsein des Lesers" (Iser 1994, S. 189). Natürlich zeichnet sich auch die Lektüre von nicht-fiktionalen und pragmatischen Texten durch den wandernden Blickpunkt und die Thema-Horizont-Struktur aus, aber Iser will darauf aufmerksam machen, auf welche Weise literarische Texte – und zwar vor allem moderne – die gewöhnliche phänomenale Gegebenheit von Texten einer künstlerischen Gestaltung unterziehen.

Die maßgebliche Rolle des zeitlich-ästhetischen Hintergrunds für das Textverständnis beruht also im Wesentlichen darauf, dass der Blickpunkt des Lesens ständig umspringt, wodurch die Textperspektiven einmal als Thema und ein anderes Mal als Horizont erscheinen. Dabei kann der Horizont entweder zur Einschätzung des Themas dienen oder aber vom Thema aus eine Veränderung seiner Bedeutung erfahren. Nach Iser ermöglicht nun jede einzelne Perspektive nicht nur eine bestimmte Sichtweise auf alle anderen Perspektiven, sondern vor allem auch auf das Thema des Romans, aber in keiner von ihnen – zumindest soll dies für den modernen Roman gelten – ist sein Sinn selbst vollständig und zuverlässig gegeben.[3] Denn überhaupt steht keine der einzelnen Perspektiven des Erzählers oder der Figuren jeweils nur für sich, vielmehr erhält sie ihre Bedeutung durch die wechselseitige Beziehung, welche durch die Thema-Horizont-Struktur des Lesens möglich wird (vgl. Iser 1994, S. 166).

---

[3]Kurz nach dem Erscheinen von Isers *Der Akt des Lesens* haben Hans Ulrich Gumbrecht und Karlheinz Stierle bereits darauf hingewiesen, dass dieser Literaturkonzeption die Eigentümlichkeit des Materials anhaftet, aus dem er sie entwickelt. Denn Isers Theoriebildung vollzieht sich vor allem in der Auseinandersetzung mit seinen Lieblingsautoren, allen voran Fielding, Sterne, Joyce und Beckett (Gumbrecht 1977, S. 533; Stierle 1975, S. 372). Siehe zur Kritik an Isers Wirkungsästhetik auch Bonnemann (2008, S. 93–97).

Also ergibt sich der Sinn des Textes nach Iser allein aus dem Zusammenhang der verschiedenen Perspektiven – genau genommen aus ihrer „wechselseitigen Veränderung" (Iser 1994, S. 166):

> Wird beispielsweise der Held in einem Lektüreaugenblick thematisch und steht das von ihm gezeigte Verhalten vor dem Horizont einer soeben vorangegangenen Bewertung des Erzählers, so kommt es hier wie in allen solchen Fällen des Perspektivenwechsels zu selektiven Hervorhebungen und selektiven Suspensionen an dem thematisch gewordenen Segment. Dieses steht dann nicht mehr einfach als solches, sondern als ein in bestimmter Hinsicht interpretiertes im Blick (Iser 1994, S. 168).

So wie Iser die literarische Sinnkonstitution beschreibt, springt ihre Verwandtschaft mit dem filmischen Prinzip der Montage geradezu ins Auge, bei dem durch das Verhältnis der Einstellungen ein Sinn entsteht, der in keiner von ihnen allein ausfindig zu machen ist.[4] Während Eisenstein hervorhebt, dass der filmische Sinn jenseits der Einstellung liegt, befindet sich auch für Iser der literarische Sinn jenseits der Textsegmente. Insofern der Sinn eines Textes oder Films also nicht explizit zu lesen oder zu sehen ist, handelt es sich nicht um einen *gegebenen* Sinn – eher wäre hier von einem *geschnittenen* Sinn zu sprechen, einem Sinn, der dem Schnitt zwischen zwei Textsegmenten oder Bildern entspringt. Was gemeint ist, wird jeweils durch den Zusammenhang von Textpassagen oder bildlichen Einstellungen – also durch Montage – nahegelegt und muss sowohl bei Eisenstein wie auch bei Iser in einem kreativen und letztlich individuellen Rezeptionsprozess realisiert werden.

3   Der zeitliche Horizont im Film – Sergej M. Eisenstein

Die filmische Inszenierung ist für Sergej M. Eisenstein (2006a, S. 58) „in erster Linie Montage", und darum sind seiner Ansicht nach auch alle Fragen der Filmkunst beantwortet, wenn das Wesen der Montage verstanden ist (Eisenstein 2006b, S. 91). So wie Iser zufolge der Sinn eines literarischen Textes nicht in

---

[4]Hier wäre an das Wort von Bertolt Brecht (1967, S. 165) zu denken: „Der Filmsehende liest Erzählungen anders. Aber auch der Erzählungen schreibt, ist seinerseits ein Filmsehender". Mit Blick auf die tragende Rolle, die das Montageprinzip bei Iser implizit spielt, lässt sich hinzufügen: Aber auch der eine Literaturtheorie schreibt, ist seinerseits ein Filmsehender. Zum Verständnis des wechselseitigen Einflusses von Literatur und Film ist Paech (1997) ausgesprochen lesenswert und instruktiv, nicht zuletzt durch seine anschaulichen Beispielanalysen.

irgendeiner einzelnen privilegierten Textposition, sondern im Spannungsverhält-
nis aller Textpositionen liegt, so beruht auch Eisenstein zufolge der – emotionale
wie intellektuelle – Gehalt eines Films nicht auf dem Einzelbild, sondern auf der
Zusammenstellung mehrerer Einzelbilder:[5] „Das Wesen des Films darf nicht in
den Einstellungen gesucht werden, sondern vielmehr in den Wechselbeziehungen
der Einstellungen" (Eisenstein 2006c, S. 54).

Worauf es hier ankommt, ist das *Nacheinander* der erscheinenden Bilder,
folglich der zeitlich-ästhetische Hintergrund des Films. Als Keimzelle der Mon-
tagefilme lassen sich die Experimente von Lew Kuleschow begreifen, bei dem
Eisenstein und Pudowkin zu Beginn der 1920er Jahre an der ersten Filmhoch-
schule der Welt in Moskau studieren. Kuleschows berühmtes Experiment mit dem
Filmschnitt ist unter dem Titel Kuleschow-Effekt als Inspirationsquelle in die
Geschichte des Films eingegangen und soll an dieser Stelle von Alfred Hitchcock
erklärt werden: Kuleschow „zeigt eine Großaufnahme von Iwan Mosjoukine und
läßt darauf eine Einstellung von einem toten Baby folgen. In dem Gesicht Mosjoukines ist Mitleid zu lesen. Er nimmt die Einstellung des toten Babys weg und
ersetzt sie durch ein Bild, das einen vollen Teller zeigt, und jetzt liest man aus
derselben Großaufnahme Hunger" (Truffaut 2004, S. 211).[6]

Die Pointe des Experiments liegt im Folgenden: Es handelt sich zwar jeweils
um ein und dieselbe Einstellung des Gesichts, welche zunächst mit dem Bild
eines toten Kindes im Sarg, dann mit dem eines Tellers mit Suppe und schließlich – die dritte Variante fällt bei Hitchcock unter den Tisch – mit dem Bild einer
lächelnden Frau auf einem Diwan montiert wird. Dennoch sieht das Testpublikum
in Mosjoukines Gesicht je nachdem Trauer, Hunger oder Zuneigung und ist ganz
begeistert von seiner schauspielerischen Wandlungsfähigkeit. Für Kuleschow,

---

[5]Mit Einzelbild sei an dieser Stelle und im Folgenden dasjenige gemeint, was zwischen
zwei Schnitten zu sehen ist.

[6]Hitchcock fährt fort, und erläutert, wie er sich bei seinem eigenen Film *Rear Window* am
Kuleschow-Effekt orientiert: „Genauso nehmen wir eine Großaufnahme von James Stewart.
Er schaut zum Fenster hinaus und sieht zum Beispiel ein Hündchen, das in einem Korb
in den Hof hinuntergetragen wird. Wieder Stewart, er lächelt. Jetzt zeigt man anstelle des
Hündchens, das im Korb nach unten getragen wird, ein nacktes Mädchen, das sich vor einem
offenen Fenster dreht und wendet. Man nimmt wieder dieselbe lächelnde Großaufnahme von
James Stewart, und jetzt sieht er aus wie ein alter Lüstling" (Truffaut 2004, S. 211).

aber auch für Eisenstein ist hiermit bewiesen: Was der einzelnen Einstellung ihre Bedeutung verleiht, ist der Zusammenhang mit anderen Einstellungen.[7]

Hier fällt die sinngebende Funktion des zeitlichen Hintergrunds beim Film ganz deutlich ins Auge: Das Bild des Gesichts, das in diesem Augenblick zu sehen ist, erschließt sich von dem Bild aus, das kurz zuvor zu sehen gewesen ist und – wie Husserl und Iser sagen würden – retentional noch vorhanden ist, um als Verstehenshorizont des Gegenwärtigen zu dienen. Nach Aron Gurwitsch, dessen Überlegungen zum Figur-Hintergrund-Verhältnis im ersten Teil bereits erläutert worden sind, wäre der Kuleschow-Effekt ein sehr schönes Beispiel dafür, dass innerhalb der Wahrnehmung jedes einzelne Element seine phänomenale Identität ganz und gar aus dem jeweiligen Gestaltzusammenhang gewinnt, in dem es eingegliedert ist.[8]

Eisenstein geht es nun in seiner Filmpraxis wie auch in seiner Filmtheorie nicht darum, die künstlerischen Möglichkeiten des Mediums zu erschließen, im Mittelpunkt steht vielmehr die maximale Einwirkung auf den Zuschauer. Wie bei Iser lässt sich also auch hier von einer Wirkungsästhetik sprechen, obgleich sie von den Sowjetregisseuren weitaus funktionalistischer aufgefasst wird. Wenn bei Eisenstein von Attraktionsmontage oder intellektueller Montage die Rede ist, liegt das Schwergewicht einmal auf der *emotionalen,* ein anderes Mal auf der *intellektuellen* Wirkung. Insofern der Film jedoch eine „Synthese von Kunst und Wissenschaft" (Eisenstein 2006b, S. 111) darstellt und damit sogar das Zeitalter einer sinnlichen Wissenschaft einläuten soll (Eisenstein 2006d, S. 84),[9] sind für Eisenstein beide Formen der Montage niemals voneinander getrennt.

---

[7]So schreibt auch Helmuth Plessner, dass erst „die konkrete Situation mit ihren bestimmten Möglichkeiten" der Vieldeutigkeit des mimischen Ausdrucks einen eindeutigen Sinn verleihen kann: „Jeder weiß aus Erfahrung, wie unsicher die Deutung bleibt, wenn sie nur das Ausdrucksbild zur Verfügung hat. Schmaler Lidspalt kann Lauern, Schläfrigkeit, sinnliche Erregung, Nachdenken, Blasiertheit, Geringschätzung ausdrücken" (Plessner 1982, S. 126). Jedenfalls lässt sich feststellen, „daß einem Ausdrucksbild nicht, wie sowohl Darwin als auch Klages meinten, ein Sinn zugehört, sondern mehrere Sinne konform sind, deren Bestimmung nur aus der ganzen Situation erfolgen kann" (Plessner 1982). Diese Situation stellt im Falle des Films vor allem die Montage bereit.

[8]Für die Sowjetregisseure wäre allerdings hiermit sogar der Beweis erbracht, dass der sozialistische Kollektivismus selbst noch auf der Ebene der Filmwahrnehmung dem kapitalistischen Individualismus überlegen ist.

[9]Damit sieht Eisenstein letztlich auch die Grenzen zwischen Kunst und Wissenschaft gefallen, allerdings nicht im Sinne der Postmoderne, der zufolge die Wissenschaft selbst zur Kunst wird. Eisenstein zieht den Geltungsanspruch der Wissenschaft nicht in Zweifel, sondern er dehnt ihn umgekehrt auf die Kunst aus (Eisenstein 2006d, S. 84).

Dennoch lässt sich feststellen, dass im Verlauf seines filmischen wie auch theoretischen Schaffens eine Akzentverschiebung von der Attraktions- zur intellektuellen Montage stattfindet, die ihren Niederschlag vor allem darin findet, dass sein Verständnis der Filmrezeption einen gravierenden Wandel vollzieht. So ist die Attraktionsmontage im Wesentlichen ein Mittel zur Steigerung von emotionalen Effekten: Der Film ist eine „Agit-Kunst" (Eisenstein 2006e, S. 15) im Dienst des Klassenkampfes, welche die Psyche des Zuschauers ideologisch „bearbeiten" soll. Eisenstein zufolge muss der Film wie ein „Schlagbolzen" (Eisenstein 2006e, S. 15) wirken, um „die kommunistische Ideologie in Millionen Menschen unwiderruflich [zu] verankern" (Eisenstein 2006d, S. 87). Regieführen ist im Grunde nichts anderes als „die Organisation des Zuschauers mit Hilfe organisierten Materials" (Eisenstein 2006f, S. 48).

Dies geschieht vornehmlich auf dem Wege der Attraktionsmontage, wobei eine Attraktion

> jeder zu demonstrierende Fakt (jede Handlung, jeder Gegenstand, jede Erscheinung, jede bewußte Kombination) [ist], der durch Druckausübung eines bestimmten Effekts auf die Aufmerksamkeit und Emotion des Zuschauers überprüft und bekannt wurde und der, kombiniert mit anderen, dazu geeignet ist, die Emotion des Zuschauers in diese eine oder in eine andere, vom Ziel der Aufführung diktierte Richtung hin zu verdichten (Eisenstein 2006e, S. 16).

Diesen Überlegungen zur Attraktionsmontage liegt offensichtlich ein behavioristischer Rezeptionsbegriff zugrunde. Eisensteins Terminologie zeigt jedenfalls unverkennbar den Einfluss von Iwan Pawlows Lehre der Konditionierung, wenn es heißt, dass der Psyche des Filmzuschauers „eine neue Kette von bedingten Reflexen" (Eisenstein 2006e, S. 22) andressiert werden soll.[10]

Das bekannteste Beispiel für eine Attraktionsmontage ist wohl die Schlusssequenz aus dem Film *Streik:* Montiert sind hier die Bilder einer Sequenz, in der streikende Arbeiter von Soldaten niedergeschossen werden, mit Bildern, in denen eine Kuh geschlachtet wird. Das Ziel besteht darin, die emotionale Wirkung der Erschießungen auf die Spitze zu treiben, indem die Attraktionsmontage die assoziative Verknüpfung suggeriert, dass die Arbeiter wie Vieh abgeschlachtet

---

[10]Vgl. Eisenstein (2006d, e, S. 22): „Wollen Sie Sympathie für Ihren Helden hervorrufen, dann umgeben Sie ihn mit Kätzchen, die sich ohne Zweifel allgemeiner Beliebtheit erfreuen; und in keinem unserer Filme hat man es unterlassen, weißgardistische Offiziere mit widerlichen Sauforgien zu koppeln".

werden.[11] Wenn die Kamera einfach nur Menschen gezeigt hätte, die von Kugeln
getroffen zu Boden stürzen, dann hätte Einstein zufolge diese Filmsequenz bei
den Zuschauern weitaus weniger Empörung über das Massaker entfacht.[12]

Für den frühen Eisenstein ist die Montage – als Attraktionsmontage – vorwiegend ein Verfahren zur Steigerung von emotionalen Effekten, dagegen wird
sie später für ihn mehr und mehr zu einem filmischen Mittel, um Gedanken zu
formulieren und dem Zuschauer intellektuelle Schlussfolgerungen nahezule-
gen.[13] Während bei einem amerikanischen Regisseur wie David W. Griffith die
Parallelmontage, in der z. B. abwechselnd Verfolger und Verfolgte zu sehen sind,
vor allem dazu dient, das Tempo und die Spannung der filmischen Erzählung zu
steigern, erhält sie bei Eisenstein die Aufgabe, nicht nur Gefühle hervorzubringen, sondern auch Denkprozesse zu inspirieren. Damit steigt die Montage von der
Sphäre der Handlung in die Sphäre des Gedanklichen auf: Mit filmischen Mitteln
soll es möglich sein, Verallgemeinerungen, Metaphern und Schlussfolgerungen
zu artikulieren. Der intellektuelle Film, der auf diese Weise hervorgebracht wird,
ist, wie Eisenstein verkündet, schließlich die „höchste Entwicklungsform der
Möglichkeiten filmischer Technik" (Eisenstein 2006d, S. 86).

Im Kern findet sich auch dies bereits im Kuleschow-Effekt: Zwei beliebige
Bilder – das Gesicht Mosjoukines und z. B. die Frau auf dem Diwan – erscheinen nacheinander und vereinigen sich zu einer neuen Vorstellung, die aus dieser
Kombination entspringt: das Gesicht Mosjoukines, das Zuneigung zum Ausdruck
bringt. So wäre nach Eisenstein auch die ‚trauernde Witwe' das „verallgemeinerte
Bild" (Eisenstein 2006g, S. 167), das durch die Montage der beiden anschaulichen Einzelbilder ‚Grab' und ‚weinende Frau' gedanklich entsteht. Die Leistung

---

[11]Der unterschiedliche kulturelle Standort der Rezipienten lässt jedoch die beabsichtigte
Konditionierung an ihre Grenze stoßen, denn Eisenstein musste „feststellen, daß diese
Szene nur in einem städtischen Gebiet Entsetzen auslöste. In einem ländlichen Gebiet, wo
das Schlachten von Tieren etwas Alltägliches, sogar positiv Besetztes ist, wurde die Ver-
allgemeinerung des ‚Abschlachtens' nicht verstanden. Dadurch wurde Eisenstein sich der
Relativtität seiner Ausdrucksform bewusst" (Ast 2002, S. 49).

[12]Lenz (2008, S. 55) beschreibt die Attraktionsmontage als einen Dreischritt: „1. Der
Künstler sucht assoziativ nach wirkungsauslösenden Elementen. 2. Diese Elemente gewinnen bildliche Materialität auf der Leinwand. 3. Hierüber wecken sie im Betrachter Assoziationen, die sich aus seiner Erfahrung speisen".

[13]Allerdings handelt es sich auch schon bei der Schlusssequenz des Films *Streik* ebenso
um eine intellektuelle Montage, insofern hier ein Filmsymbol entsteht, das ein bestimmtes
Ereignis als einen Menschenschlachthof interpretiert.

der Montage besteht also darin, *vieldeutige Bilder* – Mosjoukines Gesichtsausdruck lässt so gut wie jede Deutung zu – in *eindeutige Zeichen* – den hungrigen, traurigen oder verliebten Mosjoukine – zu verwandeln.

Natürlich findet sich gerade auch in Eisensteins Filmen eine Vielzahl von Beispielen für verallgemeinerte Bilder: Wenn in *Oktober* etwa die Menschewiki auf dem zweiten Rätekongress von 1917 ihre Reden halten und im Anschluss Bilder von Harfen und Balalaikas zu sehen sind, dann soll der Gedanke nahegelegt werden, dass ihre Reden zwar schön klingen, aber völlig unverbindlich und nichtssagend sind. Es handelt sich um opportunistisches und leeres Wortgeklimpere. Zusammenfassend lässt sich über die intellektuelle Montage sagen, dass mit ihr Eisenstein zufolge die Entwicklung des Films endgültig in eine Phase eintritt, in der er sich der „Symbolik der Sprache" (Eisenstein 2006c, S. 55) annähert: Die „Montage", so heißt es, „ist die Syntax des richtigen Aufbaus aller Einzelfragmente eines künstlerischen Films" (Eisenstein 2006h, S. 134). Orientieren soll sich die Filmkunst also keineswegs an der Malerei (vgl. Eisenstein 2006c, S. 56; Eisenstein 2006b, S. 108), sondern vielmehr an Sprache und Literatur (Eisenstein 2006b, S. 95).

In rezeptionsästhetischer Hinsicht schlägt Eisenstein nun völlig andere Töne an als zuvor im Zusammenhang mit der Attraktionsmontage: Weit entfernt von jedem behavioristischen Vokabular, heißt es nun, „daß der Zuschauer in einem schöpferischen Akt einbezogen wird, in dem seine eigene Individualität von der Individualität des Autors nicht nur nicht unterdrückt [wird], sondern sich völlig offenbart" (Eisenstein 2006g, S. 177). Der Rezipient ist nicht mehr der passive, zu bearbeitende Adressat für bedingte Reflexe, sondern ein kreatives Subjekt, das das verallgemeinerte Bild „entsprechend seiner Individualität" konstituiert: „das heißt aus seiner Erfahrung, aus dem Schoß seiner Phantasie, aus dem Geflecht seiner Assoziationen, aus den Voraussetzungen seines Charakters, seines Gemüts und seiner sozialen Stellung heraus" (Eisenstein 2006g). Gerade weil es sich bei der Filmrezeption – wie bei der Romanlektüre nach Iser – um einen solchen „selbständigen schöpferischen Akt" (Eisenstein 2006g) handelt, ist folglich auch der jeweilige Sinn bei jedem einzelnen Rezipienten trotz identischer Vorgaben „grundverschieden und individuell" (Eisenstein 2006g, S. 178).

Innerhalb der filmtheoretischen Arbeiten von Eisenstein lässt sich jedenfalls kaum ein Wandel erkennen, der einschneidender wäre als derjenige, der sein Verständnis der Filmrezeption betrifft: Der Zuschauer ist nicht länger ein durch Konditionierung zu bearbeitendes Material, sondern ein individueller Mitschöpfer, durch den das Werk einen einzigartigen Sinn erhält, der sich der Kontrolle des Regisseurs weitgehend entzieht: „Das vom Autor erdachte verallgemeinerte künstlerische Bild ist […] nicht nur ein Werk des schöpferischen Autors, sondern ebenso ein Werk des schöpferischen Zuschauers, also auch *mein* Werk" (Eisenstein 2006g).

Davon abgesehen liegt jedoch in der Privilegierung der Montage grundsätzlich zugleich auch eine Privilegierung des *zeitlichen* Horizonts der Filmrezeption. Ob das augenblicklich gesehene Einzelbild seinen Sinn durch die emotionale Erschütterung der Attraktionsmontage oder durch die Denkanstöße der intellektuellen Montage erhält, in beiden Fällen beruht dies auf der sinnstiftenden Funktion des zeitlich-ästhetischen Hintergrundes, also auf den Bildern die vor dem Schnitt zu sehen gewesen sind. Der Sinn des Films bei Eisenstein ist so wie der Sinn der Literatur bei Iser das Produkt einer Montage. Was den Film betrifft, so ist diese Auffassung sowohl von André Bazin wie auch von Andrej Tarkowskij als eine Engführung kritisiert worden, durch die wesentliche Möglichkeiten des filmischen Mediums dem Schnitt zum Opfer fallen.

4 Der räumliche Horizont im Film – André Bazin und Andrej Tarkowskij

Selbst wenn die Einzelbilder in Eisensteins Montage-Filmen noch so konkret und realitätsnah sein mögen, so entsteht doch der Sinn, auf den es ankommt, immer aus der Beziehung *zwischen* zwei verschieden Bildern – die Auffassung etwa, dass Mosjoukine Zuneigung empfindet, ergibt sich daraus, dass ein Bild seines Gesichts mit dem Bild einer Frau kombiniert wird. Dass Mosjoukine und die Frau sich überhaupt in demselben Raum befinden, wird ebenfalls nur durch die Montage unterbreitet, denn man sieht sie niemals zusammen in ein und derselben Einstellung. Der *räumliche* Zusammenhang entsteht also allein aus dem *zeitlichen* Zusammenhang der Einzelbilder.

André Bazin, ein französischer Filmtheoretiker der 1940er und 1950er Jahre, der mit seinen Schriften maßgeblich die filmische Strömung der *Nouvelle Vague* beeinflusst hat, stellt nun diesen Vorrang der Zeit über den Raum bzw. des zeitlichen über den räumlichen Hintergrund ganz entschieden in Abrede. In seiner Argumentation ist nicht zu übersehen, dass er grundsätzlich einem Filmtypus den Vorzug gibt, für den „das Bild vor allem zählt, weil es die Realität *enthüllt,* nicht weil es ihr etwas *hinzufügt"* (Bazin 2004a, S. 94). Die Montage ist im Wesentlichen, so bemerkt Bazin, „nichts anderes als die Anordnung der Bilder in der Zeit" (Bazin 2004a, S. 91), keineswegs lässt sie sich jedoch als die „Essenz des Kinos" (Bazin 2004a, S. 81) deklarieren. Ganz im Gegenteil stellt die Montage sogar „das literarische und antifilmische Verfahren schlechthin" (Bazin 2004a) dar, weil nach Bazin „das Spezifische des Kinos, einmal im Reinzustand betrachtet", vielmehr der Respekt vor der „Einheit des Ortes" (Bazin 2004a) ist, den die Montage gerade in Einzelteile zerlegt.

Als Kriterien für eine solche Aufwertung des Raums gegenüber der Zeit werden der Realitätseindruck sowie die Glaubwürdigkeit und Authentizität des Films genannt. Was dem einzelnen Bild nun Realismus und Glaubwürdigkeit verleiht, ist weniger das zeitliche *Nacheinander,* also das Verhältnis zu anderen Bildern, sondern das räumliche *Nebeneinander* innerhalb ein und desselben Bildes. Bei dem folgenden Prinzip handelt es sich für Bazin deshalb um ein „ästhetisches Gesetz" des Films schlechthin: „Wenn das Wesentliche eines Ereignisses von der gleichzeitigen Anwesenheit zweier oder mehrerer Handlungsfaktoren abhängt, ist es verboten zu schneiden. Die Montage kommt jedes Mal dann wieder zu ihrem Recht, wenn der Sinn der Handlung nicht vom physischen Nebeneinander abhängt, selbst wenn es implizit vorausgesetzt wird" (Bazin 2004a, S. 84).

Das folgende Beispiel veranschaulicht sehr gut, worauf Bazin mit diesem Respekt vor der Einheit des Raumes hinaus will. Im Namen der Glaubwürdigkeit und Authentizität des Films sei es „unvorstellbar, daß die Szene der berühmten Robbenjagd in *Nanook* uns nicht den Jäger, das Eisloch und dann die Robbe in derselben Einstellung zeigte" (Bazin 2004a, S. 85). Allerdings geht Bazin nicht so weit zu fordern, man solle völlig auf den Schnitt verzichten und die Handlung nur noch in Plansequenzen erzählen. Letztlich bleibt diese Frage nach dem Schnitt dem Stil des Regisseurs überlassen, aber ausschlaggebend ist die Einsicht, dass die Wirkung eines Films eben auf seinem Realitätseindruck und nicht auf der Montage beruht. Und dieser Realitätseindruck stellt sich – in Bazins Beispiel – eben nur dann ein, wenn der räumliche Zusammenhang zwischen Jäger, Eisloch und Robbe innerhalb einer einzigen Einstellung zu sehen ist. Die genannten drei Bildelemente müssen also nicht nur *nacheinander,* sondern auch *nebeneinander* zu sehen sein.

An der Erzählung selbst ändert sich zwar ganz und gar nichts, wenn die Montage die „räumliche Dichte der Wirklichkeit" und den „räumlichen Fluß der Handlung" ständig unterbricht (Bazin 2004a, S. 84) und in einzelne Segmente zerlegt. Aber dadurch hätte der Film „trotz des konkreten Charakters jedes Bildes, lediglich erzählerisch, nicht in der Wirklichkeit Gültigkeit" (Bazin 2004a, S. 89). Während Eisenstein also die Einheit des Raumes erst aus der Zeit, d. h. der Montage, hervorgehen lässt, verleiht Bazin zufolge umgekehrt erst der räumliche Überblick, den die Totale liefert, der Montage ihr Gewicht und ihre Glaubwürdigkeit. Insgesamt erfährt damit der räumliche Hintergrund des Einzelbildes eine Nobilitierung gegenüber seinem zeitlichen Hintergrund: „Der Realismus liegt hier in der Einheit des Raumes" (Bazin 2004a).

Wenn Eisenstein ganz und gar auf die Montage setzt, dann hängt diese Entscheidung mit der Absicht zusammen, den Filmzuschauern eine eindeutige Botschaft zu vermitteln. Insofern das Einzelbild seinen Sinn durch sein Verhältnis zu anderen Einzelbildern bekommt und dieser Sinn eindeutig sein soll, darf es jedoch nicht allzu viel Sinn schon in sich selbst enthalten. Vielmehr muss jedes Einzelbild leicht und schnell verständlich sein. „Ihrem Wesen nach setzt die Montage bei ihrer Realitätsanalyse einen eindeutigen Sinn des dramatischen Geschehens voraus […]. Kurz, die Montage eignet sich grundsätzlich und gemäß ihrer Natur nicht dazu, Mehrdeutigkeit auszudrücken" (Bazin 2004b, S. 103 f.).[14] Folgerichtig ergibt sich, wie Bazin ausführt, aus der Entscheidung für die Montage, dass die Einzelbilder eher flächig sind, d. h. kaum eine Tiefenschärfe aufweisen, welche den räumlichen Hintergrund hervorheben würde: „Die Unschärfe im Bild" ist „geradezu die logische Konsequenz aus der Montage, ihre bildhafte Entsprechung […]. Die Unschärfe des Hintergrunds verstärkt also die Wirkung der Montage, sie gehört nur bedingt zum Kamerastil, aber wesentlich zum Erzählstil" (Bazin 2004b, S. 101). Wenn man die formalen Kategorien des Kunsttheoretikers Heinrich Wölfflin von der Malerei auf den Film überträgt, dann lässt sich sagen, dass sich die Einzelbilder in Montagefilmen eher durch Flächen- als durch Tiefenkomposition auszeichnen (Wölfflin 2004, S. 93 ff.).

Bazins Ausführungen stellen Montage und Tiefenschärfe – und damit den zeitlichen und den räumlichen Hintergrund – geradezu als Gegenpole der filmischen Inszenierung dar: Je mehr der Film die Montage zum Einsatz bringt, umso flächiger müssen seine Bilder sein. Und umgekehrt setzt die Inszenierung in die Bildtiefe „die Respektierung der Einheit des Ortes" (Bazin 2004b, S. 102) voraus. Dasselbe gilt im Übrigen – wie sich ergänzen lässt – nicht nur für Montage-Filme, sondern natürlich auch für Filme mit schnellen Kamerafahrten: Hier bekommt der Rezipient einen rasanten Wechsel von Einzelbildern präsentiert, der zwar ohne Schnitt auskommt, aber zum Verständnis des Geschehens eben auch ein leicht verständliches und daher flächiges Bild erforderlich macht.[15]

Während die Montage und – je nach ihrer Geschwindigkeit – die Kamerafahrt eindeutige und leicht verständliche Bilder verlangen, macht die Tiefenschärfe

---

[14]So ist es, wie Bazin meint, gerade die Mehrdeutigkeit des Ausdrucks von Mosjoukine, welche die völlig verschiedenen, für sich jeweils aber eindeutigen Interpretationen ermöglicht, die erst durch die Montage entstehen (vgl. Bazin 2004b, S. 104). Die Montage ist es schließlich, durch die vorgegeben wird, worauf es bei dem Einzelbild ankommt – auch wenn in ihm selbst unabhängig von diesem zeitlichen Hintergrund noch mehr an Sinngehalt zu entdecken wäre.

[15]Das ändert sich auch nicht, wenn die Kamera in die Tiefe des Raumes hineinfährt. Denn durch diese Bewegung verwandelt sie nur fortwährend die Tiefe in Nähe und würde nach wie vor dem Betrachter nicht die Zeit lassen, die für eine Tiefenkomposition erforderlich wäre.

ein höheres Maß an Realismus möglich, und vor allem – wie Bazin hervorhebt – erlaubt sie dem Zuschauer ein „Minimum an persönlicher Auswahl" (Bazin 2004b, S. 103). Denn insofern das Bild eine Tiefenkomposition aufweist, findet sich *in ihm selbst* nun ein Vordergrund-Hintergrund-Verhältnis – und zwar eins, das *räumlich* und nicht *zeitlich* ist. So spielen sich z. B. in Jean Renoirs Film *Die Spielregel* (1939) oft gleichzeitig verschiedene Ereignisse, jeweils im Vordergrund und im Hintergrund, ab, sodass der Zuschauer die Entscheidung treffen muss, auf welche Ebene des Bildes er sich augenblicklich konzentrieren will.[16] Aus der Aufwertung des *Nebeneinander* gegenüber dem *Nacheinander* ergibt sich also außerdem die Möglichkeit, das Nebeneinander in ein *Hintereinander* zu überführen.[17] Während die Montage insgesamt zu einer Privilegierung des zeitlichen Hintergrunds und daher zu flachen, eindeutigen Einzelbildern tendiert, bringt die Tiefenschärfe den räumlichen Hintergrund des Einzelbildes zur Erscheinung und tendiert – zumindest der Möglichkeit nach – zur Mehrdeutigkeit.

Bazins Sympathien liegen unverkennbar bei der Tiefenschärfe, denn immer wieder spricht er von den Engführungen und Verzerrungen, die die Montage der Darstellung antut. So erlaubt es erst der Verzicht auf sie, „den Sinn hinter den Dingen und Lebewesen herauszuarbeiten […], ohne deren natürliche Einheit zu zerstören" (Bazin 2004b, S. 106 f.). Nicht nur der räumliche Hintergrund des Einzelbildes wird auf diese Weise wiederentdeckt, sondern schließlich sogar die Zeit *innerhalb* dieses Einzelbildes, d. h. „die wirkliche Zeit der Dinge, die Dauer des Geschehens" (Bazin 2004b, S. 108). Was nach Bazin respektiert werden soll, ist also nicht nur die Einheit des Ortes, sondern ebenso die Dauer des Geschehens. Das Bild selbst besitzt eine eigene Zeit, welche von den Ereignissen abhängig ist, die in ihm zu sehen sind. Diese Eigenzeit kommt wiederum zur Erscheinung, sobald den Bildinhalten nicht mehr die – wie es heißt – „abstrakte Zeit der Montage" (Bazin 2004a, S. 87) aufgezwungen wird.

Jene „wirkliche Zeit der Dinge" (Bazin 2004b, S. 108), welche von den Montagefilmen ignoriert wird, ist nun genau dasjenige, worauf der russische Regisseur Andrej Tarkowskij in seinen Filmen – als Beispiele seien hier genannt: *Iwans Kindheit* (1962), *Solaris* (1972) und *Stalker* (1979) – wie auch in seinen Essays

---

[16]Jean Renoir (zit. nach Bazin 2004a, S. 101) erklärt: „Je länger ich in meinem Beruf bin, desto mehr neige ich dazu, in die Tiefe der Leinwand hinein zu inszenieren; ich verzichte mehr und mehr auf die Gegenüberstellung von zwei Schauspielern, die ordentlich vor der Kamera aufgebaut sind wie beim Photographen".

[17]Bei Tiefenkompositionen liegt „der Nerv in den Beziehungen der vorderen zu den rückwärtigen Teilen" (Wölfflin 2004, S. 94). Die einfachste Form einer solchen Gestaltung, die den Blick in die Tiefe zieht, wäre bei Zweifigurenszenen „die Umsetzung des Nebeneinander […] in ein schräges Hintereinander" (Wölfflin 2004, S. 95).

das Hauptaugenmerk richtet. Wenn Tarkowskij in strikter Abgrenzung von Eisenstein das „tatsächliche poetische Wesen der Filmkunst" bestimmt, springt die Nähe zu Bazin geradezu ins Auge:[18] Was den Film gegenüber allen anderen Künsten auszeichnen soll, ist das Vermögen, „das Leben gleichsam ohne sichtliche, grobe Verletzung seines realen Ablaufs zu beobachten" (Tarkowskij 2012a, S. 276). Vorherrschend bei der Filmkunst ist deshalb das Beobachten und Auswählen und weniger die Konstruktion des Geschehens.

Wenn eine solche Orientierung an der Realität gefordert wird, so steht dabei für Tarkowskij genauer „die Zeit" als „eine sichtbare Form des Realen" (Tarkowskij 2012b, S. 175) im Mittelpunkt der filmischen Inszenierung. Allerdings ist hiermit gerade nicht der zeitliche Zusammenhang der Einzelbilder gemeint, den die Montage konstruiert. Vielmehr wird das Filmbild, wie es heißt, ganz und gar von dem „Zeitfluß innerhalb der Einstellung" (Tarkowskij 2012b, S. 169) bestimmt. So wäre zwar ein Film möglich, der völlig ohne Schauspieler und Montage auskommt, aber niemals ein Film, „in dessen Einstellung nicht der Zeitfluß spürbar würde" (Tarkowskij 2012b, S. 167).[19]

Wenn das einzelne Filmbild in sich selbst zeitlich bestimmt ist, dann kann folglich die Aufgabe der Montage nicht mehr darin bestehen, dem Film überhaupt erst eine zeitliche Dimension zu verleihen. Vielmehr koordiniert sie „bereits zeitlich besetzte Einstellungen" (Tarkowskij 2012b, S. 169) und führt damit nur konsequent weiter, was in den Einzelbildern selbst schon vorweggenommen ist. Infolgedessen sind es die jeweiligen Einzelbilder, die der Montage die Richtung vorgeben, und keineswegs zwingt die Montage ihnen umgekehrt einen Zeitzusammenhang auf: „Einen Film richtig montieren heißt, dabei nicht die organische Verbindung der einzelnen Szenen und Einstellungen stören, die sich ja gleichsam schon vormontiert haben, da in ihnen ein Gesetz lebendig ist, nach dem sie sich zusammenfügen, das man beim Schnitt und beim Zusammenkleben der einzelnen Teile eben herausspürt" (Tarkowskij 2012b, S. 170).

Der montierte Zeitfluss *zwischen* den Einstellungen orientiert sich also an dem beobachteten und ausgewählten Zeitfluss *innerhalb* der Einstellungen und bringt auf diese Weise den Rhythmus des gesamten Films hervor. Zu einem

---

[18]Es gibt allerdings keinen Hinweis darauf, dass Tarkowskij die Schriften von Bazin zur Kenntnis genommen hat.

[19]Dass Tarkowskij an dieser Stelle den Singular verwendet und wider Erwarten nicht von den *Einstellungen,* sondern von der *Einstellung* spricht, lässt sich womöglich als eine absichtliche Spitze gegen die Montagekunst lesen. In seinem Beispiel ist das im Übrigen nur konsequent, denn ein Film ohne Montage würde nur aus einer Einstellung bestehen.

„Rhythmusbruch" (Tarkowskij 2012b, S. 180) kommt es nun immer dann, wenn Einstellungen montiert werden, welche sich zeitlich nicht ineinanderfügen. Allerdings ist es, wie Tarkowskij ergänzt, durchaus möglich, dass die Tendenzen innerhalb der koordinierten Einstellungen gerade einen solchen Bruch erforderlich machen (vgl. Tarkowskij 2012b, S. 180). Der Sinn – ganz allgemein sei darunter all dasjenige verstanden, was die Einzelbilder zueinander passen lässt – vollzieht sich bei Tarkowskij sozusagen *Bottom-Up* und nicht wie bei Eisenstein *Top-Down*, d. h. er entwickelt sich aus der immanenten Zeit der wahrgenommenen Dinge und nicht nach Maßgabe einer ideologischen Konzeption.

Vor dem Hintergrund dieser Überlegungen stellt sich die Frage, ob ein individueller Regiestil, den man Tarkowskijs Filmpraxis wohl nicht absprechen wird, innerhalb seiner Filmtheorie überhaupt einen Platz finden kann, wenn die Filmkunst in erster Linie ein Beobachten und Auswählen ist – und zwar nach einem Gesetz, das ja letztlich in der Realität selbst schon angelegt sein soll. Tarkowskij spricht dieses Problem selbst an, aber seine Erläuterungen bleiben viel zu vage, um wirklich weiterzuführen. So heißt es, dass ein individueller Regiestil schon deshalb möglich sein soll, weil es ein individuelles Zeitgefühl gibt. Einerseits vermittelt sich demzufolge der Rhythmus des Films durch „das in der Einstellung sichtbare fixierte Leben des Gegenstandes" (Tarkowskij 2012b, S. 178), andererseits gibt der Rhythmus zugleich das individuelle Zeitempfinden des Regisseurs wieder: „Im Film kommt der Rhythmus organisch auf, in Entsprechung zu dem seinem Regisseur eigenen Lebensgefühl, zu dessen ‚Zeitsuche'" (Tarkowskij 2012b).[20]

Insoweit die Montage sich also an der Eigenzeit der Bilder orientiert, bringt sie einen Sinnzusammenhang hervor, der gefunden und nicht konstruiert ist. In ihrer gemeinsamen Frontstellung gegen Eisensteins Formalismus sind sich Bazin und Eisenstein darin einig, dass der Film ein künstlerisches Verfahren ist, zeitliche Ereignisse in der Realität zu enthüllen und davon absehen sollte, ihnen einen vorab entworfenen Sinn unterzuschieben. Bei Eisenstein liegt der Sinngehalt des Films, wie Bazin moniert, schon gar nicht mehr im Bild selbst, „sondern die Montage projiziert dessen Schatten ins Bewußtsein des Zuschauers" (Bazin 2004b, S. 93).

Festzuhalten ist, dass für Bazin wie auch für Tarkowskij der Filmregisseur die grundsätzliche Entscheidung treffen muss, ob er das Schwergewicht der Inszenierung auf den Zusammenhang der Bilder, also die Montage, oder auf die

---

[20]Der Hinweis, dass das Gefühl für den Rhythmus vergleichbar sei mit dem Gefühl für das richtige Wort in der Literatur, ist wenig hilfreich (vgl. Tarkowskij 2012b, S. 179), weil letzteres sich an einer Konstruktion und ersteres sich an der Realität orientiert.

Realitätswirkung des Einzelbildes legen will. Zugleich ist damit entschieden, welcher ästhetische Hintergrund – der zeitliche oder der räumliche – für das Filmbild vorherrschend sein soll. In den Montage-Filmen handelt es sich dabei um das Verhältnis zu den anderen Bildern, die für das jeweilige Einzelbild den *zeitlich*-ästhetischen Hintergrund darstellen. Hier erdrückt gewissermaßen das zeitliche Kollektiv die Eigenzeit wie auch die räumliche Tiefe des Einzelbildes.

Wenn die Inszenierung jedoch, wie Bazin und Tarkowskij fordern, stattdessen die Einheit des Ortes sowie die Dauer des Geschehens ‚respektiert', dann gewinnt der *räumlich*-ästhetische Hintergrund innerhalb der Einstellung an Relevanz, aber zugleich behauptet sich damit auch die Eigenzeit des Einzelbildes. Gemeint ist damit jene zeitliche Dimension, die innerhalb des *einzelnen* Bildes selbst liegt, im Unterschied zu derjenigen, die aus dem Verhältnis zu *anderen* Bildern herrührt, welche es retentional und protentional umgeben. Hier zeigt sich, inwiefern die Montage sowohl zu einer räumlichen wie auch zeitlichen Verkürzung des Einzelbildes führt. Wenn die Montage den Sinn des Films durch den Schnitt hervorbringt, dann handelt es sich aus der Perspektive Bazins und Tarkowskijs weniger um einen *geschnittenen* als vielmehr um einen *verschnittenen* Sinn.

Literatur

Adorno, Theodor W. 1992. *Ästhetische Theorie*. Frankfurt a. M.: Suhrkamp (Erstveröffentlichung 1970).

Arnheim, Rudolf. 2002. *Film als Kunst*. Frankfurt a. M.: Suhrkamp (Erstveröffentlichung 1932).

Ast, Michaela S. 2002. *Geschichte der narrativen Filmmontage. Theoretische Grundlagen und ausgewählte Beispiele*. Marburg: Tectum.

Bazin, André. 2004a. Schneiden verboten! In *Was ist Film?*, Hrsg. Robert von Fischer, 75–89. Berlin: Alexander (Erstveröffentlichung 1953/1956).

Bazin, André. 2004b. Die Entwicklung der Filmsprache. In *Was ist Film?*, Hrsg. Robert von Fischer, 90–109. Berlin: Alexander (Erstveröffentlichung 1951/1952/1955).

Böhme, Gernot. 2001. *Aisthetik. Vorlesungen über Ästhetik als allgemeine Wahrnehmungslehre*. München: Fink.

Bonnemann, Jens. 2008. *Die wirkungsästhetische Interaktion zwischen Text und Leser. Wolfgang Isers impliziter Leser im Herzmaere Konrads von Würzburg*. Frankfurt a. M.: Lang.

Brecht, Bertolt. 1967. Der Dreigroschenprozeß. Ein soziologisches Experiment. In *Gesammelte Werke: Bd. 18. Schriften zur Literatur und Kunst 1*, Hrsg. vom Suhrkamp Verlag in Zusammenarbeit mit Elisabeth Hauptmann, 139–209. Frankfurt a. M.: Suhrkamp (Erstveröffentlichung 1931).

Bubner, Rüdiger. 1989. Über einige Bedingungen gegenwärtiger Ästhetik. In *Ästhetische Erfahrung*, Hrsg. Rüdiger Bubner, 9–51. Frankfurt a. M.: Suhrkamp.

Danto, Arthur C. 1993. Die Würdigung und Interpretation von Kunstwerken. In *Die philosophische Entmündigung der Kunst*, Hrsg. Arthur C. Danto, 45–69. München: Fink.

Dickie, George. 1968. Is psychology relevant to aesthetics? In *Contemporary studies in aesthetics*, Hrsg. Francis J. Coleman, 321–335. New York: McGraw-Hill (Erstveröffentlichung 1962).

Eisenstein, Sergej M. 2006a. Jenseits der Einstellung. In *Jenseits der Einstellung. Schriften zur Filmtheorie*, Hrsg. Helmut H. von Diederichs und Felix Lenz, 58–74. Frankfurt a. M.: Suhrkamp (Erstveröffentlichung 1929).

Eisenstein, Sergej M. 2006b. Dramaturgie der Filmform. In *Jenseits der Einstellung. Schriften zur Filmtheorie*, Hrsg. Helmut H. von Diederichs und Felix Lenz, 88–111. Frankfurt a. M.: Suhrkamp (Erstveröffentlichung 1929).

Eisenstein, Sergej M. 2006c. Béla vergißt die Schere. In *Jenseits der Einstellung. Schriften zur Filmtheorie*, Hrsg. Helmut H. von Diederichs und Felix Lenz, 50–57. Frankfurt a. M.: Suhrkamp (Erstveröffentlichung 1926).

Eisenstein, Sergej M. 2006d. Perspektiven. In *Jenseits der Einstellung. Schriften zur Filmtheorie*, Hrsg. Helmut H. von Diederichs und Felix Lenz, 75–88. Frankfurt a. M.: Suhrkamp (Erstveröffentlichung 1929).

Eisenstein, Sergej M. 2006e. Montage der Filmattraktionen. In *Jenseits der Einstellung. Schriften zur Filmtheorie*, Hrsg. Helmut H. von Diederichs und Felix Lenz, 15–40. Frankfurt a. M.: Suhrkamp (Erstveröffentlichung 1924).

Eisenstein, Sergej M. 2006f. Zur Frage eines materialistischen Zugangs zur Form. In *Jenseits der Einstellung. Schriften zur Filmtheorie*, Hrsg. Helmut H. von Diederichs und Felix Lenz, 41–50. Frankfurt a. M.: Suhrkamp (Erstveröffentlichung 1925).

Eisenstein, Sergej M. 2006g. Montage 1938. In *Jenseits der Einstellung. Schriften zur Filmtheorie*, Hrsg. Helmut H. von Diederichs und Felix Lenz, 158–202. Frankfurt a. M.: Suhrkamp (Erstveröffentlichung 1938).

Eisenstein, Sergej M. 2006h. Über die Reinheit der Filmsprache. In *Jenseits der Einstellung. Schriften zur Filmtheorie*, Hrsg. Helmut H. von Diederichs und Felix Lenz, 134–144. Frankfurt a. M.: Suhrkamp (Erstveröffentlichung 1934).

Figal, Günter. 2010. *Erscheinungsdinge*. Tübingen: Mohr Siebeck.

Gumbrecht, Hans Ulrich. 1977. Rezension von Wolfgang Iser: Der Akt des Lesens. *Poetica* 9:522–534.

Gurwitsch, Aron. 1974. *Das Bewusstseinsfeld*. Berlin: De Gruyter (Erstveröffentlichung 1957).

Husserl, Edmund. 1980. *Vorlesungen zur Phänomenologie des inneren Zeitbewußtseins*. Tübingen: Max Niemeyer (Erstveröffentlichung 1928).

Husserl, Edmund. 1985. *Texte zur Phänomenologie des inneren Zeitbewußtseins*. Hamburg: Felix Meiner (Erstveröffentlichung 1893–1917).

Iser, Wolfgang. 1994. *Der Akt des Lesens. Theorie ästhetischer Wirkung*. München: Fink (Erstveröffentlichung 1976).

Lenz, Felix. 2008. *Sergej Eisenstein: Montagezeit. Rhythmus, Formdramaturgie, Pathos*. München: Fink.

Merleau-Ponty, Maurice. 1966. *Phänomenologie der Wahrnehmung*. Berlin: De Gruyter (Erstveröffentlichung 1945).

Paech, Joachim. 1997. *Literatur und Film*. Stuttgart: J. B. Metzler.

Plessner, Helmuth. 1982. Die Deutung des mimischen Ausdrucks. Ein Beitrag zur Lehre vom Bewußtsein des anderen Ichs. In *Gesammelte Schriften: Bd. VII. Ausdruck und menschliche Natur*, Hrsg. Günter von Dux, Odo Marquard, und Elisabeth Ströker, 67–129. Frankfurt a. M.: Suhrkamp (Erstveröffentlichung 1925).

Sartre, Jean-Paul. 1985. Was kann Literatur? In *Was kann Literatur? Interviews, Reden, Texte 1960–1976*, Hrsg. Traugott von König 72–83. Reinbek bei Hamburg: Rowohlt (Erstveröffentlichung 1964).

Sartre, Jean-Paul. 1990. *Was ist Literatur?* Reinbek bei Hamburg: Rowohlt (Erstveröffentlichung 1947).

Stierle, Karlheinz. 1975. Was heißt Rezeption bei fiktionalen Texten? *Poetica* 7:345–387.

Tarkowskij, Andrej. 2012a. Von der Verantwortung des Künstlers. In *Die versiegelte Zeit. Gedanken zur Kunst, zu Ästhetik und Poetik des Films*, Hrsg. Andrej Tarkowskij, 253–281. Berlin: Alexander (Erstveröffentlichung 1984).

Tarkowskij, Andrej. 2012b. Das filmische Bild. In *Die versiegelte Zeit. Gedanken zur Kunst, zu Ästhetik und Poetik des Films*, Hrsg. Andrej Tarkowskij, 151–235. Berlin: Alexander (Erstveröffentlichung 1984).

Truffaut, François. 2004. *Mr. Hitchcock, wie haben Sie das gemacht?* München: Wilhelm (Erstveröffentlichung 1966).

Wölfflin, Heinrich. 2004. *Kunstgeschichtliche Grundbegriffe. Das Problem der Stilentwicklung in der neueren Kunst*. Basel: Schwabe (Erstveröffentlichung 1915).

Zimmermann, Jörg. 1980. *Sprachanalytische Ästhetik. Ein Überblick*. Stuttgart: Frommann-Holzboog.

Ambient und Literatur

Populäre Kultur, populärer Realismus und Raumbeschreibungen in zwei Romanen Alan Hollinghursts und Hanya Yanagiharas

Nicola Glaubitz

Gibt es ein Äquivalent zu *ambient music* in der Literatur, so wie es *ambient television* oder *ambient art* gibt? Lässt sich die Bezeichnung *ambient* auf Literatur übertragen? Gibt es literarische Äquivalente zu dieser neuen Form der sowohl aufmerksam als auch beiläufig rezipierbaren, zurückhaltenden Hintergrundmusik? Literatur als Hintergrundphänomen und optionales Angebot, das man ein- und ausblenden kann, während man etwas anderes tut – diese Vorstellung scheint mit der kulturell etablierten, aber auch materiell und physiologisch bedingten Rezeptionsweise von Literatur in Form des konzentrierten Lesens schwer vereinbar zu sein. Das sinnliche Multitasking, das Songtexte oder Libretti, U-Bahn-Poesie, Graffiti, Literaturkalender oder Inschriften mit antiker Lyrik in der Gartenarchitektur des 18. Jahrhunderts erfordern, wirft die Frage auf, ob das eigentlich noch oder überhaupt Literatur sei. Auch die (meines Wissens nach bislang einzige) Verwendung der Bezeichnung *ambient literature* steht in einem sehr spezifischen kulturellen Kontext: Paul Roquet (2009) charakterisiert so das japanische Genre des *iyashi-kei shosetsu* oder 'Wellness-Romans' der 1990er Jahre mit seinen international bekannten VertreterInnen Banana Yoshimoto und

---

Dieser Aufsatz ist im Rahmen des DFG-Projekts „Eigenzeit und Lesegemeinschaften" (Goethe-Universität Frankfurt) im SPP 1688 *Ästhetische Eigenzeiten. Zeit und Darstellung in der polychronen Moderne* entstanden.

N. Glaubitz (✉)
Institut für England- und Amerikastudien, Goethe-Universität Frankfurt,
Frankfurt am Main, Deutschland
E-Mail: n.glaubitz@em.uni-frankfurt.de

© Springer Fachmedien Wiesbaden GmbH 2018
J. Schröter et al. (Hrsg.), *Ambient,* Neue Perspektiven der Medienästhetik,
https://doi.org/10.1007/978-3-658-19752-0_5

Haruki Murakami. Dieses Genre fügt sich als Mittel der dezenten Achtsamkeitssteigerung und Stimmungsaufhellung in die *iyashi*-Kultur ein, die mit dem europäischen Wellness-Boom vergleichbar ist. Wie Enos *ambient music* zielte die *iyashi*-Kultur darauf ab, der Alltagshektik Orte und Situationen der Beruhigung, des Wohlbefindens und Zu-Sich-Findens entgegenzusetzen.

Die literaturwissenschaftliche Diskussion hat solchen lokalen Phänomenen sehr viel weniger Aufmerksamkeit geschenkt als den verwandten Phänomenen Atmosphäre und Stimmung. Literatur kommt hier nicht als Teil *von*, sondern als Diskurs *über* Umgebungen oder als Evokation von Stimmung und Atmosphäre[1] in den Blick. Dabei steht, wie auch in den folgenden Überlegungen, die Frage im Raum, ob Stimmung und Atmosphäre eher als generalisierbare ästhetische Grundbegriffe zu behandeln seien, die einen Phänomenbereich bezeichnen, oder ob man sie eher als historische Semantiken mit erschließender Funktion für begrenzte kulturelle Problemlagen betrachten sollte. Mich interessiert daher nicht die Frage, ob Literatur ein Äquivalent zu *ambient music* sein kann, sondern inwiefern man *ambient* als Suchbegriff für eine historisch spezifische Ästhetik – eine Ästhetik der populären Gegenwartskultur – schärfen kann. Dabei geht es auch um die Frage, welche Aspekte der Inszenierung von Literatur im gegenwärtigen literarischen Feld sich mit diesem Suchbegriff erschließen lassen, und welche (literarischen) Strategien er dann in den Blick rückt.

Ich definiere in einem ersten Schritt näher, was *ambient*, Atmosphäre und Stimmung sind und argumentiere, dass *ambient* für die literaturwissenschaftliche Arbeit vor allem als historische Semantik und als Suchbegriff fruchtbar gemacht werden kann. Danach umreiße ich die spezifische kulturelle Situation, aus der *ambient* hervorgeht und für die dieses Konzept erschließenden Charakter gewinnt: die Segmentierung und Enthierarchisierung von kulturellen Bereichen, in denen Künstler zu „Atmosphärenmanagern" (Reckwitz 2012, S. 117) werden und eine chemals bürgerliche Lesekultur popularisiert wird. Abschließend diskutiere ich mit Alan Hollinghursts *The Line of Beauty* (2004) und Hanya Yanagiharas *A Little Life* (2015) zwei Romane, die auf diese Situation antworten – und zwar

---

[1]Ich verwende diese beiden Begriffe zunächst als Synonyme füreinander und für *ambient*, präzisiere aber im Verlauf der Argumentation die Unterschiede. Stimmungen, so Friederike Reents (2015, S. 15), sind „Gefühlszustände geringerer Intensität, ihnen fehlt ein klarer Auslöser, sie sind nicht auf ein bestimmtes Objekt gerichtet". Atmosphären charakterisiert Christine Heibach (2012, S. 9) auf ähnliche Weise als allgegenwärtig, aber schwer kategorisierbar – sie sind allerdings eher ein in der Objektwelt verortetes als ein subjektiv empfundenes Phänomen.

indem sie die seit Eric Satie für ambiente Phänomene eingebürgerte Metapher der Möblierung und der Inneneinrichtung[2] zu einem Statusbericht über die Rolle ästhetischer Sensibilität in der Gegenwart entfalten.

1   *Ambient,* Atmosphäre, Stimmung: Historische Semantik oder ästhetischer Grundbegriff?

Die musikästhetische Kategorie des *ambient* unterscheidet sich von Stimmung und Atmosphäre durch ihren besonderen historischen Index. *Ambient music* entsteht in den 1970er Jahren und ist in ihrer gleichzeitigen Eingängigkeit und Selbstreferenzialität ein Beispiel für die wechselseitige Durchdringung des Populären und des traditionell Hochkulturellen. Die breite kulturelle Etablierung des Prinzips „spektakulärer Selbstreferenz" (Venus 2013b, S. 53) für kulturelle Produktion wird meist mit den Bezeichnungen ‚Postmoderne' und ‚Popularisierung' erfasst, die jedoch nach wie vor an der alten Dichotomie hoher und trivialer Kultur orientiert sind. Kulturproduktion beginnt, wie Jochen Venus ausführt (Venus 2013b, S. 51 ff.) in dieser Dekade flächendeckend auf das Spektakuläre, d. h. auf sinnlich unmittelbar Ansprechendes und Verstehbares zu setzen, während sie zugleich auf breites kulturelles Vorwissen ihrer Rezipienten zurückgreifen kann und raffinierte Formen der Bezugnahme auf Genres, Formen, Exemplare oder künstlerische Mittel einsetzen kann. Was vor allem ins Auge sticht und die traditionell hochkulturellen Diskurse irritiert, sind populäre Attraktionswerte wie Lautstärke, Expressivität und Exaltiertheit. *Ambient* bewegt sich kontrastiv innerhalb dieses Paradigmas, indem es auf das unspektakulär Leise, Minimalistische und Meditative setzt, ohne auf Konsumierbarkeit zu verzichten.

Selbstreferenziell ist *ambient* als eine Form der Gestaltung von Hörbarem, die – bedingt durch (studio-)technische Innovationen in den frühen 1970er Jahren, v. a.

---

[2]Zu Saties *musique d'ameublement* vgl. den Beitrag von Bettina Schlüter in diesem Band. David E. Wellbery (2011, S. 266) verweist darauf, dass Landschaften und Inneneinrichtungen häufig als Ausdruck von Stimmungen erfahren werden und daher zur Darstellung von Stimmung, Atmosphäre und Ambiente eingesetzt werden. Landschaft ist auch eine beliebte Metapher zur Verdeutlichung der Eigenschaften von *ambient music*. David Toop (1995, S. xi) nennt das ‚offene Gitter' („open lattice") und die Immersion in Landschaft als Leitmetaphern des Schreibens über *ambient*. Offenheit als Unbestimmtheit bei gleichzeitiger Strukturvorgabe (‚Gitter') charakterisiert den Gegenstand der Aisthesis, Immersion bezeichnet eine präreflexive, synästhetische, ganzheitliche und affektive Rezeptionshaltung und ‚Landschaft' drängt sich als produktionsästhetisches Modell einer Wahrnehmungsökologie auf, d. h. als Vorgabe, eine räumliche Umgebung oder ein Relationsgefüge zu gestalten.

Synthesizer und die Vervielfältigung von Tonspuren – Klänge ohne eindeutigen Bezug zu spezifischen Klangquellen oder -situationen erzeugt (vgl. Smyrek 2013, S. 119–127, 160–166). *Ambient* definiert sich wie andere Genres populärer Musik über eine spezifische Klanglichkeit. Ein *ambient*-Track verlöre sofort seine Wiedererkennbarkeit, wenn man ihn mit anderen Instrumenten interpretieren würde. Insofern stellt *ambient* die *Autonomisierung von Klang* und die *Reflexivität* klanglicher Kombinatorik aus, die, wie Venus (2013a, S. 125 f.) beobachtet, erst mit dem Aufkommen analoger Aufzeichnungsmedien um 1900 möglich wird. Diese Autonomisierung setzt *ambient* frei für neue Rückbindungen an Klangquellen und Hörsituationen.

Brian Enos *liner notes* zu *Ambient 4: On Land* (1986) sind eine Mischung aus ästhetischem Manifest, *ambient*-Genealogie und Gebrauchs- bzw. Höranweisung, die das Publikum mit dieser neuen Art des Musikmachens und -hörens vertraut machen. Eno beschreibt *ambient* als Musik, die sich nicht mit der Reproduktion einer Musikaufführung zufriedengibt und ihre Entstehung im Studio nicht verbirgt, sondern reflexiv ausstellt und ausnutzt. Sein Interesse gilt weniger den traditionellen, von Instrumenten hervorgebrachten Klängen als vielmehr ,vorgefundenen Geräuschen' („found sound"), die sich in gestalterischer Freiheit in Musik transformieren ließen (Eno 1986, o. S.). Die neue Hörweise, die er mit dieser Musik ansteuert, beschreibt Eno mit räumlichen und visuellen Metaphern: Es gehe darum, einen psychoakustischen Raum zu erschaffen, der keine Unterscheidung zwischen Vorder- und Hintergrund kenne und ein „large field of loosely-knit sound" (Eno 1986) aufspanne. Seine *ambient music* soll zwar wiedererkennbar und als eigenständige Struktur wahrnehmbar sein – und insofern traditionell gestaltete Klangkunst sein. Dies bleibt aber ein Hör*angebot*, das auch ignoriert werden und hinter eine ,freischwebende', verteilte Aufmerksamkeit für das Klanggeschehen zurücktreten kann (vgl. Schwering 2013). *Ambient music* ist offen und leise genug, um auch zufällige Umgebungsgeräusche zu integrieren. Die Funktion von *ambient* ist Eno zufolge, zu beruhigen und ,Denkräume' zu eröffnen, aber auch die Spezifik von bestimmten Orten (wie etwa Flughäfen oder öffentlichen Räumen) wahrnehmbar zu machen.[3] Die ursprüngliche Anbindung vieler Eno-Kompositionen an spezifische Orte (oder auch an Kunstinstallationen wie *The Shutov Assembly)* weist die autonom gewordenen Klänge der *ambient*

---

[3]Die gängige Beschallung solcher Orte mit Hintergrundmusik habe das entgegengesetzte Ziel, nämlich diese Spezifik vergessen zu machen. Vgl. dazu Abschn. 3 im Beitrag von Gregor Schwering in diesem Band sowie Toop (1995, S. 9 f.).

music wieder an Räume, Orte, Situationen und affektive Gestimmtheiten zurück, ohne diese Bezüge referenziell zu vereindeutigen.

Die Neuprägung *ambient* ist mit der Gegenwartskultur verbunden, steht aber dennoch zwei älteren Konzepten nahe, die sich in der Ästhetik nie wirklich als Grundbegriffe etabliert haben: Stimmung und Atmosphäre. Stimmung war ursprünglich ein musikästhetischer Terminus und bezeichnete die Festlegung und Synchronisation von musikalischen Tonhöhen (Wellbery 2003, S. 705). Immanuel Kant greift den Begriff mitsamt seiner semantischen Konnotation der Harmonisierung auf, wenn er in der *Kritik der Urteilskraft* (1790) von Stimmung spricht: Die „wechselseitige Zusammenstimmung [...] der Einbildungskraft und des Verstandes", d. h. die „proportionierte Stimmung" (Kant 1990, S. 57 f.) der Erkenntnisvermögen, garantiert die Mitteilbarkeit eines ästhetischen Urteils auch ohne Begriff (vgl. Kant 1990, S. 80 f.). Da prinzipiell jeder diese Harmonie der Erkenntniskräfte erfahren kann, ist sie Kant zufolge unabhängig von subjektivem Empfinden und Meinen (Wellbery 2003, S. 709). So kann sie zur Voraussetzung für die intersubjektive Nachvollziehbarkeit eines ästhetischen Urteils werden.

In der weiteren Begriffsgeschichte und auf systematischer Ebene werden Stimmung und Atmosphäre als entdifferenzierende, synthetisierende und zum Teil sogar differenzlose Begriffe verwendet. Stimmung und Atmosphäre werden immer relational gedacht und, hierin einigen Medienbegriffen struktur- und funktionsanalog, *zwischen* Subjekt und Objekt, *zwischen* Verstand, Gefühl und Imagination und *zwischen* Individuen verortet.[4] Die so miteinander verbundenen Pole verlieren damit ihre eindeutige Identität. Diese Entdifferenzierung kann

---

[4]Wellbery (2003, S. 704 f.), Gisbertz (2011, S. 9), Heibach (2012, S. 9). Luhmann führt in *Die Kunst der Gesellschaft* den Begriff Atmosphäre in seiner Diskussion der Medium/Form-Unterscheidung ein (hier tritt die Unterscheidung zwischen – jeweils ineinander transformierbaren – losen und festen Kopplungen von Elementen an die Stelle der Subjekt/Objekt-Differenz [Luhmann 1995, S. 167]). Luhmann verwendet den Begriff nicht als Grundbegriff. Er benötigt ihn nur an einer Stelle, nämlich wenn er erklärt, wie mithilfe der Medium/Form-Differenz Raumwahrnehmung konzeptualisiert werden kann: Raum wird nur durch in ihm befindliche Objekte wahrnehmbar; als Medium erscheint Raum in der Variabilität räumlicher ‚Stellen', als Form anhand unterschiedlicher Objekte (Luhmann 1995, S. 180). Während Raum auf diese Weise positiv und konkret bestimmt ist (‚dieses Objekt an dieser bestimmten Stelle'), bezeichnet Atmosphäre das notwendige Gegenstück dieser Bestimmung, nämlich die unbestimmt-negative und virtuelle Räumlichkeit (‚diese Stelle wäre nicht vorhanden ohne dieses Objekt'; ‚dieses Objekt könnte auch an jener Stelle sein') (Luhmann 1995, S. 181).

wiederum Programm sein, wie Timothy Mortons (2002, S. 52) Konzept der *ambient poetics* im Kontext der Ökokritik zeigt: „Ambience is a poetic enactment of a state of nondual awareness that collapses the subject-object-division, upon which depends the aggressive territorialization that precipitates ecological destruction." Das Denken jenseits der Subjekt/Objekt-Dichotomie soll so zu einem stärkeren Umweltbewusstsein führen.

Daneben spricht man Stimmung und Atmosphäre gleichsam holistische Qualitäten zu: Sie werden nach dem deutschen Idealismus, der sie stärker als Kant als eine subjektive, innerliche Disposition definiert (Wellbery 2003, S. 712 ff.), als Bedingung für ein vorreflexives, affektives, umfassendes Weltverhältnis betrachtet. Stimmung wird als das allgemein und fundamental Verbindende gedacht, das dennoch qualitativ differenziert ist – eine Stimmung kann heiter oder bedrohlich sein, aber nicht völlig abwesend. Man findet bei Friedrich Nietzsche die Auffassung, Stimmung sei ein vorreflexives, nicht unbedingt harmonisches Verhältnis zwischen Subjekt und Objektwelt, dessen Einfluss sich das reflektierende Bewusstsein nicht entziehen kann (Gisbertz 2011, S. 7). Wie Anna-Katharina Gisbertz zeigt, kann diese Linie bis zu Martin Heidegger gezogen werden. Für Heidegger ist Stimmung ein Teil der vorbegrifflichen Selbstauslegung des Daseins, eben weil sie keine auf ein einzelnes Subjekt beschränkte affektive Disposition ist: „*Die Stimmung hat je schon das In-der-Welt-sein als Ganzes erschlossen und macht ein Sichrichten auf... allererst möglich.* Das Gestimmtsein bezieht sich nicht zunächst auf Seelisches, ist selbst kein Zustand drinnen [...]. Sie [die Befindlichkeit, N. G.] ist eine existenziale Grundart der *gleichursprünglichen Erschlossenheit* von Welt, Mitsein und Existenz [...]" (Heidegger 1986, S. 137, Herv. im Orig.). Heidegger führt die Begriffe der Stimmung und der Befindlichkeit ein, um zu zeigen, dass die Möglichkeitsbedingungen des Weltzugangs (,sich richten auf etwas') immer vorreflexiv, affektiv, situativ und qualitativ durch Furcht und Angst geprägt sind (Heidegger 1986, S. 140–148). Diese ursprünglichen Weltverhältnisse, so Heidegger, sind bereits Teil der menschlichen Weltauslegung, nicht eine begrifflich zu überwindende subjektive Einstellung.

In der nachheideggerianischen Reflexion kommen daher, wenig überraschend, Kunst und Literatur als privilegierte, da nicht den begrifflichen Konsistenzforderungen anderer Diskurse unterworfene Zugangswege zu Stimmungsqualitäten in den Blick (Wellbery 2003, S. 726).[5] In der Theoriebildung finden sich Stimmung und Atmosphäre vorzugsweise in der Phänomenologie (Hermann Schmitz) und in

---

[5]Wellbery (2003, S. 726 f.) diskutiert Fritz Kaufmann und Otto-Friedrich Bollnow.

der traditionell antisystematischen philosophischen Anthropologie wieder (Peter Sloterdijk). Ästhetische Theorien aus dem Bereich der Hermeneutik, der Kritischen Theorie, der Dekonstruktion und der Systemtheorie haben, wie Wellbery (2003, S. 732 f.) beobachtet, Stimmung und Atmosphäre nicht als ästhetische Grundbegriffe in Erwägung gezogen.[6] Dafür ist Gernot Böhme (1995) zufolge das ausschließliche Interesse der traditionellen Ästhetik an ästhetischen Erfahrungen verantwortlich, die begrifflich und sprachlich koordiniert und mitteilbar sind (vgl. auch Hajduk 2011, S. 77). Die „unauffällige Aufdringlichkeit" (Böhme 1995, S. 47) und die Diffusität von Atmosphären, die „gewissermaßen nebelhaft den Raum mit einem Gefühlston [...] erfüllen" (Böhme 1995, S. 22), könne begrifflich aber nicht adäquat erfasst werden und bleibe daher außen vor.

Böhme manövriert sich mit dieser Überlegung, die eine Rehabilitierung des Atmosphärebegriffs als ästhetische Kategorie begründen soll, allerdings in ein Dilemma hinein, das auch andere dahin gehende Versuche prägt. Denn er beklagt, der zeitgenössischen Ästhetik fehle ein Vokabular und ein Ansatz zur Beschreibung der vielen „Sparten ästhetischer Arbeit" wie Design, Bühnenbild, Werbung, „Musikatmosphären (akustische Möblierung)" (Böhme 1995, S. 35), Kosmetik, Innenarchitektur und der bis ins letzte durchgestalteten, längst nicht mehr ‚natürlichen' Umgebungen der Moderne. Sie auf ihren kommerziellen Nutzen und ihren Status als Konsumgüter zu reduzieren erfasse ihre *ästhetischen* Wirkungen nicht und lasse auch ihre differenzierte kritische Beschreibung nicht zu (Böhme 1995, S. 39, 46 f.). Ob die Sprache, die er hier vorschlägt und verwendet (eine quasi-literarische, heideggerisierende und vieldeutige Beschwörung statt einer Beschreibung von Atmosphären), diese durchaus dringliche Aufgabe erfüllen kann, ist fraglich.

Man kann in Adornos *Ästhetischer Theorie* überdies durchaus einen Ansatz finden, eine differenziert beschreibende Sprache mit kritischer Systematik zu verbinden. Zwar ist Adornos Ästhetik an einem bildungsbürgerlich grundierten Kunstbegriff modelliert und daher von vornherein skeptisch gegenüber den Umgebungsphänomenen eingestellt, die Böhme zum Gegenstand einer Ästhetik machen möchte. Dennoch liefert Adorno gerade in seiner Abgrenzung von der *Semantik* der Stimmung und der Atmosphäre eindrucksvolle Beschreibungen dieser Phänomene, nicht zuletzt von Hintergrundmusik im Café. Wogegen Adorno sich sträubt, ist weniger der Warencharakter solcher Funktionsmusik, den er als das Gegenstück zur bildungsbürgerlichen Fetischisierung des autonomen Kunstwerks beschreibt, sondern die harmonisierende Wirkung: Stimmungsevokationen

---

[6]Präziser gesagt: Diese Konzepte kommen nicht als positive und operative Grundbegriffe vor, wie die abgrenzende Auseinandersetzung Adornos (1993) mit den Begriffen Stimmung und Stimmigkeit in der *Ästhetischen Theorie* zeigt.

und entsprechende Rezeptionshaltungen reduzieren, so Adorno, Kunst auf ein Befriedigungsmittel subjektiver Sehnsüchte.[7]

Wellberys (2003, S, 732) hartes Verdikt, auch Böhmes Wiederbelebung des Begriffs der Atmosphäre sei ein Symptom der „Erschöpfung des Stimmungsdiskurses" im 20. Jahrhundert und die Stimmungssemantik sei rettungslos trivialisiert und „dumm" geworden, scheint sich trotz des lebhaften Einspruchs, den es provozierte, bewahrheitet zu haben. Das zeigt sich an methodischen Entscheidungen, die in neueren Studien eine distanziert kultur- und diskursgeschichtliche Perspektive auf Stimmung und Atmosphäre an die Stelle von Versuchen treten lassen, Atmosphäre und Stimmung erneut als ästhetische Grundbegriffe zu etablieren.[8] Diese Art der Distanzierung von den Konzepten Stimmung und Atmosphäre durch wissensgeschichtliche und wissenspoetische Rahmungen lässt allerdings

---

[7]Zur durchweg nostalgischen Rezeptionsweise populärer Musik vgl. Anderson (2015, S. 835 f.), zu einer Diskussion Adornos und seines Verhältnisses zur Hintergrundmusik Anderson (2015, S. 820 ff.), Adorno wählt in der *Ästhetischen Theorie* das Beispiel der Hintergrundmusik im Café, um den ‚Doppelcharakter' von Kunst zwischen sozialer Bedingtheit und Funktion und ihrer Autonomie zu beschreiben. Sowohl die Kommodifizierung als auch die Fetischisierung autonomer Kunst gingen am Wesen der Kunst vorbei. So könne die eigentlich zum aufmerksamen, kontemplierenden Hören gedachte „Musik […], im Caféhaus gespielt […] zu einem gänzlich Anderen werden, zu dessen Ausdruck das Gesumm Redender, das Geklapper von Tellern und alles Mögliche hinzugehört. Sie erwartet die Unaufmerksamkeit der Hörer, um ihre Funktion zu erfüllen, kaum mehr als im Stand ihrer Autonomie ihre Aufmerksamkeit" (Adorno 1993, S. 375). Adorno arbeitet an einer anderen Stelle (Adorno 1993, S. 407–410) in Abgrenzung von Hegel und in Anlehnung an Benjamins Begriff der Aura die Probleme der Begriffe Stimmung und Atmosphäre heraus. Zwar sei mit diesen Begriffen das ‚Über-Sich-Hinausweisen' von Kunstwerken angedeutet, sie reduzierten Kunsterfahrung aber auf eine Haltung, die subjektive Reaktionsweisen und Projektionen eigener Gefühle zum Maßstab künstlerischen Schaffens mache (Adorno 1993, S. 410).

[8]Das trifft auf Wellberys (2011, S. 266) Wiederaufnahme des Stimmungsbegriffs als „Forschungsinstrument […] einer historischen Ontologie" zu; Stimmung wird als Semantik behandelt, die „Aufschluss über uns anderweitig unzugängliche Strukturen historischer Erfahrung" (Wellbery 2011) behandelt. Auch die umfassende Arbeit von Friederike Reents (2015), die als *Stimmungsästhetik* betitelt ist und eine solche systematisch in Aussicht stellt (Reents 2015, S. 10), besticht vor allem als akribische Studie der Begriffsgeschichte in der deutschen Ästhetiktradition (mit Ausblicken in literarische Stimmungsevokationen) zwischen dem 17. Jahrhundert und der Gegenwart. Anna-Katharina Gisbertz (2009) schlägt von vornherein einen kultur- und wissenspoetischen Weg ein, um die Funktion des entgrenzenden Stimmungsbegriffs in der Wiener Moderne um 1900 (bei Ernst Mach, Hofmannsthal u. a.) zu beschreiben, und dasselbe gilt für Caroline Welshs *Hirnhöhlenpoetiken* (2003) mit ihrem Fokus auf dem Einfluss des musikästhetischen Stimmungsbegriffs auf das philosophische Leib-Seele-Problem um 1800.

die Chance ungenutzt, an den systematischen Problemen der Ästhetiktradition mit diesen Konzepten weiterzuarbeiten. Das Konzept des musikalisch-harmonischen ‚Gestimmtseins' hat in der Tat, wie Wellbery (Wellbery 2003, S. 733) beobachtet, seine Evidenz innerhalb der bürgerlichen Ästhetik eingebüßt.[9] Es ist allerdings ebensosehr ‚dumm geworden' wie von einer bürgerlichen und dann durch den Modernismus hindurchgegangenen bürgerlichen Ästhetik dumm *gemacht,* nämlich dem Populären zugeschlagen worden. Vorstellungen von kollektiver Harmonie und affektiven Gegenstandsverhältnissen sind in der hochkulturellen Poetik und Ästhetik des 20. Jahrhunderts zurecht als un- oder vorreflexiv, irrational, als kitschig, trivial und potenziell faschismusverdächtig betrachtet worden, doch an vielen Stellen führte dies zu Sprachlosigkeit oder zu raschen kulturkritischen Reflexen angesichts der Populärkultur.

Dies scheint unangemessen angesichts der Intensität, mit der sich populärkulturelle Phänomene seit den 1970er Jahren aufdrängen: Das Spektakuläre, Schrille und sinnlich Überwältigende findet als Erfahrungsmodalität von Kultur immer größere Akzeptanz. Zugleich entstehen ‚minimalinvasive', leise, im Hintergrund verbleibende Wahrnehmungsangebote wie *site-specific installations* in der bildenden Kunst und eben *ambient music.* Adornos Ästhetik ist ein gutes Beispiel für einen Diskurs, der sich von solchen Phänomenen durchaus irritieren lässt, ohne ihnen gerecht zu werden – sodass für populäre Kultur gilt, was Anderson (2015, S. 819) für *ambient* beobachtet: „Mood music remains a scandal and a threat to some because it flouts the ideals of autonomous music, concentrated listening, and interior experience."

Es handelt sich also bei der versandeten Begriffsgeschichte von Stimmung und Atmosphäre nicht um eine ‚Erschöpfung' des Stimmungsdiskurses im Besonderen, sondern um den Evidenzverlust einer bürgerlichen Ästhetik im Allgemeinen, ausgelöst durch den Bedeutungsgewinn des Populären. Mit intellektualisierbaren und hermeneutisch ausdeutbaren Erfahrungs- und Gegenstandsbereichen (Venus 2013b, S. 56) bekommt die traditionelle Ästhetik nur ein Segment kultureller

---

[9]Vgl. Wellbery (2003, S. 733), Gumbrecht (2011, S. 10), Hajduk (2011, S. 77, 81 ff.). Gottfried Benn und Leo Spitzer haben sich ohne durchschlagenden Erfolg bemüht, diese Konnotationen zurückzudrängen (vgl. Gumbrecht 2011, S. 19). Erst Ansätze wie die Poetologie des Wissens, welche auch nichtbegrifflichen Diskursen Erkenntnisfunktion zubilligt, die Emotionsforschung der letzten beiden Jahrzehnte und die Konjunktur ökologischer und anthropologischer Denkmodelle haben einen theoretischen Rahmen bereitgestellt, in dem Stimmung und Atmosphäre wieder verhandelbar waren (Gisbertz 2011, S. 9 f.) – allerdings hier von der distanzierten Warte einer Begriffs- oder Motivgeschichte her, nicht mit dem vordergründigen Interesse, die aisthetische Dimension von Stimmung zu erfassen.

Angebote und natürlicher Umwelten in den Blick, das überdies seine exemplarische und normative Bedeutung für alle anderen Segmente zunehmend verliert. Die gegenwärtige Konjunktur des Stimmungs- und des Atmosphärebegriffs, aber auch die vereinzelten Versuche, *ambient* zur Beschreibung von umweltlichen Phänomenen im weitesten Sinne einzusetzen (Morton 2002; Hayles und Gannon 2007), zollen dieser Kulturerfahrung Respekt. Die oft geäußerten Appelle, wieder von Stimmung und Atmosphäre und den ihnen zugeordneten Empfindungen zu sprechen und die ‚verlorene Traditionslinie' (Reents 2015, S. 9) der Stimmungsästhetik aufzunehmen, müssten sich aber eben dieser veränderten kulturellen und diskursiven Situation stellen, in der sich die Ästhetiktradition und ihre Gegenstände befinden, anstatt ihr in die Begriffsgeschichte oder in die Begriffslosigkeit auszuweichen.

Beide Bewegungen, das Ausweichen und ein Ansatz zur Arbeit an den eigenen Kategorien, finden sich in Hans Ulrich Gumbrechts Beitrag zur literaturwissenschaftlichen Stimmungsdiskussion. Sein vordergründiges Plädoyer gilt der Wiedereinführung einer affektiv-begriffslosen Rezeptionsform: Man müsse zu einem ungebrochen genießerischen, nicht durch Theoriebrillen verstellten Verhältnis zum Lesen zurückkehren (Gumbrecht 2011, S. 23). Nicht mit diesem Vorschlag vermittelt steht daneben die Anregung, sich ‚Stimmung' in einer Kombination aus Diskursgeschichte und Literatursoziologie anzunähern. Gumbrecht hält wie Reents (2015) die wechselnden historischen Konjunkturen und Flauten des Stimmungsdiskurses für bedeutsam: Stimmungen, so Gumbrecht, werden immer dann literarisch evoziert und von ästhetischen Diskursen prämiert (oder verteufelt), wenn sich die Rezeptionskontexte von Literatur signifikant verschieben oder strittig werden. So schafft z. B. Boccaccio in der Rahmenhandlung des *Decamerone* (1553) mit Verweisen auf eine konkrete räumliche, auch durch Musik belebte Erzählsituation einen imaginierbaren Raum für die Rezeption der einzelnen Novellen (Gumbrecht 2011, S. 21, vgl. S. 77). Der Text antwortet damit auf die frühneuzeitliche Herauslösung schriftlicher Kommunikation aus einer mündlichen Kommunikationssituation unter Anwesenden.

Diese Spur aufzunehmen würde bedeuten, Stimmung oder Atmosphäre als historische Semantik und Thematik mit Indikatorfunktion für Veränderungen literarischer Rezeptions-, Produktions- und Zirkulationsbedingungen zu behandeln. Stimmungsevokationen als „Kompaktkommunikation" (Gumbrecht 2011, S. 21) über den erwünschten Umgang mit Literatur zu beobachten hieße, auf der Höhe literaturwissenschaftlicher Reflexion zu bleiben und den beobachteten Gegenstand dennoch als Anlass zu begreifen, gegenwärtige Theoriemodelle zu historisieren und zu reflektieren.[10] Wie gesehen, stellt für die Gegenwartsliteratur und ihre Ästhetik vor allem das Populäre in Literatur und Medienkultur eine solche historische Herausforderung dar. *Ambient* könnte hier, wie zu Beginn dieses Abschnitts angedeutet, als historische Semantik beobachtet werden, die im Unterschied zu Atmosphäre und Stimmung spezifischer auf die kulturelle Entwicklung seit den 1970er Jahren verweist.

Ob *ambient* als historische Semantik längerfristig das Zeug zu einem neuen ästhetischen Grundbegriff hätte – einem Begriff, der einen definierbaren Phänomenbereich erschließt –, erscheint mir angesichts der systematischen Probleme des Stimmungs- und des Atmosphärebegriffs zweifelhaft. Aber aufgrund seiner engen Bindung an die Gegenwartskultur könnte *ambient,* wie es sporadisch bereits geschieht (vgl. Naukkarinen 2001), heuristisch als Reflexionsbegriff eingesetzt werden – als Begriff, der Dinge und Konzepte in ein bestimmtes Verhältnis setzt, eine bestimmte Perspektivierung nahelegt. Ein kulturelles Phänomen als *ambient* oder in Analogie zu *ambient music* zu beobachten heißt, die Aufmerksamkeit auf nichtspektakuläre, nicht auf Überbietung und Transgression ausgerichtete Momente zu richten und dabei die Frage zu stellen, ob mit diesen Momenten eine Form der Kompaktkommunikation verbunden ist, die auf eine ‚Popularisierung' ehemals hochkultureller Kunst- und Lektürepraktiken reagiert.[11]

---

[10]Warum und wie Affektivität und die Aufmerksamkeit für die Schilderung situativer Gegebenheiten in der Literaturwissenschaft marginalisiert werden, könnte durchaus eine produktive Revision und Erweiterung bestehender Theoriemodelle bedeuten. Im Hinblick auf affektive Lesehaltungen hat Rita Felskis *The Uses of Literature* (2008) ein solches Programm eingelöst.

[11]Ossi Naukkarinen hat am Konzept *ambient* eine Skizze entwickelt, die populäre Kultur durch die Eigenschaften der Entgrenzung und der Veränderlichkeit (von Werkbegriffen, Rezeptionspraktiken und -orten) sowie durch Teilhabe und multisensorische Attraktivität charakterisiert (vgl. Naukkarinen 2001, S. 183, 186). Sianne Ngais (2012) ambitionierter Entwurf einer allgemeinen Ästhetik ist ebenfalls von der Überlegung getragen, dass die alltäglichen Produktions-, Rezeptions- und Zirkulationsbedingungen populärer Kultur neue Wahrnehmungs- und Bewertungskategorien hervorbringen. Ihre drei Hauptkategorien *zany* (schräg), *cute* (süß) und *interesting* (interessant) sollen neben traditionelle Begriffe treten, deren Verhältnis und Valenz aber verändern.

2   *Ambient(e)* und literarische Kompaktkommunikation in der Gegenwartskultur

Was ist gemeint, wenn man von der *Popularisierung* ehemals hochkultureller Kunst- und Lektürepraktiken spricht? Es liegt nahe, dabei entweder mit kulturkritischem Akzent an Trivialisierung zu denken oder im Sinne der *cultural studies* die Demokratisierung vormals elitärer Kultur zu feiern. Weder die Abwertung noch die Aufwertung, die damit angedeutet werden, erfassen aber präzise die strukturellen Verschiebungen, um die es sich eigentlich handelt. Der amerikanische Kulturwissenschaftler Jim Collins (1989, S. 26) hat die gleichzeitige Bewegung von Popularisierung und Postmoderne seit den 1970er Jahren als eine „cultural production that is decentered without being anarchic, heterogeneous without being 'democratic'" beschrieben. Dass man es in der Gegenwartskultur mit einer enthierarchisierten Segmentierung bei zugleich erhöhter Zugänglichkeit zu tun hat, beobachten auch andere Forscher: Andreas Reckwitz (2012, S. 14, 123) nimmt eine allgemeine Ästhetisierung der gegenwärtigen Kultur, eine systemische Vernetzung zwischen Kunstfeld und anderen sozialen Feldern und das *mainstreaming* von Subkulturen wahr. Die prägenden Kulturpraktiken sind hier nicht länger das Kontemplieren und das Werkschaffen, sondern das von fest verteilten Produzenten- und Rezipientenrollen unabhängige Kuratieren, Verknüpfen und Managen von Atmosphären (Reckwitz 2012, S. 41, 115 f.; Collins 2010, S. 264). Venus (2013b, S. 51) zufolge findet das gegenwärtige Alltagsleben nicht mehr in *einer* Kultur, sondern „im Einzugsbereich einer Vielzahl uns umwerbender, konfrontierender oder schroff exkludierender *populärer Kulturen*" statt.

Vor diesem Hintergrund bestimmt Collins aus einer literatur- und kultursoziologischen Perspektive die Transformation einer ehemals bürgerlich-literarischen Kultur seit den 1990er Jahren und fragt, welche neue Formen der ‚Kompaktkommunikation' darauf antworten – neue literarische Genres, aber auch Textstrukturen und -strategien, die Affordanzen für bestimmte Lesehaltungen und -praktiken bieten. Mit gebotener Vorsicht lassen sich viele der von ihm beobachteten, vor allem durch eine transnational wirksame mediale und ökonomische Umstrukturierung des literarischen Feldes angestoßenen Trends verallgemeinern. Die literarische Öffentlichkeit der USA, so beobachtet Collins, ist seit den 1990er Jahren durch das erfolgreiche Fernsehformat *Oprah Winfrey's Book Club,* Onlineplattformen und die neuen Vermarktungsformen großer Buchhandelsketten wie Barnes & Noble (mit Großbuchhandlungen in großen Einkaufszentren) geprägt. Damit geht eine geografische und soziale Ausweitung der bürgerlichen Lesekultur einher. Zugleich vollzieht sich aber auch eine Segmentierung in heterogene, nicht mehr hierarchisierte Teilpublika oder „new mutual admiration societies that revolve around cultivated, ordinary readers" (Collins 2010, S. 33; vgl. Collins 1989, S. 26). Die bürgerlich-akademisch geprägte Lesekultur besteht damit zwar weiter, büßt aber ihre normativ prägende Position ein und registriert dies explizit oder implizit. Die Bildung und rasche Auflösung von „*performativen Stilgemeinschaften ohne soziale Kriterien und Obligationen*" (Venus 2013b, S. 69) um bestimmte Trends, Stile, Artefakte oder Künstler in der Populärkultur ist eine analoge Entwicklung.

In Collins' Kartografie der vielfältigen Resonanzen dieses Umbruchs im Feld der anglophonen Gegenwartsliteratur finden sich einige Beobachtungen zur Funktion von *ambient*-ähnlichen, atmosphärischen und Stimmungsphänomenen in literarischen Texten. Ein Indikator für ambiente Phänomene ist dort, wo diese Bezeichnung fehlt, zuverlässig die seit Satie etablierte und zumeist in abwertender Absicht verwendete Metapher der *Möblierung*. Wenn Collins (2010, S. 263) also von „a world where reading has indeed become part of the furniture" spricht, bringt er damit ebenso wie Moritz Baßler Vorbehalte zum Ausdruck. Baßler (2014, S. 353, mit Bezug auf Roland Barthes) beobachtet, der international zurzeit erfolgreiche populäre Realismus stelle, wie Qualitätsfernsehserien und andere medienkulturelle Franchises, ‚bewohnbare Strukturen' zum Wohlfühlen und Erkunden bereit. Was genau drängt sich an dieser Literatur als Analogie zu Möblierung (oder Inneneinrichtung oder *ambient/ambience)* auf, welche Kompaktkommunikation über Literatur verbindet sich damit, und was ist daran problematisch?

Für Moritz Baßler ist vor allem das Ausblenden einer problematisierenden Reflexion auf Status und Medialität von Literatur kritikwürdig. Populärer Realismus setzt auf die Vertrautheit und Erwartungssicherheit der fiktionalen Welten (Baßler 2011, S. 91), die zur imaginativen Immersion und Partizipation einladen und so ‚bewohnbar' werden. In Literatur, Film, Fernsehen und Games ermöglichen serialisierte Entwürfe von geografischen und soziokulturellen Mikrokosmen das Wiedererkennen, aber auch das quasi-ethnologische und quasi-touristische Erkunden dieser Strukturen und regen zur performativen Vervollständigung an (z. B. über *fanfiction* oder Onlineforen). Das literarische Erfolgsformat des ‚Schwedenkrimis' mit seinen oft kopierten Vertretern Henning Mankell und Stieg Larsson beispielsweise löst dies auf der Ebene der Textstrukturen vor allem durch ausführliche *Beschreibungen* ein. Zwar sind konventionelle Thrillerplots und Figuren nach wie vor wichtig und bedienen den zentralen Attraktionswert des Spektakulären. Doch die sorgfältige und ausführliche Figurenentwicklung und die genauen Beobachtungen regionaler Milieus und Settings, etwa von idyllischen provinziellen Landschaften und Kleinstädten, tragen wesentlich zum

Charakter dieses Krimigenres bei. Betont unspektakuläre Beschreibungen von sinnlich wahrnehmbaren Details, psychologisch grundierte Figurendarstellungen oder lehrreiche Hintergrundinformationen über Land und Leute laufen Geschichten zwar nicht den Rang ab, avancieren aber neben dem ‚wie geht es weiter?‘ zum eigenständigen Attraktionswert eines ‚was gibt es hier noch?‘

Beim Schwedenkrimi und beim Wellness-Roman, den Paul Roquet (2009) beschreibt, hat man es mit dem Paradigma des traditionellen Realismus und dessen Anspruch zu tun, die sprachlich geschilderte Realität zwar selektiv, aber transparent an die vertraute Lebenswirklichkeit anzuschließen. Den *iyashi-kei shosetsu* kennzeichnet eine leicht verständliche, aber doch poetische Sprache, die zum genauen Wahrnehmen auch unscheinbarer und anscheinend trivialer Alltagsdinge und -situationen einlädt. Nicht so sehr ein Plot und psychologische Innerlichkeit, sondern Beschreibungen von Gemütszuständen und Stimmungen der Charaktere stehen im Vordergrund (Roquet 2009, S. 90, 101 f.). Meist gelangen die Figuren zu einer ruhigen, heiteren Akzeptanz ihrer Lebensumstände (Roquet 2009, S. 99, 104). Hier geht es vorrangig um das aufhübschende Herstellen oder Aufrufen eines Vertrauensverhältnisses zur Alltagswelt. Als Kompaktkommunikationen zielen Beschreibungen im Wellnessroman und im Schwedenkrimi auf einen möglichst bruchlosen Anschluss an Alltagswahrnehmungen und Alltagspraktiken ab.

Die besondere Position von Literatur im kulturellen Feld – also das, was man auch mit dem Suchbegriff *ambient* sehen kann – hebt dagegen ein anderes Gegenwartsgenre sehr viel deutlicher hervor: Collins (2010, S. 3) beschreibt den ‚devoutly literary bestseller‘ in der anglophonen Gegenwartsliteratur als ein Genre, das besonders augenfällig Kompaktkommunikation über den Status von literarischer Sprache betreibt und damit auf die Inklusions- und Exklusionsbewegung der segmentierten Lesepublika und der popkulturellen Stilgemeinschaften reagiert. Diese Reflexion auf Literatur selbst ist häufig an das Thema Ambiente geknüpft: Kennerschaft von Kunst, Design und Architektur und das passionierte Lesen als Form der Selbstbildung stehen in diesem Genre im Mittelpunkt und liefern Vorlagen für die Selbstkultivierung von Lesern. Zu finden ist der ‚ernsthaft literarische Bestseller‘ oft auf den Auswahllisten und unter den Gewinnern von Literaturpreisen. Es handelt sich um selbstreflexive und dennoch ‚lesbare‘ Romane, die leidenschaftliches Lesen und die transformative Kraft literarischer Sprache und ästhetischer Schönheit beschwören (Collins 2010, S. 222), zum Beispiel Romane über (Vor)Leser und Schriftsteller wie Colm Tóibíns *The Master* (2004) oder David Lodges *Author, Author* (2004; beide über den angloamerikanischen Schriftsteller Henry James), Alan Hollinghursts Henry-James-Adaption *The Line of Beauty* (2004) oder Zadie Smiths *On Beauty* (2005), aber auch Carlos

Ruiz Zafóns *Der Schatten des Windes* (2001). Siri Hustvedts *The Summer Without Men* (2011) oder Bernhard Schlinks *Der Vorleser* (1997) fallen gleichfalls in diese Kategorie von Texten, die mit intertextuellen Verweisen und Referenzen auf Kunstwerke, Architektur, Kulturgeschichte oder Design gespickt sind. Die exakte Kenntnis dieser Referenzen steigert zwar das Lesevergnügen und bestätigt eventuell vorhandenes kulturelles Wissen, sie ist aber, anders als bei vielen modernen oder postmodernen Texten, keine Voraussetzung zur Entschlüsselung des Werks. In Schlinks *Vorleser* wird die Hürde, die literarische Sprache und Bildung für nicht lesefähige (oder nicht umfassend literarisch gebildete) Personen darstellen, sogar eigens thematisiert und durch Erklärungen des Erzählers überbrückt.

Der ‚ernsthaft literarische Bestseller‘ ist damit auf das ästhetische *Verhältnis* zu einer gestalteten, ästhetisch wahrnehmbaren Welt bezogen und vermittelt neben Modellen der Selbstkultivierung auch die Zugehörigkeit zu einer bestimmten Stilgemeinschaft: einer sozialen Schicht oder Gruppe, die sich explizit in Abgrenzung von einem vermeintlichen Massengeschmack definiert. Gerade weil das passionierte Viellesen zu einem Massenphänomen geworden ist und auch als solches – als voraussetzungsfrei erreichbare Kompetenz – beworben wird, inszenieren die ‚ernsthaft literarischen Bestseller‘ das Lesen und die verfeinerte Kulturkennerschaft als Elemente eines höchst individuellen Entwicklungsprozesses oder als Erfahrung einer kleinen, marginalisierten Insidergruppe ästhetisch empfindsamer Menschen (Collins 2010, S. 264). Dabei handelt es sich nicht einfach um ein Fortleben bürgerlicher Bildungskultur, sondern um ihre Neuinszenierung und Neuformatierung. Collins vergleicht die Funktion des ‚devoutly literary bestseller‘ mit der Funktion von spezialisierten, individualisierten Designprodukten, wie sie etwa von den amerikanischen Discountern bzw. Kleidungs- und Inneneinrichtungshäusern *Target* oder *Sundance* vertrieben werden (Collins 2010, S. 241): Erlesene Möbel, Stoffe und Wohnaccessoires und Bücher werden gleichermaßen als Alternativen zum standardisierten Massengeschmack und zur Konsumkultur angeboten.[12]

---

[12]Vgl. Collins (2010, S. 243). Auch der aktuelle Online-Katalog von *Sundance* (o. J.) bietet prominent einen Einrichtungsvorschlag für eine Leseecke ein. Zwar ist auf dem Bild kein Buch zu sehen, der Begleittext beschwört aber den ‚Rückzug mit einem Lieblingsbuch‘ herauf: „Rugged yet contemporary, our reading nook calls for stolen moments of silent reflection or hours whiled away with a favourite book."

3   Es gibt sie noch, die guten Dinge: Alan Hollinghurst, *The Line of Beauty* und Hanya Yanagihara, *A Little Life*

Diese Engführung zwischen Selbstkultivierung, Elitismus, Lesen und kennerhaf-
ter Expertise für Möbel, Architektur und Design findet sich in den ‚bekennend
literarischen Bestsellern' *The Line of Beauty* von Alan Hollinghurst und *A Little
Life* von Hanya Yanagihara.[13] Die Romane perspektivieren diesen Zusammenhang
jedoch auf unterschiedliche Weise. *The Line of Beauty* wurde von der Kritik aufgrund der sprachlichen Virtuosität und der genussvoll zu lesenden, lebendigen
Beschreibungen von Gebäuden, Interieurs und städtischen Räumen gerühmt (Gilbert 2016, S. 125, 133 f.). Den Roman allerdings als lyrisch-realistischen Text
zu lesen (Smith 2009), der die Schönheit einer verlässlichen Lebenswelt und die
sinnlich evokative Kraft der Sprache zelebriert, greift zu kurz: Wie Geoff Gilbert (2016) zeigt, legen Hollinghursts visuell eindrucksvolle Beschreibungen von
Orten die zum Teil abgründige Verquickung von materiellen und sexuellen Interessen, von ästhetischer Sensibilität und rigider sozialer Hierarchisierung in England unter der Regierung Thatcher frei.

The Line of Beauty statuiert am Thema der beinahe obsessiven Vernarrtheit in
antike Möbel, Häuser und Interieurs ein ähnliches Exempel wie seine intertex-
tuelle Folie, Henry James' *The Spoils of Poynton* (1897). James' kleines Figu-
renensemble verschreibt sich in diesem Roman, der Bezug auf den Ästhetizismus
des *fin de siècle* nimmt, ganz der Huldigung eines Gesamtkunstwerks: Der bis ins
letzte Detail geschmackvoll durchgestaltete Landsitz Poynton, den alle um jeden
Preis erhalten wollen, brennt eben deswegen am Schluss nieder. Dass ein möb-
liertes Haus, ein Hybrid zwischen Gebrauchskunst und Kontemplationskunst, in
James' Parabel das ideale, aber nicht realitätskompatible bürgerliche Kunstwerk
verkörpert, kann man als Verweis auf die ‚Unbewohnbarkeit', sprich die Unlebbarkeit des bürgerlichen Kunstideals in moralischer, finanzieller und sozialer Hinsicht lesen.

---

[13]Sie wurden von der Literaturkritik wegen ihrer ‚literarischen' Qualitäten – sprachlicher
Virtuosität, Komplexität, Intertextualität, Selbstreflexivität – positiv aufgenommen. Der
Brite Alan Hollinghurst erhielt 2004 den Man Booker Prize für *The Line of Beauty*. Hanya
Yanagiharas inzwischen international erfolgreicher Roman *A Little Life* gelangte 2015
auf die Auswahllisten des *Man Booker Prize,* des *National Book Award for Fiction,* der
Andrew Carnegie Medal for Excellence in Fiction und des *Dublin Literary Award* (2017);
er gewann 2015 den *Kirkus Prize in Fiction.*

Diese Unlebbarkeit des bürgerlichen Kunstideals und dessen fatale Verflechtung mit handfesten politischen, sozialen und finanziellen Interessen führt auch Hollinghurst vor. Seine Hauptfigur, der Doktorand der Literaturwissenschaften Nick Guest, definiert sich als Ästhet, der allein für Schönheit und – das Buch spielt in den 1980er Jahren – erotische Sinnlichkeit lebt. Nach außen hin schert er sich, ganz dem Ideal bürgerlicher Kunstkennerschaft entsprechend,[14] nicht um sozialen Aufstieg und finanziellen Erfolg. Eben dies katapultiert ihn in die Welt des Wohlstands: Aus der provinziellen unteren Mittelschicht stammend, findet er in den 1980er Jahren erst an der Universität Oxford und dann in London Freunde, die zur alteingesessenen Elite und zum neuen Geldadel gehören. Die Familie seines Studienfreundes Toby Fedden, dessen Vater Abgeordneter der konservativen Partei ist, nimmt ihn als Hausgast auf, und wegen seiner ästhetischen Bildung gelingt es ihm im ersten Teil des Romans, scheinbar alle sozialen Barrieren nach oben und nach unten zu überwinden.

Die Fokalisatorfigur Nick vermittelt nach außen eine interesselose Begeisterung für alle schönen, alten, bürgerlichen Dinge, verbindet mit dieser Begeisterung aber unterschwellig handfeste Besitz- und Aufstiegsfantasien. Obwohl seine Perspektive die einzige Sicht auf das Geschehen ist, wird deutlich gemacht, was sie begrenzt und was sie ausschließt. In einer Passage ganz am Anfang des Romans heißt es:

> He loved coming home to Kensington Park Gardens in the early evening, when the wide treeless streets were raked by the sun […]. The first flight of stairs, fanning out into the hall, was made of stone; the upper flights had the confidential creak of oak. He saw himself leading someone up them, showing the house to a new friend, to Leo perhaps, as if it were really his own, or would be one day; the pictures, the porcelain, the curvy French furniture so different from what he'd been brought up with. In the dark polished wood he was partnered by reflections dim as shadows (Hollinghurst 2004, S. 5).

Recht bald wird deutlich, dass Nicks ästhetische Sensibilität in der Welt der Feddens ein reines Tauschobjekt ist und als solches in materielle, politische und soziale Interessen eingebunden, nicht über sie erhaben ist (vgl. Gilbert 2016, S. 129). Die Feddens akzeptieren Nick nicht als Person, sondern als servilen Bewunderer, der ihre Abendgesellschaften kultiviert unterhält und ihren eigenen Mangel

---

[14]Pierre Bourdieu (2001, S. 134, 198, 228 und 344 f.) zufolge definiert sich wahre Künstler- und Kennerschaft in diesem Kontext durch eine moralisch aufgewertete Ablehnung von materiellem Profit und sozialem Erfolg.

an Intellektualität ausgleicht. Tobys Freundschaft nimmt Nick schwärmerisch als „the easy charity of beauty" (Hollinghurst 2004, S. 6) wahr, bringt den Narzissmus, auf den diese Freigebigkeit zusammenschnurrt, dann aber lakonisch auf den Punkt: „Toby quite liked his rower's body to be looked at" (Hollinghurst 2004). Auch die beiden Männer, mit denen Nick eine Beziehung eingeht, teilen zwar seine Vorlieben für (antike) Möbel und Sex, verbinden damit aber wie Nick selbst scharfe Profitkalkulationen im Hinblick auf sozialen Status und symbolisches Kapital. Dieses Nebeneinander wird in einer späteren Beschreibungspassage des Romans explizit gemacht. Zu diesem Zeitpunkt wird Nick, der seine Dissertation über Henry James aufgegeben hat, von einem Millionärssohn ausgehalten und plant mit ihm ein Hochglanzmagazin und die Verfilmung von *The Spoils of Poynton*. Die Beschreibung des nagelneuen Interieurs ihres Büros mit angeschlossenem Apartment mischt visuelle Wahrnehmung mit erotischen, finanziellen und statusbezogenen Fantasien. Ebenso wie diese Versprechungen Nick im Haus der Feddens über deren Schwulen- und Intellektuellenfeindlichkeit hinwegsehen ließen, stimmen sie ihn hier gnädig gegenüber postmodern-neureichen Geschmacksverirrungen:

> The house had been featured in *The World of Interiors* […]. Nick smiled to himself at the flat's pretensions, but inhabited it with his old wistful keenness, as he did the Feddens' house, as a fantasy of prosperity that he could share, and as the habitat of a man he was in love with. He felt he took to it well, the comfort and convenience […]. It was a system of minimized stress, of guaranteed flattery. Nick loved the huge understanding depth of the sofas and the peculiarly gilding light of the lamps that flanked the bathroom basin; he had never looked so well as he did when he shaved or cleaned his teeth there (Hollinghurst 2004, S. 199 f.).

Die Beleuchtung, die alles ‚vergoldet' und das Apartment als ‚system of minimized stress, of guaranteed flattery', entspricht passgenau Nicks ästhetizistischer Haltung – weswegen er sich in diesem Interieur ebenso gern spiegelt und bestätigt fühlt wie in den alten Möbeln der Feddens. Sein enger Fokus auf das Schöne und Wertvolle minimiert jedoch auch das Mitgefühl für seine aidserkrankten Partner und lässt ihn die verschärfte soziale und politische Stigmatisierung von Homosexuellen im Zuge der Aids-Epidemie Mitte der 1980er Jahre übersehen. Wie wenig Sympathie ihm die Feddens tatsächlich entgegenbringen, fällt ihm erst auf, als die Familie in einen Skandal verwickelt wird und er über Nacht zum verhassten, von allen verratenen Sündenbock wird. Hollinghursts überspitzendes Porträt des Ästheten als Kleinbürger, der es bis zum Tanz mit der Premierministerin schafft, am Schluss aber möglicherweise HIV-infiziert ist und als Erbe einer ebenso hässlichen wie einträglichen Immobilie dasteht, arbeitet die Zweischneidigkeit einer sozial entdifferenzierten, ehemals bürgerlichen Ästhetik heraus: So sehr sie für den Protagonisten soziale Bindungen jenseits von Schichtzugehörigkeit und ein differenziert genießendes Weltverhältnis unabhängig von spezifischen (Kunst-) Objekten herstellt, so brüchig und wenig resistent gegenüber anderen Interessen erweisen sich diese Bezüge. Gutes Design ist alles andere als eine Alternative zu einer unbarmherzigen, sozial nach wie vor starren und politisch konservativen Kultur.

Dass der zweite Roman der amerikanischen Autorin Hanya Yanagihara, *A little life* (2015) zum Erscheinen seiner deutschen Übersetzung Journalisten und Bloggern in einer Wellness-Umgebung nahegebracht wurde, erstaunt angesichts seines Inhalts zunächst: Auf in deutscher Übersetzung 900 Seiten wird das herzzerreißende Martyrium eines seit frühester Kindheit sexuell missbrauchten und misshandelten Mannes beschrieben, der zeitlebens unter den körperlichen und seelischen Traumata leidet und stets neue Schicksalsschläge verkraften muss. Diese Geschichte konnte ein vom deutschen Verlag handverlesenes Testpublikum in einem dreitägigen Lese-Retreat in einem ‚stillen Waldhäuschen mit gut gefülltem Kühlschrank' (Geisel 2017) an einem Brandenburger See in aller Ruhe genießen (?). Diese Art der Vermarktung setzte bei einem Leseerlebnis an, das auch Kritiker, die nicht mit dem Buch in Klausur geschickt wurden, als genussvoll intensiv, aufwühlend und immersiv beschrieben.[15] Die auf der Hanser-Homepage veröffentlichten Leserkommentare und -fotos zeigen das Buch in Umgebungen, die das Einigeln mit fesselnder Lektüre signalisierten: mit Teetassen, auf zerwühlten Betten, neben Butterbroten (Abb. 1).

Die Hanser'sche Vermarktungsstrategie lehnt sich an den gegenwärtigen *hygge*-Trend zu gemütlich-kuscheligen Inneneinrichtungen an, wie sich im Lesetagebuch der Bloggerin Simone Finkenwirth (2017a, b) in den alternierenden

---

[15]Simone Finkenwirth, die unter dem Namen ‚Klappentexterin' über Bücher bloggt, stellte ein Lesetagebuch aus dem Retreat online und beschreibt dabei, wie sich der anfängliche Lesegenuss allmählich in Mühsal verwandelt, je düsterer die Wendungen der Geschichte werden (Finkenwirth 2017b). Mareike Nieberding (2017) schrieb in *ZeitOnline,* durchaus mit ambivalentem Unterton, man ‚klebe' an diesem Roman und könne sich „in dieser fast obszönen Fülle von Gefühlen suhlen […], wie sonst nur in seinem eigenen Selbstmitleid". Volker Weidemann beschrieb im *Literarischen Quartett* (ZDF) vom 03. März 2017 den Genuss des ‚sich-Hineinfallenlassens' in die Gefühlswelt des Romans und hob stolz hervor, er habe bei der Lektüre geweint. Im *New Yorker* verglich Jon Michaud (2015) die Folterszenen in *A Little Life* unter anderem mit „Steig [sic] Larsson's ‚Girl with the Dragon Tattoo', and the torture of Theon Greyjoy in ‚A Game of Thrones'", hob aber hervor, die eigentlich emotional aufwühlenden Szenen seien die Schilderungen der Freundschaft unter den Protagonisten.

Abb. 1 Beiträge zum Leserblog des Hanser Verlags. (https://www.hanser-literaturverlage.
de/themen/ein-wenig-leben. Zugegriffen: 17. März 2017)

Beschreibungen von Buch und Möblierung der Waldhütte zeigt.[16] Diese Strategie
antwortet auf Leseerfahrungen, die, wie ich im Folgenden argumentiere, durch
einen dominanten Themen- und Motivbestand im Roman selbst gestützt werden. Neben der allmählichen Aufdeckung der traumatischen Vergangenheit des
Jude St. Francis und quälend detaillierten Schilderungen seiner Selbstverletzun-
gen zelebriert der Roman Schönheit, Kunst, ästhetische Sensibilität und queere
Lebensstile als Mittel und Symbole sozialen Aufstiegs. Drei der vier Hauptfiguren stammen aus einfachen bis desolaten sozialen Verhältnissen und werden zu
erfolgreichen Anwälten, Hollywoodstars und Malern; dem afroamerikanischen
Vierten gelingt der Durchbruch in die weiß dominierte internationale Architek-
tenelite. Der soziale Aufstieg ist auch eine räumliche Bewegung: der Mittlere
Westen – Heimat von Jude und Willem – ist von Gefühlskälte und Armut geprägt,
während die amerikanische Ostküste das Zentrum von Kultur, universitärer Bildung und emotionaler Wärme darstellt. Der Waise Jude findet in Boston und New
York in Willem, JB, Malcolm und weiteren Freunden eine erweiterte Ersatzfami-
lie, die ihm bei körperlichen und seelischen Krisen über Jahrzehnte hinweg auf-
opferungsvoll zur Seite steht.

---

[16]Ich danke Ricarda Menn für den Hinweis und den Link auf Finkenwirths Blog und Julika
Griem (2017) für den Hinweis auf den *hygge*-Trend.

Ein wesentlicher Teil des liebevollen Umsorgens der drei besteht, da sich Jude Fragen nach seiner Vergangenheit beharrlich verweigert, in nonverbaler Kommunikation durch Bekochen und das Gestalten von Räumen. Jude kompensiert seine Verschlossenheit gegenüber den Freunden durch Putzen der gemeinsam bewohnten Räume und durch aufwendiges Gebäck (Yanagihara 2015, S. 67, 202). Auch umgekehrt funktioniert die nonverbale Kommunikation. JB, der Maler, ist der erste, der Judes Gebrechlichkeit und Hilfebedürftigkeit erspürt und darstellt (Yanagihara 2015, S. 36, 172), und die poetische Gerechtigkeit belohnt ihn, da die Porträts seiner Freunde zur Initialzündung seiner Karriere werden. Malcolm, der Architekt, nimmt beim Errichten eines Bücherregals Rücksicht auf Judes sonst verleugnete und ignorierte Gebrechlichkeit. Später entwirft er luxuriös ausgestattete Rückzugsräume für den menschenscheuen Jude und den Filmstar Willem. Zwar verbringen Leser, wie Carol Anshaw (2015) spitz bemerkt, viel Zeit in Judes Badezimmer (wo er sich obsessiv ritzt), aber ebenso viel Zeit verbringt man mit dem Lesen von Beschreibungen von Feriendomizilen am Cape Cod, chaotisch-sympathischen Akademikerhaushalten in Boston, New Yorker Lofts, Londoner Apartments, luxuriösen Landsitzen oder der exklusiv für einen privaten Besuch reservierten Alhambra in Granada.

Zwar geht Yanagiharas Roman nicht so weit, ästhetische Sensibilität als nonverbale Alternative zu der von Jude verweigerten Therapie und offenen Gesprächen zu inszenieren und die „redemptive value" (Collins 2010, S. 243) des Ästhetischen auf diese Weise zu bekräftigen. Doch erstens lindern schöne Umgebungen durchaus seine Qualen und zweitens wird die Möglichkeit der Erlösung durch Kunst und Literatur zumindest angedeutet. Der Kontrast zwischen dem finsteren amerikanischen Hinterland und der kultivierten Ostküste ist zugleich ästhetisch und moralisch: hier die Pädophilen in schäbigen Motels und die durch harte Arbeit emotional abgestumpfte Landbevölkerung, dort eine ästhetisch gebildete Solidargemeinschaft in liebevoll durchgestalteten Wohnungen. Dass sich der Gleichklang von ästhetischer Sensibilität, moralischer Aufrichtigkeit und grenzenloser Empathie ausschließlich innerhalb einer bei aller *diversity* sozial homogenen Gruppe entfaltet, und dass die Figuren des Romans sich in weitgehend vom Alltagsleben (wie auch von historischen Ereignissen) abgeschotteten Habitats bewegen, reflektiert der Roman nicht (vgl. McCann 2016). Im Gegenteil: die

„walled spaces"[17], in denen sich Leser bewegen, sind als Echokammern für emotionale Intensitäten angelegt.

Welche erschließende Funktion hat der Begriff *ambient* für diese beiden Fallstudien entfalten können? *Ambient,* so habe ich gezeigt, entstammt der Ästhetik der populären Gegenwartskultur, die Tendenzen zur größtmöglichen Zugänglichkeit, d. h. nichthierarchische Organisation, mit Tendenzen zur Exklusivität und Segmentierung verbindet (Venus 2013b, S. 51). *Ambient* vermag darüber hinaus minimalistisch-experimentelle, als Gegensätze zu Schock, Stimulation und Überwältigung konzipierte ästhetische Erfahrungsmodalitäten in den Blick zu nehmen. Am Beispiel von Yanagiharas *A Little Life* zeigt sich, dass die literarischen Strategien der Gestaltung von fiktionalen, ‚bewohnbaren' Welten nicht nur Teil eines allgemeinen popkulturellen Trends zur Bildung von Stilgemeinschaften sind, sondern diese bis hinein in die angesteuerten Leseerfahrungen und Bildungsangebote im Hinblick auf ästhetisches Bewusstsein fortsetzen. Die Vermarktung des deutschen Verlegers greift in diesem Fall die innertextuell angelegte Kompaktkommunikation im Sinne des *cocooning* auf, indem sie das Buch und den Rückzug in abgeschottete, gemütliche Räume in Verbindung bringt.

Hollinghurst (2004) und Yanagihara (2015) setzen Schilderungen von Hintergründen, Inneneinrichtungen, Möbeln und ästhetischer Sensibilität für diese Umgebungen also als Kompaktkommunikationen über die Situation und Situierung realistischen Erzählens im literarischen Feld ein. Eine an kulturellen Verweisen reiche erzählerische Textur und literarischer Anspruch, in Form intertextueller und generischer Anknüpfungen an (u. a.) Henry James bei Hollinghurst und an die Traumaerzählung bei Yanagihara, machen beide Romane zu Vorlagen für die Neuaneignung eines bürgerlichen Lese- und Kulturverhaltens. Hollinghurst kalkuliert genau diesen aktuellen Gebrauchswert von Literatur ein, wenn er seine Beschreibungen als Verklärungen einer bürgerlichen bzw. neureichen Dingwelt anlegt, sie aber zugleich wieder entzaubert. Bei Yanagihara dagegen wird das

---

[17]In einem Interview bekräftigt und begründet Yanagihara ihre Entscheidung, den Roman nur vage historisch zu verorten, mit ihrem Interesse an der Innenwelt der Figuren: „I wanted to remove every external event from this book: once you remove historical landmarks from a narrative, you force the reader into a sort of walled space, one in which they have no choice but to focus entirely on the interior lives of these characters" (Quade 2015). Sean McCann (2016) merkt an, die ‚Gnade der Liebe', von der die Autorin in einem anderen Interview bezüglich der Beziehungen zwischen den Hauptfiguren spreche, lasse sich auch als „gift economy of the rich" lesen. Die Analogie zur ‚charity of beauty', von der Hollinghursts Hauptfigur spricht und die sich (allerdings im Roman selbst) als nüchterner Austausch von Bewunderung erweist, liegt auf der Hand.

Versprechen sozialen Aufstiegs und individueller Entwicklung durch ästhetische Bildung auch durch die Beschreibungen von Hintergründen fast ungebrochen[18] neu in Szene gesetzt. So fügt sich dieser Roman in eine Lesekultur ein, in der das Ambiente ein wichtiges Distinktions- und Definitionsmerkmal aufgeschlossen agierender, aber dennoch exklusiver Stilgemeinschaften ist. Für Yanagiharas Roman hat dies angesichts der zunehmenden Einkapselung von Lebensstilen und politischen Orientierungen in den USA (Landfried und Post 2017) eine hochproblematische politische Dimension. Sean McCann (2016) beschreibt die bewohnbare Welt dieses Romans treffend als einen ‚Sozialismus der Reichen‘, der mit dem Gefühl moralischer Überlegenheit über die vermeintlich ästhetisch und ethisch minderbemittelten Schichten einhergeht.

Literatur

Adorno, Theodor W. 1993. *Ästhetische Theorie*. Frankfurt a. M.: Suhrkamp.

Anderson, Paul Allen. 2015. Neo-Muzak and the Business of Mood. *Critical Inquiry* 41:811–840.

Anshaw, Carol. 2015 Hanya Yanagihara's A Little Life. The New York Times. https://www.nytimes.com/2015/04/05/books/review/hanya-yanagiharas-a-litte-life/. Zugegriffen: 17. März 2017.

Baßler, Moritz. 2011. Populärer Realismus. In *Kommunikation im Populären. Interdisziplinäre Perspektiven auf ein ganzheitliches Phänomen*, Hrsg. Roger Lüdeke, 91–103. Bielefeld: transcript.

Baßler, Moritz. 2014. Bewohnbare Strukturen und der Bedeutungsverlust des Narrativs. Überlegungen zur Serialität am Gegenwarts-*Tatort*. In *Zwischen Serie und Werk. Fernseh- und Gesellschaftsgeschichte im „Tatort"*, Hrsg. Christian Hißnaucr, Stefan Scherer, und Claudia Stockinger, 347–359. Bielefeld: transcript.

Böhme, Gernot. 1995. *Atmosphäre. Essays zur neuen Ästhetik*. Frankfurt a. M.: Suhrkamp.

Bourdieu, Pierre. 2001. *Die Regeln der Kunst. Genese und Struktur des literarischen Feldes*. Frankfurt a. M.: Suhrkamp.

Collins, Jim. 1989. *Uncommon Cultures. Popular Culture and Post-Modernism*. New York: Routledge.

---

[18]Vgl. McCann (ebd.) zu einigen Bruchlinien, die sich durch den Roman ziehen, aber nicht zu einer Infragestellung des „idyll of good fortune" führen: Jude, die Hauptfigur, vermag sich nicht von ihren sozialen Wurzeln zu lösen und einen wirklichen Aufstieg zu vollziehen; sie bleibt auch als einzige Figur am Rande der ästhetisierten Welt der Kreativarbeiter (Jude ist Anwalt). Dennoch sind seine musikalische Begabung (er singt und spielt virtuos Klavier) und seine Koch- und Backkünste durchaus ernst zu nehmende Beiträge der ‚Gabenökonomie‘ schöner Dinge, die McCann im Roman am Werk sieht.

Collins, Jim. 2010. *Bring on the Books for Everybody: How Literary Culture Became Popular Culture*. Durham: Duke University Press.

Eno, Brian. 1986. *Ambient 4: On Land*. Liner Notes. Aktual. Fassung, ohne Seitenzahlen. Audio-CD (Erstveröffentlichung 1982).

Felski, Rita. 2008. *Uses of Literature*. Malden: Blackwell.

Finkenwirth, Simone. 2017a. Ein wenig Auszeit mit Hanya Yanagihara – das Lesetagebuch, Teil 1. Klappentexterin. Das gute Buch im Internet. https://klappentexterin.wordpress.com/2017/01/22/ein-wenig-auszeit-mit-hanya-yanagihara-das-lesetagebuch-teil-1/. Zugegriffen: 7. Mai 2017.

Finkenwirth, Simone. 2017b. Ein wenig Auszeit mit Hanya Yanagihara – das Lesetagebuch, Teil 2. Klappentexterin. Das gute Buch im Internet. https://klappentexterin.wordpress.com/2017/01/22/ein-wenig-auszeit-mit-hanya-yanagihara-das-lesetagebuch-teil-2/. Zugegriffen: 7. Mai 2017.

Geisel, Sieglinde. 2017. Hanya Yanagihara lesen. Potsdamer Neueste Nachrichten. http://www.pnn.de/kultur/1152533/. Zugegriffen: 17. März 2017.

Gilbert, Geoff. 2016. Some Properties of Fiction: Value and Fantasy in Hollinghurst's House of Fiction. In *Alan Hollinghurst. Writing Under the Influence*, Hrsg. Michèle Mendelssohn und Dennis Flannery, 125–144. Manchester: Machester University Press.

Gisbertz, Anna-Katharina. 2009. *Stimmung – Leib – Sprache. Eine Konfiguration der Wiener Moderne*. München: Fink.

Gisbertz, Anna-Katharina. 2011. Wiederkehr der Stimmung? In *Stimmung. Zur Wiederkehr einer ästhetischen Kategorie*, Hrsg. Anna-Katharina Gisbertz, 7–13. München: Fink.

Griem, Julika. 2017. Zwischen Hölle und Hygge. *Ein wenig Leben. Merkur* 817 (71): 75–83.

Gumbrecht, Hans Ulrich. 2011. *Stimmungen lesen. Über eine verdeckte Wirklichkeit der Literatur*. München: Hanser.

Hajduk, Stefan. 2011. Vom Reden über Stimmungen. Ihre Geschichte in der Literaturwissenschaft, ihre aktuelle Erforschung und ihre Medialität. *KulturPoetik* 11 (1): 76–96.

Hayles N, Katherine, und Gannon Todd. 2007. Mood Swings: The Aesthetics of Ambient Emergence. In *The Mourning After: Attending the Wake of Postmodernism*, Hrsg. Neil Brooks und Josh Toth, 99–142. Amsterdam: Rodopi.

Heibach, Christiane. 2012. *Atmosphären. Dimensionen eines diffusen Phänomens*. München: Fink.

Heidegger, Martin. 1986. *Sein und Zeit*, 16. Aufl. Tübingen: Max Niemeyer Verlag (Erstveröffentlichung 1926).

Hollinghurst, Alan. 2004. *The Line of Beauty*. London: Picador.

Kant, Immanuel. 1990. *Kritik der Urteilskraft*. Hamburg: Felix Meiner Verlag (Erstveröffentlichung 1926).

Landfried, Christine, und Robert Post 2017. Das Versäumnis der Eliten. *Frankfurter Allgemeine Zeitung*, 11. März. http://plus.faz.net/evr-editions/2017-03-11/43498/328670.html. Zugegriffen: 17. März 2017.

Luhmann, Niklas. 1995. *Die Kunst der Gesellschaft*. Frankfurt a. M.: Suhrkamp.

McCann, Sean. 2016. I'm So Sorry': *A Little Life* and the Socialism of the Rich. Post45. http://post45.research.yale.edu/. Zugegriffen: 21. Apr. 2017.

Michaud, Jon. 2015. The Subversive Brilliance of ‚A Little Life'. *The New Yorker*. http://www.newyorker.com/books/page-turner/the-subversive-brilliance-of-a-little-life. Zugegriffen: 17. März 2017.

Morton, Timothy. 2002. Why Ambient Poetics? Outline for a Depthless Ecology. *Words-worth Circle* 33 (1): 52–56.

Naukkarinen, Ossi. 2001. Ambients, Houses and Other Popular Environments: Aesthetics of popular culture as Environmental Aesthetics. *Journal of American & Comparative Cultures* 24 (1–2): 183–190.

Ngai, Sianne. 2012. *Our Aesthetic Categories: Zany, Cute, Interesting.* Cambridge: Harvard University Press.

Nieberding, Mareike. 2017. Es gibt kein Zuviel des Guten. Zeit Online. http://www.zeit.de/kultur/literatur/2017-01/hanya-yanagihara-ein-wenig-leben/. Zugegriffen: 17. März 2017.

Quade, Kirsten Valdez. 2015. Interview with Hanya Yanagihara – 2015 National Book Award finalist, Fiction. National Book Awards. http://www.nationalbook.org/nba2015_f_hyanagihara_interv.html. Zugegriffen: 21. Apr. 2017.

Reckwitz, Andreas. 2012. *Die Erfindung der Kreativität. Zum Prozess gesellschaftlicher Ästhetisierung.* Berlin: Suhrkamp.

Reents, Friederike. 2015. *Stimmungsästhetik. Realisierungen in Literatur und Theorie vom 17. bis ins 21. Jahrhundert.* Göttingen: Wallstein.

Roquet, Paul. 2009. Ambient Literature and the Aesthetics of Calm: Mood Regulation in Contemporary Japanese Fiction. *The Journal of Japanese Studies* 31 (1): 87–111.

Schwering, Gregor. 2013. Zwei Hörräume ‚gleichschwebender Aufmerksamkeit'. Psychoanalyse und Ambient. In *In Auditive Medienkulturen. Techniken des Hörens und der Klanggestaltung,* Hrsg. Axel Volmar und Jens Schröter, 359–372. Bielefeld: transcript.

Smith, Zadie. 2009. Two Directions of the Novel. In *Changing My Mind. Occasional Essays,* Hrsg. Zadie Smith, 71–96. London: Penguin.

Smyrek, Volker. 2013. *Die Geschichte des Tonmischpults: Die technische Entwicklung der Mischpulte und der Wandel der medialen Produktionsverfahren im Tonstudio von den 1920er Jahren bis heute.* Berlin: Logos Verlag.

Sundance. o. J. Online Katalog. sundancecatalog.com. http://www.sundancecatalog.com/category/furniture+and+decor/featured+rooms/blackfoot+reading+nook.do. Zugegriffen: 21. Apr 2017.

Toop, David. 1995. *Ocean of Sound. Aether Talk, Ambient Sound and Imaginary Worlds* London: Serpent's Tail.

Venus, Jochen. 2013a. Klangkristalle. Zur Semiotik artifizieller Hörbarkeit. In *Auditive Medienkulturen. Techniken des Hörens und Praktiken der Klanggestaltung,* Hrsg. Axel Volmar und Jens Schröter, 115–129. Bielefeld: transcript.

Venus, Jochen. 2013b. Die Erfahrung des Populären. Perspektiven einer kritischen Phänomenologie. In *Performativität und Medialität Populärer Kulturen. Theorien, Ästhetiken, Praktiken,* Hrsg. Marcus S. Kleiner und Thomas Wilke, 49–73. Wiesbaden: VS Verlag.

Wellbery, David E. 2003. Stimmung. In *Ästhetische Grundbegriffe,* Bd. 5, Hrsg. Karlheinz Barck, 703–733. Stuttgart: Metzler.

Wellbery, David E. 2011. Latenz und Stimmung. Skizze einer historischen Ontologie. In *Latenz. Blinde Passagiere in den Geisteswissenschaften,* Hrsg. Hans Ulrich Gumbrecht und Florian Klinger, 265–276. Göttingen: Vandenhoeck & Ruprecht.

Welsh, Caroline. 2003. *Hirnhöhlenpoetiken. Theorien zur Wahrnehmung in Wissenschaft, Ästhetik und Literatur um 1800.* Freiburg: Rombach.

Yanagihara, Hanya. 2015. *A Little Life.* London: Picador.

Ambient Film

Oliver Fahle

1 Einleitung

Die Ideen, die von Brian Enos künstlerischen Konzeptionen einer Ambient Music, die er vor allem in seinem Werk *Music for Airports* geprägt hat, ausgehen, finden in den Entwicklungen audiovisueller Medien seiner Zeit und bis zur Gegenwart sichtbaren Widerhall. Ambience ist nach der Definition von Eno (1978) „an atmosphere, a surrounding influence: a tint." Auch wenn der Begriff Ambience also seine Herkunft in der Musik, in dem, was man heute *soundscape* nennen würde, hat, so steht er als atmosphärische Erfahrung zugleich auch für die Auflösung der klassischen Kunstformen. Künste beginnen, bereits ab den 1960er Jahren, ihre festen Plätze zu verlassen und richten sich außerhalb von Museen, Ausstellungsräumen, Konzerthallen und Kinosälen ein. So charakterisiert Juliane Rebentisch als eine der wesentlichen Eigenschaften der Gegenwartskunst deren in den 1960er Jahren einsetzende Entgrenzung der Künste und Auflösung der Einheit des Werks (Rebentisch 2013, S. 15). Neben Performance, Fluxus, Land Art und Concept Art verkörpert das ab den frühen 1970er Jahren massiv zum Einsatz gebrachte Video von Beginn an ein Medium ohne festen Ort, das bereits in der technischen Generierung prozesshafte Bilder produziert (Spielmann 2005, S. 10) und in vielfältigen Verwendungskontexten, künstlerischen und nicht künstlerischen, oder ihren Kombinationen, Gestalt gewann. Die Entgrenzung der Künste sowie ihre Zersetzung in sinnliche, mediale Operationen bilden den

O. Fahle (✉)
Institut für Medienwissenschaft, Ruhr-Universität Bochum, Bochum, Deutschland
E-Mail: oliver.fahle@rub.de

© Springer Fachmedien Wiesbaden GmbH 2018
J. Schröter et al. (Hrsg.), *Ambient*, Neue Perspektiven der Medienästhetik,
https://doi.org/10.1007/978-3-658-19752-0_6

Auftakt zu den heutigen Umgebungsmedien, die in Displays, Screens, Monitoren und interaktiven Applikationen dafür sorgen, dass Medien außerhalb ihrer Ambient-Funktionen gar nicht begriffen werden können. Ambient (teilweise auch Ambience bei manchen Autoren) begreife ich in einem ersten Schritt als stets mitlaufenden Hintergrund, der selbst dazu tendiert, das Verhältnis von Vorder- und Hintergrund, von Fokussierung und Unfokussiertem (in all seinen Formen: als Unscharfes, an den Rand Gedrängtes, Un- oder Nichtsichtbares), aufzulösen.

In diesem Zusammenhang ist die Entgrenzung von Film und Fernsehen in den letzten Jahren zum viel diskutierten Thema geworden. Anna McCarthys (2001) Studie *Ambient television* macht die Migration der Fernsehmonitore in andere als den nur häuslichen Umgebungen zum Thema einer Fernseh- und Raumtheorie. Die aktuellen Diskussionen zur *screen-society,* in der sich verschiedene Technologien, Dispositive, ästhetische Traditionen und Konfigurationen vermischen, beobachtet McCarthy exemplarisch am Fernsehen, das durch die Monitorisierung von öffentlichen Plätzen nicht nur heterogene Räume schafft, sondern auch eine Geografie der Objekte und Operationen entwirft, in denen es nicht unwesentlich ist, wie groß die Monitore sind, wie viele sich (etwa in einer Bar oder an einem öffentlichen Ort) befinden, in welcher Höhe sie hängen und wie sie jeweils angeblickt werden können. Der hinsichtlich der Zuwendung von Aufmerksamkeit beim Betrachten ohnehin eher beiläufige Charakter, der dem Fernsehen schon von klassischen Fernsehtheorien zugeschrieben wurde (vgl. als Übersicht Sierek 1993), wird hier gleichsam externalisiert und expandiert in den öffentlichen Raum, der dadurch zur Schnittstelle von lokalen (diese Bar, dieser Flughafen) und globalen Anordnungen wird. Fernsehen wird damit zu einem entscheidenden Medium des Ambient, da es sowohl zur starken Konzentration und Fokussierung taugt, ebenso jedoch das Flüchtige und Vorüberziehende, das Hintergrundgetöse und die lose Kopplung zwischen Blick und Bild, thematisiert.

Der Film befindet sich in einer ähnlichen, wenn auch abweichenden Position. Zum einen ist er von der Migration der Bilder (und gegebenenfalls auch seiner apparativen Kontexte) ebenso betroffen wie das Fernsehen, wie Theorien des *expanded cinema,* klassisch etwa von Gene Youngblood (1970), aufgezeigt haben (vgl. auch Connolly 2009; Rees und Curtis 2011; Bellour 2012; Casetti 2015). Aus dieser Perspektive ist die Aufführung des Films im Kinosaal eine Beschränkung der Möglichkeiten des Mediums, die sich nun völlig neue räumliche, technische, ästhetische und kommunikative Kontexte erschließt und migrierende und zirkulierende Bilder und Töne freisetzt (Engell 2012). Hinzu kommt, dass filmische Bilder zunehmend selbst in Installationen und Ausstellungsobjekte eingefügt und dort Teil eines ästhetischen Gefüges werden, das bewusst auf Erfahrungen des Ambient setzt, da das Zusammenspiel verschiedener medialer und sensueller

Einwirkungen kein einheitliches Dispositiv produziert und Vorder- und Hintergrund tendenziell zusammenfließen lässt. Es wäre berechtigt, eine Theorie des Ambient Film dort aufzusuchen, da es die Enträumlichung des Kinodispositivs zum Ziel und zur Folge hat und den Film und seine verschiedenen Fluchtpunkte – das Filmische – in Form von Umgebungsmedien auf neue Weise rahmt. Diese radikale Veränderung der dispositiven Grundlagen des Films haben die Aufmerksamkeit darauf gerichtet, dass das Kino, also der Wahrnehmungsraum des dunklen Saals, der bequemen Sessel und der Projektion, selbst nur eine unter vielen Erscheinungs- bzw. Aufführungsformen des Films gewesen ist. Die Migration der Bilder und das *expanded cinema* sind ein naheliegendes Thema, das in eine Theorie des Ambient, jedoch nicht nur beschränkt auf den Film, berücksichtigt werden müsste und wird. Da die Forschung sich stark auf diesen Aspekt konzentriert hat, möchte ich den Fokus etwas verschieben und den Blick darauf richten, inwiefern Ambient eine Kategorie des Films selbst ist. Anders gesagt: Auf welche Weise bringt dieser Erfahrungen des Ambient als ästhetische Option zur Darstellung. Es soll also nicht um das Ambient *mit Hilfe des oder durch* den Film gehen, wie es in Installationen, Ausstellungen und in Kombination mit anderen Künsten derzeit häufig der Fall ist, in die der Film als Teil eines heterogenen Ensembles eingebunden ist, um eine mediale Umgebungserfahrung zu schaffen. Im Zentrum steht vielmehr der Ambient Film oder das Ambient-Werden, die Umgebungen und Atmosphären *innerhalb des Films* durch ästhetische Operationen erst erschaffen.

Für diese Betrachtung gibt es verschiedene Gründe, die sich auch in den folgenden Kapiteleinteilungen niederschlagen: Zunächst liegen, wie gesehen, Forschungen zum Film als Ungebungsmedium vor, zur Frage des Ambient Films, wie ich ihn hier verstehe, aber nicht. Eine zweite Motivation liegt darin, dass der Begriff des Ambient aus dem Bereich der Musik und der Sound Studies stammt und entsprechend als *ambient sound* bezeichnet wird. Nicht nur die erste Inspiration durch Brian Eno, sondern auch zahlreiche Studien stammen aus dem Bereich des technischen, künstlerischen oder wissenschaftlichen Umfelds der Beschäftigung mit dem Ton (so behauptet Chattopadhyay 2016). Dieser wiederum ist in den letzten Jahren im Rahmen verschiedener filmwissenschaftlicher Untersuchungen in den Mittelpunkt des perzeptuellen, technischen und ästhetischen Interesses des Films gerückt. Die Inspiration für den Ambient Film könnte also aus den ohnehin zuletzt stärker erforschten Sound Studies und den spezifisch filmwissenschaftlichen Untersuchungen dazu stammen. Ton oder Sound haben zudem eine wesentliche Rolle in der modernen Neuausrichtung des Films der 1960er Jahre gespielt, wie es vielleicht am prägnantesten im Begriff der akustischen Kadrierung von Gilles Deleuze zum Ausdruck kommt, der das Bild und den Ton sowie das Optische und das Akustische als zwei zunächst heterogen zu betrachtende, dann aber vielfältig interagierende Kategorien des Films begreift (Deleuze 1991, S. 289–308). Die Frage, inwiefern diese akustische Kadrierung gleichzeitig eine Dekadrierung und Entrahmung darstellt und damit den Film stellenweise von einer zentrifugalen in eine zentripetale Ästhetik überführt, die nicht mehr nur auf das Bild, auf die Protagonisten und die narrativen Aktionen fokussieren, sondern innerhalb des filmischen Universums eine vom *Sound* inspirierte Umgebungsästhetik entstehen lässt, soll im folgenden Kapitel deutlich werden. Bild und Ton, visuelle und akustische Kadrierung, werden dadurch Umgebungen füreinander, anstatt dass beide nur einem narrativen Ziel zustreben oder diesem untergeordnet sind.

Die Folgen der Herausstellung des Tons im Film finden Anschluss an die gegenwärtigen Theorien des Ambient, deren Debatte in einigen einschlägigen aktuellen Positionen nachgezeichnet werden soll. Dabei geht es darum, Schnittstellen zwischen den künstlerischen Positionen und der filmischen Ästhetik herauszustellen, die schließlich zu einem Begriff des Ambient Film der Gegenwart hinführen, der im letzten Kapitel anhand von drei aktuellen Beispielen *(Enter the void, Under the skin, Harvarie)* konturiert wird. Während die Herausbildung der akustischen Kadrierung der 1960er Jahre den Film von einem linearen Konzept einer chronologischen Erzählung in eine umkreisende, surroundgesteuerte Erfahrung ummünzte, indem der Ton nicht mehr nur dem primär visuellen Fokus der perspektivgesteuerten Narration folgte, sondern Bild und Ton in eine offene Interaktion versetzte, zielt der Film der Gegenwart, nicht zuletzt unter Einfluss aktueller digitaler Ästhetiken darüber hinaus. Die Kontrastierungen zwischen dem Akustischem und dem Visuellem, die zunächst im Zentrum stehen, werden zwar beibehalten, jedoch auch als Integration in eine feldgesteuerte Erfahrung begriffen, die vielleicht als *Filmscape* bezeichnet werden könnte, was ein anderer Begriff für Ambient Film wäre. Die Grenzen zum gegenwärtig breit diskutierten Körper- und Affektkino sind dabei fließend.

2   Ambient Sound

In Filmen der 1960er und 1970er Jahre gewann der Ton größere Eigenständigkeit gegenüber dem Bild. Er wurde dem Bild oder dem visuellen Geschehen nicht mehr untergeordnet, sondern entfaltete eine eigene sinnliche Präsenz. Erforderte die klassische narrative Ordnung stets eine Integration von Bild und Ton in eine Handlungsstruktur, traten nun die optischen und akustischen Situationen als autonome, mitunter dissoziierende Operationen hervor, bevor sie sich zu erzählerischen Ensembles ordnen ließen. Dennoch behält das Bild in fast allen Fällen im

Film eine gewisse Dominanz, was Michel Chion (1998, S. 204) damit begründet, dass der Ton, anders als Bilder, nicht über die Möglichkeit der Rahmung verfügt. Während das Bild durch Rahmung, und in gewissem Sinne auch durch die Komposition, erst definiert wird, bleibt der Ton umgekehrt stets entrahmt und erstreckt sich über einen zumindest räumlich kaum zu definierenden Bereich, insbesondere dann, wenn die Tonquelle nicht direkt sichtbar ist (was aber auch nur eine Ortung des Tons im Bild wäre). Die Tendenz zur Desintegration der Erzählung, wie es aus zahlreichen modernen Filmen Jean-Luc Godards, Alexander Kluges, Michelangelos Antonionis, Wim Wenders und anderen aus den 1960er Jahren bekannt ist (Fahle 2015, S. 130 ff.), haben die optischen und akustischen Elemente auf sich selbst zurückgeworfen. Bilder und Töne stehen sich als kontrapunktische oder auch zufällig sich begegnende Sinnlichkeiten gegenüber. Gilles Deleuze nimmt an, dass sich aus der Trennung in optische und akustische Situationen die akustischen Kadrierungen als eigene Sinnebenen des Tons herausbilden (Deleuze 1991, S. 322). Kadrierung im Sinne von *cadrage* bezeichnet darüber hinaus aber auch die sinnhafte Einrahmung, obwohl Ton ja nicht gerahmt werden kann, in welcher der Ton eine eigene Bedeutungsebene ausbildet, die diesseits des Visuellen angesiedelt ist.

Diese Aufspaltung in Bild und Ton hat aber nicht nur dissoziative oder kontrastierende Effekte zur Folge und konstituiert den Ton als Medium innerhalb des Films, sondern sie verändert auch das Gesamtgefüge des Films. Diesem wird nun nicht nur der Ton als autonome Einheit hinzugefügt, sondern es bildet sich ein neuer optisch-akustischer Wahrnehmungsraum heraus. Was bedeutet es für den Film, wenn sich die akustischen Elemente außerhalb der gewohnten filmischen Rahmung äußern, wenn es also nicht nur ein *off* oder *hors-champ* gibt, das vom Ton bespielt wird, sondern eventuell sogar eine Rekadrierung des gesamten Films durch den Ton? Dann würde der Film selbst akustisch werden oder, um einen Begriff von Michel Chion aufzugreifen, akusmatisch, da die Töne nicht immer in Abstimmung mit dem Bild ablaufen und stets auf ein Außen verweisen, von dem aus der Film neu vernommen werden kann (Chion 1992, S. 25–44). Das Akusmatische bezeichnet nach Chion den Ton, der sich außerhalb des vom Bild dominierten Sinns und des von diesem zugewiesenen Raum befindet, im allgemeinen eine Tonquelle, die visuell nicht lokalisierbar ist, diegetisch aber von Bedeutung ist (also nicht einfach begleitende Musik). Zwar kann das Akusmatische auch entakusmatisiert werden (indem es später im Film lokalisiert oder die Tonquelle sichtbar wird). Die interessanten Momente sind jedoch die, in denen der Ton sein akusmatisches Potenzial entfaltet, in dem er „noch keinen Körper im Bildfeld gefunden" (Schlesinger 2008, S. 105) hat. Insbesondere im Film der 1960er und 1970er, in denen der Experimentierraum des narrativen Films groß war, finden sich zahlreiche Versuche einer solchen Akusmatisierung des Films. Dazu wären ganz verschiedene Beispiele zu nennen, von denen hier nur vier sehr kursorisch erwähnt werden sollen.

Die letzte Sequenz des Films *L'eclisse* (IT 1962) von Michelangelo Antonioni etwa, in der ein de-anthropologisches Szenario entworfen wird: menschenleere Straßen, Gebäude sowie Objekte, die sich selbst überlassen bleiben und eine eigene Geräuschkulisse hervorbringen, die tatsächlich aus fließendem Wasser, aber auch aus Luft und Licht besteht. Zwar sind die Geräusche zunächst noch zuzuordnen, doch nach einigen Augenblicken verschiebt sich die Wahrnehmung des gesamten Films und eine Art Straßensoundkulisse übernimmt den Wahrnehmungsraum, sodass auch die Luft oder das Licht Geräusche von sich zu geben scheinen (die Szene ist damit eine Spiegelung des Anfangs, in dem ein Paar in einem Zimmer zunächst überhaupt nicht redet, die Spannung zwischen ihnen jedoch jederzeit vernehmbar ist, quasi „in der Luft liegt"). In diesem Ende von *L'eclisse* könnte von einer allmählichen Akusmatisierung des Filmraums gesprochen werden, denn die im normalen Wahrnehmungsvollzug eher unhörbaren Elemente erhalten eine gleichsam materiale Körperlichkeit, wodurch Bild und Ton insgesamt rekadriert werden. Die Aufmerksamkeit jedenfalls richtet sich in Abwesenheit von Menschen und Ereignissen – der „non-human impassiveness", wie es Roger Cardinal (1986, S. 126) in Bezug auf den Film bezeichnet – ganz auf das Hörbare, dem sich das Sichtbare teilweise sogar unterzuordnen scheint.

Ein zweites Beispiel läge in einem ganzen Genre, nämlich dem Road Movie, das Ende der 1960er/Anfang der 1970er Jahre ein neues Verhältnis von Musik und Bild aufgebracht hat. Vollständig ausgespielte Musikclips (*Easy rider*, Dennis Hopper, US 1969) oder nur diegetische Radiomusik (*Two lane blacktop*, Monte Hellman, US 1970) setzen die Musik ins Zentrum oder als Strukturpotenzial ein. In *Vanishing point* (US 1971) von Richard Sarafian gewinnen Stimme und Musik eigene Kadrierungen. Während der blinde Radiomoderator Super Soul den flüchtenden Protagonisten Kowalski bis in die Wüste begleitet und einen visuell noch unterbesetzten Ort akustisch besetzt (Fahle 2011, S. 303), füllt die Musik immer wieder ganze Szenen aus. In der finalen Schlusssequenz wird der Song *Over me* (Segarini and Bishop) gespielt, der die Handlung jedoch nicht nur begleitet, sondern auch buchstäblich in diese hineinwirkt. Es ist ein häufiges Stilmittel der Road Movies, ganze Songs in den Filmen auszuspielen. Hier liegen bereits sogenannte Entgrenzungsfilme vor, in denen nach Senta Siewert (2013, S. 11) „die Dauer eines Liedes das Zeitmaß einer Szene vorgibt und nicht mehr, wie in anderen Filmen, ein Handlungsort eine Szene bestimmt".

In *Vanishing point* werden die vermeintlich Schaulustigen ins Bild gebracht, die darauf warten, dass Kowalski auf die wartenden Bulldozer trifft, an denen er nicht vorbeikommen kann. Diegetisch ist dies jedoch inkohärent, da sich die Zuschauer gar nicht an diesem Ort befinden (wie die Eingangssequenz, die das Ende vorwegnimmt, belegt). Die narrative Kohärenz ist fragwürdig, weil es offenbar vor allem darum geht, ein spezifisches Ambiente zu schaffen, in dem sich das Optische und das Akustische, aber auch das Wirkliche und das Imaginäre auf verschiedene Weisen vermischen. Bild und Ton handeln also von unterschiedlichen narrativen Situationen, auch wenn dies fast unbemerkt bleiben könnte, da sie als Musikclip gemeinsame Sache machen. Tatsächlich nehmen sie auf unterschiedliche, auch mediale separierte Situationen Bezug (das Bild reproduziert eine Filmszene, die Musik gibt eine „Radiosituation" wieder). Akustische und optische Kadrierungen suggerieren in dieser Schlussszene nur einen raum-zeitlich sinnvollen Zusammenhang, stehen sich jedoch als unterschiedliche Erfahrungsräume gegenüber, die für diegetische Inkohärenz stehen.

Dass der Ton oft nicht in rein kontrapunktischer Form dem Bild entgegentritt, sondern eher als kontrastive wie auch interagierende Form, zeigt besonders eindrucksvoll Robert Altmans *Nashville* (US 1973). Altmans Film entfaltet 24 verschiedene Tonspuren, die eine Vielschichtigkeit des Akustischen bewirken, wie sie im narrativen Film bislang nicht zu finden war, welche zudem im Breitwandformat durch eine Mehransichtigkeit des Visuellen ergänzt wird (oft enthalten Einstellungen mehrere Rahmungen im Bild). Rick Altman (1993) hat den Mehrkanalton von *Nashville* mit den Aufzeichnungspraktiken des Fernsehens in Verbindung gebracht, so als würde man ein Live-Ereignis fast schon idealtypisch verfolgen, in dem sich an einem begrenzten Ort verschiedene Geräusche und Stimmen überlagern und voneinander ablösen. Dies erinnert nicht von ungefähr an McCarthys Idee eines Ambient Television, nur nicht auf die Monitore bezogen, sondern auf die Aufzeichnungstechnologie (Mikrofone), die aber beide am Dispositiv des Fernsehens teilhaben. Da es in *Nashville* um ein Countryrockfestival geht, in das alle Protagonisten involviert sind, kann die Musik als eigenständiger Protagonist auftreten und es wäre nicht nur vom „Musizieren in der Stadt" (Martin 2010, S. 223), sondern ebenso vom Musizieren *der* Stadt zu sprechen. Nashville ist ein Ort (und Film), in dem der Geräuschpegel ständig ein Ambient erzeugt, um dann wieder in die Narration und die kleinen Konflikte und Aktionen der Personen zurückzukehren oder sich mit diesen zu verstricken.

Wie Barbara Flückiger (2002, S. 53), Michel Chion (1992) und Silke Martin (2010, S. 204) ausführen, ist die Erschließung der Polyfonie im Film auch auf den Stereoton und das Dolby Surround zurückzuführen, die sich in den 1970er Jahren etablierten. Zwar reicht eine Technik allein niemals hin, um ästhetische Wirkungen zu erzielen, da stets ihr Einsatz, ihre Positionierung und ihr *networking* mit anderen Akteuren entscheidend ist. Die Möglichkeit der Polyglossie, wie Martin es nennt, aber auch der Zwei- und Mehrsprachigkeit ist aber eine Folge des flexiblen Einsatzes des Tons, der Anfang der 1960er Jahre mit den Handkameras beginnt, welche den Ton direkt aufzeichnen können (Martin 2010, S. 194 ff.). Die Mehrsträngigkeit des Tons ist etwa in den Filmen Jacques Tatis besonders auffällig, gerade weil der Dialog als die Erzählung tragendes Element in den Hintergrund rückt. Statt Dialoge herrschen Fragmente und Ansätze von Gesprächen vor, Klänge von technischen Objekten, Apparaturen und Motoren sowie Alltagsgeräusche verschiedener Herkunft, wie das Schwingen von Drehtüren, das Hupen von Autos und das Klacken von Schuhen auf Metallböden (*Les vacances de M. Hulot*, FR 1953, und *Playtime*, FR 1967, sind hier die relevanten Beispiele). In Tatis Filmen teilt sich die Moderne vor allem über die nicht definierbare Ebene technisch-akustischer Hervorbringungen hervor (und wird so auch zur Technikkritik, in der die Störungen alles andere dominieren).

In allen hier genannten Beispielen rückt nicht nur der Ton stärker in den Vordergrund und erfährt eine eigene Positionierung oder gar Kadrierung. Dieser ist daher nicht bloß „Atmo", die im Film die Hintergrundatmosphäre bezeichnet, die vor allem durch Ton- und Soundkulisse hergestellt wird (vgl. Online Filmlexikon Uni Kiel 2016 und Koebner 2006, S. 37). Diese Filme akzentuieren nicht nur die optische und akustische Konstitution des Films und kontrastieren diese beiden sinnlich zugänglichen und medial markierbaren Grundbausteine anthropologischer Erfahrbarkeit, sondern sie bringen auch die Wahrnehmung von Vorder- und Hintergrund, von Primären und Sekundärem, von Substanz und Akzidentiellem durcheinander. Es scheint, als habe der Film besonders ab dieser Zeit Anschluss an die Diskussionen zum Ambient gewonnen, wie sie gegenwärtig aktuell wird. Den Ambient Film müsste man deshalb meiner Auffassung nach von einer solchen Akusmatisierung des Films her begreifen. In dieser gewinnt zunächst das Akustische eine gewisse Dominanz. Die Akusmatisierung ergreift dann jedoch auch das Bild und führt dazu, dass Bild und Ton gemeinsam zum Ambient Film heranwachsen. Anders gesagt: Die filmische Ästhetik bleibt nicht bei der Herausbildung der akustischen Kadrierung stehen, sondern bringt eine Interferenz zwischen Optischem und Akustischem hervor, die wiederum das Visuelle akusmatisiert (während Chion das Akusmatische erst einmal nur vom Ton her begreift). Die Akusmatisierung des Films verstehe ich daher als schwebende Ambivalenz des Optischen und Akustischen, in der sich beide Aspekte gegenseitig als Umgebung begreifen: ein entscheidendes Merkmal des Ambient Film. Diese Desintegration des Akustischen und Visuellen betrifft dann auch die Narration, die nicht mehr das Fundament des Films ist, sondern nur noch ein Akteur, der gewissermaßen gleichberechtigt mit den sinnlichen Operatoren, mal klarer, mal diffuser hervortritt. Aktuelle Beispiele schließen an diese Errungenschaften der

Filme der 1960/1970er Jahre an. Bevor diese beispielhaft besprochen werden, gilt die Aufmerksamkeit jedoch der Diskussion zum Ambient/Ambience, da diese den Begriff des Ambient Film schärfen können.

3   Ambient in der aktuellen Debatte

Das Phänomen des Ambient nehmen, ausgehend von den Werken Brian Enos, zahlreiche, vor allem kunst- und techniktheoretische Schriften zum Ausgangspunkt einer Bestimmung gegenwärtiger Ästhetik. Budhaditya Chattopadhyay, einer der wichtigsten Verfechter einer Theorie des *Ambient Sound,* versteht diesen als einen Aspekt der Produktion und der Erfahrung, die vor allem Spatialität und Verkörperung als kulturelles Geschehen betont (Budhaditya 2016). Im Anschluss an Béla Balazs, Maurice Merleau-Ponty, Gernot Böhme und zahlreiche andere thematisiert er die räumliche Umgebungsqualität, welche die spezifische Einbeziehung und Verstricktheit des Körpers akzentuiert. Dabei spielen weitreichende Differenzierungen eine Rolle, etwa die zwischen dem Ambient, dem Ökologischen und dem Atmosphärischen, wie sie etwa Ulrik Schmidt (2012b) konzipiert hat. Während das Ökologische die spezifischen Relationen der Umgebungen konzipiert, sind sich Atmosphäre und Ambient zunächst sehr ähnlich, denn beide sind ontologisch indeterminiert, in permanentem Wandel, formal diffus und tendieren zur A-Signifikanz einer bestimmten räumlichen Situation. Der entscheidende Unterschied liegt nach Schmid jedoch im Aspekt der Umgebung oder des Umgebenden, des *Surrounding.* Während die Atmosphäre, gerade auch in der Bedeutung, die sie von Gernot Böhme erhalten hat, den leiblichen Zwischenraum zwischen Subjekt und Objekt kennzeichnet und eigentlich auch vom Objekt her gedacht wird, bezeichnet das Ambient das Umgreifende, Umwölbende: „To make an ambient space is to produce a sensation of being surrounded by highlighting the very spatial properties of a given space. Ambient space is space as a sourrounding ubiquity, space as ‚world'" (Schmidt 2012a). Mit Böhme (1995, S. 33 f.) lässt sich die Atmosphäre hingegen davon abgrenzen (auch wenn er selbst den Begriff des Ambient hier nicht erwähnt): „Die Atmosphären sind so konzipiert weder als etwas Objektives, nämlich Eigenschaften, die die Dinge haben, und doch sind sie etwas Dinghaftes, zum Ding gehöriges, insofern nämlich die Dinge durch ihre Eigenschaften – als Ekstasen gedacht – die Sphären ihrer Anwesenheit artikulieren." Bei allen Parallelen und Überschneidungen nimmt die Atmosphäre demnach von der Überwindung des Subjekt-Objekt-Dualismus ihren Ausgang und realisiert sich als Zwischenraum, während Ambient nicht als Zwischen- sondern als Umgebungsraum begriffen werden kann. Während Atmosphäre damit einen althergebrachten, auch spezifisch abendländischen Dualismus aufzulösen versucht, ähnlich etwa der Zwischenleiblichkeit in der Phänomenologie bei Merleau-Ponty und Bernhard Waldenfels (1991, S. 65), setzt Ambient dort an, wo die sinnlichen Operatoren schon freigesetzt sind. Das Optische und Akustische (aber über den Film hinausgreifend wären auch das Haptische und Olfaktorische zu nennen) sind bereits technisch dehumanisiert und benötigen die Entgegensetzung zwischen Subjekt und Objekt, den sogenannten Zwischenraum, nicht mehr.

Diese Unterscheidung zwischen Atmosphäre und Ambient greift über in die Debatte, was denn der Unterschied zwischen Ambient Sound und Ambient sein könnte. Wie schon in Bezug auf die Filmbeispiele angeführt, sind wir davon ausgegangen, dass Ambient sich zunächst als Soundphänomen artikuliert und gehen der Vermutung nach, dass Sound zwar der Ausgangspunkt ist, Ambient sich aber darüber hinaus als ästhetisches Phänomen beschreiben lässt. Chattopadhyay (2016) unterscheidet die beiden Begriffe so: „One may ask wether ambient sound and ambience are the same term. Drawing on practitioner's vocabulary, I would argue that these terms are in the same family of concepts in sound practice and theory, and they can be used interchangeably. However ambient sound underscores the material and functional aspects of the term, while ambience emphasizes the social and cultural connotations". In die gleiche Richtung argumentiert Seth Kim-Cohen, der in seinem kritischen Essay *Against ambience* die stereotype Verwendung des Begriffs beklagt, die sich vor allem durch die Entgegensetzung einer soundgestützten und einer visuellen Sinneserfahrung charakterisieren lässt. Er zählt in Bezugnahme auf Jonathan Sterne elf Eigenschaften dieser Entgegensetzung auf, darunter etwa: „hearing is spherical, vision is directional; hearing immerses the subject, vision offers a perspective; hearing places you inside an event, vision gives you a perspective on the event; hearing ist about affection, vision is about intellect" (Kim-Cohen 2016, S. 6), um diese als vordergründig und dekontextualisiert zurückzuweisen. Gerade in der reinen Beschränkung auf die Sinne des Optischen und Akustischen wird der politische und institutionelle Aspekt der Kunst, auf die sich Kim-Cohen bezieht und zwar besonders auf Ausstellungen in New York des Jahres 2013, niedergehalten: „Ambience, however, dematerializes away from ideas and relationships and towards an a-signifying, and a-signifiable, experience that pretends to be inoculated from real-world engagements. The ambient portrays itself as a-social, uninstitutional, a-political, unbeholden to economics. If ambience is about bliss, it's surely the bliss of ignorance" (Kim-Cohen 2013).

Unabhängig davon, ob diese kritische Perspektive zutrifft oder hier überhaupt relevant ist, zeigt sich zweierlei: Maßgebliche Theorien des Ambience halten erstens an der Bedeutung des Tons fest. Zweitens kann sich die Theorie jedoch nicht auf den Sound beschränken und darf schon gar nicht in der einfachen Entgegensetzung eines oral-akustischen und eines typografisch-visuellen Symboluniversums stehen bleiben. Ob dabei die Tendenz des Ambient, traditionelle Bedeutungen aus dem Fokus zu rücken und Signifikationen ins Offene, Uneingelöste, mitunter Sphärische zu entlassen, gleich als a-sozial und unpolitisch begriffen werden muss, möchte ich bezweifeln. Dies schon allein deshalb, weil ästhetische Operationen selten direkt politische Debatten abbilden, sondern das Politische gerade auch in verlagerte Wahrnehmungsoptionen und Sinn(es)gebilde transportieren. Gerade das Uneingelöste und die Entlassung des Wissens in einen zum Diffusen neigenden Wahrnehmungsraum scheint mir die Stärke des Konzepts zu sein. Dass dies keineswegs unpolitisch sein muss, zeigen die folgenden Filmbeispiele wenigstens in Teilen auf.

4   Ambient Film

Nachdem nun verschiedene Merkmale der Konstitution von Ambient/Ambience zusammengetragen wurden, lässt sich der Ambient Film durch fünf Aspekte charakterisieren:

Erstens durch eine Autonomisierung des Tons und lose Kopplung zwischen dem Optischen und dem Akustischen.

Zweitens durch die Ausweitung der ursprünglich für den Ton ersonnenen Kategorie des Akusmatischen. Die akusmatische Verbindung beinhaltet, dass Bild und Ton im Außen des anderen verharren und sich kaum eine vollständige narrative Integration erkennen lässt, die aber gleichwohl im Film insistiert.

Dadurch lässt sich drittens behaupten, dass die Narration nicht mehr das „Gerüst" ist, das alles zusammenhält. Sie steht ihrerseits in einer Transformationsbeziehung mit dem Optisch-Akustischen, wobei einmal diese, einmal jene als Vorder- oder Hintergrund des jeweils anderen begriffen werden können.

Viertens besteht der Ambient Film aus *Surrounding*-Effekten und nähert sich damit wiederum dem Sound an. Es geht also weniger um Zwischen-, als um Umgebungsräume.

Fünftens schließlich arbeitet all dies an einer technisch induzierten Dehumanisierung (nicht Enthumanisierung) der Welt. Was zu sehen und zu hören und auch (narrativ) zu begreifen ist, entfernt sich von der menschlichen Wahrnehmung, etwa durch die Kamerabewegungen und technische Geräuschkulissen.

Die folgenden Filme der Gegenwart entfalten eine Ästhetik des Ambient in verschiedene Richtungen, wobei die Analyse hier nur das Scharfstellen einiger Beobachtungen leistet und nicht erschöpfend ist. Auch beschränken sich die

Werke nicht auf eine Ästhetik des Ambient, die ja selbst, wie gesehen, Teil ganz verschiedener Argumentationen sein kann.

In *Enter the void* (Gaspar Noe, FR 2010) geht es um den Drogendealer Oscar, der in Tokio auf der Toilette eines Klubs von Polizisten erschossen wird. Dies ereignet sich bereits im ersten Viertel der Erzählung. Das Bewusstsein von Oscar lebt jedoch weiter. Die Kamera löst sich von dem am Boden liegenden Sterbenden und beobachtet in den noch verbleibenden fast zwei Stunden Filmzeit das Geschehen weitgehend aus einer Art Vogelperspektive. Der erste Teil beleuchtet die Vergangenheit Oscars, die enge Verbindung zu seiner Schwester Linda, die kürzlich nach Tokio gekommen ist und dort als Stripperin arbeitet; den Autounfall, der die beiden bereits als Kinder zu Waisen gemacht hat; wie Oscar in Tokio zum Dealer geworden ist und wie es zum Verrat im Klub durch einen Kunden kam. Nachdem diese Erzählung der Vergangenheit zum Ausgangspunkt gelangt ist, der Erschießung Oscars, stehen im zweiten Teil die auf seinen Tod folgenden Ereignisse im Mittelpunkt. Die Reaktionen der Beteiligten, die Suche der Polizei nach weiteren Verantwortlichen, der Versuch Lindas und seines Freundes Alex mit dem Verlust klarzukommen. Dies endet schließlich in einer langen Szene im Striplokal bzw. Liebeshotel, in denen, motiviert durch verschiedene Beischlafszenen, Oscar – so scheint es – wieder geboren wird. Die konstant durch den Film schwebende Kamera scheint also zum einen eine extrem in die Länge gezogene Nahtoderfahrung wiederzugeben, zum anderen der zuvor von seinem Freund Alex explizierten tibetanischen Posttodeslehre zu entspringen, in dem der Geist sich im Sterben vom Körper ablöst und umherschweift, bevor er sich in einem neuen Körper inkarniert. Die gesamte Wahrnehmungssituation, die durch die entfesselte, aber dennoch sacht gleitende Kamera und den röhrenhaften Ton entsteht, lässt sich zudem auch an die Drogenerfahrung anschließen, die Oscar zu Beginn des Films erlebte.

Die Kamera erschließt, auch wenn dieser „schwebende Geist" in den von Leuchtreklamen durchzogenen Hinterzimmern und -höfen Tokios ganz konkrete Orte aufsucht, vollkommen neue Wahrnehmungsräume, die sich sowohl durch die Farbdramaturgie als auch durch die langsam gleitende Beobachtung in langen Plansequenzen, abgehoben von der physischen Welt, darbieten. Gelegentlich sind konkrete Stimmen zu hören und Szenerien zu sehen, vor allem, wenn die Vergangenheit aufgerufen wird, oftmals aber dominiert dabei ein dumpfer röhriger Ton als Begleitung, der die Distanz zum Geschehen im körperlich-physikalischen Raum betont. Da diese Wahrnehmungsform den gesamten Film dominiert, denn schon vor dem Tod Oscars gab es keine omnipräsente Erzählkamera, sondern eine Subjektive, die sich im Drogenkonsum zu abstrakten Leuchtkringeln verdichtete, kann hier von einer intensiven optisch-akustischen Surrounderfahrung gesprochen werden. Die Kamera und der Ton lösen sich dabei von der menschlichen

Perspektive, da sie gleichsam über den Dingen schweben, sphärisch und geisthaft sind. Dennoch bleiben sie diegetisch, auch wenn sich der Blick stellenweise in abrupten Blickwechseln und abstrakten Lichtmustern verliert. Oscars Geist kann beliebig die Orte wechseln, jedoch nicht mehr in die Handlungen eingreifen. Der visuelle Wahrnehmungsraum wird akusmatisch, da er nicht mehr als Handlungsraum verstanden werden kann, keinen Eingriff mehr erlaubt, gleichsam von außen gelesen werden muss. Ist der Beobachter, ist Oscar noch in der Welt, von der die Kamera erzählt? Was oder wer ist überhaupt noch Oscar, da dieser bereits tot ist? *Enter the void* eröffnet einen neuen Umgebungsraum, eine tatsächliche *void,* eine Leere, die stets umfassend *(surrounding)* ist und nicht mehr als Zwischenraum von Subjekt und Objekt gefasst werden kann, weshalb er als Beispiel eines Ambient Film verstanden werden kann.

Eine ähnliche Erfahrung bietet *Under the skin* (Jonathan Glazer, GB 2013), in dem es um eine Frau geht (Scarlett Johansson), die in einem Lieferwagen in der Gegend um Glasgow unterwegs ist und alleinstehende Männer anspricht, die sie in einen Raum führt, in dem sie nackt und mit erigiertem Glied in einer zähen Flüssigkeit verschwinden. Dass es sich bei der Frau um eine Art Alien handelt, erfahren die Zuschauer am Ende, wenn sie von einem Waldarbeiter vergewaltigt wird, der mit Entsetzen feststellt, dass die Haut der Frau nur eine Plastikhülle ist, unter der ein schwarzer, eher konturloser Körper zum Vorschein kommt, der von dem Vergewaltiger schließlich in Brand gesetzt wird.

Auch *Under the skin* entzieht sich klaren Zuordnungen, was Genre und narrative Intention angeht, und entstammt einem eigenen filmischen Wahrnehmungsambiente, zu dem auch die von Mica Levi komponierte zirpende Instrumentalität des Tons gehört. Die ausgefeilte Bild-/Ton-Dramaturgie ist jedoch nicht hinreichend für die Einordnung als Ambient Film. Entscheidender ist, dass der Film eine konstant apparative Perspektive einnimmt. Dazu tragen zum einen die extremen Totalen bei, die Personen als kleine bewegliche Punkte in einer menschenfreien oder -befreiten Landschaft zeigen, sowie die bis zur Unkenntlichkeit von Gesichtern eingesetzten Überblendungen. Zum anderen jedoch zeigt es sich auch im Blick durch eine versteckte Kamera, die Glazer sowohl in den Straßenszenen in Glasgow eingesetzt hat, als auch in den Gesprächen von Johansson mit den Männern, die wohl teilweise erst nachträglich fiktionalisiert wurden. Hannah Pilarczyk (2014) schreibt zu Recht, dass der „teilnahmslos schweifende Blick nicht zwischen vom Wind schwankenden Wäldern und von Musik und Drogen aufgepeitschten Menschen im Klub unterscheidet. Ein Land und seine Menschen werden gescannt – gemäß eines Beuteschemas, das hier wörtlich zu verstehen ist".

Under the skin beginnt mit einer abstrakten, schematisch-apparativen Zusammensetzung eines menschlichen Auges, eine Art Vorwegnahme der Konstruktion des Aliens, die aber auch auf eine Kontrapunktierung zwischen Auge/Sehen/Distanzierung und inneren organischen Vorgängen – unter der Haut – verweist. Der Film bleibt konstant in einer fremden Perspektive und obwohl Menschen vorkommen und in sehr begrenztem Umfang auch handeln, so ist der gesamte visuelle Raum jedoch akusmatisch, also hier in einem Außerhalb anthropologischer Beobachtung – auch wenn Pilarczyk (2014) zu Recht bemerkt, dass in dieser Alienperspektive die klassischen Genderzuschreibungen und heterosexuellen Regeln immer noch zu funktionieren scheinen. Dennoch ist auch *Under the skin,* ähnlich wie *Enter the void,* von einer merkwürdigen Fremdperspektivierung ergriffen, einer Akusmatisierung, die einerseits vollkommen in der Lebenswelt situiert ist (dokumentarische Bilder von Fußballfans in Glasgow und Straßenszenen), andererseits aus einem alienhaften Außen zu kommen scheinen, das aber konturlos bleibt und damit keinem Genre, keiner hier bekannten Welt bruchlos zugeordnet werden kann. Dieses Fremdwerden der perzeptuellen Welt kann als Prozess einer De-Humanisierung, der in Teilen mit einer Überwachungsperspektive korreliert, gelesen werden. Eine nähere Auseinandersetzung des Ambient Film mit Überwachung und Kontrolle wäre durch die diese charakterisierende surroundbesetzte Sichtweise und die technische Dominanz des Blickens eine Perspektive, die ausgebaut werden könnte und würde eine politische Perspektivierung, die Kim-Cohen dem Konzept abgesprochen hatte, gerade durch den Einsatz von wahrnehmungskontrollierenden und -steuernden Wirkungen in den Vordergrund rücken.

Die politische Dimension erreicht der Ambient Film daher auch über den Spielfilm hinaus, wie abschließend am Dokumentarfilm *Havarie* von Phlipp Scheffner (DE 2016) gezeigt werden kann. Er zeigt ein Handyvideo des nordirischen Touristen Terry Diamond aus dem Jahr 2010, während einer Kreuzfahrt im Mittelmeer. Sein Urlaubsschiff *Adventures of the seas* (!) begegnet einem kleinen Schlauchboot mit mutmaßlich afrikanischen Flüchtlingen. Diamond filmt das Boot und stellt sein gut 3-minütiges Video auf YouTube. Scheffner zeigt in seinem Film allein dieses Video, also keine anderen Bilder, allerdings auf 90 min verlängert, also in extremer Verlangsamung. Dazu vertont er völlig verschiedene Szenerien: ein algerisches Paar erzählt seine Geschichte, in der sie sich in Frankreich aufhält, er in Algerien, beide also durch das Mittelmeer getrennt sind; Diamond berichtet von Kindheitserinnerungen in Nordirland und Kämpfen zwischen der IRA und den Engländern; zwischendurch wird immer wieder der reale Funkverkehr zwischen dem Kreuzfahrtschiff und der Seenotrettung *Cartagena* eingespielt, denn die *Adventures of the seas* wartet, bis die Seerettung eingetroffen ist (was ca. 90 min dauert und der Lauflänge des Films entspricht); die Zuschauer vernehmen Aufnahmen von realen Aufnahmen von ukrainischen Seeleuten, was auf die Kriegssituation im Donbas aufmerksam macht.

Havarie operiert also einerseits mit der Spaltung von Bild und Ton, trennt visuelle und akustische Kadrierung deutlich voneinander und umkreist ihre komplementären Kontexte. Nirgendwo nehmen das Optische und das Akustische ganz konkret aufeinander Bezug, außer vielleicht in den Funksprüchen der Seerettung, oder befinden sich im gleichen diegetischen Raum, der ohnehin durch die digitale Streckung des Videos schwer auszumachen ist. *Havarie* führt daher, wie schon *Enter the void* und *Under the skin* in eine Art zeitliches Perzept, also eine ganz eigenständig organisierte filmische Wahrnehmung, hinein. Schafft *Enter the void* eine Distanzierung durch die Kamera, *Under the skin* eine durchgehende Fremd-perspektivierung, so streckt sich in *Havarie* die Handyaufnahme in die Umgebung aus. Was als harmloses Urlaubsvideo eines Touristen begann, erarbeitet sich Umgebungen, erschließt sich Kontexte, lädt Schuld auf sich, eröffnet einen historischen und narrativen Raum – kurz: es wird zum Ambient Film. Durch die verlangsamende Rekonstituierung wird das Handyvideo zu einer Form des filmischen, jedoch auch digital bewirkten Reenactments. Scheffners Film nähert sich dem Ambient-Begriff an, wie er in Museum- und Ausstellungszusammenhängen thematisiert wird: als perzeptuelle Deterritorialisierung, in der sich verschiedene Ton- und Bildebenen überlagern, ohne sich auf eine einzige Quelle zurückführen zu lassen: „What is important is to see that sound has much stronger capacities to (de)territorialize than sight (…) becoming music might even be the last stage before becoming-imperceptible, although it must be noted that all kinds of becoming can exist parallel to each other" (Pisters 2003, S. 188; siehe auch Siewert 2013, S. 228). Der Ambient Film ist also immer auch ein Ambient-Werden und er strebt über sich selbst hinaus. Auch wenn wir es in diesen Filmen mit geschlossenen filmischen Werken zu tun haben, so sind die Bilder (und Töne) bereits in anderen Welten unterwegs.

Literatur

Altman, Rick. 1993. Eine Narration der 24-Ton-Spuren? Robert Altmans Nashville. In *Blick-Wechsel. Tendenzen im Spielfilm der 70er und 80er Jahre*, Hrsg. Jürger Müller und Markus Vorauer, 21–43. Münster: Nodus.
Bellour, Raymond. 2012. *La querelle des dispositvs. Cinéma – installations, expositions*. Paris: P.O.L.
Böhme, Gernot. 1995. *Atmosphäre*. Frankfurt a. M.: Suhrkamp.
Casetti, Francesco. 2015. *The Lumière Galaxy. 7 key words for the cinema to come*. New York: Columbia University Press.
Cardinal, Roger. 1986. Pausing over peripheral detail. *Framework. The Journal of Cinema and Media* 1:112–130.

Chattopadhyay, Budhaditya. 2016. Ambient sound: Presence, embodiment and the spatial turn. Sonic field 6. http://sonicfield.org/2016/06/ambient-sound-presence-embodiment-and-the-spatial-turn/. Zugegriffen: 15. Dez. 2016.

Chion, Michel. 1992. *Le son au cinéma*. Paris: Cahier du Cinéma. Editions de L'Etoile.

Chion, Michel. 1998. *Le son*. Paris: Nathan.

Connolly, Maeve. 2009. *The place of artists' cinema. Space, site, and screen*. Chicago: University of Chicago Press.

Deleuze, Gilles. 1991. *Kino 2. Das Zeit-Bild*. Frankfurt a. M.: Suhrkamp.

Engell, Lorenz. 2012. *Fernsehtheorie zur Einführung*. Hamburg: Junius.

Eno, Brian. 1978. Ambient music. http://music.hyperreal.org/artists/brian_eno/MFA-txt. html. Zugegriffen: 24. Juli 2017.

Fahle, Oliver. 2011. Das Material des Films. In *Orte filmischen Wissens. Filmkultur und Filmvermittlung im Zeitalter digitaler Netzwerke*, Hrsg. Gudrun Sommer, Vinzenz Hediger, und Oliver Fahle, 293–306. Marburg: Schüren.

Fahle, Oliver. 2015. Das Außen. In *Film Denken*, Hrsg. Lorenz Engell, Oliver Fahle, Vinzenz Hediger, und Christiane Voss, 117–168. München: Fink.

Flückiger, Barbara. 2002. *Sound Design. Die virtuelle Klangwelt des Films*. Schüren: Marburg.

Kim-Cohen, Seth. 2013. Interview, Ear room. https://earroom.wordpress.com/2013/12/04/seth-kim-cohen/. Zugegriffen: 6. Dez. 2016.

Kim-Cohen, Seth. 2016. *Against ambience and other essays*. New York: Bloomsbury.

Koebner, Thomas, Hrsg. 2006. *Reclams Sachlexikon des Films*. Stuttgart: Reclam.

Martin, Silke. 2010. *Die Sichtbarkeit des Tons im Film. Akustische Modernisierungen des Films seit den 1920er Jahren*. Marburg: Schüren.

McCarthy, Anna. 2001. *Ambient television*. Durham: Duke University Press.

Online Filmlexikon der Uni Kiel. 2016. Atmo. http://filmlexikon.uni-kiel.de/index.php?action=lexikon&tag=det&id=2273. Zugegriffen: 19. Dez. 2016.

Pilarczyk, Hanna. 2014. Eine verführerische Außerirdische. http://www.spiegel.de/kultur/kino/scarlett-johansson-in-under-the-skin-neu-auf-dvd-und-im-kino-a-993239.html. Zugegriffen: 10. Dez. 2016.

Pisters, Patricia. 2003. *The matrix of visual culture. Working with Deleuze in film theory*. Stanford: Stanford University Press.

Rebentisch, Juliane. 2013. *Theorien der Gegenwartskunst zur Einführung*. Hamburg: Junius.

Rees, A.L., und David Curtis. 2011. *Expanded art, performance, film*. London: Tate Publishing.

Schlesinger, Martin. 2008. *Brasilien der Bilder*. Weimar: vdg.

Schmidt, Ulrik. 2012a. Konferenzpaper (Abstract) für die Tagung: Understanding atmospheres. Culture, materiality and the texture of the in-between, University of Arhus, March 2012. http://conferences.au.dk/fileadmin/conferences/Understanding_Atmospheres/abstracts.pdf. Zugegriffen: 15. Dez. 2016.

Schmidt, Ulrik. 2012b. Ambience and ubiquity. In *Throughout – Art and culture emerging with ubiquitous computing*, Hrsg. Ulrik Ekman, 175–188. Cambridge: MIT Press.

Sierek, Karl. 1993. *Aus der Bildhaft. Filmanalyse als Kinoästhetik*. Wien: Sonderzahl.

Siewert, Senta. 2013. *Entgrenzungsfilme. Jugend, Musik, Affekt, Gedächtnis. Eine pragmatische Poetik zeitgenössischer europäischer Filme*. Marburg: Schüren.

Spielmann, Yvonne. 2005. *Video. Das reflexive Medium*. Frankfurt a. M.: Suhrkamp.

Waldenfels, Bernhard. 1991. *Der Stachel des Fremden*. Frankfurt a. M.: Suhrkamp.

Youngblood, Gene. 1970. *Expanded cinema*. New York: Dutton.

Die Beiläufigkeit des Ambienten

Zu einer Theorie audiovisueller Umgebungsmedien

Ralf Adelmann

Auf seinem YouTube-Kanal mit der Bezeichnung *The Silent Watcher* präsentiert Petar Paunchev Videos wie zum Beispiel *Campfire by the river* von 2015, das zweieinhalb Millionen Mal angeklickt wurde. Dieses Video zeigt ein Lagerfeuer an einem Flusslauf in einem Wald. Laut des Beschreibungstextes auf YouTube soll es zur Meditation anregen oder – im Hintergrund abgespielt – die Atmosphäre eines Raumes beeinflussen. Über die Laufzeit von drei Stunden und sechs Minuten ist keine (offensichtliche) Montage in *Campfire by the river* zu erkennen; es ist aus nur einer unveränderlichen Einstellung aufgenommen; es gibt keine Kamerazooms oder -schwenks und keine Narration. Die Tonspur des Videos besteht ausschließlich aus dem On Screen-Sound: das Knacken des Feuers, das Plätschern des Wassers, das Zwitschern der Vögel im Wald. YouTube widmet dieser Art Videos eine eigene Kategorienbezeichnung: „Ambient Video".

Die Suche zu „Ambient Video" auf YouTube resultiert in knapp fünf Millionen Treffer und unterstreicht, dass es eine sehr populäre Kategorisierung mit vielen Aufrufen ist. Die einzelnen Videos erreichen Hunderttausende und bei einigen sogar Millionen Klicks. Sie sind zwischen wenigen Minuten und mehreren Stunden lang. Nicht wenige liegen in 4 K-Bildqualität vor und sind damit gleichsam Demonstrationsvideos für höchste Bildauflösungen und reizen die technischen Möglichkeiten der Abspielgeräte aus. Ebenso nehmen sie manchmal eine Verbindung zur *Ambient Music* auf, die in einigen Videos als Soundtrack verwendet bzw. visualisiert wird.

R. Adelmann (✉)
Institut für Medienwissenschaft, Universität Paderborn, Paderborn, Deutschland
E-Mail: adelmann@uni-paderborn.de

© Springer Fachmedien Wiesbaden GmbH 2018
J. Schröter et al. (Hrsg.), *Ambient,* Neue Perspektiven der Medienästhetik,
https://doi.org/10.1007/978-3-658-19752-0_7

Zu „Ambient Video" findet man in den Medienwissenschaften kaum Publikationen. Zu Meditationsvideos auf YouTube, die eine Unterkategorie von „Ambient Video" bilden, existiert ein Konferenz-Paper von 2013, das psychologische und soziale Aspekte in den Kommentaren zu diesen Videos empirisch untersucht (Buie und Blythe 2013). Die Videos stoßen ansonsten – trotz ihrer offensichtlichen Popularität – auf wenig medienwissenschaftliches Interesse. Das Kaminfeuer im Fernseher taucht in der Medientheorie nur als Referenz auf die metaphorische Lagerfeuerfunktion des Fernsehers auf, der Menschen um sich versammelt.

Mit audiovisuellen Umgebungsmedien werde ich im Folgenden demnach ein ergiebiges Gegenstands- und Theoriefeld der Medienwissenschaft ein wenig aus der Vergessenheit heben und versuchen, dessen Relevanz für das Fach herauszuarbeiten. „Ambient" bezeichnet in meinen Überlegungen nur eine Form audiovisueller Umgebungsmedien, aber ist durchaus ein wichtiger Ausgangspunkt, um Fernsehen als Umgebungs- und Hintergrundmedium in verschiedenen Kontexten zu untersuchen.

Die Fernseher einer holländischen Marke werden seit längerem mit LEDs ausgestattet, welche die Wand um das Fernsehgerät mit den Farben anstrahlen, die gerade gleichzeitig den Bildschirm dominieren. Die Werbung verspricht durch das synchrone Farbenspiel eine Intensivierung des Fernseherlebnisses (Philips o. J.). Mit dieser dynamischen Farbaura verschwimmen die Grenzen des Fernsehers als Gerät und Ding, wie dies in anderer Form schon zeitgleich durch Projektoren und die Verbreitung von Fernsehinhalten auf digitalen Endgeräten geschehen ist. Durch die Vervielfältigung von Endgeräten, räumlicher Integration, Mobilität, Diversifizierung von Inhalten und Formaten sowie heterogenen Distributionskanälen wird Fernsehen immer mehr zu einem audiovisuellen Umgebungsmedium, das ästhetisch und theoretisch neu gefasst werden muss.

Das hier vorgeschlagene Konzept „audiovisuelle Umgebungsmedien" verzichtet auf die – aus dieser Perspektive – ansonsten komplizierte und wenig praxisnahe Unterscheidung von Video und Fernsehen. Werden beide als Umgebungsmedien betrachtet, offenbaren sich viele Gemeinsamkeiten in Produktion, Distribution und Rezeption. Ein treffendes Beispiel sind Videowände und -projektionen im öffentlichen Raum, die von Live-Ereignissen bis zu Musikvideos heterogene Inhalte mit unterschiedlichen technischen Voraussetzungen präsentieren. Ihre Spezifik liegt weniger in diesen Inhalten und ihren Produktionsbedingungen, sondern vielmehr in ihrer Einbindung in urbane Räume und der Schaffung von konzentrierten oder zerstreuten Rezeptionsorten.

Ähnliche Abgrenzungsprobleme zwischen Video und Fernsehen ergeben sich bei der Distribution und der Rezeption: Sind Videoplattformen Fernsehen oder gilt dies nur für die Inhalte von Fernsehsendern auf diesen Plattformen?

Organisieren medienübergreifende Watchlists das Rezeptionsverhalten nicht durch ihre Strukturierungsvorgaben stärker als medienspezifische Rezeptionsgewohnheiten oder ökonomische Differenzierungen in der Produktion? Inwieweit grenzen Videowände im öffentlichen Raum ihre heterogenen Inhalte voneinander ab? Deshalb möchte ich in meinen Überlegungen die vergleichsweise verschwommene mediale Grenze zwischen Video und Fernsehen offenhalten und beide als audiovisuelle Umgebungsmedien in meine Argumentation einbeziehen. Das bedeutet nicht, dass es keine medialen Unterschiede zwischen Video und Fernsehen mehr gibt oder eine Differenzierung in der medienwissenschaftlichen Betrachtung obsolet geworden ist. In den folgenden Ausführungen wird die Vielfalt und Unterschiedlichkeit von audiovisuellen Umgebungsmedien berücksichtigt und gleichzeitig eine allgemeine medientheoretische Annäherung entwickelt.

1 *Ambient Television* und Theorien nebenbei

In der Fernseh- und Medienwissenschaft ist die Fokussierung auf Umgebungsmedien eher die Ausnahme. *Ambient Television* oder *Ambient Video* sind keine dominierenden Forschungsinteressen, obwohl die Notwendigkeit dieser Forschungsperspektiven nicht bestritten wird. Wie sinnvoll die Frage nach den ambienten Qualitäten von Fernsehen sein kann, zeigt exemplarisch Anna McCarthys viel beachtetes und zitiertes Buch von 2001 mit dem Titel *Ambient television. Visual culture and public space.* Der Bezug auf Visuelle Kulturen im Titel weist auf die notwendige Entdifferenzierungs- und Rekontextualisierungsbewegung in McCarthys Theorie in Bezug auf die Erfassung des Ambienten hin. Fernsehen als Umgebungsmedium ist bei McCarthy (2001, S. 225) nur unter Einbeziehung eines Netzwerkes von Umwelten zu verstehen: „[…] it [television; R. A.] simultaneously enters the webs of signification and material practice that define each as an environment." Dieser „contextual approach" (McCarthy 2001) erlaubt die historische Rekonstruktion eines Fernsehens, das nicht nur im Paradigma von Verhäuslichung und Domestizierung zu verstehen ist, sondern Element einer öffentlichen bzw. teilöffentlichen Visuellen Kultur wird.

In ihrem Buch historisiert und thematisiert McCarthy jedwedes nichthäusliche Fernsehen in Waschsalons, Flughäfen, Sports Bars, Wartezimmern oder Kaufhäusern als „Ambient Television". Eine ähnliche Ausweitung des Gegenstandsbereiches findet sich auch bei Kevin Dowler (2002, S. 58): „Television is self-evidently more than a domestic appliance. Television appears in virtually every realm of everyday life, from automated banking machines to air traffic control to diagnostic tools in medicine to security surveillance."

Dadurch setzen sich Dowler und McCarthy von der in der Fernsehwissenschaft dominierenden Betrachtungsweise des Fernsehens als häuslichem Medium ab. Diese hat ihren Ursprung in den fernsehwissenschaftlichen Ansätzen der Cultural Studies. So untersuchen John Hartley (2002) oder auch Lynn Spigel (2002) die „Ideologie der Häuslichkeit" (Hartley 2002, S. 272) oder thematisieren Fernsehen und Haushalt, so unter anderem den Fernseher, als einen Haushaltsgegenstand, „der in den familiären Raum gehörte" (Spigel 2002, S. 219). Fernsehen entwickelt sich in der Phase seiner gesellschaftlichen Implementierung bei Spigel und Hartley als ein durch und durch domestiziertes Medium, das in der freien Wildbahn außerhalb des Hauses kaum vorkommt. Einzig in der Werbung der 1960er Jahre wird der Fernseher als mobiles Gerät angepriesen und seine Nähe zur Natur herausgehoben (Spigel 2001, S. 393–396). Das Fernsehen holt ‚Welt' nach Hause, ins Wohnzimmer und nicht umgekehrt. Der Fernseher unterliegt nach Miggelbrink (2017) mit seiner Durchsetzung in den bundesdeutschen Haushalten der 1950er und 1960er Jahre einem Prozess der „Vermöbelung", einem „Möbel-Werden" durch das Design seines Gehäuses und seines Interfaces sowie durch seine Rolle im Netzwerk von zeitgenössischen Einrichtungspraktiken.

Diese Beispiele von Ansätzen zur Fernsehgeschichte, welche die Verhäuslichung in den Mittelpunkt ihrer Überlegungen stellen, werden flankiert von Debatten, die die Umgebung oder die Umwelt des Fernsehers – beispielsweise in Form von einfallendem Licht – als Störfaktoren des Fernseherlebnisses eliminieren möchten. Die Lösung des Kinos, den Raum abzudunkeln, wird im häuslichen Kontext des Fernsehens von den Ingenieuren als nicht praktikabel verworfen: „Television pictures, whether black-and-white or in color, unquestionably will be viewed during times when darkening the room would be inconvenient" (Goldmark 1949, S. 237). Stattdessen bemühen sie sich, die Helligkeit und den Kontrast der Fernseher zu erhöhen (Sterne und Mulvin 2014, S. 128), um die Fernsehrezeption in taghellen Räumen zu ermöglichen. Wie in den Theorien zu seiner Verhäuslichung und zu seiner Domestizierung passt sich Fernsehen an den Kontext des Häuslichen an.

Dagegen geht McCarthy „von einer enormen Anpassungsfähigkeit des Bildschirms an die verschiedensten Umgebungen und an eine Wander- oder *Migrationsbewegung* aus, die die Bilder über alle möglichen Bildschirme in verschiedensten Kontexten ziehen lässt und *das Fernsehen* zunehmend ent-essentialisiert" (Engell 2012, S. 118). Die Mobilität der Inhalte, der Geräte, der Vertriebskanäle und der Rezipienten verändert das Medium und führt zu situativen Aufführungen des Mediums (vgl. Press und Johnson-Yale 2008), welche die Verhäuslichung als eine der möglichen Variationen einschließt. Eine weitere dieser situativen Aufführungen ist die des Umgebungsmediums Fernsehen.

In Anschluss an Lorenz Engells Einordnung von McCarthys fernsehtheoretischen Ansatz lässt sich die medienhistorische These des *Ambient Television* aktuell viel umfassender als bei McCarthy als ein Modus des Fernsehens verstehen:

> Es wird dabei zu einem Knotenpunkt der Verschränkung nahezu beliebiger Räume ineinander, einem Ort im Raum, an dem nicht nur immer wieder Umwelt und Haushalt, sondern die divergentesten Räume einander überkreuzen und sich aufeinander projizieren können. Dabei bilden sich dann differenzierte und flexible Verhaltensregime aus, die sich aber nicht mehr zu Groß- und Generalordnungen auswachsen, sondern je punktuell oder spezifisch auf einen bestimmten Verhaltensbereich beschränkt werden (Engell 2012, S. 118).

Diese situative und temporäre Bestimmung ermöglicht die theoretische Einordnung von Fernsehen als einem extrem heterogenen und plastischen Medium, das in seiner Flexibilität die Bestimmbarkeit der eigenen medialen Grenzen bzw. Abgrenzungen oder seiner Ästhetik nahezu verunmöglicht (vgl. Adelmann und Stauff 2006).

Die Rezensionen zu *Ambient Television* loben die Pionierarbeit von Anna McCarthy. Beispielsweise hofft Douglas Gomery (2002) in seiner Rezension, dass McCarthys Ansatz eine Inspiration für zukünftige Forschungsarbeit und ein wachsender Forschungsgegenstand der Fernsehwissenschaft werden würde. Victoria Johnson (2003, S. 42) bewertet in ihrer Rezension McCarthys Erschließung des *Ambient Television* als „groundbreaking work". An diese Beurteilung schließt eine Rezension von Germaine Halegoua (2003) in der Zeitschrift *Velvet Light Trap* an. Diese Lobpreisungen der ungewöhnlichen Perspektive von McCarthy, die Ambiente als Raum-Zeit-Mediennetzwerk auf das Fernsehen überträgt, verhindern nicht, dass in den Jahren nach Veröffentlichung von *Ambient Television* die Perspektive von McCarthy kaum noch einmal eingenommen, vertieft oder erweitert wird. Obwohl das Buch sehr positiv gewürdigt und in den Rezensionen als Meilenstein eines neuen Blicks in die Fernsehgeschichte besprochen wird, bleibt es bis heute ein Solitär. Eine Ausnahme, auf die fleißig in der Fachliteratur verwiesen wird, ohne dass sich dadurch erschließende Forschungsgebiet zu bearbeiten. Über die Gründe dieser theoriegeschichtlichen Entwicklung ließe sich nur spekulieren, stattdessen möchte ich noch auf weitere Tradierungslinien verweisen, mit denen sich Fernsehen als audiovisuelles Umgebungsmedium kennzeichnen lassen.

Schon in frühen medien- und kommunikationswissenschaftlichen Überlegungen zum Fernsehen wird seine spezifische Rezeptionssituation als ein Abgrenzungskriterium zum Medium Film bestimmt, in dem es als „Nebenbeimedium" charakterisiert wird (vgl. Kuhlmann und Wolling 2004, S. 387 f.). Die Aufmerksamkeit als Taktgeber der Zeitökonomie der televisuellen Zuschauerinnen und

Zuschauer wird in einer Bandbreite von gebannten Verfolgen des Programms bis zur Wahrnehmung der Fernsehpräsentationen als ein Hintergrundrauschen im Wohnraum beschrieben (Neverla 1992). Selbst in seiner Häuslichkeit ermöglicht Fernsehen das Nebenbeischauen und -hören als einen möglichen Rezeptionsmodus. Aufmerksamkeit ist nicht immer ein zielgerichteter Prozess, sondern wird durch Umgebungen zerstreut und kultiviert: „Attention is not just a spotlight, and not just what you choose to notice, but a diverse process that rewards cultivation of particular sensibilities, for example, to surroundings" (McCullough 2013b, S. 506). Glaubt man den Statistiken zum täglichen Fernsehkonsum, dann werden die seit Jahren stabilen Werte von über 200 min am Tag allein durch die Rezeption des Fernsehens als Nebenbeimedium möglich.

Die Wahrnehmung von Fernsehen als Umgebungsmedium klingt in der Fernsehtheorie immer wieder an: Den Blick der Rezipienten charakterisiert John Ellis (2002, S. 65) als flüchtigen; „mit einem Auge" (Ellis 2002) wird das Programm verfolgt und „kann im Hintergrund zu anderen häuslichen Tätigkeiten laufen, ohne dass jemand zusieht" (Ellis 2002, S. 67). Deshalb spielt der Ton beim Fernsehen eine entscheidende Rolle bei der Aufmerksamkeitssteuerung (Ellis 2002, S. 59). Im Fernsehen leistet der Ton für das Ambiente, für den Wahrnehmungsraum, entscheidende Unterstützung. Nur mit seiner Hilfe wird das Fernsehen zu einem Umgebungsmedium auch im häuslichen Kontext. Außer Haus hat der Ton nicht dieselbe Bedeutung und ist eventuell auch gar nicht vorhanden – wie zum Beispiel bei den Videowänden und -bildschirmen in Verkehrsmitteln oder im öffentlichen Raum. Damit rückt erneut die Frage nach der Etablierung eines Umgebungsmediums in den Blickpunkt. Um einen Überblick über verschiedene Gegenstandsbereiche von Fernsehen und Video als Umgebungsmedien zu erhalten, erscheint es erst einmal ratsam, das Terrain grob abzustecken.

Als erstes ist es nach den bisherigen Überlegungen geboten, Video als einen untrennbar verbundenen Teilbereich des Gegenstandsfeldes in die Überlegungen aufzunehmen. Das schon immer heterogene Dispositiv Fernsehen löst sich über Videoplattformen, neue Anbieterstrukturen und technische Vielfalt der Abspielgeräte von seinem strukturellen Bestimmungsmerkmal des Programms. Die Einbeziehung von Video als einer Form der Speicherung, des Transports und der Wiedergabe audiovisueller Inhalte ist damit geradezu unausweichlich.

Der fluktuierenden Rezeption audiovisueller Inhalte in heterogenen Umgebungen und Praktiken muss zweitens ebenfalls Rechnung getragen werden. Dieselben audiovisuellen Inhalte können sowohl im technisch hochgerüsteten Heimkino die volle Aufmerksamkeit des Rezipienten bekommen oder auf öffentlichen Bildschirmen ignoriert werden. Unter diesen Gesichtspunkten muss immer eine situative Analyse von audiovisuellen Umgebungsmedien vorgenommen werden, die aber die Verallgemeinerung und Theoriebildung sowie die damit verbundenen Gegenstandsabgrenzungen erschwert.

Ein dritter Aspekt ist die technische Entwicklung hin zu immer dünneren Bildschirmen, welche die Objekthaftigkeit des Fernsehers als Gerät fast verschwinden lassen. Das Gehäuse tritt in den Hintergrund und entwickelt die Bildschirme paradoxerweise zu dominanten Elementen des Ambientes, in dem Fernsehen kulturell aufgewertet wird. „Das neue Fernsehen ist ein Magnet, der die Aufmerksamkeit und Wünsche der Konsumenten auf sich zieht, ein eigenständiges Objekt der Ästhetik und Faszination […]" (Newman und Levine 2012, S. 40). Paradoxerweise werden mit dem Verschwinden des Apparats die audiovisuellen Bilder in vielen Lebensbereichen akzeptierter.

Viertens existieren televisuelle und videografische Formate, die speziell für den Nebenbeigebrauch, für die Herstellung einer bestimmten Atmosphäre oder den mobilen bzw. öffentlichen Konsum hergestellt werden. Die Inhalte reichen von dem schon erwähnten Video des Kaminfeuers bis zu Displays in Wartebereichen oder Verkehrsmitteln, die speziell dafür produzierte, kurze Clips zeigen. Für diese Nischenmärkte werden spezifische Videos mit passenden Ästhetiken audiovisueller Umgebungsmedien hergestellt, mit denen die Grenzen zwischen *Ambient Television* und Ambient Video verschwinden.

Auf der Grundlage dieser vier Prämissen ist es das Ziel dieses Beitrags, mögliche Konturen einer Theorie audiovisueller Umgebungsmedien zu skizzieren. Der Gegenstandsbereich soll dabei in seiner Heterogenität erfasst werden, ohne dass sicherlich alle Formen, Ästhetiken oder Praxen audiovisueller Umgebungsmedien berücksichtigt werden können. Ebenfalls muss erst einmal bewusst offengehalten werden, welche Audiovisionen als Umgebungsmedien zu bezeichnen sind. Umgebungsmedien charakterisieren weder ein Genre noch besitzen sie essenzialistische Qualitäten. Stattdessen dient die medientheoretische Perspektivierung auf audiovisuelle Umgebungsmedien dazu, neue Facetten der historischen und aktuellen Entwicklungen audiovisueller Medien in den Blick zu bekommen. Wie diese Perspektiven zu spannenden Fragen und Erkenntnissen führen, wird in drei Schritten entwickelt:

Zuerst werden die Spuren des Ambienten aufgenommen und systematisiert. Zum einen wird gezeigt werden, wie sich *Ambient Television* und Ambient Video in ein Geflecht weiterer Umgebungsmedien einfügen. Zum anderen werden Kontexte beispielhaft thematisiert, in denen sie auftauchen.

In einem zweiten Schritt werden dann vorhandene Ansätze zum Ambienten herangezogen, die etwas zu einer Theorie audiovisueller Umgebungsmedien beitragen können, um dann im dritten und letzten Schritt erste Thesen zu einer Theorie audiovisueller Umgebungsmedien zu entwickeln.

2   Spuren des Ambienten

Der Begriff „Spuren" ist deshalb angebracht, da es hier nicht das Ziel ist, eine Genealogie oder exakte historische Rekonstruktion von *Ambient Television* und Ambient Video als audiovisuellen Umgebungsmedien zu leisten. Diese Begriffe bezeichnen nicht ein wohl definiertes Gegenstandsfeld oder eine Technik in Form abgegrenzter Apparate, sondern ein hybrides Gegenstandsfeld und ein Technikensemble. Darum ist es sinnlos, zu einer Urszene zurückzukehren oder eine Erfinder- und Technikgeschichte audiovisueller Umgebungsmedien zu schreiben.

Gleichwohl sind die technischen Anfänge von Video mit den ersten Bandmaschinen als Spin-off der Fernsehtechnik in den 1950er Jahren und die Erschließung des Massenmarktes in den 1970er und 80er Jahren mit tragbaren Videokameras und Videorekordern gut dokumentiert (vgl. Zielinski 1986) und sicherlich eine Voraussetzung audiovisueller Umgebungsmedien. Damit verbunden sind einerseits die Flexibilisierung des Programm- und damit Zeitmanagements des Fernsehens durch die Möglichkeit der Aufzeichnung auf Videoband und andererseits eine Demokratisierung der Fernsehproduktion und -rezeption in den damaligen Emanzipationsbewegungen, in Videowerkstätten und im Bürgerfernsehen.

„Umgebungsmedien" ist ein heuristischer Begriff, um exemplarisch auf Forschungslücken und auf Potenziale für weitere medientheoretische Überlegungen zum Ambienten hinzuweisen. „Ambiente" verstehe ich in Abgrenzung zum alltagssprachlichen Gebrauch als eine Objektivierung subjektiver Erfahrungen in einem Medienensemble in Raum und Zeit. Jean-Paul Thibaud (2011, S. 204) fasst Ambiente mit dem englischen Begriff „ambiance" sogar noch etwas weiter: „An ambiance can be provisionally defined as a space-time qualified from a sensory perspective. It emerges as an alternative way to bridge the sensate, spatial, and social domains." Diese Brückenfunktion des Ambienten wird in der Auflösung von Dichotomien wie öffentlich/privat, aufmerksam/zerstreut, affektiv/informativ usw. besonders relevant.

Mit dem Fokus auf audiovisuelle Umgebungsmedien ist die Differenzierungsleistung von „Ambient" als reine Genrebezeichnung gering. Der Bezug zur gleichnamigen Musikrichtung ist deshalb nur durch eine ähnlich zu beschreibende Rezeptionssituation gegeben und nicht in der Genrekategorisierung. Als zentraler Bezugspunkt wird häufig das Album *Ambient 1: Music for Airports* von Brian Eno von 1978 hervorgehoben.[1] Eno kreierte in diesem Zusammenhang

---

[1]Vgl. hierzu auch den Beitrag von Gregor Schwering in diesem Band.

den viel zitierten Leitspruch der *Ambient Music:* „it must be as ignorable as it is interesting." Mit der Gleichzeitigkeit von Ignoranz und Interesse benennt Eno gewissermaßen schon die paradoxale Grundsituation der Rezeption von Umgebungsmedien, die ihre medientheoretische Fassung so schwierig gestalten.

Neben seinem treffenden Leitspruch zum Ambienten, ist Brian Eno für meine Überlegungen deshalb interessant, weil er 1978 ebenfalls damit beginnt, mit einer gebraucht erworbenen Videokamera die von ihm sogenannten *Video Paintings* aufzunehmen. Diese *Video Paintings* werden mit einer Videokamera produziert, die während der Aufnahme auf der Seite liegt, sodass sie hochkant stehende Videos produziert. Beim Abspielen der Videos werden die Monitore von Eno ebenfalls auf die Seite gelegt, sodass die Vertikale in der Bildkomposition dominiert. Ein bekanntes Beispiel aus dieser Serie ist das 47-minütige Video mit dem Titel *Mistaken memories of mediaeval Manhattan* von 1980. Dieses Video reiht alle Aufnahmen in jeweils einer Einstellung von Gebäuden in Manhattan hintereinander. Darin nehmen die Gebäude und ihre Skyline das untere Drittel des Bildes und der Himmel die oberen zwei Drittel des Bildes ein. Die *Video Painting*s von Eno gehören zweifelslos zum hybriden Gegenstandsfeld audiovisueller Umgebungsmedien. Sie eröffnen eine Schnittstelle zur Videokunst, deren reichhaltige Auseinandersetzung mit Ambiente, Stimmungen, Emotionen, Räumen usw. in audiovisuellen Kunstwerken in diesem Beitrag nur angedeutet werden kann.

Exemplarisch für viele Arbeiten in der Videokunst zum Ambienten stehen die Videos von Jim Bizzocchi, in denen einige der bisher schon angesprochenen Eigenschaften von audiovisuellen Umgebungsmedien auftauchen. Im expliziten Anschluss an Eno führt Bizzocchi die Tradition des Ambienten in der Videokunst fort. Ein aktuelles Beispiel aus seinem Werk ist das Videoprojekt *Seasons* (seit 2015), das in langen Einstellungen von Naturaufnahmen, die mit extrem langen Überblendungen verbunden werden, den Lauf der Jahreszeiten nachzeichnet. Bizzocchi bezeichnet seine audiovisuellen Arbeiten selbst als „Ambient Video". Dabei formuliert Bizzocchi (o. J.) folgende Kriterien für seine Ambient Videos: „First, it [Ambient Video] must not require your attention at any time. Second, whenever you do look at it, it must reward your attention with visual interest. Finally, because ambient pieces are designed to play repeatedly in our homes, offices and public spaces, they must continue to provide visual pleasure over repeated viewings" (Bizzocchi o. J.).

In diesem Zitat greift Bizzocchi den Gedanken von Eno zur *Ambient Music* auf und legt als erstes Kriterium fest, dass Ambient Video nicht zu jeder Zeit unsere Aufmerksamkeit braucht: „Ambient video never requires attention – although it always aims to reward it" (Bizzocchi 2008b, S. 952). Damit thematisiert er die heikle Frage nach der Aufmerksamkeitsschwelle, für die es kognitive, individuelle und situationale Faktoren zu berücksichtigen gilt. Gleichzeitig bestimmt er eine Grenzfläche von Umgebungsmedien, die Narration:

> Ambient video is fundamentally inconsistent with the cinema of narrative. Narrative commands attention – we are drawn to story, we have a need to see how the story plays out, and we will continue to want to watch until the end. However, ambient video is in many ways consistent with a cinema of attraction – if the attraction is carefully modulated. Astonishment and awe are not conducive to ambience, so the visual pleasures should be seductive, not demanding. We should want to look at them, but we should not feel compelled to do so (Bizzocchi 2008a).

Diese Bestimmung einer Grenzfläche zum Narrativen geht bei Bizzocchi vom Material aus, welches die Rezeptionssituationen – wie sie schon zuvor im heimischen Kontext als Nebenbeimedium beschrieben wurden – ausschließt, in denen zwar narrative Formate im Fernseher laufen, aber diesen Formaten nur als Hintergrundrauschen außerhalb der Diegese sowie innerhalb der Kontexte und Umwelten gefolgt wird.

Das zweite Kriterium von Bizzocchi verlangt im Falle der Aufmerksamkeit der Betrachterinnen und Betrachter, dass diese visuell belohnt werden. Das dritte Kriterium schließt direkt daran an, in dem er fordert, dass dieses visuelle Vergnügen wiederholbar sein muss. Diese Kriterien werden zumindest teilweise von klassischen narrativen Formaten des Fernsehens wie das der Sitcom oder der Soap-Opera erfüllt, deren diegetische Informationen eine hohe Redundanz ausweisen, sodass sich die Zuschauerinnen und Zuschauer jederzeit wieder in der Erzählstruktur zurechtfinden können. Entgegen von Bizzocchis Ausschluss des Narrativen aus der Welt des Ambienten sprechen diese Fernsehformate für die Überprüfung einer möglichen Einbeziehung redundanter, auf Wiederholung basierender Erzählstrukturen in die Theoretisierung audiovisueller Umgebungsmedien.

Dennoch haben die Forderungen von Bizzocchi an Ambient Videos weitreichende Konsequenzen, da die Aufmerksamkeitssteuerung audiovisueller Umgebungsmedien nicht allein durch eine Erzählung, ein narratives Gerüst geleistet wird. Bizzocchi (o. J.) fällt auf, dass Wasser, Wolken oder Feuer aufgrund chaotischer, sich variationsreich wiederholender Strukturen und Eigenbewegungen sich als Aufnahmeobjekte für Ambient Video eignen. Ihre visuelle Attraktivität könnte seiner Ansicht nach dann noch durch Zeitmanipulationen wie Zeitraffer und Zeitlupe gesteigert werden. Als eine filmische Umsetzung dieser Ästhetik kann *Koyaanisqatsi* (USA 1982, R: Godfrey Reggio) angesehen werden, in dem mit Zeitraffer und dem Soundtrack von Philip Glass ähnliche Bedingungen erzeugt werden. Allerdings führt die Kinosituation zu anderen Rezeptionshaltungen, sodass der Film im Kino sicherlich anders rezipiert wird als beispielsweise im öffentlichen Raum auf einem Smartphone.

Die Spur von audiovisuellen Umgebungsmedien, die selbst zum Thema fiktionaler Welten jenseits der Videokunst werden, möchte ich nun verfolgen. Sie existieren als Wunsch und Wirklichkeit in der Dynamisierung von Architektur und Stadt durch die Verwandlung von Oberflächen in Displays. Die Vision oder der Wunsch nach audiovisuellen Umgebungsmedien hat in *Blade Runner* (USA 1982, R: Ridley Scott) ein paradigmatisches Beispiel. Im Los Angeles von 2019, dem Schauplatz von *Blade Runner*, bestehen die Fassaden der Hochhäuser aus riesigen Displays, die unter anderem Werbung und kurze Videoclips zeigen. *Blade Runner* codiert die allgegenwärtige Präsenz von Displays als Kennzeichen zukünftiger urbaner Umwelten. *Blade Runner* markiert ebenfalls ein weiteres Zusammentreffen von *Ambient Music* und Ambient Video: Der Filmscore von Vangelis trifft auf die bebilderten Hochhausfassaden, zwischen denen die Flugmaschinen schweben. In der Fernsehserie *Minority Report* (FOX 2015) werden audiovisuelle Umgebungsmedien noch sehr viel intensiver als Navigationsinstrument, als individualisierte Werbung, als mediale Öffentlichkeit, als Augmented Reality, als mobiles und nicht zuletzt als narratives Element inszeniert. Beispielsweise werden die Fassaden der Stadt oder die Oberflächen der öffentlichen Verkehrsmittel zu Mitteilungs- und Interaktionsflächen, welche die Protagonisten und die Narration vorantreiben.

Die Verbindung von Architektur, städtischem Raum und Ambient Video bleibt nicht den Wunschwelten der Science-Fiction überlassen. Auch wenn die heutigen Videofassaden nicht denen von Los Angeles in *Blade Runner* oder von Washington in *Minority Report* entsprechen, so präsentieren sie doch in Loops Werbeclips, Kaminfeuer, Livefeeds usw. Beispielsweise werden – wie am Port Authority Bus Terminal in New York – riesige LED-Netze auf Fassaden gespannt, die als Displays bespielt werden können. Diese sicherlich sehr speziellen Anwendungen verdeutlichen erneut den hybriden und ausufernden Gegenstandsbereich von audiovisuellen Umgebungsmedien. Zu diesem hybriden Gegenstandsbereich gehören neben den Displays und Videowänden, die uns in Straßen, in Verkehrsmitteln, in Malls, in Arztpraxen usw. begegnen, auch die Kameras und mobilen Bildschirme, die mit den Subjekten diese Räume durchqueren. Prinzipiell können Phänomene audiovisueller Umgebungsmedien durch die fortschreitende Konventionalisierung und Normalisierung von Kameras und Bildschirmen in allen Lebensbereichen beobachtet werden. Audiovisuelle Umgebungsmedien an Häuserfassaden und in den Straßen korrespondieren mit den denen in Häusern, Wohnungen, Büros und Geschäftsräumen.

Damit komme ich zu einer letzten Tradierungslinie, die ich ansprechen möchte. Sie lässt sich beispielhaft an dem Motto der *Ars Electronica* von 1994 ablesen: „Intelligente Ambiente". Der Bandbreite der Beiträge im Ausstellungskatalog reicht von medialisierten Architekturen bis zu „elektronischen Topologien" der Mediennetzwerke (Virilio 1994, S. 97), in denen das Interface eine entscheidende Rolle bei der Gestaltung von Medienensembles spielt. Ambiente, das im Deutschen und Englischen Konnotationen des Hochkulturellen und Luxuriösen hervorruft, wird in der *Ars Electronica* 1994 als Medialisierung von Umwelten und Umgebungen verstanden. In Verbindung mit interaktiven Interfaces soll sich ein neuer Handlungsraum eröffnen. An diesem Punkt stößt man allerdings an eine Grenze audiovisueller Umgebungsmedien. Mit der Betonung des Handlungsaspektes von Interfaces rücken die Displays aus dem Hintergrund nach vorne. Audiovisuelle Benutzerführungen zählen dann nicht mehr zu Umgebungsmedien. Audiovisuelle Umgebungsmedien sind weniger handlungs- als vielmehr stimmungsorientiert.

Aus den hier skizzierten Bedeutungszusammenhängen von *Ambient* fächert sich ein breites Spektrum von Verwendungsweisen in Bezug auf Umgebungsmedien auf. Die Allgegenwärtigkeit des Begriffes ‚Ambient' – meist in Verbindung mit Spezifizierungen wie Advertising, Art oder Computing – sorgt sicherlich für eine gewisse begriffliche Unübersichtlichkeit und Unschärfe, die aber dieser Perspektive inhärent scheint. Im Folgenden werde ich mich zunächst stärker einer Klärung der medientheoretischen Kontexte von *Ambient Television* und Video zuwenden, um einer Theorie audiovisueller Umgebungsmedien näherzukommen.

3   Ökologien und andere Kontexte

Wie im Zusammenhang mit der Besprechung von McCarthys Buch schon einmal thematisiert, ist die Forschung zum Ambienten in der Fernsehwissenschaft in den letzten Jahren nicht weiter vorangekommen. Stattdessen entstanden rund um die Entwicklungen des sogenannten Reality TV und Qualitätsfernsehens fernsehwissenschaftliche Schwerpunktsetzungen, die zur narrativen Komplexität, Konvergenz oder kreativen Industrien forschen und damit in ganz andere Forschungsrichtungen als „Ambient Television" weisen. Fernsehwissenschaft konzentriert sich unter anderem auf einzelne ästhetische Einheiten, wie Episoden, Serien usw. Die theoretische Innovation fokussiert sich auf die Einordnung der Bedeutungs- und Narrationskonstruktionen und das Gegenstandsfeld wird durch den Umbruch der Fernsehindustrie und ihrer Distributionskanäle gekennzeichnet. In diesem Zusammenhang entstehen zum Beispiel mit Bezug auf Video on Demand-Plattformen Überlegungen zur Mobilität und zum Streaming als kontextabhängige Aktionen in medialen Umwelten. Allerdings werfen die Digitalisierung und neue Distributionskanäle Fragen nach einem generellen Fortbestehen des Mediums Fernsehen als Programmmedium auf und Mobilität oder Streaming werden kaum auf die Weiterentwicklungen des *Ambient Television* als

Elemente von Medienumwelten bezogen. Mit den audiovisuellen Umgebungsmedien möchte ich genau diesen Faden von McCarthy unter den geschilderten
Rahmenbedingungen wiederaufnehmen und in neue Richtungen fortspinnen. Aus
der Perspektive des Ambienten kann über diese veränderten Produktions-, Distri-
butions- und Rezeptionsbedingungen anders nachgedacht und umfassender auf
Umgebungsmedien im Sinne situativer und kontextueller Bestimmungen eingegangen werden.

„Umgebungsmedien" nutze ich dabei zuerst einmal als Hilfsbegriff, um die
gemeinsame Wortherkunft von „Ambient" und „Medium" zu verbinden, die Allgegenwart, Umfließen und Umfassen meint. Begriffsgeschichtlich sind Medium,
Milieu und Ambiente verwandt. Darauf hat unter anderem Julian Jochmaring
(o. J.) hingewiesen, der in seinem Forschungsprojekt eine „Medientheorie und
-ästhetik des Ambienten"[2] verfolgt. Komplementär dazu ist in einem engeren Sinne der vorerst gewählte Begriff von audiovisuellen Umgebungsmedien
gerechtfertigt, da ich mich dabei auf die Technik, Ästhetik und Rezeption beziehe
sowie die Differenz zu anderen Formen audiovisueller Medien und zu anderen
Medialitäten herausstellen möchte.

Wie schon zuvor ausgeführt, stehen McCarthys Thesen zum *Ambient Tele-
vision* im Kontrast zu einer etablierten Industrie und einem hegemonialen
Diskurs über das Fernsehen: Verhältnisse von privat und öffentlich werden verhandelt, prototypisch als „Fenster zur Welt" oder in Raymond Williams (1990,
S. 19) Überlegungen zu „private mobilisation", die den Fernseher als Objekt und
Medium im heimischen Raum platzieren. McCarthy fragt nun danach, was passiert, wenn dieses Setting aufgebrochen wird und der Fernseher als physisches
Objekt und Apparat in Geschäfte, Wartezonen, Flughäfen und Kneipen versetzt
wird. Sie fragt demnach nach dem Ort und Platz im Sinne von heimisch oder
nicht-heimisch. Dazu fotografiert sie in ihrem Projekt systematisch die Fernseher
in den nicht-heimischen Kontexten oder sucht in Archiven nach fotografischen
Dokumenten. Während McCarthy eine historische Diskursanalyse zum *Ambient
Television* vorgelegt hat und mit ihrem „contextual approach" spannende Impulse
auch für eine Theorie audiovisueller Umgebungsmedien liefert, sehe ich aus

---

[2]Der Titel von Julian Jochmarings (o. J.) Dissertationsprojekts lautet *Durch als Um. Elemente einer Medientheorie und -ästhetik des Ambienten:* „Ausgehend von der in begriffs-
geschichtlichen Herleitungen des Medienbegriffs betont engen Verwandtschaft des
Terminus Medium mit Begriffen wie Milieu und Ambiente sowie einer aktuellen Konjunktur ökologischer Konzepte in der Medientheorie stellt sich die Frage nach der Bedeutung
des Umgebenden für eine Logik des Medialen."

medientheoretischer Sicht ergänzende Berührungspunkte zwischen Umgebungsmedien und Medienökologien.

In den Ansätzen zu audiovisuellen Umgebungsmedien ergeben sich zwangsläufig Anleihen und Abgrenzungen zu medienökologischen Ansätzen, die in den letzten Jahren erneut als theoretische Konzepte Aufschwung erhalten haben. Wie Petra Löffler und Florian Sprenger (2016) in ihrer Einleitung zum Themenschwerpunkt „Medienökologien" der *Zeitschrift für Medienwissenschaft* treffend zusammenfassen, haben medienökologische Ansätze im englischsprachigen Raum eine längere Tradition seit Ende der 1960er Jahren. Medienökologie versteht sich unter anderem als ein medienpädagogisches Konzept, das zum Beispiel von Neil Postman vorangetrieben wird. In den Ansätzen Postmans oder auch Joshua Meyrowitz' werden Medien nicht als Werkzeuge, sondern als Umwelten adressiert (Löffler und Sprenger 2016, S. 11). Das markiert meines Erachtens den Anschlusspunkt zu einer Theorie audiovisueller Umgebungsmedien: nicht mehr von einer instrumentellen oder auf Agency beruhenden Funktion von Medien auszugehen, sondern sie als Element von dynamischen Umwelten zu begreifen, in denen Handlungen, Wahrnehmungen oder Emotionen ausgelöst werden.

Im Kontext der allgemeinen Ökologiedebatten entsteht in der zweiten Hälfte des 20. Jahrhunderts eine Bandbreite medienökologischer Ansätze, die auf kein gemeinsames Theoriemodell und keine bevorzugte Methode zurückgreifen (vgl. Jochmaring 2016). Einige prominente medienökologische Ansätze rekurrieren dabei auf kybernetische Modelle. Dies thematisiert aktuell Erich Hörl (2016, S. 45), der ein Zeitalter der Technoökologie, das Technozän konstatiert, in dem die Handlungsmächtigkeit des Menschen in mediale Umwelten und Umgebungen aufgelöst wird bzw. als Illusion entlarvt wird. Dieser kontrollgesellschaftliche Ansatz würde audiovisuelle Umgebungsmedien allein in den Kontext gouvernementaler Mechanismen und als Fortsetzung von Überwachungs- und Kontrolltechniken platzieren. Löffler und Sprenger (2016, S. 17 f.) sind da etwas vorsichtiger, wenn sie formulieren: „Das Potential ökologischer Ansätze für die Medientheorie könnte […] darin liegen, Medien nicht vorauszusetzen, sondern die Verhältnisse zu beschreiben, in denen Medien als *Umgebungen* (Herv. R. A.) wirken, in denen oder durch die sich etwas entfaltet oder entwickelt, sei es im konkreten Verlauf einer Nutzungssituation, in gesellschaftlichem Rahmen, in evolutionärer oder medienhistorischer Sicht." In diesem Sinne von „Medien als Umgebungen" oder – in meinen Worten – Umgebungsmedien ist Ambiente nicht als eine definitorische, sondern als eine relationale Fragerichtung zu verstehen. Diese Relationierung und Situierung des Medienbegriffs bietet sich meines Erachtens für audiovisuelle Umgebungsmedien an.

Mit *Ambient Television* und den medienökologischen Perspektiven habe ich zwei Ansätze aufgeführt, von denen eine Theorie audiovisueller Umgebungsmedien profitieren kann. In Bezug auf Wahrnehmungstheorien eröffnet sich eine dritte Richtung der Konzeptualisierung von Umgebungsmedien: theoretische Ansätze wie zum Beispiel das Konzept des „Atmosphären" bei Gernot Böhme (1995), die Umgebungsmedien als situierte, somatisch-emotionale Stimmungen thematisieren könnten. Interessant an der Atmosphären-Idee von Böhme ist die prinzipiell angelegte mögliche Wiederholbarkeit dieser Erfahrungen. In Übertragung auf audiovisuelle Umgebungsmedien bedeutet dies, dass sich nicht nur die Videosequenzen und -clips wiederholen, sondern ebenso die situative Rezeption und Wahrnehmung von audiovisuellen Umgebungsmedien potenziell reproduzierbar sind. Daran ließen sich Überlegungen zur Konventionalisierung und Normalisierung der sich wiederholenden Erfahrungen und Rezeptionen audiovisueller Umgebungsmedien anschließen. Mit einem ähnlichen Konzept zu Atmosphäre arbeiten auch Adey et al. (2013) und setzen sie in Verbindung zu „ambiance", die jeweils eine bestimmte Subjektkonstituierung erlaubt, die an der Schwelle zum Unbewussten körperlich erfahrbar werden kann: „For ambiances work the subject is a feeling subject rather than an abstract rational entity; a subject that is not necessarily entirely aware of what is going on but one which registers ambiances in its feeling body at a pre-reflexive register" (Adey et al. 2013, S. 302). Wahrnehmung ist als prä-rationale Instanz an den fühlenden Körper – und ich möchte ergänzen: an die mediale Situierung – gebunden. Abschließend werde ich, die bisherigen Überlegungen zusammenfassend, die Aspekte und Thesen zu einer Theorie audiovisueller Umgebungsmedien noch einmal bündeln.

4 Thesen zu einer Theorie audiovisueller Umgebungsmedien

4.1 Beiläufigkeit

Anschließend an die zuletzt aufgeworfene Problematik der Wahrnehmung sowie des Wahrnehmungsraums und der Wahrnehmungszeit stehen audiovisuelle Umgebungsmedien in der Traditionslinie von Medien der Beiläufigkeit. Damit verstärken sie eine Perspektive, die das Audiovisuelle nicht immer auf der Seite konzentrierter Aufmerksamkeit sieht, wie es viele Film- und Fernsehtheorien implizieren. Audiovisuelle Umgebungsmedien operieren eher an der Aufmerksamkeitsschwelle, sinken und steigen in einem Bereich um diese Schwelle herum.

Für dieses Bestimmungsmerkmal passt die Analogie zur Musik. Das Ziel von Brian Eno Kompositionen der *Ambient Music* ist, Musik für Flughäfen zu schaffen, die er an der Grenze der subjektiven Wahrnehmungsschwelle platziert; also einen Hintergrund für den Handlungs- und Warteraum Flughafen bereitstellt.

Aber auch die Nutzung von Smartphones als Videoplayer in diesen Warteräumen ist eine mögliche Rezeptionssituation audiovisueller Umgebungsmedien für alle Wartenden und Durchreisenden. Alles vermischt sich in Wartesälen oder öffentlichen Verkehrsmitteln, in denen sich Videos, Soundbites, Displays usw. zu Wahrnehmungs- und Medienensembles zusammenfügen und wieder auseinanderdriften. Die subjektive Wahrnehmungsschwelle ist keine exakte Grenze, sondern bleibt ein Näherungswert. Ähnliches lässt sich beim Phänomen des Second Screen beobachtet: Mit dem Second Screen kann im häuslichen Ensemble der Fernseher zu einem Umgebungsmedium für das Smartphone oder Tablet werden. Die Aufmerksamkeit wird von den interaktiven Displays in Anspruch genommen, während im Hintergrund der Fernseher, als der eigentliche Second Screen, an der Grenze der Wahrnehmungsschwelle läuft.

Die Wahrnehmungssituation eines Umgebungsmediums lässt sich nicht allgemeingültig und eindeutig bestimmen. Gibt es beispielsweise in einer Mall große Monitorwände, auf denen ein eigenes Programm läuft, dann reicht die Rezeptionshaltung von weitgehendem Ignorieren bis zu aufmerksamen Zuschauen. Diese Unschärfe thematisiert Gregor Schwering (2013, S. 370) in Bezug auf Hörräume, in denen er „primär von Prozessen einer wechselseitigen Verschränkung, Irritation und Transformation [ausgeht], die sich niemals ganz abschließen. Ebensolche Prozesse rücken auch den Begriff des Ambient als ‚surrounding influence' oder der einer gleich schwebenden Aufmerksamkeit ins Zentrum."

Vor diesem Hintergrund erscheint die Bandbreite der Wahrnehmungsangebote sehr variabel: So buhlen *Ambient Videos* an einem Pol des Spektrums um die Aufmerksamkeit der Rezipienten – zum Beispiel bei Werbevideos – und am anderen Ende des Spektrums versuchen *Ambient Videos* mit der Umwelt zu verschmelzen, eventuell Aufmerksamkeit zu nivellieren oder zu verunmöglichen, in dem sie allein als Stimmungsträger oder mit reduzierten, sich wiederholenden Inhalten eingesetzt werden – wie zum Beispiel als Elemente moderner Gebäudefassaden. Das – von Ellis (2002) beschriebene – aufwandslose Zuschauen passt zur Beiläufigkeit. Diese Operationen an den subjektiven Aufmerksamkeits- und Wahrnehmungsschwellen und der Blicksteuerung kennzeichnen audiovisuelle Umgebungsmedien.

4.2 Verfügbarkeit und Mobilität

Ein weiterer Aspekt einer Theorie audiovisueller Umgebungsmedien ist die Verfügbarkeit von Videokameras und Displays sowie die Möglichkeit, Videos in allen Lebensbereichen aufzunehmen und abspielen zu lassen. Smartphones und Actioncams ermöglichen hochauflösende Kameraaufnahmen und -fahrten. Apps für das Smartphone wie *Periscope* stellen die Liveübertragung zu einzelnen Nutzern her: Zum Beispiel werden alltägliche Wege durch die Stadt aufgenommen und kommentiert; der morgendliche Arbeitsweg oder Freizeitaktivitäten werden durch Umgebungsmedien an den Produktions- und Rezeptionsorten ihre Umwelten jeweils unterschiedlich transformieren. Dashcams erfassen kontinuierlich den Straßenverkehr aus der Perspektive eines Verkehrsteilnehmers und ihre Aufnahmen werden vielleicht nie gesichtet. Audiovisuelle Umgebungsmedien verhalten sich jeweils relational und kontextuell. Binäre Unterscheidungen wie öffentlich und privat oder auch McCarthys Differenz zwischen heimisch und nicht-heimisch werden höchstens noch strategisch als Differenzkriterien in der situativen Einschätzung eingesetzt, sind aber kein grundlegender medialer Unterschied mehr.

In Anlehnung an Iain Chambers (1996, S. 57–62) spannen audiovisuelle Umgebungsmedien durch ihre Mobilität ein unsichtbares Netzwerk, in dem emotionale Energien fließen können und in dem die Verheißung von Sinn in der Atmosphäre liegen kann, ohne dass er von allen Subjekten realisiert wird. Das ist auch eine Form der Spannung, die audiovisuelle Umgebungsmedien erzeugen können. Sie ermöglichen – wiederum mit Chambers gedacht – die Entdeckung anderer Städte in der Stadt, die Beobachtung anderer Naturen in der Natur, sowie jeweils die Reflexion auf die eigene Beobachterposition durch den umgebenden Raum oder die mitgeführten Bildschirme und Kameras.

4.3 Verbrauch

Audiovisuelle Umgebungsmedien sind zum unendlichen Verbrauch bestimmt. Sie verbrauchen sich in Wiederholungen und Schleifen, selbstverständlich ohne dabei zu verschwinden. Das Kaminfeuer, das nie erlischt, die Videowand, die immer wieder dieselben Clips zeigt, die Reproduktion immer gleicher Bildroutinen, die Webcam, die immer den gleichen Bildausschnitt zeigt usw. Audiovisuelle Umgebungsmedien sind keinem Programm und keiner Serialität verpflichtet. Dadurch sind sie gleichsam vielen Regulationen der Zeit enthoben.

Der Verbrauch betrifft ebenso die Rezeptions- und Wahrnehmungssituation. Der Gang durch die Stadt mit dem aufnehmenden Smartphone dauert, solange er dauert; die Wartezeit verbraucht die Aufmerksamkeit für die Displays, die Atmosphäre der Spannung baut sich mit durch die Konventionalisierung und Normalisierung einer Wahrnehmungssituation ab. Routinen und Automatismen sind essenzielle Elemente in der Rezeption von audiovisuellen Umgebungsmedien. Trotzdem ergeben sich Momente der Variation, Innovation und Kreation, die für neue Impulse in den Medienensembles und der situativen Rezeptionsatmosphäre sorgen.

4.4   On und Off

Immersion ist kein primärer Zweck von audiovisuellen Umgebungsmedien; sie schließen das ‚Eintauchen' aber nicht explizit aus. Sie wiederholen das ‚Eintauchen' als eine Operation des Verschwindens von Medien im Hintergrund bzw. im Unbewussten. Dabei entsteht eine Dezentrierung und Rezentrierung des Displays, des Bildschirms oder der Videowand im subjektiven Wahrnehmungsraum.

Die Spezifik der Rezeption scheint in einem On und Off zu liegen. „It must be as ignorable as it is interesting", um noch einmal Eno zu zitieren. Dadurch erfordern audiovisuelle Umgebungsmedien andere Aufmerksamkeitsökonomien als zum Beispiel *Ambient Music* oder das Radiohören. Insofern sind die medienspezifischen Eigenheiten audiovisueller Umgebungsmedien zu berücksichtigen, die durchaus abrupte Schnitte, heterogenes Bildmaterial oder schnelle Bilddynamiken enthalten können.

Audiovisuelle Umgebungsmedien sind unter diesem Gesichtspunkt vor allem ein audiovisuelles Vergnügen, das nicht unbedingt an einen bestimmten Inhalt, an eine bestimmte Technik, an eine bestimmte Rezeptionserfahrung geknüpft ist, gerade weil sie Umgebungen mit Anreizen schaffen können, die diesseits von situativen Emotionen und Affekten liegen und jenseits von Bedeutungs- und Sinnkonstruktion. Audiovisuelle Umgebungsmedien produzieren Vergnügen in den Schleifen, Loops und Zyklen immer wieder neu.

4.5   Ziele

Medien als Kontexte, als Umwelten, als Hintergründe zu situieren, zu erkennen, zu verstehen, sind die Ziele einer Theorie audiovisueller Umgebungsmedien. Malcom McCullough (2013a, S. 3) versucht das Erkennen des Ambienten folgendermaßen zu beschreiben: „When you perceive the whole environment more and its individual signal less, when at least some of the information superabundance assumes embodied, inhabitable form, when your attention isn't being stolen, when you feel renewed sensibility to your surroundings you might try calling this *ambient.*" Das Abwägen von relationalen Beziehungen in einem Medienensemble aus der Sicht der beteiligten Subjekte ermöglicht es, vom Ambienten zu sprechen. Die damit verbundenen theoretischen Unschärfen müssen offen thematisiert werden und dürfen nicht in eine bloße Deskription, sondern in Theoreme des Ambienten münden.

Hands-on könnte bei der Betrachtung audiovisueller Umgebungsmedien schwierig werden. Das Ambiente kann leicht ignoriert werden, wie Luke Oliver Jaaniste (2010) es beschreibt: „Although you cannot avoid ambience, you may ignore it. In fact, ambience is almost as ignored as it is pervasive. For the most part, our attention is given over to what's in front of us, what we pick up, what we handle, what is in focus." Ihr Dasein in den Umwelten und Hintergründen lässt sie als ‚schwache', wenig handlungsorientierte Medien erscheinen. Deshalb zielt eine Theorie audiovisueller Umgebungsmedien auf Formen und Ästhetiken des Ambienten in Kontexten, die emotionale und affektive Dimension situativer Medienerfahrung berücksichtigen sowie sich mit schwierig zu theoretisierenden Begriffen wie „Ambient" oder „Stimmung" herumschlagen, aber sie würde sich für den nicht-ignoranten Pfad einer medienwissenschaftlichen Auseinandersetzung entscheiden.

Literatur

Adelmann, Ralf, und Markus Stauff. 2006. Ästhetiken der Re-Visualisierung. Zur Selbststilisierung des Fernsehens. In *Philosophie des Fernsehens*, Hrsg. Oliver Fahle und Lorenz Engell, 55–76. München: Fink.

Adey, Peter, Laure Brayer, Damien Masson, Patrick Murphy, Paul Simpson, und Nicolas Tixier. 2013. ‚Pour votre tranquillité': Ambiance, atmosphere, and surveillance. *Geoforum* 49:299–309.

Bizzocchi, Jim. 2008a. The aesthetics of the ambient video experience. *Fibreculture* 2008 (11). http://www.journal.fibreculture.org/issue11/issue11_bizzocchi_print.html. Zugegriffen: 10. Juni 2017.

Bizzocchi, Jim. 2008b. Winterscape and ambient video – An intermedia border zone. In *Proceedings of the 16th ACM international conference on multimedia*, Hrsg. Association for Computing Machinery, 949–952. New York: ACM.

Bizzocchi, Jim. o. J. What is ambient video? https://ambientvideo.org. Zugegriffen: 10. Juni 2017.

Böhme, Gernot. 1995. *Atmosphäre: Essays zur neuen Ästhetik.* Berlin: Suhrkamp.

Buie, Elizabeth A., und Mark Blythe. 2013. Meditations on YouTube. In *Designing pleasurable products and interfaces, DPPI '13, Newcastle upon Tyne, United Kingdom*, September 3–5, 41–50. https://doi.org/10.1145/2513506.2513511.

Chambers, Iain. 1996. *Migration, Kultur, Identität*. Tübingen: Stauffenburg Verlag.

Dowler, Kevin. 2002. Television and objecthood: The ‚place' of television in television studies. *Topia: The Canadian Journal of Cultural Studies* 8:41–60.

Ellis, John. 2002. Fernsehen als kulturelle Form. In *Grundlagentexte zur Fernsehwissenschaft: Theorie – Geschichte – Analyse*, Hrsg. Ralf Adelmann, Jan-Otmar Hesse, Judith Keilbach, Markus Stauff, und Matthias Thiele, 44–73. Konstanz: UVK.

Engell, Lorenz. 2012. *Fernsehtheorie zur Einführung*. Hamburg: Junius.

Goldmark, Peter. 1949. Brightness and contrast in television. *Electrical Engineering* 68 (3):237–242.

Gomery, Douglas. 2002. Review of ‚Ambient television: Visual culture and public space'. *Historical Journal of Film, Radio and Television* 22 (1): 108–109.

Halegoua, Germaine. 2003. Review of ‚Ambient television: Visual culture and public space'. *The Velvet Light Trap* 52 (1): 71–73.

Hartley, John. 2002. Die Behausung des Fernsehens. Ein Film, ein Kühlschrank und Sozialdemokratie. In *Grundlagentexte zur Fernsehwissenschaft: Theorie – Geschichte – Analyse*, Hrsg. Ralf Adelmann, Jan-Otmar Hesse, Judith Keilbach, Markus Stauff, und Matthias Thiele, 253–280. Konstanz: UVK.

Hörl, Erich. 2016. Die Ökologisierung des Denkens. *Zeitschrift für Medienwissenschaft* 14 (1): 33–45.

Jaaniste, Luke Oliver. 2010. The ambience of ambience. *M/C Journal* 13 (2). http://www.journal.media-culture.org.au/index.php/mcjournal/article/view/238. Zugegriffen: 17. Juli 2017.

Jochmaring, Julian. 2016. Das Unbehagen in der (Medien-)ökologie. *Internationales Jahrbuch für Medienphilosophie* 2 (1): 91–112.

Jochmaring, Julian. o. J. Vorstellung des Dissertationsprojekts Durch als Um. Elemente einer Medientheorie und -ästhetik des Ambienten. DFG-Graduiertenkolleg 1539. Sichtbarkeit und Sichtbarmachung. http://www.sichtbarkeit-sichtbarmachung.de/mitglieder/doktorandinnen. Zugegriffen: 10. Juni 2017.

Johnson, Victoria. 2003. Review of ‚Ambient television: Visual culture and public space'. *Film Quarterly* 56 (4): 42–43.

Kuhlmann, Christoph, und Jens Wolling. 2004. Fernsehen als Nebenbeimedium. Befragungsdaten Fernsehen als Nebenbeimedium. Befragungsdaten und Tagebuchdaten im Vergleich. *Medien & Kommunikationswissenschaft* 52 (3): 386–411.

Löffler, Petra, und Florian Sprenger. 2016. Medienökologien. Einleitung in den Schwerpunkt. *Zeitschrift für Medienwissenschaft* 14 (1): 10–18.

McCarthy, Anna. 2001. *Ambient television: Visual culture and public space*. Durham: Duke University Press.

McCullough, Malcolm. 2013a. *Ambient commons: Attention in the age of embodied information*. Cambridge: MIT Press.

McCullough, Malcolm. 2013b. On the nature of attention, with ambient interfaces at street level. *Continuum* 27 (4): 505–513.

Miggelbrink, Monique. 2017. ‚TV is furniture'. Zur Vermöbelung von Fernsehapparaten in der BRD in den 1950er- und 1960er-Jahren. Unveröffentlichte Dissertation, Universität Paderborn.

Neverla, Irene. 1992. *Fernseh-Zeit: Zuschauer zwischen Zeitkalkül und Zeitvertreib: Eine Untersuchung zur Fernsehnutzung.* München: Ölschläger.

Newman, Michael Z., und Elana Levine. 2012. Fernsehbilder und das Bild des Fernsehens. *montage/av* 21 (1): 11–40.

Paunchev, Petar [The Silent Watcher]. 2015. Campfire by the river. YouTube. https://www.youtube.com/watch?v=Ftm2uv7-Ybw. Zugegriffen: 10. Juni 2017.

Philips. o. J. Philips Ambilight TV. Philips.de. http://www.philips.de/c-m-so/fernseher/p/ambilight. Zugegriffen: 10. Juni 2017.

Press, Andrea, und Camille Johnson-Yale. 2008. Political talk and the flow of ambient television. Women watching Oprah in an African American hair salon. In *New directions in American reception study*, Hrsg. Philip Goldstein und James L. Machor, 307–325. Oxford: Oxford University Press.

Schwering, Gregor. 2013. Zwei Hörräume ‚gleichbleibender Aufmerksamkeit'. Psychoanalyse und Ambient. In *Auditive Medienkulturen: Techniken des Hörens und Praktiken der Klanggestaltung*, Hrsg. Jens Schröter und Axel Volmar, 359–372. Bielefeld: transcript.

Spigel, Lynn. 2001. Media homes: Then and now. *International Journal of Cultural Studies* 4 (4): 385–411.

Spigel, Lynn. 2002. Fernsehen im Kreis der Familie. Der populäre Empfang eines neuen Mediums. In *Grundlagentexte zur Fernsehwissenschaft: Theorie – Geschichte – Analyse*, Hrsg. Ralf Adelmann, Jan-Otmar Hesse, Judith Keilbach, Markus Stauff, und Matthias Thiele, 214–252. Konstanz: UVK.

Sterne, Jonathan, und Dylan Mulvin. 2014. The low acuity for blue: Perceptual technics and American color television. *Journal of Visual Culture* 13 (2): 118–138.

Thibaud, Jean-Paul. 2011. The sensory fabric of urban ambiances. *The Senses and Society* 6 (2): 203–215.

Virilio, Paul. 1994. Die überbelichtete Stadt. In *Intelligente Ambiente: Intelligent environment; Ars Electronica 94*, Hrsg. Karl Gerbel und Peter Weibel, 94–107. Wien: PVS.

Williams, Raymond. 1990. The technology and the society. In *Popular fiction: Technology, ideology, production, reading*, Hrsg. Tony Bennett, 9–22. London: Routledge.

Zielinski, Siegfried. 1986. *Zur Geschichte des Videorecorders.* Berlin: V. Spiess.

Light itself: Medienästhetik des Hintergrunds in der Flugzeugkabine

Dominik Maeder

Der Beitrag untersucht neue, zum Teil bereits realisierte, teils projektierte medienästhetische Phänomene in der Flugzeugkabine, in denen der Hintergrund als ästhetisches Phänomen in besonderer Weise hervortritt. Nach einer Bestimmung des Fliegens als visueller Erfahrung erfolgt zunächst eine kontextualisierende Betrachtung über Medientechniken des Vordergrunds in der Flugzeugkabine, allen voran das *In-Flight Entertainment* (IFE). Etablieren IFE-Systeme alternative Horizonterfahrungen, um von der Kabine als angstbesetztem Ort und der ‚leeren' Zeit des Reisens abzulenken, so lassen sich die Medientechniken des Hintergrunds – allen voran das *Mood Lighting* – als Intensivierungen des Zugriffs auf menschliches Empfinden begreifen, dessen Modulation ökonomischen Imperativen folgt. In diesen Medienästhetiken des Hintergrunds verdichtet sich mithin eine Konstellation, die Mensch, Technik und Ökonomie möglichst nahtlos aneinander zu vermitteln versucht.

1 Der *aerial view* und die Flugzeugkabine

Er stieg, die Schwankungen nun besser ausgleichend, dank dem Halt, den sein Blick an den Sternen hatte. Ihr blasser Schein zog ihn magnetisch an. Er hatte so lange auf der Suche nach einem Licht geschmachtet, daß er auch von dem dürftigsten nicht wieder abgelassen hätte, sondern hungrig darumgekreist wäre, wie um einen Herbergsschimmer, bis an seinen Tod. Und hier stieg er zu ganzen Gefilden von Licht hinauf (Saint-Exupéry 2012, S. 103).

D. Maeder (✉)
Institut für Sprach-, Medien- und Musikwissenschaft, Universität Bonn,
Bonn, Deutschland
E-Mail: dmaeder@uni-bonn.de

© Springer Fachmedien Wiesbaden GmbH 2018   147
J. Schröter et al. (Hrsg.), *Ambient,* Neue Perspektiven der Medienästhetik,
https://doi.org/10.1007/978-3-658-19752-0_8

As my eyes adjust, I look forwards through the cockpit windows. At this moment
it's the light itself, rather than what it falls upon, that is the essential feature of the
earth. What the light falls upon is the Sea of Japan, and far across this water, on the
snow-capped peaks of the island nation we are approaching. The blueness of the
sea is as perfect as the sky it reflects. It is as if we are slowly descending over the
surface of a blue star; as if all other blues are to be mined or diluted from this one
(Vanhoenacker 2015, S. 8 f.).

Zwischen der einmotorigen Propellermaschine – wohl eine maximal etwa fünf
Tonnen wiegende, 14 × 19 m große *Latécoère 28* (vgl. Schiff 2006, S. 166 ff.) –
die Antoine de Saint-Exupéry Anfang der 30er-Jahre des letzten Jahrhunderts für
die *Aeropostala Argentina* flog und im Roman *Nachtflug* beschrieb und der maximal etwa 400.000 tonnen schweren, 69 × 64 m großen *Boeing 747-400* (Boeing
2010, S. 24), die Mark Vanhoenacker für *British Airways* um den Globus steuert und in *Skyfaring* zum Gegenstand biografisch-poetischer Reflexion werden
lässt, mag fast ein Centennium Luftfahrtgeschichte liegen, doch das Register der
Beschreibung ist das gleiche geblieben: Fliegen bestimmt sich als visuelle Erfahrung, als ästhetisches Erleben von Visualität überhaupt – ‚it's the light itself‘.[1]

Noch in der medienkulturellen Bestimmung der passiven Flugerfahrung von
Passagieren ist das Flugzeug vor allem ein Blickdispositiv. Der „aerial view"
(Langewiesche 2010, S. 4), der unter Auslassung der technischen und materiellen Eigenheiten des Dispositivs, das ihn ermöglicht, auf ein Außen – Himmel,
Landschaften, Städte – gerichtet ist, bestimmt die visuelle Repräsentation des
Fliegens in weiten Teilen. Nicht zufällig hat sich mit dem *wing view* als Variante
des ‚aerial views‘ eine eigene Darstellungskonvention für Flugvideos von Passagieren etwa auf Plattformen wie YouTube etabliert. Dieses, so Simon Rothöhler
(2009, S. 43), „zentrifugale Flugbild" richtet sich auf die äußere Welt und ihre
„hyperkinetisch[e]" (Rothöhler 2009, S. 43) Durchdringung mittels des Blicksub-
jekts Flugzeug.

---

[1]Bei Saint-Exupéry, der Sichtflüge (VFR) beschreibt, ist diese ästhetische Dimension
offensichtlich an die existenzielle Ebene gekoppelt: die Abwesenheit von Licht bedeutet für
eine Navigation, die sich an Sternen einerseits, an Flüssen, Städten und Bergen andererseits
orientiert im Zweifelsfall nichts weniger als den ‚Tod‘, während für die funk- und satellitengestützten Navigationsverfahren des Instrumentenflugs (IFR) der Blick aus dem Fenster
von seiner aviatischen Funktion tendenziell entkoppelt und als genuin ästhetischer Blick
freigesetzt wurde. Bei Saint-Exupéry handelte es sich folglich um eine existenzielle Ästhetik des Lichts, die unablösbar vom Abenteuergeist der frühen Luftfahrt erscheint, während
für die zeitgenössische Luftfahrt der Blick aus dem Fenster weitestgehend ästhetisches Sur-
plus geworden ist und medientechnologisch – etwa durch Head-Up-Displays – augmentiert
wurde.

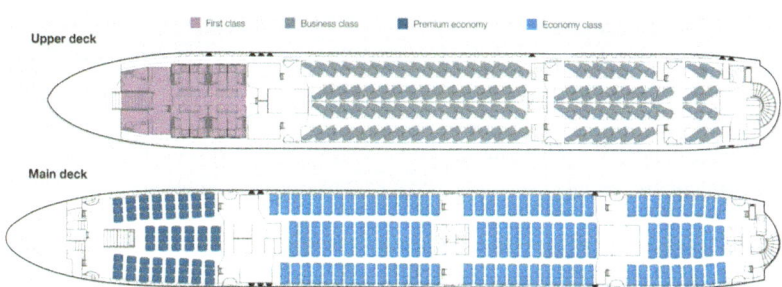

Abb. 1 Beispielhafte Sitzkonfiguration eines A380 nach Airbus-Vorschlag. (Da Mittelsitze bei Passagieren unbeliebt sind, verzichten viele Fluggesellschaften jedoch auf diese verdichtete Konfiguration und betreiben die A380 im etablierten 3-4-3-Layout). (Quelle: Airbus 2016a, S. 59)

Ist diese Bestimmung der Flugerfahrung für die Zeit Saint-Exupérys, d. h. für Flugerlebnisse in schmalen Maschinen wie der maximal acht-sitzigen *Laté 28* plausibel, so ist der *wing view* spätestens seit der Einführung von *wide-body*-Flugzeugen mit zwei Servicegängen und Mittelreihe eher Ausnahme denn Regel geworden: Standardbestuhlungen etwa für die *Boeing 747-400* mit ihren rund 400 Plätzen sehen in der Economy Class Anordnungen von zehn Sitzen pro Reihe im Schema 3-4-3 vor (vgl. Boeing 2010, S. 4), während Airbus für den *A380-800* sogar elf Sitze pro Reihe im 3-5-3-Schema vorschlägt (vgl. Abb. 1).

Für die überwiegende Mehrheit der Luftfahrtpassagiere definiert sich die Flugerfahrung in ihrer Visualität also gerade nicht über den ‚aerial view‘, den die Pilotensicht emulierenden ‚zentrifugalen Blick‘ auf die Welt, sondern durch einen „zentripetalen[n]" (Rothöhler 2009, S. 43), auf das Interieur, das Flugzeuginnere als Blickobjekt gerichteten Sehakt. Dieser Blick auf den Innenraum des Fliegens ist affektiv jedoch gänzlich anders besetzt als der ‚aerial view‘: Dessen Weite, die einen tendenziell entkörperlichten, ästhetischen Genuss des Sehens an sich, eine „Totalität des Blicks" (Stauff 2009, S. 88) ermöglicht, die an Erhabenheitsästhetiken einerseits, an die Überwältigungsästhetik immersiver Bildtechnologien andererseits anschließbar ist,[2] wird durch eine angstgesättigte Perspektive auf die

---

[2]Nicht zufällig schließen immersive Bildtechnologien wie IMAX und 3-D mit besonderer Vorliebe an Flugerfahrungen an. Siehe zur Kopplung von IMAX und Flugerfahrung etwa Griffiths (2008, S. 195 ff.), zur Engführung von 3-D-Kino und Flugsequenzen Ross (2012). Vgl. zur Diskussion des ‚aerial views‘ im Kontext einer Erhabenheitsästhetik außerdem Dorrian (2009, S. 87 f.).

Druckluftkabine als „*panic room* sui generis" (Rothöhler 2009, S. 44) kontras-
tiert, die Enge und Hermetik, Körperlichkeit (Turbulenzen, Übelkeit) sowie technische und humane Bedrohungsszenarien (Defekte, Entführungen, Terrorismus)
zentral stellt.

Wahrnehmungstheoretisch bleibt durch den fehlenden Blick auf den Horizont
insbesondere die Möglichkeit aus, die Lageposition des Flugzeugs (und damit
des eigenen Körpers) im dreidimensionalen Raum akkurat zu verorten. Gerade
visuelle Reize sind jedoch für die gravitoinertial divergente Umgebung des Flugzeugs mit der durch sie induzierten Unzuverlässigkeit vestibulärer und somato-
sensorischer Informationen von überragender Bedeutung für die Selbstverortung
menschlicher Körper im Raum (vgl. Cheung 2004). Der sich dadurch einstellen-
den *spatial disorientation*[3] wird von der Flugindustrie schon seit geraumer Zeit
durch die Substituierung des realen mit fiktiven Horizonten begegnet.

2   Mediale Raumzeitlichkeit: *In-Flight Entertainment*

> Um mich herum flackernde Bilder, Menschen, Tiere, Roboter, die sich in alltägli-
> chen oder phantastischen Landschaften bewegen. Der Eindruck ständiger Unruhe im
> Stillstand wird dadurch verstärkt, dass all diese Bilder im selben fast quadratischen
> Format im Raum stehen. Von den sprechenden, tanzenden, kämpfenden Wesen ist
> hier im Flugzeug nichts zu hören, jeder sitzt in seinem Bilduniversum fest, die meis-
> ten Fensterluken sind verdunkelt (Avanessian 2017, S. 7).

Wie aus Armen Avanessians Schilderung seiner Flugreise nach Miami ersichtlich
wird, ist die zeitgenössische Flugzeugkabine durch die Omnipräsenz von in die
Sitze eingelassenen Bildschirmen medial völlig überdeterminiert, der ‚aerial view'
durch die Allgegenwart technisch erzeugter Bilder substituiert. Die Einführung
von In-Flight Entertainment-Systemen (IFE) dient offensichtlich der Etablierung
von fiktionalen Welten (Filme, TV-Sendungen, Videospiele) als alternativen Ori-
entierungsrastern, die das Verschwinden des realen Horizonts vergessen lassen.

---

[3]Der Begriff hat den populärkulturell bekannteren Terminus *Vertigo* in der Forschung abge-
löst. Previc und Ercoline (2004, S. 2 ff.) unterscheiden dabei die *spatial disorientation,*
die sich vor allem auf die Selbstverortung des Körpers im Raum bezieht vom Sonderfall
der *geographical disorientation,* die vor allem die Relation zwischen Flugzeug und kar-
tografischer Welt betrifft sowie von aviatorischer *loss of situational awareness,* die sich
auf sämtliche flugrelevanten kognitiven Vergegenwärtigungen (etwa auch in Bezug auf die
Steuerungsinstrumente, die Konfiguration von Bordcomputern oder Kommunikationsvor-
gänge) bezieht.

IFE-Systeme fungieren mithin als „kontraphobische Installationen" (Schneider 2009, S. 148), die nicht nur mittels der Visualisierung von Karten und Flugstrecken eine Meta-Orientierung des Flugzeugs im kartografisch gerasterten Raum ermöglichen, sondern dank miniaturisierten Kameras im Seitenleitwerk ‚zentrifugale', kinetische Bilder der Raumdurchquerung durch das Blick-Subjekt ‚Flugzeug' in die Flugzeugkabine rückprojizieren können (vgl. Abb. 2).[4]

Die unterhaltungselektronische Aufwertung der Flugzeugkabine dient zugleich einem noch evidenteren Zweck, nämlich – Avanessian weist bereits darauf hin – dem sitzenden Zeitvertreib.[5] IFE-Systeme binden in dieser Hinsicht Menschen über ausgedehnte Zeiträume an die ihnen zugewiesenen Sitzmöbel. Dies ist der auf maximale Effizienz getrimmten Raumökonomie der Flugzeugkabine einerseits, der besonderen Zeiterfahrung der Flugreise andererseits geschuldet: Passagiere sollen im Flugzeug nach Möglichkeit sitzen, da für Bewegung kein Raum eingeplant ist und sie dem Servicepersonal bloß buchstäblich ‚im Weg' wären. Zugleich ist das Reisen an eine Zeiterfahrung der Langeweile gebunden, insofern der Nicht-Ort des Flugzeugs durch sein sowohl Nicht-mehr- als auch Noch-nicht-Sein topologisch definiert wird und damit alle ortsgebundenen Tätigkeitsformen tendenziell suspendiert. Im Flugzeug wird Zeit als tätigkeitsarme Dauer, als leere Zeit erfahrbar, die aufgrund der Zeitzonenüberschreitung mit der kalendarischen Zeit auseinanderfällt. Diese Suspension chronologischer Zeit eröffnet den Raum für Unterhaltungsmedien, die wiederum in ihrer Eigenzeitlichkeit die tendenziell desorientierende Zeiterfahrung des Flugreisens kompensieren. IFE-Systeme sind dementsprechend auch Dispositive zur Bannung temporalen Vertigos *(Jetlag),* welche die leere, untätige Zeit desorientierender Langeweile durch mediale Eigenzeitlichkeiten ersetzen.

---

[4]Genauer noch ließe sich sagen, dass in diesen Bildern das Flugzeug selbst *Ego* und *Alter* zugleich wird, von sich selbst also im Modus jener ‚freien indirekten Rede' in der dritten Person subjektiv Zeugnis ablegt, die Deleuze (1997, S. 106 f.) im Anschluss an Pasolini beschrieben hat: „Eine Person agiert auf der Leinwand, und ihr wird unterstellt, die Welt in einer bestimmten Weise zu sehen. Die Kamera sieht sie und ihre Welt zugleich von einem anderen Standpunkt, der den Blickpunkt der Person denkt, reflektiert und transformiert."

[5]Nach der Einführung weniger Monitore für die gesamte Kabine sind IFE-Systeme mittlerweile standardmäßig für jeden Passagier einzeln verfügbar und die Inhalte mithin individuell selegierbar. Zudem sind die Systeme nicht mehr nachträglich installiert, sondern von vornherein in das Design der Kabine und insbesondere die Sitze integriert: „one seat can be a mobile business office and the one next door a child's gaming room, while across the aisle a teenager watches music videos and gets fashion tips" (Groening 2008, S. 6). Vgl. zur Geschichte der Individualisierung von Medienkonsum im Flugzeug auch Groening (2016), zum In-Flight-Entertainment allgemein Govil (2004) und Groening (2014).

Abb. 2 Rückprojektion des Flugzeugs in die Kabine durch die Heckkamera des *Airbus A380*. (Copyright: Airbus 2007. [Zuschnitt: D.M.] Quelle: http://www.airbus.com/galleries/photo-gallery/dg/idp/44.881-a380-commercial-route-proving17/?backURL=galleries/photo-gallery/photo-browse/46/filter/a380/ [Zugegriffen: 30. Januar 2017])

IFE substituiert die Raumzeitlichkeit der Flugzeugkabine durch mediale Raumzeiten, bietet andere Referenzsysteme zur spatialen wie temporalen Re-Orientierung sinnlicher Wahrnehmung: *Jeder sitzt in seinem Bilduniversum fest.* Die beengte, maximal-funktionale Kabine wird zum bloßen Hintergrund, wenn Film oder Computerspiel in den Vordergrund treten.

3 Ästhetik des Hintergrunds: Licht, Farbe, Stimmung

Während IFE-Systeme zunehmend transmedial – etwa durch satellitengestützten Internetzugang an Bord – erweitert werden, haben sich Designbestrebungen in den letzten Jahren jedoch vermehrt der medialen Aufrüstung der Kabine, insbesondere der Lichtgestaltung selbst zugewendet: Elektrochrome Fenster, *mood lighting* und LED-Projektionen werten den Hintergrund nicht nur auf, sondern erzeugen in und mit dem Interieur ganz eigene Raumatmosphären. Diese komplementieren einerseits IFE-Systeme in der Erzeugung medialer Raumzeiten, zeichnen sich dabei aber durch eine andersartige Funktionslogik aus. Wenn das IFE neue Vordergründe erzeugt, durch die die Kabine in den Hintergrund treten soll, so zielt die medientechnische Aufwertung der Flugzeugkabine auf die Indienstnahme dieser Hintergründigkeit selbst, auf eine Ästhetik des Hintergrunds, die zwar sinnlich verfährt, aber diesseits des sinnhaft Intelligiblen operiert. Angezeigt ist damit eine gewichtige konzeptuelle Verschiebung in der Beziehung von Wahrnehmungssubjekt und Raum: Die Medienästhetik des Hintergrunds in der Flugzeugkabine utilisiert ihre eigene Unsichtbarkeit und adressiert damit nicht mehr individuell wählende, bewusst wahrnehmende Subjekte, sondern die Bedingungen des Wahrnehmens: *light itself.* Nicht mehr werden reflexiv einholbare Wahrnehmungsinhalte medientechnologisch produziert und zur Verfügung gestellt, sondern die Konditionen des Wahrnehmens selbst werden geformt, moduliert, fabriziert und buchstäblich gefärbt.

Zahlreiche Innovationsbestrebungen richten sich etwa auf die Lichtgestaltung und -steuerung in der Flugzeugkabine: Mit Boeing (beginnend mit der ab 2009 ausgelieferten ‚kleinen' Langstreckenmaschine *787 ‚Dreamliner'* bis zur in Entwicklung befindlichen Überholung des größeren *777*-Modells unter dem Namen *777X*) und Airbus (vor allem mit dem 2015 eingeführten Langstreckenmodell *A350 XWB*) haben die beiden weltweit führenden Flugzeughersteller in den vergangenen Jahren neue Kabinenprodukte lanciert,[6] die sich ganz explizit als

---

[6]Flugzeugbau ist eine global distribuierte Tätigkeit mit weit verzweigten Produktionsketten, die unter der Regie weniger Konzerne steht, aber über verschiedene Hierarchieebenen zahllose Zulieferunternehmen miteinschließt, die im Gegensatz zu klassischen Zulieferbetrieben bei Neuentwicklungen zum Teil auch Risikoanteile für das Gesamtprojekt mitübernehmen – sehr prägnant etwa bei der Entwicklung der *Boeing 787,* bei der ca. 70 % der Entwicklungs- und Produktionsarbeit ausgelagert wurde (vgl. Tang et al. 2009, S. 78). Für die Ausstattung von Flugzeugkabinen etwa gibt es zahlreiche spezialisierte Unternehmen, bzw. Unternehmensabteilungen mit zum Teil wiederum erheblicher Subspezialisierung (etwa auf Bordküchen *[galleys],* Sitze, Fenster, Türen, usw.). Entsprechend sind im Folgenden die Nennungen von Airbus und Boeing zum Teil als summarische Begriffe für die versammelte Zulieferarbeit denn als Quellbegriff für die Bestimmung von Innovation zu lesen.

ambient media zur Hervorbringung von Stimmungen, Affekten und Atmosphären beschreiben und verstehen lassen, deren Effektivität gerade über ihre Hintergründigkeit konstituiert wird. Beide Hersteller haben in Kooperation mit Zulieferern und diversen Fluggesellschaften neue Technologien vorgestellt, die unter dem Begriff *mood lighting* die Umgebungsqualität der Kabine steigern sollen: Airbus betitelt dies in einer Produktbroschüre für das Kabinendesign *Airspace* als „superior ambience" (Airbus 2016b, S. 3), Boeings Terminologie der „unique ambiance"[7] variiert hiervon allenfalls orthografisch.

4   *Mood Lighting* und die Modulierung chronobiologischen Empfindens

Steht der Einsatz von Beleuchtungstechnologie im Flugzeug dabei unter besonders strengen rechtlichen Einschränkungen hinsichtlich des Brandschutzes einerseits und unter hohen Effizienzerwartungen in Bezug auf das Gewicht andererseits, so verdankt sich das Gros der *mood lighting*-Technologien der Weiterentwicklung und Durchsetzung von Halbleitertechnik (LED), die sukzessive zuvor gebräuchliche Leuchtstofftechnik in neuen Modellen, qua *Retrofitting* aber auch in Bestandsflotten ersetzt. Neben erhöhter Reliabilität und reduziertem Gewicht ist dabei das multichromatische Potenzial von LED-Panels von besonderem Interesse. Dieses erlaubt nicht nur einen stufenlosen, dynamischen Wechsel zwischen verschiedenen Farbtönen und -intensitäten, sondern auch dessen digitaltechnische Steuerung. Projektierte und zum Teil auch schon implementierte Systeme zur dynamischen Farbsteuerung zielen dabei vor allem auf die Modulierung chronobiologischen Empfindens, kurz: der Überlistung von *Jetlag*. Unterschiedliche Farbtöne und -intensitäten der Umgebungsbeleuchtung sowie sanfte Übergänge zwischen den verschiedenen sollen so eine Zeitautonomie der Flugzeugkabine produzieren, die auf die Dehnung, bzw. Streckung der chronologischen Zeit durch Zeitzonenüberquerung angepasst wird. So wird es beim Luftfahrtzulieferer Diehl Aerosystems wie folgt beschrieben:

> Statt eines harten Ein- und Ausschaltens verändert das Mood Lighting System beim Wechsel zwischen zwei Flugphasen das Licht langsam und fließend – sowohl in der Farbe als auch in der Intensität. Durch die Anpassung der Beleuchtung während des Fluges an einen künstlich verkürzten Tagesverlauf kann der Biorhythmus der Passagiere sanft auf die Tageszeit am Zielort eingestimmt werden. Für den Passagier

---

[7]Boeing (2015a). Hier bezogen auf die Kabinenausstattung für neu produzierte 777-Modelle.

entsteht ein völlig neuartiges Fluggefühl. Hier ein Beispiel eines potenziellen Sze-
narios: Während die Kabine beim Einstieg in den Farben der Fluglinie ausgeleuchtet ist, wechselt die Beleuchtung beim Start in sanfte, beruhigende Farben. Nach
Erreichen der Reiseflughöhe wird die Kabine hell und klar ausgeleuchtet, um dem
Passagier die Möglichkeit zum Lesen oder Arbeiten zu geben. Sobald der Catering-
Service beginnt, wird das Licht der Atmosphäre eines Candle-Light-Dinners angepasst. Zur Entspannung wird das Licht nach dem Service abgedimmt, bis schließlich
ein virtueller Sonnenaufgang die Passagiere rechtzeitig aufweckt, ohne sie dabei
aufzuschrecken (Diehl Aerosystems 2017).

Ganz ersichtlich wird hier, dass es nicht um die Beleuchtung *von etwas,* sondern
um das Licht selbst als Agenten zur Freisetzung und Modifikation von Affekten,
Stimmungen, Atmosphären geht. Die Attribute „langsam", „fließend", „sanft"
(Diehl Aerosystems 2017) verdeutlichen dabei, dass es ganz gezielt um die Produktion eines Empfindens geht, das unterhalb der bewussten Wahrnehmungsschwelle bleibt: *aufwecken, ohne aufzuschrecken.*

Wenn die Sanftheit von Farbübergängen selbst zum wesentlichen Merkmal
steuerbarer *ambiance* wird, die in Abhängigkeit von der jeweiligen Flugdauer
automatisch Lichtqualität und -intensität in der Kabine reguliert, dann bleibt mit
dem Licht, das von Außerhalb ins Flugzeug dringt aber noch eine potenzielle
Störquelle vorhanden. Bis heute übliche Flugzeugfenster, die – da strukturell zur
hermetischen Druckluftkabine gehörend – technisch zwar auch nicht ganz trivial
sind, werden in ihrer Lichtdurchlässigkeit von einfachen mechanischen Blenden
reguliert, die individuell am Sitz bedienbar sind. Da die Lichtverhältnisse außerhalb des Flugzeugs den gewünschten Lichtbedingungen innerhalb der medialen
Eigenzeit der Kabine jedoch tendenziell nicht entsprechen, ist diese individuelle
Bedienbarkeit von Fensterblenden für die Produktion einer homogenen *ambiance* problematisch.[8] Elektrochrome Fenster (auch: *Smart Glass,* vgl. Abb. 3),
die aufgrund einer elektrisch regulierbaren Schicht zwischen innerer und äußerer
Fensterscheibe auch aus der Ferne ansteuerbar sind und deren Transparenz sich
entsprechend feinstufig kontrollieren lässt, versprechen hier eine erhöhte zentrale
Kontrolle über Einspeisung von Umgebungslicht in die Kabine.

Zwar sehen derzeitige Systeme auch individuell am Sitzplan angebrachte
Dimmer vor (vgl. z. B. PPG Aerospace 2015) und werden in dieser Form – etwa
in der *Boeing 787* – auch realisiert, wesentlich ist jedoch ihre Fernbedienbar-
keit und damit die Überschreibung individueller Passagierpräferenzen zugunsten

---

[8]Üblich ist heutzutage noch, dass FlugbegleiterInnen die notwendige Koordinierungsarbeit
leisten und zum Schließen/Öffnen der Fensterblenden auffordern.

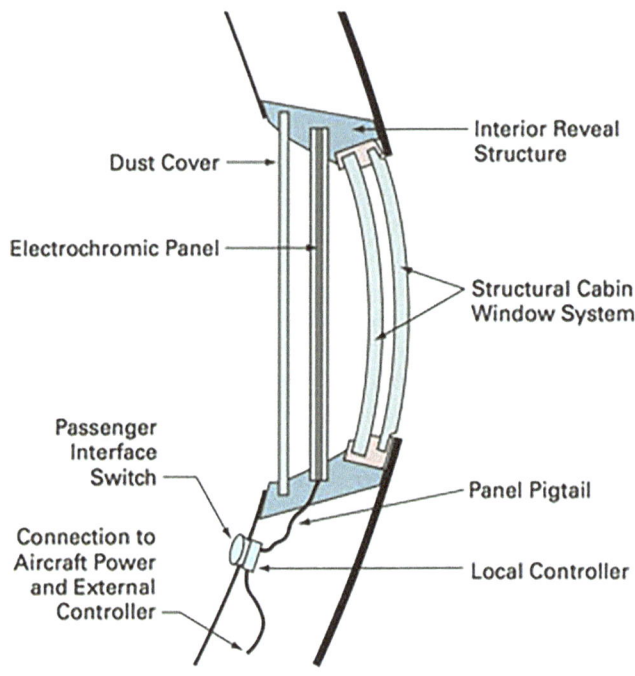

Abb. 3 Schematische Darstellung eines elektrochromen Flugzeugfensters. (Gentex 2013)

der *ambiance*. Im Boeing Kundenmagazin heißt es etwa dazu: „In addition to eliminating the maintenance associated with light-leaking or inoperable window shades, electro-chromatic dimmable windows give cabin crews the ability to dim or brighten an entire cabin at the press of a single button" (Boeing 2006, S. 22). Auch entsprechende Patentschriften betonen die Fähigkeit der automatischen Regulierbarkeit der Transparenz über Sensoren zur Helligkeitsmessung (vgl. Diehl Aerospace 2016, S. 2 f.). Die automatische und zentrale Beeinflussung der Lichtumgebung zur Herbeiführung gewünschter Aktivitätsniveaus der Passagiere überdeterminiert somit tendenziell die individuelle Regulierung der Lichtverhältnisse seitens der Passagiere.

5 Ökonomie des multichromatischen Lichts

Verbunden ist diese Modulierung chronobiologischen Empfindens mittels dyna-
misch regulierbarem multichromatischen Lichts und elektrochromen Fenstern
mit einem Anspruch auf Zeitoptimierung. Verweist der Jet*lag* schon im Wortsinne
auf den Zeitmangel, so sind *mood lighting*-Technologien als Mittel der Wieder-
erstattung dieser Zeit zu verstehen, die vor allem auch als produktive Arbeitszeit gedacht wird. Die Beschreibung einer Studie des Leuchtsystemherstellers
Osram, in der die Wirkung eines fünfphasigen *mood lighting*-Systems auf Passagiere untersucht wurde, gibt dies schon begrifflich wieder: „With chronobiologi-
cally adapted LED lighting in the interior of airplanes, long-distance passengers
during flights are more relaxed and reach their destinations in a more activated
state than passengers in airplanes equipped with conventional lighting" (Osram
2017). Die Zielvorgabe der psychosomatischen Aktivierung[9] („activated state")
erfolgt hier ebenso im Register der Produktivitätssteigerung wie schon die Desi-
gnation der Farbphasen, von denen die letzte als „after flight, ‚meeting'" (Osram
2017) bezeichnet wird, die Geschäftsreise als Standardszenario impliziert. *Mood
Lighting* wird somit als Effizienzsteigerungstechnologie vermarktet, die den
geschäftigen Subjekten des globalen Kapitalismus ihre Produktivität in Form
von maximaler Zeitnutzung zurückerstattet.[10] Das zweite Register, das frequent
aufgerufen wird, ist – wenig überraschend[11] – der touristische Erfahrungshori-
zont: „more relaxing" (Airbus 2017), „exciting" (Boeing 2015b) oder gleich eine
„unique [...] experience" (Airbus 2017) soll *Mood Lighting* herbeiführen und
wird so mit einem touristischen Erleben zur Deckung gebracht, das typischer-
weise die Spannbreite zwischen Erholung und Abenteuer aufweist.

Zugleich optimiert das *Mood Lighting* aber auch die Binnenzeit der Flugzeugkabine mit ihrer strengen Taktung von Mahl-, Trink- und Schlafzeiten: Nicht
nur die Passagiere sollen bei Ankunft effizienter ihre Zeit als Geschäftsleute
oder Touristen nutzen können – auch den in der Kabine erbrachten Dienstleis-
tungen werden Effizienzgewinne in Aussicht gestellt. Nicht zufällig werden die

---

[9]Vgl. zum Begriff der Aktivierung im Kontext neoliberaler Gouvernementalität Kocyba (2004).

[10]Dies ist daneben auch in der Erweiterung von IFE-Systemen in Richtung gesteiger-
ter Konnektivität beobachtbar. Satellitengestützte Internetverbindungen ermöglichen die
Transformation der ‚leeren Zeit' des Reisens in reguläre Arbeitszeit sowie der Flugzeugkabine in ein fliegendes Büro. Vgl. dazu Groening (2014, S. 111 ff.).

[11]Vgl. für die touristische Attraktion von *In-Flight Entertainment* Schneider (2009,
S. 145 ff.).

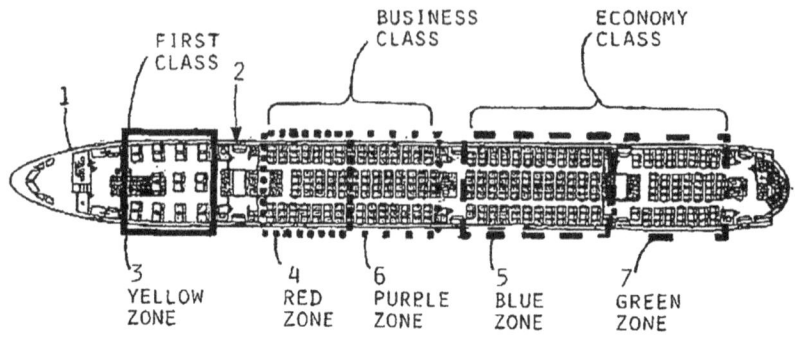

Abb. 4 Entwurf für die Codierung von Farbzonen in der Flugzeugkabine. (Airbus 2008, S. 11)

verschiedenen Beleuchtungsphasen an den flug- und servicespezifischen Zeit-
einheiten modelliert, sondern soll multichromatisches Licht selbst zu einer Effi-
zienzsteigerung beim Durchlaufen dieser Phasen führen, z. B. also dafür sorgen,
dass Passagiere tatsächlich Appetit bekommen, wenn das Essen ausgegeben
wird. Diese Taktung des Passagiergemüts an den Abläufen des Kabinenservices
eignet sich zwangsläufig weniger für Marketingzwecke und taucht entsprechend in Produktbroschüren nicht auf. Spielt diese Zeiteffizienz während des
Fluges nur eine untergeordnete Rolle, so wird sie jedoch am Boden besonders
wichtig: Die *turnaround time* (Zeit vom Erreichen des Gates bis zum Abdocken
vom Gate) ist, da sie die Anzahl der Flüge, die ein Flugzeug pro Tag absolvie-
ren kann, mitbestimmt, ein wesentlicher ökonomischer Faktor für Airlines und
entsprechend großem Minimierungsdruck ausgesetzt.[12] Wird ein Großteil der
Aktivitäten während des *turnarounds* von spezialisierten Unternehmen etwa für
das Catering, das Auftanken, Ent- und Beladung oder die Reinigung besorgt, so
stellt insbesondere der Boardingprozess eine logistische Herausforderung dar, da
die Koordinierung von Laien erforderlich ist, deren individuelles Handeln nicht
auf kollektiv-maximale Zeiteffizienz abgestellt ist. Multichromatisches Licht soll
bei dieser Koordinierung assistieren, indem die Kabine während des Boardings
in unterschiedliche Farbzonen aufgeteilt wird (vgl. Abb. 4), die feingliedriger als

---

[12]Das Aufkommen der *low cost carrier* (LCC) ist u. a. der radikalen Minimierung von *turnaround*-Zeiten geschuldet. Ryanair – nach Passagierzahlen inzwischen die größte Fluggesellschaft Europas – hat etwa lange Jahre mit *turnaround*-Zeiten von 25 min geworben
(vgl. Ryanair 2001, S. VII), während für vergleichbare Flugzeugtypen 40 min als Industrie-
standard gelten (vgl. Mirza 2008).

die grobe Unterscheidung in *First, Business* und *Economy Class* ist. Eine entsprechende Patentschrift von Airbus führt den „substantial loss of time […] during the boarding and seating of the passengers in the aircraft" (Airbus 2008, S. 2) dabei dezidiert als Hintergrund der Innovation an.

Durch entsprechende farbliche Markierungen soll auch hier wieder ein kognitiver Prozess (das Memorieren von Sitzplatzreihe und -position sowie der Abgleich von Bordkarte und der im Flugzeug angebrachten Sitzplatznummer) reduziert werden auf das Memorieren einer Farbe: „When the passenger boards the aircraft, he or she readily recognizes the different cabin zones by the different colors of illumination thereof" (Airbus 2008, S. 2).[13] Ob ihres erhöhten sensorischen Wiedererkennungswerts und ihrer raumgreifenden Qualität („zones") wird der Farbe hier eine koordinierende und orientierende Kraft zugesprochen, die letztlich auf die effiziente Abwicklung des Boardingprozesses gerichtet ist. In noch direkterer ökonomischer Anwendung von *Mood Lighting*-Systemen existieren darüber hinaus Überlegungen, spezifische Farbumgebungen für den Bordverkauf zu kreieren (vgl. Sehl 2016), Stimmungen mithin also derart mikroästhetisch zu modulieren, dass sie Konsumbedürfnisse produzieren und so in monetäre Transaktionen übersetzt werden können.[14]

6 *der bestirnte Himmel über mir:* Der erhabene Hintergrund

Erscheint der Einsatz von *ambient media* in der Flugzeugkabine mit jeder mikroästhetischen Verzweigung immer profaner und zweckdienlicher zu werden, so greifen projektierte *Mood Lighting*-Anwendungen aber auch wieder auf

---

[13]Dass sich dies bislang nicht durchgesetzt hat, liegt vermutlich daran, dass die eigentliche Sitzplatzsuche eben nicht substituiert, sondern lediglich in die jeweilige Farbzone verlagert wurde und damit die Aufgabe der Sitzplatzsuche de facto nur um das Element der Farbe erweitert wurde. Da es aber keine logische oder intuitive Entsprechung zwischen z. B. ‚Grün' und Sitz ‚37B' gibt, verunklart die Kolorierung die simple Arithmetik der Sitzplatzdesignierung tendenziell eher. Hinzu kommen ökonomisch-technische Probleme wie die der Notwendigkeit von (teureren) Farbdruckern zur visuellen Darstellung der jeweiligen Zone auf der Bordkarte sowie der Umstand, dass das Auffinden des korrekten Sitzplatzes im Vergleich etwa zur ordentlichen Verstauung des Handgepäcks ein eher marginales zeitliches Problem darstellt. Um sequenzielles Boarding zu ermöglichen, arbeiten außerdem einige Airlines schon seit geraumer Zeit mit einfachen alphabetischen Hinweisen (Boardinggruppe A, B, C, usw.).

[14]Vgl. dazu auch den Beitrag von Heiner Wilharm in diesem Band.

das Register des Kontraphobischen zurück, das schon für den Einsatz von IFE-Systemen als maßgeblich erachtet wurde. Insbesondere geht es dann nicht um ‚bloßes‘, diffuses Umgebungslicht, sondern um die Erschaffung auch kognitiv zu erfassender Szenen, die sich dennoch durch ihren Hintergrundcharakter auszeichnen. Dies umfasst etwa die Projektion von Firmenlogos (vgl. Boeing 2016) oder pseudo-kinetische Lichtmuster: Durch die Simulation von „natural motion" (vgl. Boeing 2015c) etwa soll dabei das sogenannte *wash lighting*[15] erweitert werden, das Räume breiter und höher wirken lässt und dementsprechend das klaustrophobische Potenzial der extrem beengten Raum der Flugzeugkabine mindern soll. Pseudo-randomisierte Bewegungsmuster sollen das *wash lighting* dynamisieren und entsprechend den räumlichen Eindruck verstärken. Die Patentschrift ruft hierfür nicht zufällig das Register des Naturschönen als Ästhetik offener Räume auf: „The natural motion provided by illumination device disclosed herein can be considered analogous to a field of grass moving in a light breeze or a light pattern formed from reflection or refractions from rippling water" (Boeing 2015c, S. 4 f.).

Bereits implementierte Anwendung von Projektionen in der Flugzeugkabine bedienen genau dieses Register: Die isländische Fluggesellschaft Icelandair projiziert an die Kabinendecke ihrer *Boeing 757*-Flotte die *Aurora borealis* (vgl. Abb. 5), während Etihad Airways mit fraktalen Mustern die Lichtdiffraktion durch Palmen an Bord nachzuahmen versucht (vgl. Silva 2017, S. 30). Wird dadurch offenkundig die Reise selbst als touristische Erfahrung gerahmt und die Hintergrundästhetik des Naturschönen mithin wieder in den Dienst einer Konsumökonomie gestellt, so weist eine projektierte Applikation dynamischen *mood lightings* von Boeing noch einmal darüber hinaus: Für die Neuentwicklung der Kabine der *Boeing 777X* sieht der Konzern gar kein konkretes Motiv, sondern die dynamische, geolokalisierte Projektion des Sternenhimmels vor (vgl. Abb. 6).

Genauer geht es also nicht mehr um ein Motiv, etwa die Nordlichter, am Himmel, sondern um den Himmel als ultimativen Hintergrund menschlicher Weltwahrnehmung überhaupt und aviatorischer Wahrnehmung im Speziellen. Offenkundig spielt auch in diese potenzielle Anwendung kontraphobisches Kalkül hinein: Der Himmel weitet den Kabinenraum auf das tendenziell Unendliche hin und bietet zudem eine basale vertikale Orientierung für die Wahrnehmung. Ein entsprechendes Patent von Zodiac Aerotechnis vermerkt den Bedarf „a pleasant atmosphere" zu schaffen, „to prevent emotions like fear, anxiety or the

---

[15]Gemeint ist das Licht, das nicht auf spezifische Stellen *(spot lighting)*, sondern auf Oberflächen in ihrer generellen Flächigkeit gerichtet ist und im Effekt eine gleichmäßige ‚Waschung‘ der Fläche hervorruft.

Abb. 5 Dynamische Projektion der *Aurora borealis* in der Kabine einer *Boeing 757* von Icelandair. (Quelle: Icelandair 2015)

Abb. 6 Projektiertes Interieur der Boeing 777X mit projiziertem Sternenhimmel an der Kabinendecke. (Quelle: Boeing 2015b)

like" (Zodiac Aerotechnics 2015, S. 1). Von besonderer Bedeutung ist dabei der angedachte Abgleich zwischen einer Datenbank, die Sternkonstellationen speichert und der Position des Flugzeugs „to display […] a real-time star pattern which exactly corresponds to the star pattern which would be seen by a passenger from the actual position of the aircraft" (Zodiac Aerotechnics 2015). Abgezielt wird damit auf eine vollständige Suspendierung der eigenen Räumlichkeit der Flugzeugkabine zugunsten simulierter Transparenz, oder anders gesagt: Es geht darum, Decken situativ in Fenster verwandeln zu können, um die räumliche Enge des Flugzeugs durch die unendliche *ambiance* des Universums zu ersetzen.

Diese medientechnisch produzierten ‚Gefilden von Licht' versuchen einerseits, das Fliegen als ästhetischen Erfahrungsraum des Erhabenen zu restituieren, es zugleich aber noch intensiver zu bewirtschaften: *der bestirnte Himmel über mir* ist nicht nur Rückbesinnung auf die ‚Bedingung der Möglichkeit von', sondern auch medientechnisches Sedativum, das die Flugzeugkabine als technischen Raum überhaupt unsichtbar werden lässt, um Angstaffekte zu unterbinden. Dann werden Hinter- und Vordergrund aber tendenziell ununterscheidbar: In der vollständigen medientechnischen Ausfüllung der Kabine wird diese als eigener Raum der Tendenz nach eliminiert und durch einen Raum medientechnischer Simulation ersetzt, der sich wahlweise der Sedierung oder Aktivierung menschlichen Empfindens verschreibt.

7   Fazit

Die hier dargestellten, verschiedenen Vektoren der medientechnischen Durchdringung der Flugzeugkabine lassen sich kaum auf einen gemeinsamen Nenner bringen. Dies ist ihrem z. T. frühen Implementierungsstadium geschuldet, einerseits verursacht durch die kosten- und risikosensitiven Tendenz der Airline-Branche, die nur langsam neue Technologien adaptiert, andererseits durch die technische Komplexitätsdichte von zeitgenössischen Verkehrsflugzeugen, an denen Umbauten jeglicher Art per se kompliziert sind.

Gezeigt werden konnte jedoch, dass diese technischen Entwicklungen eben nicht ‚bloß' technischer Natur sind, sondern sich noch in die technischen Jargons von Patentschriften diskursive Legitimationsstrategien und Kalküle einnisten, die überhaupt die Bedingung der Möglichkeit von erfolgreicher Forschung und Applikation abgeben. Die Produktion von *ambiance* in der Flugzeugkabine changiert dabei in ihrer diskursiven Legitimation entsprechend beharrlich zwischen der Abstellung von Technik auf die präsupponierten Bedürfnisse von Menschen und der Zurichtung von Menschen auf die technische Umgebung zu ökonomischen Zwecken. Gerade weil die humanen Bedürfnisse aber selbst wiederum als ökonomische Interessen entweder des Handels und der Produktion (Geschäftsreise) oder des Konsums (Tourismus) imaginiert werden, erscheint diese doppelte Stoßrichtung der Implementierung von *ambient media* in der Flugzeugkabine aber gar nicht als Widerspruch, sondern als folgerichtige Kopplung der Eigeninteressen von Fluggesellschaft und Passagieren. Erscheint diese Kopplung im Feld des Kontraphobischen durchaus plausibel, so erweist sie sich in anderen Bereichen – siehe Bordverkauf – aber als gewollte Fiktion mit dem Zweck, Mensch und Technik in besonders ökonomischer Weise aneinander zu vermitteln.

Ausgetragen wird diese Vermittlung aber über die konkreten ästhetischen Objekte und Strategien, die sich auf den Hintergrund der Flugzeugkabine *in seiner Hintergründigkeit* beziehen. *Ambiance* ist mithin kein neutraler Austragungsort für die Kopplung von Mensch und Technik, sondern gerade in seiner spezifischen ästhetischen Ausprägung der Raum, in dem nicht nur Affekte und Stimmungen, sondern auch diskursive Rationalitäten zirkulieren, die über die Ko-Evolution von Mensch und Technik mitbestimmen.

Literatur

Airbus. 2008. System and method for guiding a passenger in an aircraft cabin. Patentschrift, Erfinder: Karl-Heinz Blechschmidt, Patentnr. EP1493662B1. https://worldwide. espacenet.com/publicationDetails/originalDocument?CC=EP&NR=1493149B1&KC =B1&FT=D&ND=1&date=20080507&DB=&locale=. Zugegriffen: 17. Febr 2017.

Airbus. 2016a. FAST. Flight airworthiness support technology. Airbus technical magazine. A380 special edition, November 2016. http://www.airbus.com/support/ publications/?eID=maglisting_push&tx_maglisting_pi1%5BdocID%5D=111807. Zugegriffen: 17. Jan 2017.

Airbus. 2016b. Airspace. PDF-Broschüre. http://assets.airbus.gravitycloud.io/wp-content/ uploads/2016/03/23131336/Airspace-by-Airbus_Cabin-Brand_Brochure1.pdf. Zugegriffen: 17. Febr 2017.

Airbus. 2017. Xtra wide cabin. http://www.a350xwb.com/cabin/. Zugegriffen: 17. Febr 2017.

Avanessian, Armen. 2017. *Miamification*. Berlin: Merve.

Boeing. 2006. Boeing 787 from the ground up. *Aero* 24 (4): 17–24.

Boeing. 2010. *747-400-passenger*. PDF-Präsentation. http://www.boeing.com/resources/ boeingdotcom/company/about_bca/startup/pdf/historical/747-400-passenger.pdf. Zugegriffen: 16. Jan 2017.

Boeing. 2015a. 777 Design highlights. http://www.boeing.com/commercial/777/?cm_re= March_2015-_-Roadblock-_-777#/design-highlights/interior/dynamic-led-lighting/. Zugegriffen: 17. Febr 2017.

Boeing. 2015b. Passenger experience. The luxurious 777X cabin. Bildergalerie. http://
    www.boeing.com/commercial/777x/gallery-experience/?cm_re=March_2015-_-Road-
    block-_-777X+Gallery+Experience#/interior. Zugegriffen: 17. Febr 2017.
Boeing. 2015c. *Lighting device to simulate natural motion.* Patentschrift, Erfinder: Mark
    Edward Eakins, Alexey Meerov, Martin Clive Adams, Patentnr. EP2921773A1. https://
    worldwide.espacenet.com/publicationDetails/originalDocument?CC=EP&NR=2921
    773A1&KC=A1&FT=D&ND=&date=20150923&DB=&locale=. Zugegriffen: 17.
    Febr 2017.
Boeing. 2016. Unique system and method of creating scenes within a moving vehicle such
    as an aircraft. Patentschrift, Erfinder: Jagdish T. Madhav, Patentnr. EP3068133A1.
    https://worldwide.espacenet.com/publicationDetails/originalDocument?CC=EP&NR=
    3068133A1&KC=A1&FT=D&ND=&date=20160914&DB=&locale=. Zugegriffen:
    17. Febr 2017.
Cheung, Bob. 2004. Nonvisual spatial orientation mechanisms. In *Spatial disorientation in
    aviation*, Hrsg. Fred H. Previc und William R. Ercoline, 37–94. Reston: American Insti-
    tute of Aeronautics and Astronautics.
Deleuze, Gilles. 1997. *Das Bewegungs-Bild Kino I.* Frankfurt a. M: Suhrkamp.
Diehl Aerospace. 2016. Vorrichtung zur Regelung der Helligkeit in einem Flugzeug.
    Patentschrift, Erfinder: Dirk-Achim Schevardo, Martin Bachhuber, Ralph Pätzold,
    Patentnr. DE102011018672B4. https://worldwide.espacenet.com/publicationDetails/ori
    ginalDocument?CC=DE&NR=102011018672B4&KC=B4&FT=D&ND=&date=20
    160107&DB=&locale=. Zugegriffen: 28. Febr 2017.
Diehl Aerosystems. 2017. Aircraft systems interior lighting systems. http://www.diehl.com/
    de/diehl-aerosystems/aircraft-systems/interior-lighting-systems.html. Zugegriffen: 20.
    Febr 2017.
Dorrian, Mark. 2009. The aerial image: Vertigo, transparency and miniaturization. *parallax*
    15 (4): 83–93.
Gentex. 2013. Flugzeugfenster. http://www.gentex.com/de/node/255. Zugegriffen: 20. Febr
    2017.
Govil, Nitin. 2004. Something spatial in the air. In-flight entertainment and the topogra-
    phies of modern air travel. In *Mediaspace. Place, scale and culture in a media age*,
    Hrsg. Nick Couldry und Anna McCarthy, 233–252. London: Routledge.
Griffiths, Alison. 2008. *Shivers down your spine. Cinema, museums, and the immersive
    view.* New York: Columbia University Press.
Groening, Stephen. 2008. Airspace, in-flight entertainment, and non-theatrical distribution.
    The Velvet Light Trap 62:4–14.
Groening, Stephen. 2014. *Cinema beyond territory. Inflight entertainment and atmospheres
    of globalisation.* New York: Palgrave Macmillan & BFI.
Groening, Stephen. 2016. „No one likes to be a captive audience": Headphones and in-
    flight cinema. *Film History* 28 (3): 114–138.
Icelandair. 2015. Nordlichter das ganze Jahr: Icelandair launcht neues Aurora Borealis
    Flugzeug. http://www.icelandair.de/neuigkeiten/artikel/nordlichter-das-ganze-jahr-ice-
    landair-launcht-neues-aurora-borealis-flugzeug. Zugegriffen: 17. Febr 2017.
Kocyba, Hermann. 2004. Aktivierung. In *Glossar der Gegenwart*, Hrsg. Ulrich Bröckling,
    Susanne Krasmann, und Thomas Lemke, 17–22. Frankfurt a. M.: Suhrkamp.
Langewiesche, William. 2010. *Aloft.* London: Penguin.

Mirza, Mansoor. 2008. Economic impact of airplane turn-times. *Aero* 32 (4): 15–20.

Osram. 2017. Increasing well-being during long distance flights. https://www.osram.com/osram_com/news-and-knowledge/the-biological-effects-of-light—light-means-quality-of-life/scientific-studies-on-the-biological-effects-of-light/airbus-study/index.jsp. Zugegriffen: 20. Febr 2017.

PPG Aerospace. 2015. Alteos interactive window systems. http://www.ppgaerospace.com/getdoc/18dce3cb-180e-45a1-ba7b-2bc1770143cc/Alteos.aspx. Zugegriffen: 20. Febr 2017.

Previc, Fred H., und William R. Ercoline. 2004. Spatial disorientation in aviation: Historical background, concepts, and terminology. In *Spatial disorientation in aviation*, Hrsg. Fred H Previc und William R. Ercoline, 1–36. Reston: American Institute of Aeronautics and Astronautics.

Ross, Sara. 2012. Invitation to the voyage: The flight sequence in contemporary 3D Cinema. *Film History* 24 (2): 210–220.

Rothöhler, Simon. 2009. „Roger, Roger?" Notizen zu einer kleinen Taxonomie filmischer Flugbilder. In *Fasten your seatbelt! Bewegtbilder vom Fliegen*, Hrsg. Judith Keilbach und Alexandra Schneider, 43–53. Münster: LIT.

Ryanair. 2001. The Ryanair Formula. PDF-Präsentation. https://www.ryanair.com/doc/investor/2001/a_report_colour_2001.pdf. Zugegriffen: 17. Febr 2017.

Saint-Exupéry, Antoine de. 2012. *Nachtflug.* 21. Aufl. Frankfurt a. M.: S. Fischer (Erstveröffentlichung 1931).

Schiff, Stacey. 2006. *Saint-Exupéry.* A biography. New York: Owl Books.

Schneider, Alexandra. 2009. Projektionen im Flugzeug, Videofilme im Aufzug: Gebrauchsfilme außerhalb des Kinos. In *Fasten your seatbelt! Bewegtbilder vom Fliegen*, Hrsg. Judith Keilbach und Alexandra Schneider, 141–151. Münster: LIT.

Sehl, Katie. 2016. Tricks of light. *apex.experience* 6 (3): 32.

Silva, Valerie. 2017. From the window to the wall: In-flight destination content covers new ground. *apex.experience* 7 (1): 30.

Stauff, Markus. 2009. Bewegungsexzesse/Raumtransformationen. Flugbilder und die Mobilitätskonstellation der Tour de France. In *Fasten your seatbelt! Bewegtbilder vom Fliegen*, Hrsg. Judith Keilbach und Alexandra Schneider, 67–90. Münster: LIT.

Tang, Christopher S., Joshua D. Zimmerman, und James I. Nelson. 2009. Managing new product development and supply chain risks: The Boeing 787 Case. *Supply Chain Forum. An International Journal* 10 (2): 74–86.

Vanhoenacker, Mark. 2015. *Skyfaring. A journey with a pilot.* London: Chatto & Windus.

Zodiac Aerotechnics. 2015. Virtual star illumination in a cabin of an aircraft and cabin attendant signal in such cabin. Patentschrift, Erfinder: Günter Boomgaarden, Rüdiger Meckes, Wolfgang Rittner, Michael Glück, Patentnr. US2015/0008282 A1. https://worldwide.espacenet.com/publicationDetails/originalDocument?CC=US&NR=2015008282A1&KC=A1&FT=D&ND=&date=20150108&DB=&locale=. Zugegriffen: 17. Febr 2017.

...especially the „ambient term," was a terrible thing

Ambient und Atmosphäre in der Computergrafik

Jens Schröter

> *Und man siehet die im Lichte/*
> *Die im Dunkeln sieht man nicht.*
> Bertolt Brecht

1   Einleitung

Seit Computertechnologien fähig sind, Bilder hervorzubringen, kann man nach deren Ästhetik, also ihren Formen und Gestaltungsweisen, fragen. Gerade im Zusammenhang mit populären computeranimierten Filmen und Computerspielen wurden und werden solche Fragen diskutiert (z. B. Schwingeler 2008; Hensel 2011; Beil 2012; Schröter 2014). Gibt es also auch eine *Ästhetik des Hintergrunds* in der Computergrafik? Und wäre das eine Ästhetik, die sich mit dem Begriff ‚Ambient' verbinden lässt? In einem ersten Schritt soll die oft schwierige Abgrenzung zwischen ‚Ambient' und ‚Atmosphäre' aufgegriffen werden. Der vorliegende Text nimmt als seinen Ausgangspunkt das Standardwerk *Computer graphics: principles and practice* (3. Auflage von 2014) von James D. Foley et al., denn „[i]t is widely considered a classic standard reference book on the topic of computer graphics, and is also known as *the bible of computer graphics* (due to its size)" (Wikipedia 2016). Dieses heilige Buch (im Folgenden als CGPP abgekürzt) wird nach den Termini ‚Ambient' und ‚Atmosphäre' durchsucht und davon ausgehend werden die Fragen des vorliegenden Aufsatzes gegliedert

J. Schröter (✉)
Universität Bonn, Lennéstr. 1, 53113 Bonn, Deutschland
E-Mail: schroeter@uni-bonn.de

© Springer Fachmedien Wiesbaden GmbH 2018   167
J. Schröter et al. (Hrsg.), *Ambient,* Neue Perspektiven der Medienästhetik,
https://doi.org/10.1007/978-3-658-19752-0_9

(Abschn. 2). Es wird sich erstens zeigen, dass es den Begriff ‚Ambient' in der Computergrafik tatsächlich gibt. Das *ambient light* spielt – in Form des mathematischen *ambient term* – eine durchaus wichtige Rolle (Abschn. 3). Die Wendung zum *ambient light* deutet schon an, dass die Frage nach einer Ästhetik des Hintergrunds in der Computergrafik wesentlich eine Frage nach dem des simulierten Lichts ist, welches die Szenerie erhellt. Dabei kann nicht die ganze Geschichte an Beleuchtungsmodellen aufgearbeitet und auch nicht die ganze Breite möglicher Gegenstände betrachtet werden. Daran schließt sich zweitens die Frage an: Welche Simulationen von ‚Atmosphäre' gibt es (und in welchem Sinne)? (Abschn. 4) In Abschn. 5 folgt ein kurzes Fazit. Es wird am Ende zu fragen sein, was eine Ästhetik des Hintergrunds in der Computergrafik sein kann und welche historiografischen Implikationen die hier vorgenommene, notwendig selektive, Rekonstruktion hat.

2   Ambient und Atmosphäre in CGPP

Der vorliegende Aufsatz verfolgt die diskursanalytische Methode, um das „Konstitutions- und Gültigkeitsfeld" (Foucault 1995, S. 11) ‚Computergrafik' für die Termini ‚Ambient' und ‚Atmosphäre' genauer zu bestimmen. Als Beispiel wird ein Standardlehrbuch herangezogen, eben CGPP. Darin kommt das Wort ‚ambient' immerhin zweiundsechzigmal vor (in Aufsatztiteln zweimal, im Index fünfmal und in Codebeispielen siebenmal, bleiben achtundvierzig Nennungen im Haupttext). ‚Atmosphere' kommt hingegen nur einmal und ‚atmospheric' elfmal vor (davon nur viermal im Haupttext, die restlichen Nennungen finden sich in Aufsatztiteln). Dieser erste grobe Befund lässt darauf schließen, dass ‚ambient' in der Computergrafik eine fundamentalere Bedeutung hat als ‚atmosphere' (und damit verwandte Termini). Die erste Nennung von ‚ambient', es geht um die frühe Computergrafik, liest sich wie folgt:

> Typical simplifying assumptions were that all objects reflected light more or less as flat latex paint does (although some more sophisticated reflectance models were used in a few systems), that light either illuminated a surface directly or bounced around in the scene so often that it eventually provided a general ambient light that illuminated things even when they weren't directly lit, and that the colors at the interior points of any triangle could be inferred from the colors computed at the triangle's vertices. Gradually, richer and richer models – of shape, of light, and of reflectance – were added, but even today the dominant model for describing the light in a scene includes the term ‚ambient', meaning a certain amount of light that's ‚all over the place in the scene' without any clear origin, ensuring that any object

that's visible in the scene is at least somewhat illuminated. This ad hoc term was added to address aspects of light transport, such as interobject reflections, that could not be directly computed with 1960s computers; but it remains in use today (Foley et al. 2014, S. 7 f.).

Dieser Passage kann man mindestens dreierlei entnehmen: *Erstens* bezeichnet ‚ambient' wesentlich ein ‚general ambient light that illuminated things even when they weren't directly lit', d. h. ein diffuses, indirektes Licht, dass aus den Interreflektionen zwischen verschiedenen Gegenständen in einer gegebenen Szene herrührt. Der Hintergrund ist hier also wesentlich die Menge aller anderen (angenommenen) Objekte, die Licht auf das zu modellierende Objekt reflektieren, sodass dort, wo kein direktes Licht hinfällt, kein absoluter Schatten herrscht. Die Ästhetik des Hintergrunds ist hier – so kann man vorläufig festhalten – die Abwehr der Dunkelheit und des Nichts, welche mit einem gleichmäßigen und diffusen Licht gefüllt werden (eine gewisse ästhetische Ähnlichkeit zur *Ambient Music* besteht also durchaus): „Ambient light ensures that each surface is illuminated to some degree, preventing unrealistic pure-black regions on surfaces facing away from light sources. (Such regions would, in the ‚real world,' be subjected to at least some level of interobject reflection.)" (Foley et al. 2014, S. 122).[1]

Zweitens ist ‚ambient' aber offenbar ein ‚ad hoc term [that] was added to address aspects of light transport, such as interobject reflections, that could not be directly computed with 1960s computers', also eine Notlösung, weil die tatsächliche Lichtverteilung in einer komplexen Szene zu berechnen extrem aufwendig wäre (wie immer wieder betont wird)[2]. Der ‚ambient term' folgt also nicht dem

---

[1]Am Rande: In Foley et al. (1990, Farbtafel II.20) gibt es ein Rendering des Uranus durch Jim Blinn zu bewundern. Dazu heißt es: „For example, in depicting Uranus in Color Plate 11.20, Blinn shined an extra light on the night side of the planet and stretched the contrast to make all features visible simultaneously – the night side of the planet would have been black otherwise. Taking liberties with physics can result in attractive, memorable, and useful pictures!" (Foley et al. 1990, S. 605 f.) D. h. manchmal kann auch die Schwärze realistisch sein. Mindestens zeigt sich, dass es nicht immer einfach ist, festzulegen, was ‚realistisch' ist.

[2]Selbst die ‚rendering equation' von Kajiya, ist, wie auch Kittler (2002, S. 193) betont, kein vollständiges Modell des Lichttransportes in einer Szene: „As an approximation to Maxwell's equation for electromagnetics [the rendering equation] does not attempt to model all interesting optical phenomena. It is essentially a geometrical optics approximation" (Kajiya 1986, S. 143). Doch ist diese Simplifikation nicht nur unvermeidlich, da eine vollständige Simulation auf Basis der Elektrodynamik, der speziellen Relativitätstheorie und der Quantenmechanik jeden Computer heute noch überfordern würde, sondern auch unnötig, da man auch mit einfacheren Modellen zu visuell überzeugenden Ergebnissen kommt – wie im Folgenden zu zeigen sein wird.

„ideal" der „physical simulation of light transport" (Foley et al. 2014, S. 8), sondern man liest vielmehr:

> From a modern viewpoint, this entire model, especially the ‚ambient term,' was a terrible thing: Instead of solving the underlying problem (light transport), you apply a ‚hack' in a completely different area (scattering at a point). But from the point of view of the engineering of the day, it was a reasonable choice: Doing accurate light-transport computations was clearly beyond the capacity of the computers of the day, while evaluating the more straightforward solution provided by Phong's model was relatively simple and drastically improved the empirical results. But you should not be fooled into thinking that the model has any physical basis (Foley et al. 2014, S. 722).

Und: „[A]mbient (a small constant amount of light, providing a gross simulation of interobject reflection)" (Foley et al. 2014, S. 134). Ambient ist also bloß eine ‚gross simulation', eine grobe Annäherung, die nicht einmal den Namen einer *Simulation* der Physik des Lichts verdient.[3] Der ‚ambient term' ist ein ‚hack', eine arbiträre, aber funktionale Setzung, darin eben (potenziell) eine ästhetische Entscheidung. Offenbar waren die Einschränkungen der Hardware (vgl. Kittler 1993) so groß, dass ein Workaround (vgl. Brohm et al. 2016) gefunden werden musste. Zugleich wird deutlich, dass es zumindest in Teilen der Forschung an Computergrafik[4] ein im Grunde an-ästhetisches Streben nach der exakten Verdopplung der visuellen Erscheinung der Welt gibt (Foley et al. 2014, S. 669–710, diskutieren ausführlich die Physik des Lichts). An-ästhetisch ist ein solches Streben deshalb, weil es keinen Platz für Form mehr lässt – denn Form kann nur Form sein, wenn sie auch anders sein kann.

---

[3]So schreibt der im Zitat erwähnte Phong (1975, S. 314): „To simulate a real physical object, then the shading model should in some way imitate real physical shading situations." Interessant ist also, dass der gescholtene Phong selber sehr wohl 1975 das Ziel verfolgte, ein ‚real physical object' zu ‚simulieren', dies aber, indem echte Beleuchtungssituationen *imitiert* werden. Zwischen simulieren und imitieren würde man medientheoretisch heute unterscheiden, insofern Simulation die Generierung (hier) eines Bildes auf der Basis eines Modells des Objekts, Imitation jedoch nur die Nachahmung seiner Erscheinung (wie z. B. in der Malerei) bedeutet – darauf sei gleich noch einmal zurückzukommen. Zum Begriff der Simulation siehe Gramelsberger (2010). Zur Differenzierung von Fiktion und Simulation siehe Kittler (1991) und den Kommentar dazu in Schröter (2016).

[4]Es gibt z. B. auch nicht-fotorealistisches Rendering (vgl. Gooch und Gooch 2001; Strothotte and Schlechtweg 2002). Die Filme von *Pixar* verbinden auf interessante Weise nicht-fotorealistisches mit fotorealistischem Rendering. Zum nicht-fotorealistischen Rendering gehört z. B. auch die Verwendung nicht-optischer Verfahren wie der Parallelperspektive, vgl. Beil und Schröter (2011).

Drittens ist aber umso interessanter, dass ,even today the dominant model for describing the light in a scene[5] includes the term ,ambient'". Und: ,it remains in use today'. Gegen alle Fortschrittserzählungen hin zu physikalisch immer korrekterer Simulation des Lichts scheint sich der bequeme Workaround ,ambient' bis heute durchzuhalten. Bekanntlich ist nichts langlebiger als gelungene Improvisation. Auch die Geschichte der Computergrafik ist keine teleologische Geschichte zur Realisation eines physikalischen Realismus-Ideals,[6] sondern letztlich eine Assemblage paralleler Serien[7] ganz verschiedener Verfahren, die je nach Verwendungszweck und Situation zum Einsatz kommen (Kittler (2002) hat darauf am Beispiel der Differenz von Ray Tracing und Radiosity bereits verwiesen). In Abschn. 3. wird die Geschichte des ,ambient term' an einigen, ob ihrer Signifikanz für die vorliegende Argumentation, ausgewählten Stationen rekonstruiert.

Die Atmosphäre (als ,atmosphere' oder ,atmospheric') ist in CGPP dagegen deutlich weniger zu finden. Die erste Stelle (von zweien) ist diese:

The classic application is atmospheric perspective, the relatively small-scale scattering of light by the atmosphere that desaturates distant objects in landscapes. A more extreme variation of the same principle is dense fog, which may be homogeneous over all space or vary in density with elevation. True atmospheric perspective necessarily involves exponential absorption with distance, but it is often artistically desirable to present arbitrary control over the absorption rate (Foley et al. 2014, S. 351).

Es wird sofort deutlich, warum ,ambient' der häufigere und zentralere Term ist als diejenigen, die zur Gruppe um ,Atmosphäre' gehören. Während der ,ambient term' ein grundsätzliches Problem adressiert, nämlich die Frage nach der diffusen Interreflektion des Lichts in einer gegebenen Szene, bezieht sich ,atmospheric' viel konkreter auf eine bestimmte Phänomenklasse, nämlich all jene Vorkommnisse (wie Nebel, Wolken, Regen etc.), die Bestandteil der Atmosphäre der Erde sind. Die Atmosphäre der Computergrafik ist also nicht – wie beispielsweise bei Luhmann (1995, S. 181) – eine Ästhetik relationaler Stellen, sondern schlicht

---

[5]Auch wenn das nicht explizit wird, dürfte es sich bei dem ,dominant model' um ein auf Ray Tracing oder auf Weiterentwicklungen des Ray Tracing basiertes Modell handeln, denn Ray Tracing enthält noch den ,ambient term', s. u.

[6]In der Computergrafik gibt es eine Spannung zwischen zwei Realismus-Idealen: dem der Simulation des Fotografischen und dem der Simulation des Verhaltens des Lichts (vgl. Schröter 2003).

[7]Zur medienhistoriografischen Nutzung von Foucaults (1995, S. 19 f.) Begriff der Serie siehe Schröter (2009, S. 28–41).

jene Luftmasse, welche die Erde umgibt. Die Ästhetik des Hintergrunds ist der
empirische Hintergrund von Outdoor-Szenen, die sich vor dem Himmel, der
Sonne, den Wolken und womöglich in Nebel und Regen ereignen.

Erstens ist an der Modellierung des Atmosphärischen interessant, dass es sich
dabei in der Regel um Phänomene handelt, die anders als die in Beleuchtungsmodellen (seien sie direkt oder global, s. u.) bevorzugten Objekte gerade *keine festen
bzw. genau definierten Oberflächen haben.*[8] All die Diskussionen um ‚surfaces‘,
‚surface coefficients‘ etc., die seit Gouraud,[9] Phong über das Ray Tracing (Whitted) und die Radiosity die Computergrafik beschäftigen, sind in Bezug auf Phänomene wie Wolken oder Nebel nicht zutreffend.

Zweitens zeigt sich, vergleichbar mit dem ‚ambient term‘, eine jedenfalls
gelegentlich willentliche Abweichung vom sonst so präsenten physikalistischen
Realismus, wie oben zitiert: ‚True atmospheric perspective necessarily involves
exponential absorption with distance, but it is often artistically desirable to present arbitrary control over the absorption rate.‘ Auch hier sieht man wieder eine
Spannung zwischen einem physikalistisch-realistischen Anspruch (‚true atmospheric perspective‘) und dem, was ‚artistically desirable‘ ist: Die ästhetische
Frage erscheint erneut als Spannung zwischen Simulation und Bildlichkeit, die
als zweidimensionale Repräsentation immer schon auf irgendeine Weise gestaltet
sein muss. In Abschn. 4 wird nur auf einen Aspekt aus der Geschichte des Atmosphärischen in der Computergrafik eingegangen.

3   Eine sehr kurze Archäologie des ‚ambient term‘

Im Folgenden soll die Geschichte der ‚ambient terms‘ bzw. des ‚ambient lights‘
knapp an vier Stationen rekonstruiert werden. Natürlich sind diese vier Stationen
letztlich willkürlich gewählt, aber es gibt Gründe für diese Auswahl, die in der
folgenden Darstellung genannt werden.

---

[8]Das gilt auch für Phänomene wie Feuer, die als solche vielleicht nicht im engeren Sinne
zur Atmosphäre gezählt werden (s. u.). Die Simulation der Oberfläche von bewegtem Wasser, das immerhin noch eine definierte, wenn auch raue, Oberfläche hat, ist ein Grenzfall,
dessen Medienarchäologie Roch (1998) mit Bezug auf Cook und Torrance (1982) beschrieben hat. Siehe dazu auch Schröter (2005).
[9]Das Shading-Modell von Gouraud (1971) war ein wichtiger Schritt, an dem sich der unten
ausführlicher diskutierte Phong abarbeitete.

Die *erste* Station ist das 1975 vorgestellte Beleuchtungsmodell von Bui Tuong Phong. Phong und sein Modell wurden oben schon in einem Zitat aus (Foley et al. 2014) bezüglich des ‚terrible' ‚ambient term' erwähnt. Obwohl es keineswegs das erste Beleuchtungsmodell war, verbesserte es die Ergebnisse deutlich, da es die Objekte plastischer aussehen lässt. Eine moderne Schreibung liefert Greenberg (Abb. 1 und 2):

Der hier entscheidende Punkt ist der Terminus I_a – also der ‚ambient term'. Er wird konstant auf alle Punkte aufaddiert, um so eine Grundbeleuchtung zu schaffen.

$$I = I_a + k_d \sum_{i=1}^{m} \mathbf{N} \cdot \mathbf{L} + k_s \sum_{i=1}^{m} (\mathbf{R} \cdot \mathbf{V})^n$$

Abb. 1 Greenbergs Darstellung von Phong, aus Greenberg (1989, S. 169). (Zur Erläuterung: *I* ist das gesamte berechnete, reflektierte Licht eines gegebenen Bildpunkts: k_d gibt das Maß der diffusen Reflexion an, also, wie Abb. 2 zeigt, das Licht, welches vom Punkt des Auftreffens des einfallenden Lichtes I (trifft am Punkt ein, auf dem die Oberflächen-Normale N steht) halbkugelförmig in alle Richtungen reflektiert wird. Die Summenfunktion Σ gibt mit m die Zahl der Lichtquellen und mit i den Index der Lichtquelle an. N und L sind zwei Vektoren, N die Oberflächen-Normale und L der Vektor der i-ten Lichtquelle: „Mathematically, the dot product between the unit normal vector and the unit light vector (N * L) yields the cosine of the angle between them" (Greenberg 1989, S. 169). k_s gibt das Maß der spekulären (wenn dieser Neologismus für den Glanzlicht-Terminus erlaubt ist) Reflexion an, die Summenfunktion hat dieselbe Aufgabe und (R * V)ⁿ beschreibt mit den beiden Vektoren R und V das Verhältnis zwischen dem Vektor der maximalen spekulären Reflektion und dem Blickpunkt, n ist ein Exponent, der die ‚Rauheit' der Oberfläche, also die Größe des Highlights bestimmt. I_a – also der ‚ambient term' – wird im Haupttext diskutiert.)

Abb. 2 Schematische Grafik des Phong-Modells, aus: Greenberg (1989, S. 167)

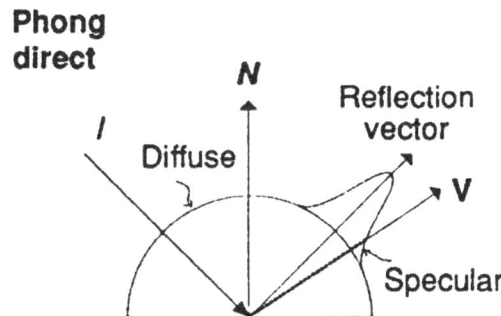

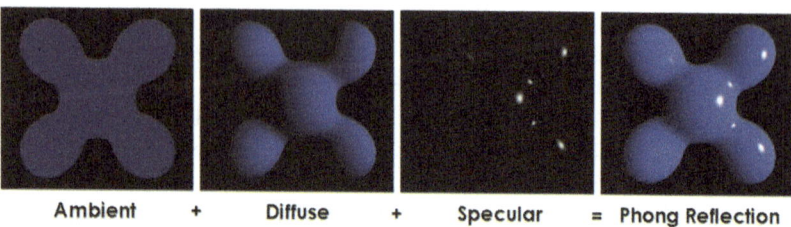

Ambient   +   Diffuse   +   Specular   = Phong Reflection

Abb. 3 Beispiel Phong Rendering, https://upload.wikimedia.org/wikipedia/commons/6/6b/
Phong_components_version_4.png

Abb. 3 zeigt anschaulich an einem Rendering die verschiedenen Ebenen. Das linke
Bild zeigt die uniforme Ambient-Beleuchtung.

Phongs Modell wurde 1992 als „most frequently used ‚standard' reflection
model" (Watt und Watt 1992, S. 41) bezeichnet – und noch 2014 kann man lesen:
„The current game industry standard for lighting models is Blinn-Phong BRDF
or models directly based on it" (Valient 2014, S. 68).[10] Interessant an Phongs
Modell sind hier folgende Punkte: *Erstens* taucht der ‚ambient term' in Phongs
ursprünglichem Paper gar nicht auf. Phong (1975, S. 315) schreibt, dass „the light
received by the eye is provided one part by the diffuse reflection and one part
by the specular reflection of the incident light […]". Er unterscheidet, heißt das,
diffuse Beleuchtung und die Glanzlichter – aber nicht die drei Termini Ambient,
Diffus und Glanzlicht. Davon ist erst in Blinns Darstellung 1977 die Rede. Schon
in Bezug auf sehr simple Beleuchtungsmodelle heißt es dort: „In addition, some
constant value is usually added to the intensity to simulate the effects of ambient
light on the surface. This assumes that a small amount of light falls on the surface
uniformly from all directions in addition to the main point light source" (Blinn
1977, S. 192). Und bei der Darstellung von Phongs Algorithmus schreibt Blinn

---

[10]Mit BRDF ist eine „bidirectional reflection distribution function" gemeint (vgl. Foley
et al. 2014, S. 353–358). Wichtig ist: Noch immer bestimmt die Leistungsfähigkeit der
Hardware, welcher Algorithmus eingesetzt wird (Kittler 1993; siehe auch Watt 2000, S.
342 f.). In diesem Sinne bemerkt auch Watt (1996, S. 158): „The evolution of rendering
techniques has been influenced by many factors other than the pursuit of image quality.
One of the strongest influences has been the development of graphics workstations with
hardware that implements various polygon-based rendering techniques." Ray Tracing und
Radiosity etwa sind (noch?) einfach zu rechenaufwändig, um gerade in Computerspielen
genutzt zu werden – also in Situationen, in denen andauernd schnell neue Bilder berechnet
werden müssen.

$$i = p_a + d\, p_d + s\, p_s$$

Abb. 4 Teil der Darstellung von Phongs Algorithmus bei Blinn (1977, S. 193)

neben dem diffusen und dem spekulären Terminus ganz selbstverständlich mit p_a den ‚ambient term' an (Abb. 4).

Insofern der ‚ambient term' ja konstant für jeden Punkt ist, muss er nicht immer angeschrieben werden, dennoch ist es auffällig, dass im ursprünglichen Paper von Phong keine Rede von ihm ist.[11] Dies könnte zunächst als Beleg für den diskontinuierlichen Charakter von Mediengeschichte verstanden werden.

Zweitens wird in der aktuellen Darstellung bei Foley et al. (2014, S. 722) betont, dass Phongs Modell in gewisser Weise ein ‚hack' ist. Es basiert nicht auf einem physikalischen Modell des Lichts, sondern auf der informellen Beobachtung der Lichtreflektion an Objekten und einer entsprechenden ‚ad hoc'-Justierung der Parameter. Daher wird Phongs Modell explizit als „phenomenological shading model" (Foley et al. 2014, S. 359) beschrieben, wobei phänomenologische Modelle wie folgt definiert sind: „Empirical/phenomenological models: These are models crafted to simulate some observed scattering phenomenon. The Phong model of Section 6.5.3 is an example" (Foley et al. 2014, S. 713) und: „Phenomenological models tend to approximate well those things that we, as humans, recognize as ‚phenomena'" (Foley et al. 2014, S. 725). Das heißt, Phongs Ansatz ist im Wortsinne ästhetisch (also abgeleitet von *aisthesis*, ‚Wahrnehmung'), insofern es kein physikalisches Modell des Lichts zugrunde

---

[11]Auch eine spätere Diskussion von Phongs Algorithmus beginnt mit der Aussage: „This classic reflection model, the most commonly used model in computer graphics, divides the reflectivity into a diffuse component and a specular component" (Watt 1992, S. 42). Diese Beschreibung ist also ganz nahe an Phongs ursprünglicher Darstellung, in der nur zwei Komponenten – ‚diffuse' und ‚specular' – unterschieden werden. Nur eine Seite weiter heißt es dann: „The common implementation of Phong's model is usually given in terms of unit vectors associated with the geometry of the point under consideration. Shortening the ambient, diffuse and specular subscripts to a, d and s respectively we have […]" (Watt 1992, S. 43) und dann wird eine Version der Phong-Gleichung angeschrieben. Doch plötzlich ist wieder das ‚ambient subscript' ins Spiel gekommen. Auch schon bei Cook und Torrance (1982, S. 7) heißt es lediglich: „Phong […] proposed a reflectance model for computer graphics that was a linear combination of specular and diffuse reflection."

legt, sondern nach Augenmaß operiert.[12] Von daher ist es keine bloße Anekdote, wenn Phong (1975, S. 311) am Beginn seines Papers schreibt:

> The quality of computer generated images of three dimensional scenes depends on the shading technique used to paint the objects on the cathode-ray tube screen. [...] Unlike a photograph of a real world scene, a computer generated shaded picture is made from a numerical model, which is stored in the computer as an objective description. When an image is then generated from this model, the human visual system makes the final subjective analysis. Obtaining a close image correspondence to the eye's subjective interpretation of the real object is then the goal. The computer system can be compared to an artist who paints an object from its description and not from direct observation of the object. But unlike the artist, who can correct the painting if it does not look right to him, the computer that generates the picture does not receive feedback about the quality of the synthetic images, because the human visual system is the final receptor.

Das Ziel ist zwar ein Realismus der Erscheinung, aber eben der *Erscheinung für die menschliche Wahrnehmung*. Daher bezieht Phong die Computergrafik nicht auf ein physikalisches Modell des Lichts und noch nicht einmal auf die Fotografie, sondern auf die Malerei, die das ästhetische Modell des ‚synthetischen Bildes' abgibt. Die (potenzielle und angesichts offenbar andauernder ‚hacks' wohl irreduzible) Nähe von Computergrafik und Malerei ist also den frühen Praktikern in ihren impliziten Medientheorien bewusst gewesen.

Demgegenüber beginnt eines der wesentlichen Gründungsdokumente der *zweiten Station* der sehr kurzen Archäologie des ‚ambient term', die sich unter der Hand als sehr kurze Archäologie von Beleuchtungsmodellen in der Computergrafik entpuppt, mit dem Satz: „A simple model for reflection of light from perfectly smooth surfaces is provided by classical ray optics" (Whitted 1980, S. 344). Es geht um eines der frühesten[13] und wichtigsten Papiere in der Geschichte des Ray Tracing, des Strahlverfolgungsverfahrens, das auch von Kittler (2002, S. 185–188) dargestellt wird. Hier wird ganz explizit auf ‚ray optics', also die geometrische Optik, verwiesen.[14] Diese ist zwar von heute aus betrachtet

---

[12]Für die Nähe von Phänomenologie und Ästhetik kann man Husserl (1993) als Kronzeugen heranziehen.

[13]Um medienarchäologisch genau zu bleiben, lese man Appel (1968).

[14]Das zeigt, dass das Ray Tracing Teil der Serie der geometrischen Optik ist (vgl. auch Roch 1998, S. 229–235) und allzu sukzessionistische medienhistorische Modelle, die etwa einen abrupten Übergang von geometrischer zu physiologischer Optik im 19. Jahrhundert postulieren, problematisch sind (vgl. Schröter 2009, S. 40).

$$I = I_a + k_d \sum_{j=1}^{j=ls} (\bar{N} \cdot \bar{L}_j) + k_s S + k_t T, \tag{2}$$

where

$S = $ the intensity of light incident from the $\bar{R}$ direction,
$k_t = $ the transmission coefficient,
$T = $ the intensity of light from the $\bar{P}$ direction.

Abb. 5 Ray Tracing Algorithmus nach Whitted (1980, S. 344)

nicht mehr die physikalisch vollständige und korrekte Theorie des Lichts (als solche gilt seit dem 19. Jahrhundert die Wellen- und dann die Quantenoptik, vgl. Buchwald 1989 und Fox 2006), doch ist die geometrische Optik für die Beschreibung der Interaktion makroskopischer Strukturen (wie den in der Computergrafik so beliebten herumschwebenden Glas- oder Metallkugeln oder den noch beliebteren Teekannen aus Utah, vgl. Crow 1987) mit dem Licht praktisch ausreichend, dabei aber erheblich einfacher zu berechnen als Wellen- und/oder Quantenmodelle des Lichts. *Erstens* zieht hier somit das Konzept einer Simulation der Beleuchtung einer Szene im Wortsinne, also basierend auf einem Modell des Lichts, in die Computergrafik ein. *Zweitens* ist es, anders als dasjenige von Phong oder von Blinn, ein globales Beleuchtungsmodell (vgl. Greenberg 1989; Watt 2000, S. 275–305). Es beschreibt das Licht *in der Szene* und nicht bloß das Licht an einem Objekt, wie in den lokalen oder direkten Beleuchtungsmodellen, in denen das von der – implizierten – Szene reflektierte Licht eben nur als ad hoc eingeführter ‚ambient term‘ vorgetäuscht wird.[15] Die Details des Ray Tracing-Verfahrens und seine typische klare, von Schlagschatten geprägte Ästhetik brauchen hier nicht im Detail dargestellt zu werden (vgl. Watt 2000, S. 342–369). Man könnte vermuten, ein globales Modell wie das des Ray Tracing, insofern es auch die Interreflektion der Lichtstrahlen zwischen den Objekten einer Szene modelliert, benötige keinen ‚ambient term‘ mehr. Sehen wir uns dazu den Algorithmus von Whitted (1980) an (Abb. 5):

Obwohl das Ray Tracing ein globales Beleuchtungsmodell ist, enthält es wieder einen ‚ambient term‘ I_a. Warum ist das so? Greenberg (1989, S. 171) schreibt: „The

---

[15]Vgl. Foley et al. (2014, S. xxviii): „direct-lighting-plus-ambient approximations".

constant ambient term is also similar, but the global illumination, which accounts
for the increased realism of the images, is represented by the addition of the global
reflected and global transmitted terms." Aus dieser Beschreibung wird noch nicht
deutlich, warum ein ‚ambient term' nötig ist. Erneut ist der springende Punkt, dass
ein physikalisch weitgehend vollständiges globales Beleuchtungsmodell (Kajiyas
1986) *rendering equation* umsetzen müsste. Doch die *rendering equation* hat keine
„analytical or numerical solution" (Watt 2000, S. 288). Daher sind das Ray Tracing
und die (weiter unten zu besprechende) Radiosity nur partielle Annäherungen an
eine Annäherung:

> Two established (partial) global algorithms have now emerged. These are ray tra-
> cing and radiosity and, for reasons that will soon become clear, they both, in their
> most commonly implemented forms, simulate only a subset of global interaction:
> ray tracing attending to (perfect) specular interaction and radiosity to (perfect) dif-
> fuse interaction. In other words, current practical solutions to the problem deal with
> its inherent intractability by concentrating on particular global interactions, ignoring
> the remainder and by considering interactions to be perfect. In the case of specular
> interaction ‚perfect' means that an infinitesimally thin beam hitting a surface reflects
> without spreading – the surface is assumed perfect. In the case of perfect diffuse
> interaction we assume that an incoming beam of light reflects equally in all direc-
> tions into the hemisphere centred at the point of reflection (Watt 2000, S. 276).

Durch die notwendige Aufteilung der spekulären und der diffusen Interaktion auf
zwei Verfahren bleibt auch im Ray Tracing nichts übrig als einen ‚ambient term'
einzubeziehen, der immer noch die gleiche Funktion hat: nämlich die diffuse (und
nicht spekuläre!) Interreflektion zu imitieren, um einen realistischeren Bildein-
druck zu erzeugen. Ray Tracing „only models one aspect of the light interaction
– that due to perfect specular reflection and transmission. The interaction between
diffusely reflecting surfaces, which tends to be the predominant light transport
mechanism in interiors, is still modelled using an ambient constant (in the local
reflection component of the model)" (Watt 2000, S. 306).

Die *dritte* Station der Archäologie ist das Radiosity-Verfahren. Das erste
Papier zum Radiosity-Verfahren stammt von Cindy Goral et al. aus dem Jahr
1984. Radiosity operiert sehr anders als Ray Tracing (und als lokale bzw. direkte
Beleuchtungsmodelle ohnehin), weswegen es keines ‚ambient term' mehr bedarf –
es wird sozusagen alles Ambient. Daher heißt es auch explizit: „Many existing
reflection models require the addition of an ambient or background illumination
term. The magnitude of this ambient term is usually specified arbitrarily. The pro-
cedure described in this paper correctly accounts for not only the ‚global ambient' term […], but also the object-to-object reflection between diffuse surfaces"
(Goral et al. 1984, S. 214; vgl. Foley et al. 2014, S. 839). Im Radiosity-Verfahren,

das alle Objekte in der Szene als aus diffus reflektierenden Flächen zusammengesetzt beschreibt, ist der ‚ambient term' obsolet geworden. Dies ist aber keinesfalls als Fortschrittsgeschichte der Computergrafik zu verstehen: Radiosity kann nämlich keine spekulären Reflexionen einschließen (und wird daher beispielsweise für die Simulation diffus beleuchteter Innenraumszenen verwendet)[16] und ist – ähnlich wie Ray Tracing – rechenaufwendig und daher kostspielig, sodass weiterhin ältere Verfahren wie Blinn/Phong, die einen ‚ambient term' einschließen, genutzt werden.

Dies zeigt sich schließlich an der *vierten* und abschließend nur kurz zu nennenden Station: 1998 publizieren Zhukov et al. ein Paper mit dem Titel „An Ambient Light Illumination Model", in dem es direkt zu Beginn explizit heißt: „In this paper we introduce an empirical ambient light illumination model. The purpose of the development of this model is to account for the ambient light in a more accurate way than it is done in Phong illumination model, but without recoursing to such expensive methods as radiosity" (Zhukov et al. 1998, S. 45).[17] Wieder und wieder sind es die „costs" (das Wort fällt z. B. unzählige Male in Foley et al. 2014), die einen Einsatz scheinbar historisch überholter Modelle oder anderer ‚hacks' erforderlich machen.

4   Eine noch kürzere Archäologie der Atmosphäre

Wie bereits erwähnt, liegen die Termini ‚ambient' und ‚atmosphere' in der Computergrafik nicht auf der gleichen kategorialen Ebene. Während ersterer das grundsätzliche Problem der interreflektiven Lichtverteilung in einer gegebenen Szene beschreibt, bezeichnet letzterer alle mit der planetaren Atmosphäre zusammenhängenden Phänomene (wie Nebel, Regen, Dunst, Wolken etc.). ‚Ambient' bezieht

---

[16]Also ideal etwa für architektonische Praxis.

[17]Auf die wichtigen Forschungen und Diskussionen zu ‚ambient occlusion', die aus Zhukov et al. (1998) folgen, gehe ich hier nicht detaillierter ein, siehe dazu etwa Kontkanen und Laine (2005). Dort heißt es: „Multiplying the classical ambient term (Phong 1975) with $1-A$ gives a much better looking result than the dull constant, because the ambient occlusion is able to approximate effects that are otherwise attainable only by computing full global illumination. For instance, sharp corners appear darker than open areas and objects cast plausible contact shadows on the surfaces they are resting on. Compared to a full global illumination solution, ambient occlusion is significantly faster to compute" (Kontkanen und Laine 2005, S. 41). Entscheidend ist, dass auch 2005 noch ganz selbstverständlich mit Variationen von Phong gearbeitet wird. A bezieht sich dabei auf „attenuation of ambient light due to the occlusion of nearby geometry" (Kontkanen und Laine 2005) und wird durch eine in der Quelle gegebene Gleichung beschrieben.

sich auf die Beleuchtung modellierter Objekte, ‚atmosphere' (und ‚atmospheric'),
neben solchen Phänomenen wie dem der Luftperspektive,[18] auf das Modellieren
von Objekten, die keine feste Oberfläche haben. Es wäre sinnlos, das historische
Auftauchen aller dieser Phänomene in der Computergrafik im Detail rekonstruie-
ren zu wollen. Wichtig ist hingegen der generelle Hinweis, dass das Paradigma der
Oberfläche, an dem sich die oben diskutierten Beleuchtungsmodelle orientieren,
eben keineswegs auf alle Vorkommnisse der Welt zutrifft. In einem der zentralen
Aufsätze zum Verfahren der Partikelsynthese heißt es: „Modeling phenomena such
as clouds, smoke, water, and fire has proved difficult with the existing techniques
of computer image synthesis. These ‚fuzzy' objects do not have smooth, well-defi-
ned, and shiny surfaces; instead their surfaces are irregular, complex, and ill defined" (Reeves 1983, S. 359). Die genannten Phänomene müssen offenbar anders
modelliert werden:

> First, an object is represented not by a set of primitive surface elements, such as
> polygons or patches, that define its boundary, but as clouds of primitive particles
> that define its volume. Second, a particle system is not a static entity. Its particles
> change form and move with the passage of time. New particles are ‚born' and old
> particles ‚die.' Third, an object represented by a particle system is not determinis-
> tic, since its shape and form are not completely specified. Instead, stochastic proces-
> ses are used to create and change an object's shape and appearance (Reeves 1983,
> S. 359 f.).

Aus diesem Grund kann eine Einführung in die Computergrafik auch nicht z. B.
auf Ray Tracing und Radiosity reduziert werden, die eben beide dem Paradigma
der Oberfläche verpflichtet sind (dies als Kritik an Kittler 2002). Objekte bestehen in der Partikelsynthese nicht mehr aus Flächen, sondern aus Ansammlungen
von Punkten, die z. B. Wolken modellieren.[19]

---

[18]Die zweite Stelle, an der im Text ein Wort wie ‚atmospheric' vorkommt, ist Foley et al.
(2014, S. 942): „We index into the vertical coordinate using distance from the eye so that
more-distant points are bluer, resulting in a weak approximation of atmospheric perspective, which is based on the observation that in outdoor scenes, more-distant objects (e.g.,
mountains) tend to look bluer, and hence we can provide a distance cue by mimicking
this." Hier geht es also um die klassische, aus der Malerei seit langer Zeit bekannte Beobachtung, dass entferntere Objekte wegen des Durchblicks durch die Luft blauer erscheinen.
[19]In Kittler (1991, S. 212) wird aber über Computeralgorithmen, die Meereswellen
beschreiben, nachgedacht.

5   Fazit

Es lässt sich festhalten: Die Ausdrücke ‚ambient' und ‚atmosphere' kommen beide in der Computergrafik vor, sind jedoch von unterschiedlicher Wichtigkeit: ‚Ambient' bezeichnet ein grundsätzliches Problem der Beleuchtung komplexer Szenen, während ‚atmosphere' eine Klasse zu modellierender Objekte bezeichnet. Die Ästhetik des Hintergrunds in der Computergrafik hat sozusagen eine transzendentale Seite (die des ‚ambient light', das auch den Schatten erhellt) und eine empirische (die der Wolken, des Nebels und des Regens). Folgende vorsichtige Schlussfolgerungen können gezogen werden:

a. *Medienhistoriografie I: Die Heterogenität der Computergrafik:* Die herausstechende – und für die Theorie der Computergrafik keineswegs zu vernachlässigende – Eigenschaft der unter ‚atmosphere' versammelten Phänomene besteht darin, keine feste Oberfläche zu haben, wohingegen ‚surface' ein für alle Beleuchtungsmodelle (ob sie einen ‚ambient' term enthalten oder nicht) zentraler Begriff ist. Daher scheint es zu vereinfachend, wenn behauptet wird, der „Betrachter eines Computerbildes" sehe „die Oberflächen sichtbar gemachter Feinde" (Roch 1998, S. 252). Computergrafik ist für solche Aussagen zu heterogen,[20] zumal nicht alle Algorithmen, wie der durch Roch analysierte von Cook und Torrance (1982), auf Daten aus dem Zweiten Weltkrieg beruhen. Sowohl Reeves' (1983) Algorithmus zur Partikelsynthese, der zum ersten Mal im Science Fiction-Kino eingesetzt wurde,[21] als auch die Weiterentwicklung der ‚ambient occlusion' im Rahmen der Softwareentwicklung bei *Pixar* (Kontkanen und Laine 2005, S. 41) zeigen, dass Computergrafik neben militärischen Wurzeln v. a. auch solche in der Unterhaltungsindustrie hat. Hieraus folgt:

b. *Physikalismus und Ästhetik:* In der Computergrafik existiert eine Spannung zwischen einem physikalistischen Realismus (manchmal zusätzlich in Spannung mit einem ‚fotorealistischen' Realismus) und der Idee einer gezielten, ästhetischen Gestaltung von Bildern. Letztere ist aber keineswegs immer Resultat gewollter ästhetischer Abweichung vom physikalistischen Ideal, sondern kann

---

[20]Z. B. existieren zahlreiche weitere Beleuchtungsmodelle, auf die hier nicht eingegangen werden konnte.

[21]Sicher, Reeves (1983, S. 360) verweist selber darauf, dass bestimmte frühe Entwicklungen punktzentrierter Systeme in Flugsimulatoren stattfanden, aber daraus kann man nur mit großer Mühe schließen, dass eine wie auch immer geartete militärische Prägung der Computergrafik sich auch in Entwicklungen durchhält, die ab den späten 1970er Jahren zunehmend von Hollywood und dann von der Computerspieleindustrie gefördert wurden.

Ausdruck eines (zumal zu Beginn der Entwicklung) hardware-bedingten Mangels sein oder zeigen, dass auch einfachere, phänomenologische Lösungen überzeugen können. Die vielfältigen Formen der Computergrafik hängen auch mit ihren vielfältigen Einsatzbereichen (Militär, Wissenschaft, Unterhaltung, diversen technischen Plattformen) zusammen, in denen mal Realismus, mal geringer Ressourcenverbrauch und mal einfach vielfältige stilistische Möglichkeiten gefragt sind. So verweist etwa Beil (2012, S. 23 f.) darauf, dass in der Geschichte der Computerspiele keineswegs eine einfache Fortschrittsgeschichte hin zu immer größerem ‚fotografischem‘ oder ‚physikalistischem‘ Realismus nachgezeichnet werden kann, sondern heute verschiedene Optionen nebeneinander bestehen und verwendet werden. Insofern ist es reduktionistisch (und implizit auf einen physikalistischen Realismus zentriert), wenn Kittler (2002) nur Ray Tracing und Radiosity diskutiert. Auch Rochs (1998) Darstellung von Cook und Torrance (1982) konzentriert sich nur auf den physikalisch-realistischen Aspekt, dabei gilt: „The Cook and Torrance model clearly works but the reader should bear in mind that the approach is really a linear combination of a number of completely different models and approximations" (Watt 1992, S. 60; auch Cook und Torrance (1982) enthält einen ‚ambient term‘).

c. *Medienhistoriografie II:* Gerade die Rolle, die die Computergrafik für die Unterhaltungsindustrie hat, macht eine Reformulierung der Idee des ‚Fortschritts‘ in der Computergrafik zunichte: „Despite the subsequent development of ‚global‘ techniques, such as ray tracing and radiosity, Phong shading has remained ubiquitous. This is because it enables reality to be mimicked to an acceptable level at reasonable cost" (Watt 2000, S. 171). Unabhängig von der Frage nach dem Realismus kann man festhalten, dass ältere Lösungen – und seien sie bloß ‚hacks‘ – durch neue selten verdrängt werden. Nicht eine Ordnung folgt auf die nächste, sondern es existieren parallel laufende Serien. Die Pointe am Zitat von Watt (2000) (und vielen anderen) ist der unausgesetzte Verweis auf die ‚costs‘. Computergrafik ist einer der „üblichen digitalen Kompromisse zwischen Ingenieuren und Betriebswirten" (Kittler 2002, S. 179). Das heißt aber auch, dass folgende Feststellung nicht ganz richtig ist: „Einzig im Namen der Ungeduld beruht alle existierende Computergrafik auf Idealisierungen" (Kittler 2002, S. 184). Es ist nicht bloß die Ungeduld, sondern es sind die Kosten, die bestimmte Rückgriffe erzwingen. Die Geschichte der Computergrafik kann nicht – wie Kittler nahelegt – als Geschichte abstrakter Modelle, die rein mathematischen Erwägungen oder der Ungeduld einzelner Programmierer unterliegen, geschrieben werden, sondern nur als die Geschichte jener militärischen, massenmedialen oder sonstigen Industrien, die sie entwickelt und eingesetzt haben. Eine solche Geschichte ist indes erst noch zu schreiben.

Literatur

Appel, Arthur. 1968. Some techniques for shading machine renderings of solids. *Spring joint computer conference AFIPS '68*:37–45.

Beil, Benjamin. 2012. *Avatarbilder. Zur Bildlichkeit des zeitgenössischen Computerspiels.* Bielefeld: transcript.

Beil, Benjamin, und Jens Schröter. 2011. Die Parallelperspektive im digitalen Bild. *Zeitschrift für Medienwissenschaft* 4 (1): 127–138.

Blinn, James. 1977. Models of light reflection for computer synthesized pictures. *ACM SIGGRAPH computer graphics* 11 (2): 192–198.

Brohm, Holger, et al., Hrsg. 2016. *Ilinx 4. Workarounds. Praktiken des Umwegs.* Hamburg: Philo Fine Arts.

Buchwald, Jed Z. 1989. *The rise of the wave theory of light: Optical theory and experiment in the early nineteenth century.* Chicago: University of Chicago Press.

Cook, Robert L., und Kenneth E. Torrance. 1982. A reflectance model for computer graphics. *ACM transactions on graphics* 1 (1): 7–24.

Crow, Frank. 1987. The origins of the teapot. *IEEE computer graphics and applications* 7 (1): 8–19.

Foley, James D., et al. 1990. *Computer graphics: Principles and practice,* 2. Aufl. Reading: Addison-Wesley.

Foley, James D., et al. 2014. *Computer graphics: Principles and practice,* 3. Aufl. Upper Saddle River: Addison Wesley.

Foucault, Michel. 1995. *Archäologie des Wissens*, 7. Aufl. Frankfurt a. M.: Suhrkamp.

Fox, Mark. 2006. *Quantum optics. An introduction.* Oxford: Oxford University Press.

Gooch, Bruce, und Amy Gooch. 2001. *Non-photorealistic rendering.* Natick: AK Peters.

Goral, Cindy M., et al. 1984. Modeling the interaction of light between diffuse surfaces. *ACM SIGGRAPH computer graphics* 18 (3): 213–222.

Gouraud, Henri. 1971. Continuous shading of curved surfaces. *IEEE transactions on computers* C-20 (6): 623–629.

Gramelsberger, Gabriele. 2010. *Computerexperimente. Zum Wandel der Wissenschaft im Zeitalter des Computers.* Bielefeld: transcript.

Greenberg, Donald. 1989. Light reflection models for computer graphics. *Science* 244 (4901): 166–173.

Hensel, Thomas. 2011. *Nature Morte im Fadenkreuz. Bilderspiele mit dem Computerspiel.* Trier: Fachhochschule Trier.

Husserl, Edmund. 1993. Phänomenologisches und ästhetisches Schauen. Brief an Hofmannsthal. In *Arbeit an den Phänomenen. Ausgewählte Schriften*, Hrsg. Bernhard Waldenfels, 118–121. Frankfurt a. M.: Fischer.

Kajiya, Jim T. 1986. The rendering equation. *ACM SIGGRAPH computer graphics* 20 (4): 143–150.

Kittler, Friedrich. 1991. Fiktion und Simulation. In *Aisthesis. Wahrnehmung heute oder Perspektiven einer anderen Ästhetik,* 2. Aufl., Hrsg. Karlheinz Brack und Peter Gente, 196–213. Leipzig: Reclam.

Kittler, Friedrich. 1993. Es gibt keine Software. In *Draculas Vermächtnis. Technische Schriften*, Hrsg. Friedrich Kittler, 255–242. Leipzig: Reclam.

Kittler, Friedrich. 2002. Computergraphik. Eine halbtechnische Einführung. In *Paradigma Fotografie. Fotokritik am Ende des fotografischen Zeitalters*, Bd. 1, Hrsg. Herta Wolf, 178–195. Frankfurt a. M.: Suhrkamp.

Kontkanen, Janne, und Samuli Laine. 2005. Ambient occlusion fields. *ACM Symposium on interactive 3D graphics and games* (I3D 2005): 41–48.

Luhmann, Niklas. 1995. *Die Kunst der Gesellschaft*. Frankfurt a. M.: Suhrkamp.

Phong, Bui Tuong. 1975. Illumination for computer generated pictures. *Communications of the ACM* 18 (6): 311–317.

Reeves, William T. 1983. Particle systems – a technique for modeling a class of fuzzy objects. *Computer Graphics* 17 (3): 359–375.

Roch, Axel. 1998. Computergraphik und Radartechnologie. Zur Geschichte der Beleuchtungsmodelle in computergenerierten Bildern. In *Geschichte der Medien*, Hrsg. Manfred Faßler und Wulf R. Halbach, 227–254. München: Fink.

Schröter, Jens. 2003. Virtuelle Kamera. Zum Fortbestand fotografischer Medien in computergenerierten Bildern. *Fotogeschichte* 88 (23): 3–16.

Schröter, Jens. 2005. MetaMorphing. Camerons Analysen der digitalen Bilder in THE ABYSS und TERMINATOR 2: JUDGEMENT DAY. In *Mythen, Mütter, Maschinen. Das Universum des James Cameron*, Hrsg. Eckhard Pabst, 289–315. Kiel: Ludwig.

Schröter, Jens. 2009. *3D. Zur Geschichte, Theorie und Medienästhetik des technisch-transplanen Bildes*. München: Fink.

Schröter, Jens. 2014. Bildlichkeit und Narration in Monsters, Inc. *Film-Konzepte* 33 (2): 29–42.

Schröter, Jens. 2016. Überlegungen zu Medientheorie und Fiktionalität. In *Fiktion im Vergleich der Künste und Medien*, Hrsg. Anne Enderwitz und Irina O. Rajewsky, 97–124. Berlin: De Gruyter.

Schwingeler, Stephan. 2008. *Die Raummaschine. Raum und Perspektive im Computerspiel*. Boizenburg: Hülsbusch.

Strothotte, Thomas, und Stefan Schlechtweg. 2002. *Non-photorealistic computer graphics. Modeling, rendering, and animation*. San Francisco: Morgan Kaufmann.

Valient, Michal. 2014. Lighting and shading. In *GPU Pro⁵. Advanced rendering techniques*, Hrsg. Wolfgang Engel, 65–100. Boca Ratton: CRC Press.

Watt, Alan. 1996. Rendering techniques: Past, present and future. *ACM Computing Surveys* 28 (1): 157–159.

Watt, Alan. 2000. *3D computer graphics*, 3. Aufl. Harlow: Addison Wesley.

Watt, Alan, und Mark Watt. 1992. *Advanced animation and rendering techniques: Theory and practice*. New York: ACM Press.

Whitted, Turner. 1980. An improved illumination model for shaded display. *Communications of the ACM* 23 (6): 343–349.

Wikipedia. 2016. Computer graphics: Principles and practice. https://en.wikipedia.org/wiki/Computer_Graphics:_Principles_and_Practice. Zugegriffen: 01. Nov. 2016.

Zhukov, Sergey, et al. 1998. An ambient light illumination model. Rendering techniques '98. In *Proceedings of the eurographics workshop in Vienna, Austria, June 29–July 1, 1998*, Hrsg. George Drettakis und Max Nelson, 45–55. Wien: Springer.

It Moves, It Feels

Arbeit an der guten Laune

Heiner Wilharm

Britische Industrie-Psychologen hatten schon vor dem Zweiten Weltkrieg Untersuchungen angestellt, wie man den Fehltagen in den Betrieben durch gezielt gesetzte musikalische Stimmungsimpulse beikommen könne. Im England der 1930er-Jahre ging es darum, mit dem Einsatz der sogenannten *functional music* für Produktivitätssteigerungen zu sorgen, vorrangig in der Rüstungsindustrie. Später, zuerst in den USA, rückte das Verhalten von Konsumenten in den Fokus des Interesses der Stimmungsforscher. Aus Pennsylvania hatte man gehört, dass die Kühe mehr Milch gäben, wenn im Stall *„An der schönen blauen Donau"* gespielt würde. Offenbar dachte man daran, ähnlich nicht nur mit der Laune von Arbeitern zu verfahren, sondern auch mit der Kauflust von Verbrauchern.

1   *Muzak* und *Mood Media*

Heute kann man die frühen Versuche ökonomisch interessierter Affekt-Modulation in einer der Geschichten des Muzak nachlesen. „Muzak" soll eine Wortbildung der Gründer des Medienunternehmens gleichen Namens sein. Man hoffte, die Vermarktung des Produktionsmediums Musik würde ähnlich erfolgreich werden wie die mit dem Namen *Kodak* verbundene Vermarktung visueller Eindrücke und der

---

Massumi (2002, S. 1).

H. Wilharm (✉)
Fachbereich Design, Fachhochschule Dortmund, Dortmund, Deutschland
E-Mail: wilharm@fh-dortmund.de

© Springer Fachmedien Wiesbaden GmbH 2018   185
J. Schröter et al. (Hrsg.), *Ambient,* Neue Perspektiven der Medienästhetik,
https://doi.org/10.1007/978-3-658-19752-0_10

dazu dienlichen Technik. Die *Muzak-Corporation* war tatsächlich erfolgreich: Zu Beginn der 1980er-Jahre hörten 80 Mio. Menschen das von *Muzak* über Satelliten in 19 Länder ausgestrahlte Programm. Das Geschäft mit der sogenannten *background music* hatte sich zum Bestseller entwickelt. *Muzak* wurde zum Eigennamen für Hintergrundmusik schlechthin. Der Begriff hielt Einzug in die Wörterbücher. Als deutsche Übersetzungen findet man „Kaufhausmusik", „Fahrstuhlmusik", „Berieselungsmusik" – oder auch „Musikberieselung". Mitte der 1980er stellte der Konzern ein überarbeitetes Radio-Programm vor, das nicht nur auf eigenen Produktionen, sondern auch auf Arbeiten und Auftritten exklusiv vom Unternehmen unter Vertrag genommener Künstler fußte. Es trug nicht zufällig den Titel „*Foreground Music One*". Doch die Kommunikationsstrategie blieb dem früh schon angesteuerten Geschäftsmodell treu.

Das Modell ist in verschiedener Hinsicht bemerkenswert. Die Medienangebote, die man zu vermarkten gedachte, waren nicht ausschließlich für den unterhaltungsinteressierten Endkunden mit passenden Empfangs- und Abspielgeräten vorgesehen. Zunehmend wichtiger wurden Kunden, die sich für bestimmte Programmpakete interessierten, um sie in eigenen Geschäftsbereichen für die Kommunikation mit einem eigenen Publikum zu verwerten. Die *Muzak*-Produkte hatten sich damit als *mood media,* als „Stimmungsmedien", zu qualifizieren. Die Orientierung des Geschäftsmodells auf eine kommerzielle Weiterverwertung dieser Art führte zum einen zu einer Ausweitung des Angebots von Musik- auf Bild- und Bewegtbild-, aber auch andere Medienapplikationen, die geeignet waren, die Sinne von Verbrauchern anzusprechen, um sie in Kauflaune zu versetzen. Zum Beispiel wurden Gerüche und Düfte mit ins Kalkül gezogen. Das Geschäft sollte sich auf beim Adressaten zu erreichende psychologische und Verhaltenseffekte konzentrieren und dieses Ziel schon bei der Fabrikation der diversen Medienprodukte klar definieren. Dazu brauchte es Forschung und zur Evaluation der Ergebnisse die wissenschaftliche Begleitung einschlägiger Projekte. Schließlich legte das Geschäftsmodell nahe, auch jene privaten und öffentlichen Interessenten an Stimmungsmedien anzusprechen, die sich von ihrem Einsatz ebenfalls geschäftsbelebende Wirkungen erwarteten: im Bereich der Wirtschaft, dort, wo es nicht unmittelbar um Kauf und Konsum ging, sondern, wie in Produktion und Dienstleistung, um entspannte und leistungswillige Arbeiter und Angestellte oder, im Bereich der Politik, um friedliche Bürger. Überall stellte sich ein Bedürfnis nach *mood media* als *ambient media* heraus, welche der Bewirtschaftung des Verhaltens im öffentlichen Raum dienlich sein könnten.

Die Verwendung des Begriffs „Ambient Media" in diesem Kontext erweitert seine ursprüngliche Bedeutung im Zusammenhang der Werbung. Von „Ambient Medien" sprach man hier länger schon als Medien, die, ausgehend von möglichen

Berührungspunkten zwischen werblicher Kommunikation und Konsumenten, zunächst außerhalb des eigentlichen „Point of Sale", später dann aber auch „In-Store", also am eigentlichen Ort des Geschäfts, auf jeden Fall aber im umgebenden Raum genutzt werden. „Ambient Media" bezeichnete von daher vornehmlich die vielfältige Hardware, die an den verschiedensten „Touchpoints" von Anbietern und möglichen Kunden als Trägermedium für werbliche Informationen aller Art dienen konnte, von der Einkaufstüte und dem Aufsteller bis hin zur Videoleinwand und zum Großplakat. Nicht gemeint war die Software, das Programm, das an solchen Schnittstellen geboten wurde oder hätte geboten werden können.[1] In der konventionellen Umgebungswerbung wird vielmehr gefragt, mit welchen Werbemitteln und -formaten man die Aufmerksamkeit des Kunden auch außerhalb eines definierten Einkaufsortes gewinnen kann. Die medialen Ambientes, die in Betracht gezogen werden, bleiben dabei geprägt von den Standardatmosphären, die bestimmte Orte auszeichnen und den Werbern lediglich als Räumlichkeiten für ihre Installationen dienen: Bahnhöfe und Flughäfen, Tankstellen und Raststätten, Sportstätten, Unterhaltungs- und Bildungseinrichtungen, Verkehrswege, Knotenpunkte etc. „Ambient Media" in erweitertem Verständnis bedeutet also, den Ausdruck anzuwenden auf die technisch mediale und kommunikative Gestaltung, die *Schaffung* von Räumen, Atmosphären und Ambientes im Rahmen existierender Umgebungen im öffentlichen und privaten Raum. Denn was ursprünglich auf den „Out-of-Home-Bereich einer Zielgruppe" beschränkt war, ist heute auch „In-Home" zu bewerkstelligen. Dank einer mehr und mehr vernetzten und miniaturisierten Technik, die *quasi* minimalinvasiv einsetzbar ist, wird es jedem, der es darauf anlegt, ermöglicht, von draußen auch nach drinnen vorzudringen, um seine Anwendung zu platzieren, bis hinein in den engsten Lebenskreis und die Privatsphäre. Von „Ambient Media" ist demnach nicht nur im Sinne von „Medien" der Übermittlung oder Übertragung von Informationen zu sprechen, die im weitesten Sinne Display-Charakter besitzen, sondern, wie bei einem künstlerischen „Medium", von ihrer Präsenz als Umgebung, von der weitesten bis zur nächsten, und, je nachdem, *im* Körper und *im* Kopf ihrer Adressaten.

Sucht man heute im Netz nach dem Unternehmen mit Namen *Muzak*, führen die Toptreffer ohne Umwege zur Website der *Mood Media North America* (us.moodmedia.com), einem Multi unter den Medienkonzernen. *Mood Media,* selbst erst im Jahr 2010, im Zuge der Übernahme durch *Fluid Music Canada Inc.* (FMC), aus der Taufe gehoben, übernahm die *Muzak Holdings LCC* 2011. Die Übernahme war die

---

[1]Vgl. exemplarisch die Einsatzbereiche von Ambient Medien, wie sie der gleichnamige deutsche Fachverband kommuniziert (vgl. Ambientmedia 2016).

bislang kostspieligste der noch jungen Firmengeschichte. *Mood Media* besitzt eine Musik-Bibliothek mit etlichen Millionen einzelner Titel. Allein der Kauf von MP3. com fügte dem Fundus 3 Mio. neue Tracks hinzu, deren Rechte auf das Unternehmen übertragen wurden.[2]

Der dem Firmennamen in der Adresszeile des Netzauftritts folgende Claim erinnert auf diskrete Weise an den Ursprung der Erfolgsgeschichte: „Elevate the Customers Experience".[3] Hinsichtlich der Leistungen, die von vom *Mood Media*-Konzern geboten werden, lassen die Slogans nichts an Deutlichkeit vermissen: „We put people in the mood". Dem Generalversprechen folgen die fünf wichtigsten Ziele, die anzeigen, wohin man die Kundenstimmung lenken möchte: „to stay – to eat – to invest – to relaxe – to buy".

Mood Media North America ist in allen einschlägigen Medien zu Hause, die diesbezüglich etwas zu bieten haben. Der multinationale Konzern verkauft nicht mehr nur *background music*. Die offiziellen Geschäftsbereiche der verschiedenen Subunternehmen avisieren darüber hinaus Lösungen für die Bereiche Telefon-Services *(on hold messaging* bzw. *audio marketing);* Düfte und Gerüche – zum Beispiel Markendüfte oder Düfte zur Markierung bestimmter Räume und Zonen *(scent, brand scent);* Digitale Beschilderung *(digital signage)*. Gemeint ist die Aufbereitung digitaler Medieninhalte für Werbe- und Informationszwecke, z. B. auf digitalen Plakaten oder für Großbildprojektionen, also der Einsatz von *Ambient Media* im oben geschilderten herkömmlichen Verständnis. Ebenso ist der Konzern traditionellerweise auch abseits der *Mood Media*-Vermarktung im Audio- und Video-Bereich aktiv (Senderbetrieb) sowie im Segment Werbung und Vermarktung mittels mobiler Endgeräte *(mobile marketing)*. Den Endverbraucher ausgeblendet, gehören zu den typischen Kunden, außer den Zwischenhändlern des Einzel- und Großhandels, Finanzinstitute, Unternehmen und Betriebe

---

[2]Einzelheiten zum Geschäftsmodell und der Übernahmehistorie von *Mood Media North America* vgl. auf Wikipedia (2016). Vorsorglich wird dort darauf hingewiesen, dass es sich bei dem Eintrag um einen vom Unternehmen lancierten Artikel handeln könne. Tatsächlich gehen die Informationen auf die Kommunikation der Muzak Holdings zurück.

[3]Dabei heißt es, dass *Muzak* mit Fahrstuhlmusik tatsächlich keine großen Geschäfte gemacht habe. Doch geht es, wie sich zeigen sollte, um die Metapher. Zur Geschichte vgl. Treck (2011). Des Weiteren siehe den Artikel zur Ambient-Historie vom Gründer des Ambient Music Guide im Internet (Watson 2001–2016). Eine positive Muzak-Beurteilung, insbesondere der Stellung des „wissenschaftlichen Muzak" gegenüber der gewöhnlichen Background Music und des Ambient als musikalischer Kunst und reiner Unterhaltung vgl. Brown (1999). Mike Brown ist engagierter Mitarbeiter der Plattform Media Hyperreal und des dort erscheinenden Magazins EST.

der Gesundheitsindustrie oder des Hotel- und Gastgewerbes (inklusive des Service für Schnellrestaurantketten [QSR] und der Betreuung von Firmenkunden). Schließlich akquiriert man zunehmend bei staatlichen und anderen öffentlichen Institutionen.[4] Allein der Umsatz im Bereich *digital signage* betrug 2015 rund 17 Mrd. US$. Einer Prognose des Marktforschungsunternehmens *Markets and Market* zufolge (Market Reports 2016) wird die Bilanz bis zum Jahr 2022 auf über 27 Mrd. US$ weltweit angewachsen sein.

2   Atmosphären-Management und behavioristische Strategien

Schon Ende der 1960er Jahre glaubte die Marketing-Forschung zu wissen, dass Kaufentscheidungen mehr als von der konkreten Begegnung mit dem Produkt, mehr als von dem angebotenen Service, abhängig sind von der Örtlichkeit, insbesondere von der Atmosphäre und dem Ambiente, worin Konsumenten und Produkte aufeinandertreffen. „Atmosphäre" in diesem Zusammenhang galt als umfassende Bezeichnung für alles sinnliche Erleben, alle derart „gefühlte Erfahrung", wahrgenommen allerdings nicht unbedingt mit allen Sinnen („experience ‚felt' but not always seen")[5] und auch nicht unbedingt bewusst. Die Modellierung von Räumen und ihrer Ausstrahlung zur Beeindruckung des sinnlichen Erlebens wurde als allgemeine Aufgabe der Raum-Ästhetik („spatial aesthetics") definiert. Sogenannte „atmospherics" sollten für die Ausgestaltung konkreter Ambientes sorgen (vgl. Kotler 1974, S. 40).

Die Forschungsberichte der Zeit machen deutlich, dass sich das gestaltungs- bzw. designaffine Atmosphären-Management immer schon als Medien- und Sozialtechnik verstanden hat, mehr denn als Kunst oder Design, selbst wenn es sich darum handelte, mithilfe eines komplexen künstlerischen Mediums wie der

---

[4]Die Eigenwerbung zeigt, dass schon die Muzak Inc. alle genannten Geschäftsbereiche der Mood Media USA im Visier hatte: „We offer end-to-end solutions for music, messaging, digital signage, commercial television, scent and audio video system design. Our services reach more than 100 million people every day in over 250,000 client locations. Through our national sales and service network, we work with companies of all sizes to help them connect and communicate with their customers" (Indiepedia 2016).

[5]Also nicht als unmittelbare Objektidentifizierung wie im Fall des Erblickens eines Gegenstands. – Im Kontext des Abschnitts orientieren wir uns exemplarisch auf den Forschungsbericht Millimans (1986) (Zitat: S. 286). Alle deutschen Übersetzungen daraus – H. W.

Musik zu operieren. Die Gestaltungsvorschläge und -lösungen der Ambiente-Spezialisten lassen erkennen, dass sie im Wesentlichen auf kontrollierbare Einflussgrößen, in diesem Sinne technisch herstellbare und steuerbare Effekte setzen (vgl. Bohn und Wilharm 2013). Die zugrunde gelegten naturwissenschaftlichen Erkenntnisse bewegen sich wie die entwickelten Praktiken im Rahmen entsprechender technologischer Dispositive. Einsichten und Hypothesen, die als nicht hinreichend quantifizierbar oder auch nur als unzureichend operationalisierbar gelten, bleiben weitgehend außen vor. Ästhetische Erscheinung, Form und Ausdruck beruhen in dieser Betrachtung stets auf naturwissenschaftlich technischen und medientechnischen Erkenntnissen und Anwendungen.

Die in der Literatur beschriebenen Tests zu den Wirkungen entsprechend konzipierter Experimente mit unterschiedlichen Probanden in unterschiedlichen Verkaufs- und Kaufumgebungen (Kaufhäusern, Restaurants, Bars etc.) wie die daraus gezogenen Schlussfolgerungen beeindrucken (vgl. Milliman 1986) nichtsdestotrotz. Sei es, dass sich die Erhebungen wie die aus den Ergebnissen gefolgerten Verallgemeinerungen überhaupt in Duktus und Form wissenschaftlich erhärteter Einsichten präsentieren. Sei es, dass Ergebnisse existieren, die schon bei vergleichbarer Aufgabenstellung und nur leicht veränderten Settings auffällig ,alternativ' ausfallen. Jenseits einzelner Untersuchungen wirft dies Fragen nach Logik und Konsistenz des wegweisenden Forschungsprogramms auf. Vielfach bestätigt sich der Eindruck, dass die Methodik exemplarischer Beweisführung nicht höher in der Hierarchie der Darstellungen zu verorten ist als der Typ Narrativ, in dem sich der Kontext der erzählten Geschichten inhaltlich entfaltet.

Zu den medientechnisch ins Kalkül gezogenen Effekten gehören vergleichsweise einfach zu beeinflussende Größen (Lichtverhältnisse, Formen und Maße, Temperaturen, Lautstärken und andere Arten von ,pitches' wie Tonhöhe, Tonlage oder Stimmung, Taktung, Rhythmik oder Tempi etc.), aber auch solche Parameter, die auf den ersten Blick durchaus komplex und kaum zu quantifizieren anmuten (Sinnesqualitäten respektive Empfindungen wie Frische, Sanftheit oder Weichheit zum Beispiel). Soweit auch deren Handhabung ein simples experimentelles Setting verschrieben bekommt, lassen sich aber auch solche Faktoren gut konfektionieren und kontrollieren. Mit der Operationalisierung der einfachen wie der komplexeren Parameter verbunden ist in der Regel eine für die vorgesehenen Testzwecke verbindliche kategoriale Kalibrierung. Es werden Bedeutungsäquivalente definiert, mittels derer qualitative Größen in quantitativen Parametern und Werten dargestellt werden. Je regulierbarer und kontrollierbarer, je einfacher in der Konsequenz sich Faktoren und Parameter auf diese Weise zeigen, desto geeigneter sind sie als Instrumente oder ,Tools' der Raum- und Atmosphäreninszenierung.

Medieneffekte auf der Ebene integrierter Medialität und entsprechend synästhetischer Einstimmung sind zweifellos differenzierter und reicher angelegt als ein technischer Einzeleffekt. Nicht anders steht es um die Resultate solcher Affektion bei denjenigen, die sie erleben. Wahrnehmung und Empfindung, Gefühle und Stimmungen in der Rezeption künstlerischer Hervorbringungen sind vielfältig und verwickelt. Im Repertoire raumästhetisch atmosphärischer Affektion nehmen Musik und Klang eine privilegierte Stellung ein. Die Musik animiert die Einbildungskraft, fördert den schöpferischen Geist und beflügelt die Fantasie. Zu solch freier Bewegung des Gemüts anregen kann die Musik, wie Hegel in seiner *Ästhetik* entwickelt, sofern sie sich selbst in hohem Maße vom Stofflichen befreit hat. Doch wird auf diese Weise von der *Kunst* der Musik gesprochen. Wer Musik hingegen als verkaufspsychologisch funktionalisierbar betrachtet und mit dieser Erkenntnis ein Unternehmen befeuern will, wird dies anders sehen. Er wird eine musikalische Komposition nicht unbedingt da schätzen, wo sie sich von ihrer physikalischen Grundlage zu lösen scheint, in der genialen Aufführung, im Enthusiasmus überwältigter Auditorien. Im Gegenteil ist es gerade die eingespeicherte ‚Materialität‘ der pythagoreischen Ästhetik, welche die Vorteile kontrollierter Verwendung verspricht. Marketingexperten und Atmosphärendesigner schätzen das Medium, weil Musik ganz allgemein als „ordinarily highly controllable" (Milliman 1986, S. 286) gilt, viel mehr als Bild und Wort und die ihnen affinen Künste. Vor allem dürfte hier die technisch informatische Musik*produktion, -aufzeichnung* und *-übertragung* gemeint sein, weniger der musikalische Live-Auftritt von Solisten und Orchestern, der sich der Vorhersage leicht entziehen kann. Weit weniger noch werden sich die spontanen Reaktionen eines großenteils unbekannten Publikums berechnen lassen. Die Behauptung der Kontrollierbarkeit musikalischer Schwingungen dennoch auf die Wirkungen von Musik bei denen auszudehnen, die sie hören, setzt auf Expertise und Kompetenzen auf wissenschaftlichem und technischem Gebiet, Fähigkeiten, die in die Lage versetzen, bestimmte mediale Einwirkungsprozesse gezielt herbeizuführen und ihren Erfolg zu demonstrieren, zumindest, dies glaubwürdig darzutun. Dabei muss unternehmensorganisatorisch nicht alle Expertise aus einer Hand kommen, passende Kooperationen sind an der Tagesordnung.

Dass dem musikbegeisterten *End*verbraucher im Unterschied dazu gerade die nicht exakt zu beschreibenden und prognostizierenden ästhetischen und psychischen Ingredienzien musikalischer Kunst verkauft werden, kann nicht überraschen. Geht es bei der Vermarktung an die Zwischenhändler um die Physikalität und Technizität der Form, der Komposition oder des Programms, heißt dies nicht, dass die spirituell wie physisch heilsamen Wirkungen der Musik als Verkaufsargument verpönt wären. Im Gegenteil. Nicht nur die Unterhaltung, auch das Geschäft mit Gesundheit und Fitness, die Politik, die sich um das seelische und leibliche Wohlergehen der Bevölkerung sorgt, kennen ihren Stellenwert. Dass die wunderbaren, wenn nicht magischen Wirkungen musikalisch klanglicher Entspannung und Therapie gebührend ins Licht gerückt werden, dafür sorgen allerdings nicht die Wissenschaftler, Ingenieure und Techniker, sondern die Werber und Designer, die gewohnt sind, das nicht Erklärbare zu erklären und anzupreisen.

Die Hypothesen der Verhaltenspsychologen hinsichtlich der Wirkungsweise der von ihnen beaufsichtigten Effekte sind einfach im Prinzip und korrespondieren in der Anwendung der positivistischen Zielsetzung wie den eingesetzten ästhetischen und medientechnischen Mitteln. Es gibt nur eine Grundprämisse. Sie formuliert ein sensualistisches Gesetz: Es sind Gefühle und damit einhergehende Stimmungslagen und Erregungen, die Menschen letzten Endes in ihrem Verhalten bestimmen. Die Affekte, die das Verhalten begleiten oder gar steuern, treten dabei in überschaubaren ‚Sets‘ auf. Dies anzunehmen, heißt anzunehmen, dass derart verpackte Gefühls- und Stimmungslagen im Allgemeinen auf wenigen stabilen Gewohnheiten beruhen, die mit vergleichbar einfachen medialen Affizierungsbedingungen korrespondieren, die sie ‚triggern‘. Demnach wird der Ton dafür, wie Menschen gefühls- und stimmungsmäßig, am Ende verhaltensspezifisch auf unterschiedliche Räume, Ambientes und Atmosphären, auf die davon eingefärbte Kommunikation reagieren, in zwei dominanten Registern vorgegeben. Sinneseindrücke und damit korrespondierenden Empfindungen, die von der raumästhetischen Gestaltung ausgehen und verstärkt werden, sorgen entweder dafür, dass der Angesprochene positiv reagiert und bereit ist, sich im bearbeiteten Inszenierungsraum der Kommunikation auch weiterhin aufzuhalten. Oder aber der Adressat zeigt sich wenig animiert und macht Anstalten, auf Abstand zu gehen, was im Einzelfall nicht unbedingt erwünscht ist, aber zum Minimalsetting dazugehört. Das gesamte Verhaltensspektrum erscheint auf diese Weise in zwei Welten aufgeteilt, die Welt der „approach behaviors" und die Welt der „avoidance behaviors".[6] Gefühle und Stimmungen, die dieses oder jenes Verhalten verantworten, gelten als letztbestimmend. Interessanterweise werden sie selten, wie in der klassischen Lehre von den Affekten, beim Namen genannt, zum Beispiel als Freude oder Angst identifiziert. Ein Zeichen für den psychologischen Positivismus der Verhaltensforscher. Das jeweilige Set ist der Container für all das, was emotional und

---

[6]Diese im behavioristischen Setting allgemein vorausgesetzte Forschungshypothese geht zurück auf die ersten einschlägigen Studien wie die von Mehrabian (1980), Mehrabian und Russel (1974) bzw. Russel und Pratt (1980).

affektiv unter das von ihm repräsentierte Register fällt. Weder Verifikation noch Falsifikation von Verhalten müssen unter diesen Voraussetzungen je irgendwo anders als innerhalb der so definierten Welten betrieben werden. Forschung wie Praxis von Stimmungserhebung und Stimmungsmache dürfen sich langfristig auf solche Realität einstellen. Im Zweifel ist einzig darüber zu streiten, ob es wünschenswert ist, Annäherungs- oder Distanzierungsbewegungen zu verstärken bzw. zu entscheiden, ob, das, was sich an Verhalten beobachten lässt, mit dem Gesetz eines ambivalenten gefühlsbasierten Verhaltens im Allgemeinen kompatibel ist oder nicht. Zwar hängen Einzelergebnisse ab von den konkreten Bedingungen der Anwendung – sei es, dass man die Krankentage senken oder den Umsatz von Supermärkten oder Restaurants steigen sehen möchte, sei es, dass man die Bevölkerung vom Rauchen oder Rasen abhalten will. Insgesamt aber ändert das nichts an dem zugrunde liegenden psychologisch behavioristischen Gesetz und den daraus gezogenen Folgerungen.

Unterstellt man die Existenz von abgrenzbaren Emotionen und Affekten, psychischen Empfindungs- und Erregungszuständen, die als Bereitschaftshaltungen zu Fühlungnahme oder Berührungsvermeidung im sozialen Raum heranzuziehen wären, scheint offensichtlich, dass solche Gefühle und Stimmungen, wie auch immer sie genau heißen mögen, sich nicht begründet auf Kontakt- oder Abstandsbewegungen abbilden lassen. Einen Raum, Situationen und Szenen hier zu suchen, dort zu meiden, kann mit guter wie schlechter Stimmung einhergehen. Der Anlass, in einem Raum zu verbleiben, kann Grund sein, sich darüber zu freuen oder zu fürchten, was kommt. Sich von einem Ambiente und seinen Botschaften zu verabschieden, muss ebenfalls nicht notwendig mit nur einem Gefühls- und Erregungszustand zusammenstimmen. Statistisch betrachtet, ist es ohnehin keine Frage, ob *‚approach'* oder *‚avoidance'* getriggert werden. Es gibt genügend, auch ästhetisch sensitiv motivierte Anlässe für dieses oder jenes oder ein gemischtes Verhalten.

Doch steht im Fokus raumästhetischer Gestaltungs- und Ingenieurskunst ohnehin nicht notwendig eine individualpsychologische Strategie. Es reicht aus, wenn es so erscheinen mag. Es genügt, wenn ein bestimmter ästhetisch kommunikativer Input mit dem prognostizierten Output dieser oder jener Verhaltensweise einer definierten Population von Probanden korreliert werden kann. Was genau in der Blackbox mit der Aufschrift „Emotionen und Affekte" verantwortlich sein könnte für dieses oder jenes Verhalten, ist vergleichsweise zweitrangig. Der dunkle Raum kann jederzeit umgangen, ein erwünschtes wie ein unerwünschtes Ergebnis je nach Bedarf mit einer dafür verantwortlichen Einspeisung in den Kommunikationskanal kurzgeschlossen werden. Im Blick der behavioristischen Ökonomie und ihrer Strategen werden die interessierenden Individuen behandelt wie binäre

Affektmaschinen – wenn auch unterschieden nach Kulturraum, wirtschaftlicher und gesellschaftlicher Stellung. Gefüttert mit bestimmten Botschaften, die im Inneren dieser Maschinen irgendein Déjà-entendu- oder Déjà-vu-Erlebnis mit sich bringen, reagieren die Empfänger der Message am Ende mit einem Ja- oder Nein-Verhalten. In jedem Fall aber bestätigen sie ihren Status. Ihrer Gleichschaltung und Einreihung in die Warenwelt, die sich zur globalen Kommunikations- und Datenwelt gemausert hat, kann diese Konstruktion nur entgegenkommen. Um sich auf das Verhalten von Konsumenten einzustellen, scheint die Vorstellung eines einfachen Kausalzusammenhangs von ästhetischer Fühlungnahme, sensitiver und affektiver Ladung und zu erwartendem Response-Verhalten allzu verlockend: *It moves, it feels. It feels, it moves.*

3   Wahrnehmungsschwellen, Hintergrund, Vordergrund

Geht es um Hintergrundstimulationen, reicht eine gesunde Sinnesausstattung, um auch ‚unterschwellig‘ noch wahrzunehmen, um welche Art medialer Quelle und Übermittlung es sich handelt. Das Kriterium der Schwellenwahrnehmung korrespondiert dem formellen Status allen Inhalts der affizierenden Kommunikation. Sender- wie empfängerseitig gilt sie als vertraut aus ähnlicher Umgebung und Verbindung. Dem medial ästhetischen Status der Affektion entspricht eine Disposition zu multivalent anonymen, gleichwohl individuell eingefärbten und markierten Empfindungsreaktionen und Gefühlsäußerungen. (Man vergleiche deren Niederschlag im Kommunikationsraum der Sozialen Netzwerke.) „Hintergrund" *(background)* ist demnach als Bild zu verstehen für die Art der Umweltbeziehung eines individuellen psychophysischen Apparats, der auf hintergrundaktive Medien und ihre Kommunikation trifft. In „sensologischem" Verständnis[7] würde die Hintergrundmetapher psychologische Gewohnheitseffekte bezeichnen, die sich beim Empfänger formal ähnlicher, immer wieder wahrgenommener Klänge und Bilder einstellen. *Kollektives* Gestimmtsein würde weniger aus der individuellen Verarbeitung einer einzelnen Botschaft resultieren. Eher ließe es sich verstehen als Resultat eines doppelten Abgleichs: Einerseits wird auf die Beurteilung der evidenten Wirkung der Übertragung durch den verantwortlichen Sender Wert gelegt,

---

[7]„Sensologie" und „sensologisch" sind Begriffe, die Mario Perniola verwendet (vgl. Perniola 2005, 2009), um die sensualistische Psychologie wie den wissenschaftstheoretischen Sensualismus mit der Medien- und Kommunikationstheorie zu verbinden.

andererseits auf eine verständige soziale Kommunikation in der eigenen Umgebung gebaut. Die Orientierung auf einschlägige Echokammern erhöht dabei die
Chancen, sich bestätigt zu sehen in der Gefühlslage, der man medienkonform
beigetreten ist. Das sensologische Konzept ist vergleichbar dem der Ideologie,
verallgemeinert es indessen. Ideologie meint vor allem eine medial getragene
*Äußerungs*strategie, die ohne Rekurs auf nachprüfbare Argumente und Urteils-
bildung auskommt, sich auf ihre Evidenz verlässt und eine ebenso gesinnungs-
konform unkritische Übernahme der Verlautbarung erwartet. Die sensologische
Strategie überlagert die ideologische. Das entsprechende Konzept besagt, dass
Botschaften bei ihren Adressaten *generell,* auf allen medialen, semiotisch kommunikativen Ebenen, allein aufgrund einer bestimmten ästhetischen Formatierung
auf einen Resonanzraum von Erfahrungen (ein „Bereits-Gefühltes", Gehörtes,
Gesehenes, Gespürtes…; vgl. Perniola 2009, S. 23–29) treffen. Über die davon
ausgelösten Empfindungen wird dieser Resonanzraum der Erfahrung auf eine
Weise angestoßen und zum ‚Klingen' gebracht, dass man von einer Art Kongru-
enz oder Entsprechung von Medieninput und Effekt reden könnte.[8] (Die klassische Ästhetik spricht in Bildern der Musik: von „Einklang", „Zusammenklang",
„Harmonie".) Die Verallgemeinerung, die das sensologische Konzept im Vergleich zu semiotisch spezifischeren Kommunikations- und Gewohnheitsbezügen
mit sich bringt, liegt auf der Hand. Eingeschlossen von Perzeption, Empfindung
und Gefühlslage ist nicht mehr nur das Verständnis von Sätzen, Argumenten und
Urteilen bedeutungsrelevant, wie es Wahrheits- oder Wertediskurse auf der Basis
symbolisch sinnvoller Aussagen oder auch damit verbundene ikonische Ostensio-
nen fordern. Vielmehr zählen alle Formen semiotisch medialer Präsentation von
Botschaften, ihrer immer zunächst sensorischen Aufnahme, dann psychischen
Verarbeitung, als empfindungsgegründete Gefühle und Gefühlslagen. Über Affi-
zierung, Perzeption und Gewöhnung sind derartige „psychische Vorgänge" emotionaler und affektiver Natur demnach mit ästhetisch-medialen und technischen
Dispositiven bestimmter Bauart verbunden, öffentliches Fühlen mit den gesellschaftlich maßgeblichen darunter.

Muzak und Ambient Music können als maßgebliche Mediendispositive betrachtet werden, vergleichbar den großen Serienproduktionen der TV-Anstalten oder den
Kommunikationsströmen der Sozialen Netzwerke. Die Rede von der „Dominanz"

---

[8]Effekt des Effekts oder Effekte zweiter Stufe müsste man genauer sagen, da es um die
psychologischen Effekte beim Adressaten geht und nicht um die technischen Effekte, die
bestimmte Reaktionen und Empfindungen auslösen, die erst noch angeeignet und verarbeitet werden wollen (vgl. Wilharm 2013).

eines Mediendispositivs bezieht sich gleichwohl auf *quantitative* Effekte, wenn auch solche mit qualitativen Folgen. Der Dominanzeffekt korrespondiert der Ausbreitung und Weite eines Medienraums. Erstreckt sich der Raum, welcher der Ausdehnung einer medialen Übermittlung zur Verfügung steht, unspezifisch auf eine ganze „Umgebung" *(surroundings)* oder einen ganzen „Hintergrund" *(background)*, muss man annehmen, dass dies kaum aufgrund einzelner inhaltlicher Besonderheiten der Botschaft geschieht. Wahrscheinlicher ist, dass dafür einige wenige ästhetisch syntaktische (oder „kompositorische") Strukturen wie bestimmte technische Installationen, die die Kommunikation insgesamt charakterisieren, verantwortlich sind. Wie die wenigen gestalterischen Direktiven Haussmanns für die Bebauung der neuen Boulevards und Plätze das Stadt- und Straßenbild des modernen Paris am Ende des 19. Jahrhunderts prägen konnten. Doch gilt der Grundsatz für jedes Raumverhältnis: vom Hintergrund oder der Umgebung *(ambiance)* einer Restaurant-Atmosphäre bis zum Hintergrund oder der Umgebung eines weltweiten Netzes. Mediales Hintergrund- oder Umgebungsdasein *(ambient noise)* ist demnach nicht, wie man meinen könnte, Zeichen einer medialen Existenz nur am Rande, fernab der relevanten Kommunikation und womöglich nur unterschwellig bemerkbar. Umgekehrt indiziert eine derartige Präsenz mediale Dominanz aufgrund einprägsamer, vergleichsweise mühelos zu erkennender und zu covernder Muster. Was man „Rauschen" oder „Unschärfe" nennen könnte, ist Zeichen der Homogenisierung sowohl im Prozess der Übertragung als auch beim Empfang. Hintergrund- oder Ambiance-Effekte dieser Art lassen sich bei jeder Spielart einflussreicher *Mood Media*-Kommunikation und ihrer narkotischen Potenziale verfolgen.

Offenbar muss der Impuls, der einen *unterbewussten* Sinn zur „Vorwärtsbewegung" erreichen soll, von einem vergleichsweise niedrigen, aber konstanten Intensitätspegel ausgehen, um als „hintergründig" gelten zu können. „Hintergrund" als Metapher wird ähnlich wie „Umgebung" überlagert von der Vorstellung einer Randerfahrung. Die Rede vom „Rand" konkurriert dem Bild des „Grunds", sei es in einer Richtung oder umgebend gemeint. Der Rand aber korrespondiert der Schwelle. Hier wie dort ist ein Ende konsistenter Räumlichkeit wie der Fernwahrnehmung erreicht. So müssten aber auch Hintergründe und Umgebungen, die jenseits liegen, unbemerkbar bleiben. Tatsächlich trifft eher als die Schwellen- (oder Rand-)Metapher die Vorstellung eines zunehmenden Rauschens oder – visuell gesprochen – zunehmender Trübung, was gemeint ist. Die Hintergrundmetapher als akustisches oder optisches Paradigma bezieht sich dabei auf das subjektive Hör- oder Seherlebnis, nicht auf Objekt- oder Medienqualitäten. Hintergründe wahrnehmen, klanglich oder bildlich, bedeutet Hören oder Sehen in oder aus der näheren oder weiteren Ferne, begleitet von entsprechenden Unschärfen, Unbestimmtheiten, geringerer Auflösung, begleitet aber auch von einem weiteren Horizont der Erfahrung und des Raumgefühls. Die Intensität des Empfindens angesichts solcher Erfahrung bei Bedarf nichtsdestotrotz auf die Nähe zu konzentrieren, um sie erlebniskonform zu steigern, ist deshalb nicht unmöglich, vielmehr ein gewöhnlicher Vorgang. Es bedeutet nichts anderes als den Hintergrund in den Vordergrund zu holen. Dies gelingt umso leichter, als er sich stets hierhin ausdehnt und präsent zeigt auf der Szene, dem Ort der Akteure und Agenzien. Detailreichtum und Intensität des Erlebens hängen zwar ab von der Einrichtung des Mediums, nicht weniger aber von der Kalibrierung und der Fokussierung des Empfindungsapparats derer, die das Spiel spielen.

Was aus Sicht medialer Stimmungsbewirtschaftung den Erfolg solchen Unternehmens infrage stellen könnte, wäre ein Publikum, das zu der Auffassung gelangte, dass es *realiter* nur als Utensil eines lang gepflegten und wohlbekannten Rituals benutzt wird, ihm eine tatsächlich aktive Rolle auf der Bühne der Effekte und Affekte aber nicht zuerkannt wird. Doch gibt es wenig Anlass zur Skepsis. Das Publikum müsste einen Einblick, vielleicht sogar eine Einsicht in die verborgene, sich selbst dissimulierende Inszenierung haben. Doch warum sollte jemand die auf jeden Geschmack zugeschnittenen Medienbotschaften als Maßnahmen von Wirtschaftsförderung oder Sozialtechnologie begreifen, statt als begrüßenswerte Programmangebote aus den Metiers von Kunst und Unterhaltung, Bildung und Information. Die ökonomische Stimmungsbewirtschaftung müsste sich in dieser Hinsicht nur dann Sorgen machen, wenn das Publikum das Medienangebot möglicherweise *nicht* ästhetisch theatral, als Unterhaltungsangebot, verstünde, man den Anschluss an ein entsprechendes Dispositiv erst noch sicherstellen müsste. Doch ist dies nicht notwendig, da zum Geschäftsmodell gehörig. Sind es politische Ziele, die mit Unterhaltungsofferten dissimuliert werden können, mögen die Dinge ähnlich liegen, kann Konsum das Problem entschärfen. Doch sind dem Grenzen gesetzt. Ordnungs- und Sicherheitsmaßnahmen etwa lassen sich über eine ästhetisch einfühlsame Kommunikation vielleicht besser verkaufen. Ist aber die handfeste, für viele schmerzliche Intervention nicht zu vermeiden, hängt es stark davon ab, wer betroffen ist, ob der dazugehörige Medienauftritt als Unterhaltung goutiert wird. Von den eigentlichen Zielen abzulenken gelingt der Kommunikation leichter, wenn dem Publikum gewisse Serviceleistungen und Vergünstigungen angeboten werden können, ob es der Verbraucher ist, oder der Bürger, dem sie zugutekommen. Auch Erfolgsmeldungen sind unbedingt nützlich, hauptsächlich angesichts beunruhigender Botschaften und nicht nur dann, wenn sie politisch sensible Fragen berühren. Mit Service-, Bonusprogrammen und stimmungsaufhellenden Nachrichten lassen sich die gefühlten Erfahrungen (im Marketing-Jargon die User Experience) der Adressaten beeinflussen und auf der Bandbreite ‚guter' Erfahrungen modulieren. Dazu gehört, wenn die

Medienkommunikation den Eindruck zu vermitteln weiß, dass sie den Konsumenten nichts kostet, sondern zu Hintergrund und Umwelt gehört. (Ein Umstand, der sich allerdings schneller als gedacht verändert hat und weiter verändern wird).

Worauf also basieren die Effekte des Muzak, sodass sie Hintergründe und Umgebungen genauso wie Szenen im Bühnenlicht beherrschen können? Wenn man den Marketingfachleuten glauben soll, auf wenigen grundlegenden, rein formalen Einrichtungen des musikalischen Repertoires. Es braucht demnach im Zweifel nicht mehr als ein „ranging from loud to soft, fast to slow, vocal to instrumental, heavy rock to light rock, or classical to contemporary urban" (Milliman 1986, S. 286). Das Repertoire selbst unterscheidet sich demnach für den Hörer nicht wesentlich von dem, was unter den diversen Stilrichtungen und Labeln der Ambient Music in Umlauf ist. Auch wenn die Kritiker der „Fahrstuhlmusik" behaupten, dass der Unterschied in der kompositorischen und interpretatorischen Qualität der Stücke zu finden sei, wird man im Einzelfall darüber streiten können, welche Titel als Mainstream und Massengeschmack, zum Muzak gehörig, zu werten sind, welche als Werke künstlerisch anspruchsvoller Unterhaltungsmusik im Sinne der jeweils gefeierten Vorbilder. Die Namen der Genres und Stile können es nicht sein, die den Unterschied machen (s. u.).

Die Konsequenz für die Effektivitätstests des *atmosphere and mood engineering* ist klar: Man testet das eigene Setting auch in geschmacklich ästhetischer Hinsicht, allerdings ohne die unabhängigen Variablen explizit zu machen. Stimmungen und Affekte der Probanden – ein minimaler Ausschnitt aus der Milliardengemeinde von Hörern – werden getestet in den Registern und Skalen musikalischer Konventionen. Eher als um eine Untersuchung mit offenem Ende scheint es von daher um die Überprüfung, möglichst um die Bestätigung gemeinhin verlässlicher Verhaltensreaktionen des Publikums zu gehen. Sie entsprechen dem Common Sense unter Geschäftsleuten wie Verbrauchern. Ganz unabhängig davon, ob sie für ihre Auffassung irgendeinen Beleg anführen konnten, gaben Geschäftsführer und Kunden größerer Kaufhäuser schon in Befragungen der 60er Jahre in den USA mehrheitlich ihrer Überzeugung Ausdruck, dass die Muzak-Bespielung von Supermärkten und Malls aufgrund der guten Laune, die sie verbreiteten, ganz sicher positive Auswirkungen auf den Umsatz der Geschäfte haben müssten. Nur 20–30 % der Interviewten äußerten sich zum Zeitpunkt ihrer Befragung skeptisch (vgl. Milliman 1986, S. 286[9]).

Zur übersichtlichen Eingrenzung der Variabilität musikalischer *background atmospherics,* an deren Aufnahme in die Muzak- und Mood-Media-Bibliotheken

---

[9]Zu jüngeren Entwicklungen auf diesem Gebiet vgl. Sterne (2003).

gedacht wird, ist es nützlich, wenn die Sensibilisierung für die Kunst der Musik – für spezifische Kompositionen, Klänge, Aufführungen musikalischer Werke – ganz außen vorbleibt und die musikalische Qualität des Gesendeten nicht im Vordergrund steht. Dies gilt dem Repertoire und seiner Charakteristik als Grundlage aller Vorhersage. In der Bewerbung der Medienprodukte bei den Endverbrauchern muss es anders sein. Doch verständlich ist eines: Was auch immer die Empfänglichkeit der Rezipienten im Hinblick auf eine tatsächlich originär musikalische Erfahrung zu leisten vermöchte, muss in der instrumentalisierten Kommunikation des Muzak-Geschäftsmodells nivelliert werden, jede Individualität möglichst abstreifen, auch wenn sie in der Werbung wieder hinzuerfunden wird. (Wenn dieser Spagat denn gelingen kann.) Begeisterung für die Kunst oder die Besonderheit eines künstlerischen Werks und seine Interpretation jedenfalls könnte die gefragten Verhaltensweisen wie die ihnen zugeschriebenen körperlich-seelischen Zustände überlagern und das Ziel der Veranstaltung verstellen, weil verkomplizieren. Der Sender hätte sich womöglich auseinanderzusetzen mit der Urteilskraft eines einzelnen Connaisseurs. Das wäre kontraproduktiv. Die Verkäufer möchten wissen, ob die Testpersonen Gefühlsreaktionen qua Voraussetzung und angenommener Reaktion zeigen, erkennbar an gesteigertem Annäherungs- und Kontaktverhalten bzw. Zeichen von Distanzierung und Unlust, nicht an Indizien für musikalischen Geschmack und ästhetisches Urteilsvermögen.

Als erweiterte Annahme produktiver Bestandsaufnahme im Rahmen der Programm-Evaluierung gilt den Verhaltenspsychologen, dass die positive Einstimmung auf ein *approach behavior* weitere Begleiterscheinungen zeitigt. Als Kriterien dafür gelten aktive Raumerkundung (die Bereitschaft, sich aktiv auf Personen oder Dinge zuzubewegen – „physically moving towards something", Milliman 1986, S. 286), vermehrte Interaktion (die Bereitschaft, sich mit anderen Konsumenten auszutauschen, etwa durch Augenkontakt oder verbale Kommunikation) und längere Verweildauer in einem offenbar als zumindest nicht unangenehm empfundenen Ambiente präsentierter Konsumgebote. Die Explikation zu alternativem Verhalten erläutert, dass, wer abwehrend reagiert und dennoch bleibt, sich trotzdem nicht animieren lässt von den auf ihn zielenden *atmospherics,* auch keine Lust zeigt, auf das kommunikative Anerbieten anderer Kunden in seiner Umgebung einzugehen (Milliman 1986). Wer sich so verhält, scheint, wenigstens für den Moment, unterhalb der Schwelle kommunikativer Erreichbarkeit zu existieren. – Man könnte meinen, diese Variante möglicher Verhaltensreaktion könne als kategorische Bestreikung von Konsumgelegenheiten gewertet werden, als Reaktion, an der die Kommunikationsstrategie unter Umständen insgesamt scheitern könnte. Als signalisierte das Verhalten in dieser Situation womöglich nicht nur individuell praktische, sondern auch emotionale und affektive, vielleicht gar intellektuelle Eigenständigkeit und Beweglichkeit. Im Einzelfall mag es so sein. Statistisch ist es unerheblich. *Moving towards* im Sinne von Annäherungs- und Kommunikationsbereitschaft zählt zwar grundsätzlich zu den positiven Indikatoren einer Erfolg versprechenden Strategie der Einflussnahme, doch nur seiner Konsequenzen wegen, wenn das gewünschte Konsumverhalten dies bestätigt. Dennoch muss es keineswegs bedenklich stimmen, wenn sich herausstellt, dass auch den größten Mehrheiten bei der Gefühlsabstimmung Minderheiten gegenüberstehen. Im Gegenteil. Es ist wie in der Demokratie, die Minderheiten gehören dazu. Wirkliche Feinde gelten nicht als Minderheiten in diesem Sinne. Hier liegt die Grenze ästhetischer Intervention im Politischen. Gefühlsgegründetes Vermeidungsverhalten stellt sich ansonsten nicht prinzipiell außerhalb kommunikativer Erreichbarkeit, schon gar nicht, wenn es um Fragen des Geschmacks geht.[10] Allerdings kann man so tun, als ob es so sei. Es wird Spannung erzeugt. Die Beteiligten könnten sich bemühen, mit entsprechenden Argumenten (nicht denselben, versteht sich) öffentliche Mittel für Wissenschaft und Forschung locker zu machen. In Wahrheit handelt es sich bei den erhobenen Widerständen also um die Herausforderungen von morgen.

4 „Psychologischer Lift", „Quantum Modulation" und Affekt

Im Zuge wirtschaftlich motivierter Medienbewirtschaftung stellte sich heraus, dass selbst eine halbwegs gelungene adressatenspezifische Ausdifferenzierung der Kommunikation durch den Sender keineswegs mit einem Publikum rechnen darf, das seinerseits in einer gleichmütigen Rezeptions- und Zuschauerhaltung verharrt, nur weil ihm das Gebotene als nicht unvertraut vorkommt. Selbst angesichts größtmöglicher raumästhetisch medialer Differenzierung hinsichtlich Szenerie, Verkehr und zu erwartenden Bewegungen eines nach „Touchpoints" ausgesuchten Adressatenkreises wäre es in der Tat sehr verwunderlich, wenn dessen Bereitschaft, an Ort und Stelle Fühlung zu nehmen, allein von den Größen und Parametern der Übertragung und entsprechender Sinnenansprache durch die Medien abhinge. Auch wenn die physikalische, technische oder informatische Auszeichnung der

---

[10]Beispielhaft nachzuvollziehen an den Zahlen und Äußerungen im Zusammenhang der Abstimmung über den Abschuss einer Passagiermaschine über München in Friedenszeiten zur Vermeidung eines größeren Unglücks. Dabei wurde der Fall in jedem Übermittlungsformat (Theaterstück, Film) als eindeutig fiktiv vorgestellt.

Kommunikation dies suggerieren möchte: Aufgrund der Appropriationsleistungen, die das Publikum als Akteur erbringt, wird sich die Begegnung auf jeden Fall anders, reicher, komplexer und komplizierter, gestalten.[11]

Das mediale Ensemble, heißt es mit einer Anspielung auf die *elevator music* beim Muzak-Frontman Brown, funktioniere wie ein „psychologischer ‚Lift‘" (vgl. Brown 1999). Akzeptiert man das Bild, muss der „Lift" (im Deutschen auch als „Erfolgserlebnis" übersetzt), um dorthin zu bringen, wo sich der Adressat der Botschaft wohlfühlt, auf ein entsprechendes Niveau leiblich seelischer Resonanz befördern. Bei denen wiederum, die sich dem Lift anvertrauen, muss das, was den Widerhall, ihre Eigenschwingung ausmacht, mehr sein als die Reaktion bestimmter Funktionen einer organischen Maschine. Der Lift muss tatsächlich psychologische Qualitäten besitzen. Die Vorstellung vom „Lift" muss sich vom Befördert-werden lösen und ein Sich-selbst-Bewegen ventilieren. *Self beaming* (was auch ‚strahlen‘ bedeutet und auf die *performance* verweist) statt *lift*. Der Resonanzkörper „gefühlter Erfahrung", die sich aufgrund der medial längst schon erfolgten Konditionierung als bekannt und eigen wiedererkennt, will sich nach eigenem Klang und Rhythmus auch bewegen dürfen. Die Gefühlsinhalte müssen die eines Selbst mit personaler Originalität sein. Offensichtlich ist eine simple Stimulus-Response-Vorstellung damit überfordert. Die Aufstellung von Spielfeldern, Spielern und Stücken lässt auch hier eher an ein theatrales Dispositiv denken als an das einer sozialen Physik, Mechanik und Informatik. Die Realitäten wollen nicht nur perzipiert, sondern individuell moderiert, moduliert, in Szene gesetzt sein, um erlebt zu werden von einem Ich. Das lässt an Theater und performative Künste denken. Eher, als in einem Paradigma der Sozialphysik und des sozialen Ingenieurswesens aufzutreten, würde man dann aber auch vom sogenannten „wissenschaftlichen" Muzak erwarten, dass er im Kontext der Kunst und der Inszenierung thematisiert würde. Dann aber lautete die Frage, was denn die Kunst zu tun haben könnte mit Social Engineering.

Die von der *Muzak Corporation* schon in den 1980er Jahren entwickelte Methode der „Quantum Modulation" (vgl. Sumrell und Varnelis 2007)[12] versuchte, den komplexen medientheoretischen und psychologischen Verhältnissen gerecht zu werden, die dadurch beschrieben sind, dass und wie sich eine physikalisch wie

---

[11]Zur „Kunst" der Appropriation als produktiver Inszenierungs- und Performance-Leistung vgl. Wilharm (2015, S. 580 f.).

[12]Nach Auffassung der Xenopraxis-Herausgeber (zit. nach Sumrell und Varnelis 2007) „a great historical overview of Muzak from its Fordist incarnation (‚stimulus progression‘) to post-Fordist metastatic mutations (‚quantum modulation‘)".

ästhetisch vielfach gefaltete Umgebung dem Empfindungs- und Einbildungsver-
mögen derer mitteilt, die sich in einer solchen Umgebung bewegen, verhalten,
handeln. Dabei stand hinter dem neuen Programm zunächst nichts mehr als die
Idee der Portionierung und Dosierung eines situationsgerechten medialen Inputs
für je nach Aufenthaltsort verschiedene Adressatenkreise. Mit der Orientierung
auf diverse ‚Empfangsstationen' sollte es gelingen, jeweils einzelne, vergleichsweise konsistente Ambientes und mit ihnen die darin verkehrenden Individuen zu
selektieren. Zunächst hieß dies, Interferenzen, die sich negativ auf die Stimmungs-
lage der Adressaten auswirkten, auszufiltern. Um entsprechende Reize im Raum
auszuschließen, musste bei der Auswahl des Repertoires begonnen werden. Diesbezüglich als „unpassend" oder „schlecht zusammengestellt" beurteilte Musik
wurde daraufhin überprüft, welche Faktoren der Komposition, des Vortrags, der
Sound-Bearbeitung, des Resonanzraums bzw. der programmierten *atmospherics*
Vermeidungsverhalten „konditionierten" (Miliman 1986), kontraproduktive Wirkungen zeitigten. Die Homogenisierung und Nivellierung des Repertoires forderte
gewissermaßen gegenläufige Maßnahmen in der Handhabung der Adressierung.
Jedenfalls im Blick auf die Gesamtpopulation des Muzak-Publikums. Langfristig sollte schließlich gewährleistet werden, dass die gesetzten musikalisch klanglichen Impulse aufseiten des Adressaten möglichst situations- und szenegerecht
beeinflusst werden konnten, vorzüglich in beruhigender, entspannender, zugleich
wohltuend motivierender Umgebung und entsprechenden Atmosphären. Doch
beschränkte sich auch das Programm der Quantum Modulation auf die Modulation
der Übertragung durch den Sender. Nur sollten jetzt *spezifische* Reize gesetzt werden können, welche die Aktivität der Konsumenten auch unter ‚lokalen' Bedingungen steuern konnten.[13]

Trotzdem bedeutete schon diese Entwicklung nach Beurteilung der Muzak-
Historiografie, mit der man sich von der behavioristischen Mechanik einer
Reiz-Reaktion-Kausalität verabschiedete, wie sie das bis dahin favorisierte, vergleichsweise schlichte „Stimulus Progression-System" dargestellt hatte, eine
Dynamisierung des Geschäftsmodells. Mit der Quantum Modulation sei der entscheidende Schritt hin zu einer „post-fordistischen, metastatisch um sich greifenden Mutation" des Muzak-Programms getan worden (Treck 2011). Eine erste
Offensive auf dem Boden der neuen Strategie bestand darin, in Adaption, aber
auch Weiterentwicklung der ursprünglichen *Ambient Media*-Strategie, mit sehr

---

[13]Was eine entsprechend differenzierte Technologie und Technik voraussetzt, wenn man
beispielsweise annimmt, dass diese Idee für jeden einzelnen Tisch einer Bar, eines Restaurants oder Cafés realisiert werden soll. Vgl. die Beispiele in Frank et al. (2008).

speziellen Programmen für Orte mit vergleichsweise homogenem Publikum zu reagieren, homogen allerdings hinsichtlich der Begründung für die temporäre Anwesenheit der Personen an diesem Ort, nicht hinsichtlich der Personen selbst. Man konzentrierte sich auf Produktions-, Arbeits-, Beschäftigungs- und Freizeit-Environments, auf Betriebe, Krankenhäuser oder Behörden, auf Einkaufszentren und Malls unterschiedlichsten Zuschnitts, aber auch (mit einigen Schwierigkeiten) auf definierte Orte im öffentlichen Raum, schließlich auf „In-Home"-Räume. Insgesamt waren es Räume, die als bekannte Umgebung des Alltags galten, im Zweifel aber auch Orte des „Outer Space", deren Atmosphäre transferiert werden sollte (vgl. Sumrell und Varnelis 2007). Eine Destination wie die letzte ins Spiel zu bringen, blieb zwar vorerst *Phantasy und Fiction*, mithin der künstlerischen Fraktion des Ambient vorbehalten. Die aber trug gerade im privaten Bereich der Stimmungskonditionierung unbedingt bei zur Konjunktur des Muzak – und der Ambient Music insgesamt –, wie die Beliebtheit der *Space Music* und ihrer Ableger bezeugt. Die Sprengung der herkömmlichen Konzeption des *Ambient Media*-Einsatzes aber war davon abhängig, wie weit es gelang, die Kommunikation nicht nur möglichst vielfältig zu platzieren, sondern mit ihrer Hilfe Räume und Atmosphären als ungewohnte Erlebniswelten für den eigenen Auftritt der Konsumenten zu inszenieren. – Eine eigenständige Strategie zur Mehrwerterzeugung. Unterschiedliche Örtlichkeiten und Gelegenheiten der Kontaktaufnahme bzw. Kommunikation zu bestimmen, um auf diese Weise, nach Art des *Ambient Media*-Einsatzes in der klassischen Werbebranche, mit dem vorgehaltenen Kommunikationsrepertoire auf Verbraucher zu treffen, die sich mehr oder weniger zufällig an solchen Orten einfanden, konnte keine befriedigende Lösung des Problems sein.

Die Bewirtschaftung auch öffentlicher Außenräume in diesem Zusammenhang war nicht erst eine Geschäftsidee der vereinigten *Mood Media Corporation*. Die Idee gehört schon seit den 1990er Jahren zur Unternehmensplanung des *Muzak*-Konzerns und wurde beispielsweise in den Convenience Stores der *7-Eleven*-Stores (ca. 56.000 Geschäfte in 18 Ländern rund um den Globus) erprobt. Immer ging es um die Abgrenzung von Zuständigkeiten für den Raum, um die Konkurrenz mit anderen Playern im Medien- und Endverbrauchergeschäft, nicht weniger aber auch in Konkurrenz mit dem Gemeinwesen respektive seinen Repräsentanten. Öffentliche Parkflächen beispielsweise kann man als Räume betrachten, in deren Grenzen sich gleichwertige private Interessen begegnen. Konfliktfälle zwischen Nutzern, die nicht auf Verstoß gegen Rechts- oder Ordnungsnormen beruhen, werden ausgehandelt und per Arrangement geregelt. Die zivilgesellschaftlich üblichen Usancen gelten auch für die Nutzung des ausgedehnten Parkraums, wie er zu den weiträumigen Geschäftskomplexen international agierender Megastores gehört, auch wenn es sich rechtlich um Privatgelände handelt. So gilt in vielen

Fällen die Straßenverkehrsordnung, doch gibt es kein Gebot, das die mediale Konditionierung der Kundschaft auf dem Parkgelände durch den Eigentümer untersagt (abgesehen vielleicht von gewissen Einschränkungen zum Beispiel für die Nachtzeit). So muss man muss sich wundern, dass öffentlicher Raum, der immer schon als Werbefläche für die informationelle und visuelle Kommunikation der anliegenden Unternehmen gedient hat, erst in den 1990er Jahren von Firmen in Kanada und den USA als Hör- und Erlebnisraum entdeckt und über Lautsprecher und Videoeinwände mit Muzak und anderen Botschaften bespielt wurde. Warum sollte man den Konsumenten nicht schon hier draußen empfangen, um ihn als solchen zu definieren?[14] Ein „Konzept des nachhaltigen Schutzes öffentlichen Raums gegen unerwünschte Menschen" (Indiepedia 2016) wird man hierin vielleicht nicht wiedererkennen wollen. Doch übermittelt die umgebende Sinnen- und Gefühlslandschaft mit der Klangbotschaft ‚Kundenfreundlichkeit' eine nicht unbedeutende Message des Atmosphärenmanagements: ‚Draußen ist drinnen' besagt sie. Und drinnen bedeutet, im Geschäft zu sein und solange sicher; man denke an Benjamins „Passagen" (siehe Benjamin 1982). So ist es nur konsequent, sein Wohlsein schon draußen von einem Gefühl der Sicherheit begleitet zu spüren. Es ist die Gewohnheit des Bekannten und Vertrauten, die das ihrige tut, Gefühl und Stimmung zu stabilisieren.

Der Gestaltungs- und Medienaufwand, der betrieben wird, wenn es um den Konsumenten geht, steht in erster Linie im Dienste seines Wohlbefindens. Sollte es erforderlich sein, dass ‚König Kunde' auch hinsichtlich seiner Sicherheit beruhigt werden muss, dann geschieht auch das allererst in Würdigung seiner Bereitschaft zu kaufen und zu verbrauchen. Der Einsatz von Muzak und *Mood Media* im öffentlichen, besonders im urbanen Raum empfiehlt sich dagegen zuerst der gesamten Bürgerschaft. Idealerweise ist der Citoyen weniger am Geschäft interessiert als an der öffentlichen Ordnung und der Friedlichkeit der Verhältnisse. Doch ist der Zustand der öffentlichen Ordnung und Sicherheit zugleich Bedingung guter Geschäfte. Systematisch problematisch aus der Perspektive des Atmosphären-Engineering mit besonderen ökonomischen Zielen könnte sein, dass die Grundgesamtheit der Bürgerschaft als solche nur die Gleichheit alle ihrer Glieder kennt, während die Assoziation von Wirtschaftssubjekten jede denkbare Gruppierung und ihre besondere Ansprache zulässt und wünschenswert macht. Doch lässt sich der Citoyen leicht als Bourgeois adressieren.

---

[14]Wie seit Beginn der 1990er Jahre in den USA und Kanada in Mode bei großen Kaufhäusern, Märkten etc. – ausgreifend aber auch auf den städtischen Raum (vgl. Sterne 2003, 2005).

Für den Konfliktfall im öffentlichen Raum behauptet die prognostische Kompetenz der Anbieter evaluierter *Mood Media*-Strategien, Ordnungsstörer diskriminieren und zu einem mutmaßlich von Unlustgefühlen motivierten Vermeidungsverhalten bewegen zu können. Es soll zu ihrer Isolation führen, angesichts solcher Bedrohung natürlich auch zur Wiedereingliederung in die Mehrheit der Bereitwilligen, zumindest auf Dauer gesehen. Allerdings könnte man von Erfolgen solcher Intervention erst reden, wenn gewiss wäre, dass die tatsächlich Gemeinten isoliert werden, beispielsweise den Platz verlassen, und nicht Menschen, auf deren Bleiben und Agieren man hofft und angewiesen ist. Trotzdem richtet sich die behördliche Kommunikation vielfach immer noch unterschiedslos an alle, die sich an einem im Zweifel ordnungs- oder sicherheitssensiblen Ort aufhalten. Die zwiespältige Konsequenz ist, dass sich das Publikum, das in solcher Umgebung einer akustischen Intervention ausgesetzt ist, fragen wird, wer überhaupt aus welchen Gründen mit der Botschaft gemeint sein soll, und womöglich nicht im Sinne der intendierten Auslese reagiert. Die Reaktion indiziert, dass mit den Aufgaben der Sicherheits- und Ordnungspolitik eine Grenze des ästhetischen Programms der Stimmungsbewirtschaftung erreicht ist. Beim Einsatz „explizit aggressionshemmender Musik" – Jonathan Sterne (2005, S. 2) spricht von „non-aggressive music deterrent"– könnte man annehmen, dass hiermit nicht mehr als eine Beruhigung des Erregungszustands *aller* in den Genuss der entsprechenden Hintergrund- bzw. Umgebungskulisse gekommenen Passanten beabsichtigt sei. Vermeidung würde definitionsgemäß durch Verstärkung des Antagonisten unerwünschten Verhaltens herbeigeführt: eine Art Vorsorgemaßnahme für gefährdete Orte, an denen das mutmaßlich aggressive Verhalten Einzelner durch Beruhigung aller, die den Ort besuchen, sichergestellt wird. Doch soll die Intervention unmittelbar zur sozialen Segregation Einzelner führen, wie vorgesehen etwa bei Einspeisung von Geräuschkulissen aus einem der akustischen „Abschreckungssysteme gegen Herumtreiber" („vagrant deterrend systems", Sterne 2005), verkompliziert sich die Situation. Ist das Geräusch „anwidernd und enervierend", wie es berichtet wird von Versuchen zum Beispiel aus Toronto, hat dies zur Folge, dass alle, die dem Geräusch ausgesetzt sind, das Weite suchen.[15] Verletzt wird damit das Prinzip, mit den eingesetzten ästhetisch gestalterischen Mitteln bei der Mehrheit der Rezipienten möglichst immer für ein Approach-Verhalten zu sorgen. – Geliefert hatte das Sound-Programm in diesem Fall ein Sicherheitsunternehmen

---

[15]Allerdings mag es auch so beabsichtigt sein, wenn eine Bank der Verursacher ist. Der für den Auftrag verantwortliche TD Canada Trust ATM ließ das als „ohrenzerreißend, schrill" beschriebene Geräusch aufgrund von Bürgerbeschwerden tagsüber abstellen und nur noch nachts senden (vgl. CBC News 2010).

(*A.S.A.P.* Toronto), das „Scene Security" als eines seiner wichtigsten Kompetenzfelder anbietet.[16]

Andere Formen der akustischen Beeinflussung mit „unangenehmen Frequenzen" sehen sich derselben Schwierigkeit ausgesetzt, wenn sie ihre Adressaten unspezifisch, sozusagen als hörbegabte Lebewesen, aber nicht als Hörer dieser oder jener Information erreichen. Erfolgreicher im Sinne der Selektion, indes von Vermeidungsverhalten, scheint die Übertragung von Klängen bestimmter Qualität, gefiltert nach sozialen Indikationen. Diesen Weg versuchen viele Großstadtverwaltungen (auch in Deutschland), wenn sie als unsicher geltende Plätze oder Areale aus eben solchen Erwägungen mit klassischer Musik überziehen. Im Regelfall werden derartige Maßnahmen begleitet von physisch präsenter wie ferngesteuerter Kontrolle durch die Ordnungsmacht, die ihre Gegenwart, natürlich medial verstärkt, ebenfalls zu Gehör des Publikums bringt, etwa über regelmäßige Lautsprecherdurchsagen in und an Flughäfen, Bahnhöfen, in Parks und auf anderen öffentlichen Plätzen, im Verkehr und an vielen veranstaltungsdefinierten Orten. Tatsächlich entscheidet sich das spezialisierte Atmosphärenmanagement höchst selten für einen monomedialen Auftritt, ob drinnen oder draußen. Der Zweck des Aufwands ist klar: Er soll Vermeidungsverhalten einer Minderheit triggern. Doch läuft er Gefahr, es bei einer Mehrheit zu tun. Das sprengt ein Paradigma, das statt auf Polizei auf Vertrauen setzt.[17] Abgesehen davon unterstreicht die ästhetische Fixierung des Ambient-Einsatzes auf *klassische* Musik, um damit denjenigen, die unerwünscht sind, in einen ihnen „fremden Klangteppich" zu hüllen und sie zum Verlassen des Raums zu bewegen, wie im vorliegenden Beispiel, die Art der Prognostik. Die Vorhersage selbst bewegt sich ästhetisch im Rahmen kulturell vertrauter Klischees. Dass sie denjenigen, deren Verhalten vorherzusagen ist, ebenfalls vertraut sind, gehört mit zur prognostischen Kompetenz. Man teilt dieselben Vorurteile. Jedenfalls, wenn es stimmt, dass die Klassik-Beschallung (beispielsweise am Hamburger Bahnhof) tatsächlich zur „Vertreibung der Szene" führte. Die „Junkies" mochten keine Klassik und reagierten auf das „Signal" mit Abzug (Indiepedia 2016). Doch vielleicht ist das nur der Common Sense der bürgerlich ordentlichen Mehrheit. Andere Versuche zeigen, dass

---

[16]Slogan: „We build relationships on Trust" Vgl. A.S.A.P. (2016).

[17]Weswegen unter sicherheits- und ordnungspolitischen Vorzeichen auch weit mehr mit dissimulierendem als simulierendem Medieneinsatz gearbeitet wird: Videoerfassung aller, aber ohne dass es diese Mehrheit bemerkt.

ununterbrochene Klassikbeschallung[18] den ‚Normalbürger' ebenso nervt wie die
Szene, die eigentlich reagieren soll.

Eines zumindest zeichnete sich ab im Prozess kommunikativer Differenzierung
bei der Adressierung von Medien und Botschaften im Rahmen neuer Strategien auf
Basis der Quantum-Modulation: Es war eine Aufgabe für eine komplexe, infor-
matisch geregelte Prozesssteuerung mit Big Data-Unterstützung. Am Ende sollte
es keine Probleme mehr machen, jede gewünschte Gruppierung von Menschen
aus einer gegebenen Population nach definierten Merkmalen herauszufiltern –
mit den entsprechenden Ambivalenzen hinsichtlich der guten Laune. Die isolierten Verhaltens- und Haltungsdaten ihrer Eigner könnten zur genaueren Adressierung den einschlägigen Playern auf dem Markt zur Verfügung gestellt werden[19],
um auf Grundlage dessen mit zugeschnittenen Medienofferten präziser zu punkten. Vor allem dank der rapiden Entwicklung informatischer Technologien konnte
das behavioristische Erhebungs-Instrumentarium seither immer weiter verfeinert
werden. Die neuesten Hilfstechnologien der Medienbranche verbinden die Big
Data-Erhebung und -Auswertung mit „Ad-Targeting" (der Technologie zielge-
nauer Ansprache, zum Beispiel im Rahmen des „Facebook micro-targeting") und
psychologischer Verhaltensanalyse, sodass anhand der erstellten Persönlichkeitsprofile personalisierte Botschaften und Angebote konzipiert werden können. Im
Zweifel auch jenseits aller Tatsachenreferenz. Medienunternehmerische Interessen
werden dabei genauso bedient wie Interessen politischer Strömungen und Parteien,
wie die letzten U.S.-amerikanischen Wahlen gezeigt haben. Die Erweiterung der
Einsatzgebiete für die Persönlichkeitsvermessung korrespondiert der Ausdehnung
der Sozialen Netzwerke. Die Dienstleister der Medienunternehmer und der Politik mit nachgewiesener Expertise in strategischer Kommunikation behaupten, dass
einschlägige Programme Personen schon anhand von zehn Facebook-Likes besser
einzuschätzen wüssten als ihre Arbeitskollegen dies vermöchten. 70 Likes sollen
die Kenntnisse eines guten Freundes übertreffen, und der Algorithmus anhand von
mehr als 300 Likes soll das Verhalten eines Probanden besser vorhersagen können, als sein Partner oder er selbst es je könnten. Der Chef des Data Mining und

---

[18]„Klangteppich aus leichter und vielfältiger Klassik'. Also nicht immer dasselbe und
eher Mozart als Wagner. Und im Advent könnten auch mal Weihnachtslieder erklingen"
(Tagesspiegel 2009; vgl. auch Schuberth 2009).

[19]Wenn solche Unternehmen nicht selbst über einen entsprechenden Geschäftszweig ver-
fügten.

Analysis-Unternehmens *Cambridge Analytica*,[20] mittlerweile einer der engsten Berater des amerikanischen Präsidenten, rühmt sich, über Persönlichkeitsprofile von 220 Mio. US-Bürgern zu verfügen. Zwar erkennt man die Sprechblasen des Verkäufers, aber auch diese Botschaften werden der öffentlichen Kommunikation zugeführt. Warum sollte man nicht daran *glauben?* Was Konsumenten- oder Bürgerschaft unterbreitet wird, beinhaltet, präziser und umfänglicher als je, was ihnen bereits geläufig ist, was und wie sie fühlen, in jeder Variante, womöglich auch, wenn es ihnen unangenehm ist. Ob es sich am Ende um ein Gattungsmitglied handelt, das sich in der eigenen sozialen Umgebung und ihren Echokammern zu Wort meldet, oder um einen *social bot,* eine Maschine, die das Netz durchstreift, dürfte angesichts dessen kaum noch eine Rolle spielen (vgl. Zastrow 2016).

Dass nicht Musik das Medium sein muss, das die Gefühlslage zu stimmen übernimmt, ist selbstverständlich. Da realistischerweise ohnehin davon auszugehen ist, dass sinnliche Affektion immer synästhetisch erfolgt, müssen alle infrage kommenden medialen Quellen auch in Anschlag gebracht werden. Doch welche davon können als gesteuert und kontrolliert, als überhaupt kontrollierbar gelten? Spätestens seit Einführung der Quantum-Modulation experimentiert die *Mood Media*-Industrie mit Einwirkungen, die nicht unmittelbar auf die Beeinflussung oder gar Manipulation von Emotionen und Affekten von Individuen (bzw. deren physiologischen Korrelaten) zielen, sondern medial aufbereitete Umweltatmosphären und -effekte definieren, die für ihre Entfaltung letzten Endes das freiwillige und bewusste Mitwirken der Adressaten einkalkulieren müssen. Das heißt, der Einsicht Platz zu machen, dass der Erfolg selbst gut modulierter Übertragung keineswegs nur von den induzierten Quanta oder Intensitäten beeinflusst wird und einer groben Selektion der Empfangsumgebungen. Doch gibt es gute ökonomische Gründe für eine Darstellung, welche die Frage der Aufmerksamkeit vornehmlich als Frage nach den beeinflussbaren *Reizen* behandelt, der mediale Impuls unter dieser Beschreibung verkauft wird wie ein Medikament mit angegebener Indikation. Wer würde ein Medikament kaufen, von dessen Wirkung nachgewiesen ist, dass es ein Placebo auch täte?

Tatsächlich hängt die Wirkung wie auch immer modulierter Botschaft von der am Ende bestimmenden individuellen Modulation, von *colour* und *tone* ab, die das öffentliche Sentiment im Rahmen der Aufnahme und Appropriation durch

---

[20]Slogan des Konzerns: „Better audience targeting. Powered by smarter data modeling". Maßgeblich ist das OCEAN-Modell. Es fragt nach „Openness, Conscientiousness, Extraversion, Agreeableness" und „Neuroticism" (Cambridge Analytica o. J.).

den einzelnen Empfänger erfährt. Die Übermittlung, die in einem bestimmten Wahrnehmungsbereich erfolgt, mag Aufforderungscharakter besitzen. Doch
könnte die Aufforderung zu fühlen auch zurückgewiesen werden, selbst wenn es
schwer vorstellbar ist. Geschieht dies nicht, stellen sich die Affizierten der an ihre
Sinne und ihre Affekte ergangenen Aufforderung, indem sie, mehr oder weniger
bewusst, einen Abgleich der eigenen körper- wie ereignisbezogenen Erregung
mit dem Erregungsspektrum der übermittelten Botschaft vornehmen. Als Ver-
gleichsspektrum gilt die Bandbreite der in der öffentlichen Kommunikation für
das öffentliche Fühlen (Sehen, Hören, …) vorgesehenen Affekt-Modulation bzw.
der die relevanten Affektsets indizierenden Verhaltensweisen. Inhaltlich wie formal gelten auf diese Weise die Konventionen des Medien-Mainstream. Um Reso-
nanzkatastrophen zu vermeiden (wenn wir die nachrichtentechnische Vorstellung
beibehalten), ist es angezeigt, dass der Einzelne die ihn erreichende Stimmungs-
oder Erregungslage im Abgleich mit der Eigenresonanz in eine ihm persönlich
gemäße, nichtsdestotrotz der Lage angemessene gedämpfte Schwingung versetzt.
Die Ausschläge der Schwingungen bzw. Frequenzgänge, in denen sie verlaufen,
werden durch diese persönliche Modulation erst auf den individuellen Metabolismus abgestimmt. Das Maß für das Quantum, das die gesellschaftlich bzw. politisch für vertretbar erachtete Modulation des Trägersignals kennzeichnet, wird für
demokratische Verhältnisse bestimmt durch die allgemeine Akzeptanz der Dosis,
Menge, Intensität, Weite, etc. (der Modulationsamplitude), in der repräsentative
Mehrheiten Gewohntes als üblich oder normativ gesollt verabreicht bekommen.
Entscheidend ist, dass die große Mehrheit der Bevölkerung kein Problem damit
hat, die übermittelte Modulation noch einmal selbst zu überarbeiten, im vorge-
gebenen Stimmungs- oder Erregungsrahmen selbst zu fühlen und zu agieren, für
den „gehörigen Rhythmus"[21] zu sorgen. *It feels. It moves.* Solange diese Bedingung gilt, kann auch die politische Modulation mit rein ästhetischen Mitteln gelingen. Für Verhältnisse im Rahmen von Hause aus *ästhetischer* Erfahrung gilt die
geschmackliche Urteilskraft, der Sinn für Qualität eines schöpferisch individuellen
Werks oder Arrangement als zuständig. Sei es im Umfeld künstlerisch kreativer
Erfahrung, sei es im Rahmen von Unterhaltung und Freizeitgestaltung, sei es angesichts der medialen Präsentation eines anderen gesellschaftlich relevanten Gegenstands, wenn er mit von dorther bekannten Mitteln in Szene gesetzt ist. In jedem
Fall aber kann die Aneignung erst als gelungen gelten, wenn sie als Bestätigung

---

[21]Übersetzung von lat. *modulatio,* auch übersetzt mit „das proportionierte Maß" oder
„Modellmaß", „das Taktmäßige, Melodische, Harmonische, Rhythmische" Vgl. Georges
(1976).

eines gemeinschaftlich schon Gefühlten auch individuell vollzogen ist. Auf Anerkennung darf sie hoffen, wenn das gewohnte Maß weder durch unzulässige Übererregung – durch Extravaganzen – noch durch unpassende Dämpfung – zu geringen Anspruch – verletzt wird. Bestimmte Verhaltensindizien zeugen dabei vom Erfolg der Simulation bzw. Dissimulation, den das Subjekt mit seiner Appropriation oder Eigeninszenierung verbuchen darf.

5 Ambient Science vs. Ambiance Art

Für den „Muzak als Science" (Brown 1999)[22] ist die Ambient Music als Kunst oder reines Unterhaltungsmetier kein ernst zu nehmender Konkurrent im Geschäft mit der kontrollierten Gefühls- und Stimmungsmache. Entertainment- und Infotainment-Medien sind zwar an Verhaltensprognosen interessiert, konzentrieren sich aber auf Erhebungen, die sich auf die Formate und Inhalte ihrer Angebote, den Umsatz ihrer eigenen Unternehmen beziehen. Wo Musik hingegen dezidiert als Produkt künstlerischen Schaffens verstanden wird, gilt definitionsgemäß, wenn auch ideologisch, dass sich seine Werke nicht für merkantile oder politische Zwecke funktionalisieren ließen. Dabei ist die kundenspezifische Distanzierung des wissenschaftlichen Muzak und vergleichbarer Mood-Medien von Kunst und ‚reiner' Unterhaltung offensichtlich taktischer Natur. Denn natürlich weiß auch die *Mood Media North America,* dass „Ambiance for the Masses" *(Media Hyperreal)* einem musik- und- und bildbegeisterten Massenpublikum weder als Marketingstrategie noch als Sozialtechnologie verkauft werden kann.

Dem Vergleich zwischen Musik und Droge oder Narkotikum widersprechen die Muzak-Protagonisten für ihre stimmungsaufhellenden Produkte keineswegs kategorisch. Sie unterscheiden allerdings nach Kundschaft. Die jeweilige Orientierung hat zu tun mit der Abgrenzung von künstlerischen bzw. Unterhaltungsmedien

---

[22]Brown (1999): „[M]usic is art, but Muzak is science. And when you employ the science of Muzak: in an office, workers tend to get more done, more efficiently, and feel happier. In an industrial plant, people feel better and, with less fatigue and tension, their jobs seem less monotonous. In a store, people seem to shop in a more relaxed and leisurely manner. In a bank, customers are generally more calm, tellers and other personnel are more efficient. In general, people feel better about where they are; whether it's during work or leisure time. Muzak is all this and more. That's why we say Muzak is much more than music." Zur Aktualität des Social Engineering vgl. das Themenheft 15/2008 der Zeitschrift ONE! „Social Engineering. Can Society Be Engineered in the Twenty-First Century?".

und wissenschaftlich betriebenem Social Engineering („scientifically engineered sound", Brown 1999). Zum Beleg wird auf die „relative" Transparenz hinsichtlich der Rohstoffe und Veredelungsverfahren, die zum eigenen Metier gehören, verwiesen. Ein Argument, womit die Drogenindustrie sich allerdings ebenfalls empfehlen könnte, zumindest die pharmazeutisch legale. Für den Muzak sprechen und ihn unterscheiden sollen vor allem seine wirtschaftsfördernden und von daher sozialen Potenziale. Wahrer Muzak, heißt es, sei nicht vergleichbar suchterzeugend wie individueller Drogengebrauch, nicht aufgrund des Musikkonsums, der Wirkungen von Klangwelten, und nicht für die Massen. Wenn Muzak süchtig machen könne, dann nur in dem Sinne, dass die „gesammelte Wirkmächtigkeit des Metabolismus", derer, die von solcher Musik affiziert werden, „unter Kontrolle gebracht würde" („suppress").[23] Süchtig würden, im Klartext, gerade nicht die Konsumenten, sondern höchstens Wirtschaft und Politik. Jedenfalls würde man das verstehen. Was demnach den wissenschaftlichen Muzak von musikalischer Kunst wie bloß musikalischer Unterhaltung unterscheidet, ist nach Auffassung seiner Agenten *die Nachweisbarkeit* seiner gesellschaftlich pazifizierenden und stimmungsaufhellenden Effektivität.

Browns Überlegungen indes lassen vermuten, dass die Ambient Music als künstlerisches und Unterhaltungsmedium zwar vielleicht weniger geeignet ist als Instrument wissenschaftlicher Wirkungsforschung, dafür aber ein ungleich größeres Spektrum von musikalischen Angeboten wie von Konsumenten repräsentiert. Von den Genres und Einzelangeboten des Mediums her ein Spektrum, das die Muzak-Produkte, wie sie dem Medienkonsumenten als Unterhaltungsangebote entgegentreten, ohnehin für ein einziges halten muss, einzuteilen allein nach Vorlieben und Geschmack. Für Brown ist diese Perspektive Anlass, darauf hinzuweisen, dass vielleicht Interesse bestehen könnte, auf dem weiten Feld medialer „Ambiance"-Gestaltung „for the Masses" den Zweck reiner Unterhaltung und Kulturvermittlung zu erweitern. Womöglich ebenfalls in Richtung einer gesamtgesellschaftlich wünschenswerten ‚atmosphärischen' Einflussnahme auf den ungezügelten Stoffwechsel der Bevölkerung oder bestimmter Bevölkerungsteile durch brachliegenden Unterhaltungsprodukte. Allerdings sieht der Muzak-Experte die Schwierigkeiten, wenn in öffentlicher Debatte über die Indienstnahme herkömmlich als Unterhaltung oder ‚Kunst' gelabelter *Ambient Media*-Formate und -Angebote durch Wirtschaft oder Politik verhandelt würde. Browns Kommentar problematisiert die Stellung von Unterhaltung und Kunst wie damit verbundenen Medien in der demokratischen Gesellschaft. Es geht um die

---

[23]Brown (1999; eigene dt. Übersetzung, H. W.).

die Frage der Legitimation, über diese Stellung zu entscheiden. Der Kritiker sieht, dass diesbezüglich ein gesellschaftlicher Common Sense existiert, der schwerlich ins Wanken gebracht werden kann, versteht aber nicht, dass der Konsens selbst womöglich auch schon die Antwort auf die Frage bzw. die ihr innewohnende Anregung beinhaltet.

Der Konflikt, der sich artikuliert, ist so offensichtlich wie konstruiert. Gerade, wenn es Interesse an einer umfänglicheren Funktionalisierung ästhetisch medialer Beeinflussung des öffentlichen Fühlens geben sollte – ein Interesse, das auf keinen Fall von der großen Masse der Medienkonsumenten artikuliert wird –, wäre es angesichts der öffentlichen Meinung zur Stellung der künstlerischen und Unterhaltungsmedien leichter, dieses Interesse zu verfolgen wie bisher, im Schatten der Kultur sozusagen. Eine öffentliche Debatte zu Sachverhalten und Zielsetzungen wäre jedenfalls tunlichst zu vermeiden. Einerseits. Da Zustimmung indes einträglicher ist als Ablehnung, könnte die Lösung andererseits aber mit einer Umkehrung des Vorschlags verbunden werden: Keineswegs sollte dann öffentlich darüber diskutiert werden, wie, was unter Kunst, Gestaltung und Unterhaltung firmiert, zu politisieren und auf wirkliche gesellschaftliche Probleme zu beziehen wäre, um Probleme des Konsumierens, Produzierens und Verteilens, Probleme der Ordnung und der Sicherheit in den Griff zu bekommen. Vielmehr müsste man auf den Musterkonsumenten und Durchschnittsbürger schauen, seiner Gefühlsökonomie im Umgang mit der massenmedialen Kommunikation vertrauen. Die Fragen von Politik und Ökonomie könnten auf diese Weise weit effektiver und umfangreicher als bisher ästhetisch gefasst, an den Geschmack, das Fühlen und die Gemütsverfassung des Gemeinwesens überwiesen werden. Man könnte sie generell, gesellschaftlich, als Fragen von Kunst und Kultur behandeln (lassen), als Fragen nach den von allen Beteiligten gleicherweise passend modulierten Stimmungslagen.

Es ist nicht ohne Ironie, dass gerade Brian Eno, der ‚Vater' der musikalischen Ambient-Kunst, eine Antwort auf die von Brown angerissene Problematik im angedeuteten Sinne gegeben hat. Im sogenannten *Ambient-Manifest* von 1978, verfasst anlässlich der Veröffentlichung von *„Music for Airports",* ist er es, der die Ambient Music kategorisch abgrenzt vom gemeinen Muzak und die Unterschiede erläutert. Seine Abgrenzung hat nichts zu tun mit der, die der wissenschaftliche Muzak vornimmt. Eno weiß, dass der Muzak zur Vergangenheit, wenn nicht zur Gegenwart aller Ambient Music gehört. Insofern steht er an der Seite der Konsumenten und ihrer Aneignung von Musik und Unterhaltung im unprätentiösen Verständnis. Für ihn zählen, wie für sie, nur ästhetische Gesichtspunkte, die eine einer anderen Musik vorzuziehen, wenn auch vielleicht nach strengeren

Kriterien (vgl. Eno 1978).[24] Der „Musik aus der Konserve" stellt der Künstler eine kompromisslos auf Qualität setzenden *Ambient* entgegen. Er favorisiert eine mit dem „sense of place" verschmelzende, die Atmosphäre des Orts und des Augenblicks tragende „Originalmusik", die ein weites Spektrum an Stimmungen und Gemütslagen zu repräsentieren weiß. Während der *Muzak* seine akustischen und atmosphärischen Effekte und Idiosynkrasien zu verstecken suche (um nichtsdestotrotz mit ihnen zu punkten), sei es der Ambient Music im Gegenteil darum zu tun, sie deutlich zu machen und sie zu verstärken. Statt die Musik jeden Sinns für Zweifelhaftes und Unsicheres zu berauben, halte die Ambient Music an solchen Eigenheiten fest. Während dort die *ups* und *downs* der Körper (die Zufälligkeiten ihres Metabolismus; s. o.) die Rhythmen vorgäben, sei es Intention der Ambient Music, „Ruhe zu bringen und Raum zum Denken". Ziel sei es, die Physis zu entspannen und die Psyche in die Welt der Imaginationen zu entführen. Der künstlerisch kreative Ambient gilt seinen Freunden als Antwort der Musik auf die Dynamik der westlichen Welt des 21. Jahrhunderts, ihre Komplexität, ihre Schnelligkeit, ihre Nervosität. Endlich mache Ambient Music perfekten Sinn, lautet die Überzeugung. Nie seitdem musikalische Aufnahmetechniken existierten, sei „die Freude am Hören instrumentaler Musik populärer gewesen". Ambient Musik vermöchte beides auszudrücken: „unsere äußere Umgebung (menschengemacht oder natürlich) wie unseren inneren Raum (ob emotional oder mental)" (vgl. Brown 1999, S. 1).

Genres, Stile, Inhalte treten in dieser Darstellung zurück gegenüber der psychoaktiven Wirkung der Musik. Offenbar vermögen unzählige Klangbilder die Wirkungen zu erzielen, von denen der Beipackzettel berichtet, „[f]rom abstract electronic soundworlds to the romantic grandeur of orchestral soundtracks, from classical adagio to delicate jazz improvisations". So hat die Musik des 21. Jahrhunderts viele Namen: „ambient, new wave, contemporary instrumental, experimental, spacerock, chillout, ambient techno, ambient trance, mood music, world music, new acoustic", um nur die zu nennen, die eine einzige der Ambient-Historien anführt (vgl. Brown 1999, S. 3). Andere Geschichten fügen eine Unzahl weiterer Gattungen und Arten hinzu. Als unverzichtbare Bedingung für allen musikalischen Stoff gilt allerdings auch in dieser Geschichte über Ambient Music die Formbarkeit des kreativ kompositorischen Inputs durch technische, elektronische und digitale Instrumente. *Ambient* lebt davon, dass musikalische Ware

---

[24]Enos Charakteristik der Ambient Music im Folgenden ebd.; alle deutschen Übersetzungen sind eigene Übersetzungen, H. W.

auf Datenniveau produziert und bearbeitet wird, jedes Angebot gemäß Nachfrage fragmentiert oder synthetisiert werden kann. Eno betrachtet gerade diesen
Umstand als entscheidenden Unterschied gegenüber der herkömmlichen *recorded
music*.

Die Bedeutung des Synthesizers für die Ambient Music findet hier ihre
Begründung: „Der Synthesizer ist ein beständig unvollendetes Instrument", in
der Lage, die mit seiner Hilfe erzeugten Klangwelten auf alle Arten „kultureller
Referenz" einzustellen, um sie, wo immer gewünscht, in entsprechenden Registern medial zu kanalisieren und zu aktualisieren. Mit Einschränkungen auch mittels Appropriation und Synchronisation durch einen ambitionierten musikalischen
Laien. Durch Klangverwicklungen von großer Kohärenz, durch Einführung von
Klangfarben, die mit akustischen Instrumenten kaum erreichbar sind, werden
größere Nähe und dichtere Atmosphären produziert. Selbst natürliche Umwelten
lassen sich technisch simulieren: „chain and sticks and stones […] rocks, frogs,
and insects" … (vgl. Brown 1999; letztes Zitat: Eno 1986). Der Synthesizer
steht für die Möglichkeit, den individuellen Imaginationsraum der Konsumenten
mit dem virtuellen Raum einer ausgewählten Referenz in Einklang zu bringen.
Es sind den Wirkungen von *atmospherics* ähnliche Raumbildungseffekte, die ihre
eigenen Atmosphären und Affektionen mitführen, die hier zählen. Aus diesem
Grund stellt Eno den (traditionellen) organischen Qualitäten von Musik eine Art
praktisch diagrammatischer, instantan situativer Modellierungsqualitäten gegenüber, die sie in der Gegenwart auszeichnen. Das Stichwort ist „Synchronisation",
Enos Begriff für das instantane Modulieren von schon moduliertem Material.
Synchronisation gelingt umso besser, als die Miniaturisierung der Technik und
der Aufschwung der *Social Ambient Media* den flexiblen, selbst produktiven
Konsumenten geschaffen hat. Er ist in der Lage, sich gänzlich unabhängig von
definierten Realumgebungen und -räumen zu bewegen, Räume, die lange Zeit,
da exklusiv der Installation geeigneter Interfaces auf Empfängerseite vorbehalten, als Referenzräume unverzichtbar erschienen. Ambient Music dagegen erzielt
ihre eigentliche Wirkung erst, wenn sie sich dem Empfinden und Fühlen auf eine
Art einschreibt, wie wenn es der Raum oder seine Bilder, *landscapes, environments, waves, spheres* etc., selbst wären, die sich dem darin heimischen Fühlen
auratisch-klanglich und -bildlich öffneten (vgl. Eno 1986).

Ambient Music darf auf seine Liebhaber vertrauen, weil die Macher wissen,
wofür gebraucht wird, was *Mood Media* liefern können. Denn zweifellos gehört
auch *Ambient* im künstlerisch gestalterischen Verständnis zu den *Mood Media*.
Auch hier ist alles, was zu erleben ist, in gewissem Sinne im Fühlen schon vorhanden, wenn auch mehr als *imagination* denn als durch Erfahrung und Gewöhnung
bekannt. Doch gibt es auch hier keine unvorhergesehenen Ereignisse. Denn die

Vorhersage sitzt in den technologisch erdachten Apparaturen, welche die Verwirklichung ihrer Potenziale bei sich tragen und wahr machen können, was die Fantasie sich erträumt. Der Illusion der Konsumenten, was Medien und Technik bieten, nach individuellem Bedürfnis selbstbestimmt handhaben und zur eigenen Performance nutzen zu können, korrespondiert, was diese Selbsteinschätzung ausmacht: dass man darauf vertrauen darf, dass das Publikum kollektiv durchaus in der Lage ist, eine ihm passend erscheinende Inszenierung auf die Bühne zu stellen. Und dass sich dieses Publikum als Ganzes durchaus im Gleichgewicht zwischen Befürchtungen und Zuversicht zu halten weiß, auch auf schwankendem Boden. „Alles, was passiert, ist Teil der Landschaft", ein „Echo" im Raum einer Einbildungskraft, die im Dienst kollektiver wie individueller Regression steht, freilich unter dem Vorzeichen der Kunst, des Theaters und der Inszenierung und insofern womöglich hinreichend narkotisiert und schmerzlos (vgl. Eno 1986, *verso*).

„Kunst" ist der Begriff für all das, was die versammelte Imagination an schöpferischen Projekten hervorgebracht hat und weiterhin hervorbringt, das Ergebnis eines „zentralen menschlichen Kunststücks" („the central human trick", vgl. Eno 2015). Die Kunst transformiert die Spannungen und Probleme einer „unechten Welt" („false world"), um sie für die Menschen erträglich zu gestalten. Dabei beleuchtet die Kunst die Freuden und Freiheiten der falschen Welt, deren möglicherweise zwiespältige Entwicklung der wissenschaftliche Muzak mit Mitteln der Vorhersage und Vorbeugung beikommen will, durchaus. Für Eno sind die Freuden zwar falsch, aber nicht wirklich gefährlich, weil das Falsche von der Einbildungskraft neutralisiert werden kann. Motiv und Effekt des Transfers von der falschen in die wahre Welt der Kunst bestehen nicht zuletzt darin, so Eno, dass nur auf diese Weise Gemeinschaft praktizierbar und erlebbar sei. „Kunst gibt uns die Chance, Gefühle über Dinge auszutauschen, die nicht gefährlich sind", obwohl sie in der Realität sehr wohl gefährlich sind. Doch kann man sich in der inszenierten Welt und ihren Narrativen abwenden von dem, was Angst einflößt. Auf diese Strategie zu setzen, empfiehlt Eno. Man kann sich zumindest dorthin träumen, wo uns „die Kunst einen sicheren Platz anbietet, selbst mit wirklich extremen und ziemlich gefährlichen Gefühlen zu leben". Es gibt Mittel, sich nicht davon beunruhigen zu lassen, dass Gefühle und Affekte tatsächlich mit der Realität, mit wirklichen Ereignissen verbunden sind: „[Y]ou can switch it off" (vgl. Eno 2015, S. 7). Die Kunst „bietet simulierte Welten" als Ersatz. Es geht nicht darum, sich aus der Welt Angst einflößender Dinge völlig zu verabschieden. Die Konkurrenz zweier Welten bleibt intakt. Sich im Ästhetischen zu bewegen und die Realität aus der Perspektive des schönen Scheins wahrzunehmen, bleibt auf die Welt des wirklichen Trugs bezogen. Aus ihr stammt der Antrieb. Unumgänglich, um erfolgreich Schutz im öffentlichen und privaten Fühlen zu finden, ist angesichts zunehmender Beschleunigung, wie sie Technik und Medien forcieren, die Zerstreuung aufzuhalten und für geeignete Formen der „Synchronisation" zu sorgen. Synchronisation, wie sie die Körper fühlen, wenn sie alle ihre Muskeln koordinieren, ob beim gemeinsamen Marschieren oder beim gemeinsamen Sambatanz im Karneval. Im Trainieren von Gemeinschaft liegt der Wert von Kunst und Kultur: „the main thing is that we have been altogether – that doesn't mean just the artists, so called, it means everyone, it means all the people actually in the community, everybody – has been generating this huge, fantastic conversation which we call culture" (Eno 2015, S. 6 f.).

Ein gesellschaftlich allzu idealistisches Verständnis von Kultur in die Pflicht der Gemeinschaft zu nehmen, und womöglich allzu subjektivistische Auffassungen von der Freiheit als Kunst zu reglementieren, wie es manche Verteidiger der *Mood Media*-Industrie in sozialtechnologischem Auftrag ventilieren mögen, erübrigt sich für eine Sicht der Dinge, wie sie Eno vorschlägt. Man muss die Zeichen der Zeit nur richtig lesen. Der Common Sense der westlichen Welt hat sich mit einem zu ‚Kultur' erweiterten Begriff von ‚Kunst' im säkularisiert trivialen Verständnis der Unterhaltungsmedien längst angefreundet. Die Kommunikation von und über Politik und Wirtschaft fällt darunter. Die unausgesprochene Empfehlung an die Politik ist dennoch eindeutig. Man solle sich klar darüber sein, dass auf Dauer nur das Zusammenspiel von sensologischen Pazifizierungskonzepten und Selbstinszenierungsprojekten wirklich gemeinschaftsfördernd, gesellschaftsstabilisierend sein dürfte.

Literatur

Ambientmedia. 2016. Webpräsenz Fachverband Ambientmedia. http://www.fachverband-ambientmedia.de/ambient-medien. Zugegriffen: 20. Nov. 2016.
A.S.A.P. 2016. Webpräsenz A.S.A.P. http://www.asapsecured.com. Zugegriffen: 10. Okt. 2016.
Benjamin, Walter. 1982. Das Passagen-Werk. In *Gesammelte Schriften*, Hrsg. Rolf von Tiedemann und Hermann Schweppenhäuser, Bd. V [zwei Teilbde.]. Frankfurt a. M.: Suhrkamp (Erstveröffentlichung 1927–1940).
Bohn, Ralf, und Heiner Wilharm, Hrsg. 2013. *Inszenierung und Effekte. Die Magie der Szenografie*. Bielefeld: Transcript.
Brown, Mike. 1999. Muzak and background art: „Music is art, but Muzak is science". Media. hyperreal.org. http://media.hyperreal.org/zines/est/articles/muzak.html. Zugegriffen: 16. Aug. 2016.
Cambridge Analytica. o. J. Webpräsenz Cambridge Analytica. https://cambridgeanalytica.org. Zugegriffen: 2. Dez. 2016.
CBC News. 2010. Alarm puts neighbours on edge. http://www.cbc.ca/news/canada/toronto/alarm-puts-neighbours-on-edge-1.921486. Zugegriffen: 3. Okt. 2016.

Eno, Brian. 1978. Ambient music. Ambient 1: Music for airports. In *Cover-Text zur CD, Rückseite*. Editions EG – EEGCD 17 (1990, UK).

Eno, Brian. 1986. Liners notes to „On Land". Ambient 4: On land. In *Cover-Text zur CD*. Editions EG – EEGCD 17 (1986, UK).

Eno, Brian. 2015. BBC music John Peel lecture, 27. September 2015. http://downloads.bbc. co.uk/6music/johnpeellecture/brian-eno-john-peel-lecture.pdf. Zugegriffen: 14. Juli 2016.

Frank, Jakob, Thomas Lidy, Ewald Peiszer, Ronald Gensweider, und Andreas Rauber. 2008. Ambient music experience in real and virtual worlds. Using audio similarity. 1st ACM workshop on semantic ambient media experiences (SAME 2008). https://publik. tuwien.ac.at/files/PubDat_170404.pdf. Zugegriffen: 15. Juli 2016.

Georges, Karl Ernst. 1976. Modulatio. In *Ausführliches Lateinisch-deutsches Handwörterbuch* 14. Aufl., Nachdr. der 8., verb. und verm. Aufl.,Hrsg. Heinrich von Georges, Bd. II. Hannover: Hahnsche Buchhandlung.

Indiepedia. 2016. Muzak. http://www.indiepedia.de/index.php?title=Muzak#cite_ref-7. Zugegriffen: 3. Sept. 2016.

Kotler, Philipp. 1974. Atmospherics as a marketing tool. *Journal of Retailing* 49 (4): 40–46 (Erstveröffentlichung 1973).

Market Reports. 2016. Digital signage market by product (kiosks, menu boards, billboards, signboards), offering (hardware (display panels, media players, projectors), software, and services), application and geography – global forecast to 2022. http://www.marketsandmarkets.com/Market-Reports/digital-signage-market-513.html. Zugegriffen: 10. Sept. 2016.

Massumi, Brian. 2002. *Parables for the virtual: Movement, affect, sensation*. Durham: Duke University Press.

Mehrabian, Albert. 1980. *Basic dimensions of a general psychological theory. Implications for personality, social, environmental, and developmental studies*. Cambridge: Oelgeschlager, Gunn & Hain.

Mehrabian, Albert, und James A. Russell. 1974. *An approach to environmental psychology*. Cambridge: MIT Press.

Milliman, Ronald E. 1986. The influence of background music on the behavior of restaurant patrons. *Journal of Consumer Research* 13 (2): 286–289.

Perniola, Mario. 2005. *Wider die Kommunikation*. Berlin: Merve.

Perniola, Mario. 2009. *Über das Fühlen*. Berlin: Merve.

Russell, James A., und J. Geraldine Pratt. 1980. A description of the affective quality attributed to environments. *Journal of Personality and Social Psychology* 38:311–322.

Schuberth, Richardt. 2009. Mozart gegen Obdachlose. Wie Hochkultur zum sozialen Pestizid wird. Konkret 4. http://www.konkret-verlage.de/kvv/txt.php?text=mozartgegenobdachlose&jahr=2009&mon=04. Zugegriffen: 8. Sept. 2016.

Sterne, Jonathan. 2003. Sounds the mall of America. Programmed music and the architectonics of commercial space. In *Music and technoculture*, Hrsg. René T.A. Lysloff und Leslie C. Gay, 316–345. Middletown: Wesleyan University Press.

Sterne, Jonathan. 2005. Urban media and the politics of sound space. *Sound. Sound in Art and Culture. Open! Cahier on Art and the Public Domain* 9: 6–15. http://www.onlineopen.org/urban-media-and-the-politics-of-sound-space. Zugegriffen: 10. Sept. 2016.

Sumrell, Robert und Kazys Varnelis. 2007. The stimulus progression: Muzak. http://www.xenopraxis.net/readings/bluemonday. Zugegriffen: 28. Aug. 2016.

Tagesspiegel. 2009. Leserdebatte: Was halten Sie von Klassik-Beschallung in der U-Bahn? 14. Dezember. http://www.tagesspiegel.de/berlin/stadtleben/leserdebatte-was-halten-sie-von-klassik-beschallung-in-der-u-bahn/1632630.html. Zugegriffen: 10. Okt. 2016.

Treck, Ethan. 2011. Muzak history. The background story on background music. Mentalfloss. http://mentalfloss.com/article/28274/muzak-history-background-story-background-music. Zugegriffen: 10. Sept. 2016.

Watson, Mike. 2001–2016. A short history of ambient and downtempo music. Ambientmusicguide. http://ambientmusicguide.com/history-of-ambient. Zugegriffen: 3. Sept. 2016.

Wikipedia. 2016. Mood media. https://en.wikipedia.org/wiki/Mood_Media. Zugegriffen: 12. Juni 2016.

Wilharm, Heiner. 2013. „Worin denn die vielgerühmte Magie der Kunst bestehe?" Einführung. In *Inszenierung und Effekte. Die Magie der Szenografie*, Hrsg. Ralf Bohn und Heiner Wilharm, 9–25. Bielefeld: Transcript.

Wilharm, Heiner. 2015. *Die Ordnung der Inszenierung*. Bielefeld: Transcript.

Zastrow, Volker. 2016. Wie Trump gewann. Frankfurter Allgemeine Sonntagszeitung. http://www.faz.net/aktuell/politik/trumps-praesidentschaft/wie-der-wahlsieg-von-donald-trump-mit-big-data-gelang-14568868.html (12. Dezember). Zugegriffen: 17. Juli 2017.

Achtsames Ambient

Über Ambient-Ästhetik, Medienökologie und Medienpraktiken der Achtsamkeitsmeditation

Christoph Ernst

1   Ambient Media und Medienökologie

Wörtlich bedeutet Ambient ‚Umgebung'. Meist wird der Begriff in adjektivischer Bedeutung zur Kennzeichnung von allgemeinen *ambient conditions* gebraucht. Diese Umgebungsbedingungen können die Umgebungsluft (‚ambient air'), die Umgebungstemperatur (‚ambient temperature'), die Umgebungsfarbe (‚ambient colour'), die Umgebungsfeuchtigkeit (‚ambient humidity') oder das Umgebungs- bzw. Raumlicht (‚ambient light') sein (vgl. den Eintrag „ambient" im online verfügbaren Wörterbuch dict.cc 2017a). Über *ambient conditions* erfährt man allerdings nur etwas, wenn Medien zur Beobachtung der Umgebungsbestandteile und Umgebungsphänomene verwendet werden. Der entsprechende Prozess wird als *Ambient Monitoring* bezeichnet.

Bis Mitte/Ende der 2000er-Jahre ist der Ambient-Begriff nicht durch erhöhte medientheoretische Relevanz aufgefallen. In den letzten Jahren hat sich dies nachhaltig geändert. Eine ganze Klasse von „next generation media" firmiert inzwischen unter dem Oberbegriff *Ambient Intelligence*. Bei *Ambient Intelligence* (AmI) handelt es sich um ein medientechnologisches Paradigma, das auch von

C. Ernst (✉)
Abteilung für Medienwissenschaft, Universität Bonn, Bonn, Deutschland
E-Mail: cernst@uni-bonn.de

© Springer Fachmedien Wiesbaden GmbH 2018   219
J. Schröter et al. (Hrsg.), *Ambient,* Neue Perspektiven der Medienästhetik,
https://doi.org/10.1007/978-3-658-19752-0_11

der Bundesregierung propagiert wird.[1] Durch die massive Verflechtung von Sensoren, Funktechnologien und Rechenleistung sollen alltägliche Praktiken in der Lebens- und Arbeitsumgebung optimiert werden. Die Klasse der Medientechnologien, die als AmI bezeichnet werden, reicht von Smart Homes bis zu Wearables. Bezieht sich ein Begriff wie *Ambient Monitoring* auf den Prozess der Beobachtung der Umwelt, so drehen sich im AmI-Paradigma die Verhältnisse um. AmI-Medien befinden sich nicht nur an herausgehobenen Orten, sondern sind netzwerkförmig in die Umgebung von sich bewegenden Körpern integriert.

Mark Hansen haben diese Formen der Medialität dazu veranlasst, gut bekannte mediale Grundfunktionen wie „Aufzeichnen, Speichern und Übertragen" als Analysekriterien für weitestgehend obsolet zu erklären. Medien, so Hansen, sind heute eine „Plattform für eine unmittelbare, handlungserleichternde Verschaltung mit und Rückkopplung aus der Umwelt [...]" (Hansen 2011, S. 371; dazu auch Hörl 2011, S. 50 f.). Wenn Medien aber nicht nur Informationen über *ambient conditions* generieren, sondern ihrerseits Teil einer Umgebung sind, in der Informationstechnologie und Praxis verschränkt sind, dann bilden sich Formen der Umweltbeziehung, die den Gegenstand einer neuen ‚Ökologie' bilden. In der Medienwissenschaft hat es sich etabliert, für solche Fragen der Vernetzung von Menschen, Medien und Umwelt(en) von einer „medienökologischen" Forschungsperspektive zu sprechen (vgl. einführend Löffler und Sprenger 2016).[2]

2 Relevanz und Informationsökonomie – Kleine Medienästhetik des Ambients

Bei allem Interesse für das Datensammeln und seine technischen Voraussetzungen darf man nicht vergessen, dass es sich bei derartigen Umwelt-Beziehungen auch um Wahrnehmungsbeziehungen handelt. Der Ambient-Begriff darf daher nicht nur als Begriff für den hardwareseitigen Ort neuer medialer Infrastrukturen verwendet werden. Eine medienästhetische Konzeption des Ambient-Begriffs

---

[1]Ich beziehe mich hier auf eine Informationsbroschüre des Bundesministeriums für Wirtschaft und Technologie mit dem Titel *next generation media. Vernetzte Lebens- und Arbeitswelten* aus dem Jahr 2007. Siehe auch den Wikipedia-Artikel (2017b) „Ambient Intelligence".

[2]Vertiefend sei hier auf Hansen (2011), Hörl (2011), Harrasser und Solhdju (2016) und Rothe (2016) verwiesen.

ist ebenso ins Auge zu fassen.[3] Erste Hinweise, wie eine Theorie dieser Ambient-Ästhetik aussehen könnte, gibt die elektronische Musik. Folgt man Wikipedia, dann handelt es sich bei Ambient um ein Genre, das von Brian Eno – dem maßgeblichen Theoretiker des Begriffs – so charakterisiert wird: „Ambient music must be able to accommodate many levels of listening attention without enforcing one in particular; it must be as ignorable as it is interesting" (Wikipedia 2017a).

Eno hebt zwei Eigenschaften von Ambient hervor. Einerseits ist die Ambient-Ästhetik hinsichtlich der Wahrnehmung multimodal und vielschichtig. Andererseits behauptet er, der Informationsgehalt der Formenbildungen sei irrelevant und relevant zugleich. Die Bezugsgröße, die Enos Einschätzung zugrunde liegt, ist der englische Begriff „attention". Auf Deutsch heißt „attention" ‚Aufmerksamkeit‘, aber auch ‚Beachtung‘ (vgl. den Begriff „attention" im Online-Wörterbuch dict.cc 2017b). Dies erlaubt eine erste These. Versteht man diesen Begriff von „attention", erstens, als das Widerlager der Ästhetik von Ambient und begreift man, zweitens, Enos Charakterisierung – über die elektronische Musik hinaus – als kennzeichnend für jegliche Art der Ästhetik von Ambient, dann lässt sich der Ambient-Begriff so verstehen, dass er eine *ökonomische* Regulierung von Aufmerksamkeit adressiert.

In Ambient-Ästhetik wird nicht versucht, die Aufmerksamkeit direkt zu binden, etwa durch dramaturgisch hervorgehobene Momente. Im Kontext einer Ambient-Ästhetik sind Informationen jederzeit im ‚Hintergrund‘ verfügbar. Von der Aufmerksamkeitsökonomie anderer ästhetischer Formen ist diese Regulierung von Aufmerksamkeit dahingehend unterscheidbar, als bei Ambient eine *ökologische* Beziehung zur Umgebung etabliert wird.[4] Medienästhetisch kann Ambient daher als eine Reflexionsform der Wahrnehmungsschwelle zwischen der Irrelevanz und der Relevanz von Informationen angesehen werden, die in einer Umgebung vorhanden sind.

Die ökonomischen Konnotationen dieses Wahrnehmungsspiels kommen in der englischen Formulierung eines ‚to *pay* attention‘ und der deutschen Formulierung von ‚etwas Beachtung *schenken*‘ schön zum Ausdruck. Sowohl das ‚Zahlen‘ als auch das ‚Schenken‘ von Aufmerksamkeit verweisen auf eine Ökonomie der Gabe (vgl. auch Franck 1998). In loser Anlehnung an Jacques Derrida gesagt, ist dieser

---

[3]Vorausgesetzt, dass der Begriff Medienästhetik das Moment der Aisthesis umfasst – was umstritten ist. Vgl. zu dieser Debatte Parisi und Hörl (2013) und Schröter (2013).

[4]Die Beziehung von Ökonomie und Ökologie hat jüngst wieder verstärkt Aufmerksamkeit auf sich gezogen, siehe etwa das Heft des *Jahrbuchs für Medienphilosophie* zu genau diesem Zusammenhang.

Ökonomie der Gabe eine eigene Zeitlichkeit zu eigen (vgl. Derrida 1993). Tatsäch-lich ist die Zeitlichkeit eines der auffälligsten Merkmale von Ambient-Ästhetik. Häufig wird die Zeitlichkeit von Ambient-Ästhetik in räumlichen Begriffen meta-phorisiert, die Konnotationen des ‚Gewebes' haben. So spricht man von ‚Sound-Teppichen' oder der ‚Flächigkeit der Musik'. Zudem geht die Ästhetik des Ambient mit kognitiven Kosten einher, die sich aus dem Zeitaufwand ergeben, den die Aufmerksamkeit aufzuwenden hat oder zu schenken bereit ist.[5]

Um diese kognitiven Kosten fassen zu können, möchte ich an die Deutung des Relevanzbegriffs in der *Relevance Theory* zu erinnern, wie sie in der Kog-nitionswissenschaft und der linguistischen Pragmatik zu finden ist (vgl. Sperber und Wilson 1986). Von Dan Sperber und Deirdre Wilson seit den 1980er Jahren entwickelt, verfolgt die Relevanztheorie eine einfache (ökonomische) Grundidee: „Human cognitive processes […] are geared to archiving the greatest possible cognitive effect for the smallest possible processing effort" (Sperber und Wilson 1986, S. vii) Die Grundkategorie, also ‚Relevanz', wird bei Sperber und Wilson als generelles Wahrnehmungsprinzip behauptet (vgl. u. a. ebd., S. 151–163). Als solches wird Relevanz aber vorwiegend am Beispiel der sprachlichen Kommu-nikation untersucht. Dieser Ansatz wirft das Problem auf, dass geklärt werden muss, wie sich die Wahrnehmung der Kommunikation von der Wahrnehmung anderer Umweltreize unterscheidet. Die Relevanztheorie sieht diesen Unterschied darin, dass sprachliche Kommunikation als ein ostentatives Ereignis verstanden wird.[6] ‚Relevant' ist das, was an denjenigen Informationen kognitiv effektiv ver-arbeitet wird, die als ostentativ vermittelt erachtet werden. Einen maximalen kog-nitiven Effekt mit minimalen Aufmerksamkeitskosten zu erreichen, ist aber nicht nur ein Merkmal von Relevanz, sondern auch ein Merkmal von Effizienz. Folgt man der Relevanztheorie, dann bildet daher ein Prozess des effizienten ‚Ausle-sens' der Umwelt auf relevante ostentative Äußerungen hin den Normalfall der Wahrnehmung von Kommunikation.

Zwangsläufig führt diese ‚effiziente' Fokussierung auf Relevantes zu einer selektiven Verdichtung des Aufmerksamkeitsfokus. An dieser Stelle kommt die skizzierte Ambient-Ästhetik wieder ins Spiel. Ambient kann sowohl hinsichtlich

---

[5]Die Idee der kognitiven Kosten ist in der Kognitionspsychologie allgemein akzeptiert. Vgl. etwa Kahnemann (2011, S. 50 f.).

[6]Dieses Argument ist streitbar. Andere Kommunikationsbegriffe wären möglich. Bei Sper-ber und Wilson wirkt hier die Sprachphilosophie von Paul Grice nach. Grice hatte die Rekonstruktion von Intentionalität als Merkmal sprachlicher Kommunikation betont, was auch in seinen berühmten Konversationsmaximen zum Ausdruck kommt. Vgl. Grice (1993).

des Minimalismus dieser Ästhetik (wenige ‚ostentative‘ Information) als auch hinsichtlich ihrer Dauer (viel Zeit) als das Gegenstück zu einem ‚effizienten‘ Ausbalancieren von Aufmerksamkeitskosten (wenig Zeit) und kognitivem Effekt (viel Information) angesehen werden. Aufgrund dieser Eigenschaften ist die Ambient-Ästhetik mit einem Modus von Aufmerksamkeit korreliert, der auf einer Suspension und Metareflexion der fokussierten, auf Effizienz ausgerichteten, selektiven Aufmerksamkeitsökonomie beruht. Daraus folgt nicht, dass in Ambient-Ästhetik die Aufmerksamkeit außer Kraft gesetzt wird – man also unaufmerksam ist. Vielmehr wechselt die Aufmerksamkeit in einen anderen Modus. Ein solcher, ‚anderer‘ Modus der Aufmerksamkeit wird in der Öffentlichkeit derzeit unter dem Begriff der *Achtsamkeit* intensiv diskutiert.

Diesem Gedanken soll hier gefolgt und von einem Zusammenhang zwischen Ambient und Achtsamkeit ausgegangen werden. Exemplarisch studiert werden soll der Zusammenhang anhand eines aktuellen Kreuzungspunkts zwischen Medientechnologie und Medienästhetik. Im ‚Hype‘, der sich rund um Achtsamkeitsmeditation gebildet hat, ist es üblich geworden, Meditation mit Hilfe von Smartphone-Apps anleiten und aufzeichnen zu lassen. Den Gegenstand bilden deshalb zwei Apps, mit denen Achtsamkeitsmeditation geübt werden soll. Exemplarisch untersucht wird, inwieweit ‚Ambient‘ sich als medienästhetischer Begriff für die Analyse digitaler Technologien verwenden lässt. Dazu soll die skizzierte Überlegung ernst genommen werden, die theoretische Explikation von Ambient-Musik zwar als paradigmatisch anzusehen, darüber hinaus aber von einer medienübergreifenden Ambient-Ästhetik auszugehen. Zuvor jedoch muss ein genauerer Blick auf den Achtsamkeits-Diskurs und die medientheoretischen Hintergründe des Ansatzes geworfen werden.

3   Totale Achtsamkeit? Zum Hype um Achtsamkeit

Selten wurde mit so viel Nachdruck die Forderung erhoben, man müsse ‚achtsam‘ sein wie in den letzten zehn Jahren.[7] Die Möglichkeiten, der Aufforderung nachzukommen, scheinen unbegrenzt zu sein: Achtsamer Sex, achtsames Autofahren, achtsames Essen, achtsames Sprechen, achtsames Gehen, achtsames Yoga – all das sind leicht im Web aufzufindende Angebote; sogar achtsamer Stuhlgang

---

[7]Ich führe hier teilweise Gedanken weiter, die gemeinsam mit Andreas Nehring entwickelt und publiziert wurden. Vgl. Nehring und Ernst (2013).

wird propagiert.[8] Kaum eine Praxis scheint heute davor gefeit zu sein, nicht auch ‚achtsam' vollzogen werden zu können. Zumindest auf Ebene der Vermarktung ist der Begriff der Achtsamkeit – auf Englisch ‚Mindfulness' – ‚total' geworden.[9] Der Blick in die Verkaufsregale oder auf die Websites der Onlineanbieter bestätigt diesen Eindruck. Ruth Wippman, eine Kritikerin des Achtsamkeits-Diskurses, vermerkt in ihrem Artikel *Actually, Let's Not Be in Moment*, der am 26. November 2016 in der *New York Times* erschienen ist: „Americans now spend an estimated $4 billion each year on ‚mindfulness' products" (Wippmann 2016, S. 4).

Ursächlich ist Achtsamkeit eine aus der buddhistischen Vipassana-Praxis stammende Meditations- und Bewusstseinstechnik. Populär wurde diese Praxis unter anderem durch das Wirken des Mönchs Thích Nhất Hạnh. Als ein therapeutisches Konzept geht Achtsamkeit auf das Programm einer achtsamkeitsbasierten Stressreduktion („Mindfulness Based Stress Reduction") des amerikanischen Biologen Jon Kabat-Zinn zurück, das in den späten 1970er Jahren entwickelt wurde (vgl. Nehring und Ernst 2013). Seitdem wird Achtsamkeit in einer Vielzahl von Diskursen als ein therapeutisches Versprechen mit spirituellem Mehrwert verkauft. Mit im Schlepptau ist dabei die kognitive Neurowissenschaft. Kaum eine Publikation zum Thema Achtsamkeit kommt heute ohne Wirksamkeitsnachweise aus, die in diesem Fach erbracht werden. Als Beleg lässt sich ein neuerer Bestseller herausgreifen. In ihrem Buch *Das Achtsamkeits-Training* formulieren die Autoren Mark Williams und Danny Penmann (2015, S. 57): „[die] Segnungen der Achtsamkeit [sind] selbst über jeden Zweifel erhaben. Mithilfe allerneuster bildgebender Technologien ist es sogar möglich, die Vorzüge einer längerfristigen Achtsamkeitsschulung im Gehirn sichtbar zu machen […]."

Die adressierten Zielbereiche des Achtsamkeitsdiskurses sind Stress, Depression, Angststörungen, psychosomatische oder andere krankheitsbezogene Schmerzen, aber auch Unglück in Sozialbeziehungen oder am Arbeitsplatz. Als therapeutisches Versprechen richtet sich Achtsamkeitsmeditation auf das ‚Management' der Empfindungen und Gedanken zu diesen Zuständen. Beabsichtigt ist, die Verwicklung und Identifikation des Bewusstseins mit Empfindungen und Gedanken zu verändern. Die Routinen der Bewertung dieser Kognitionen sollen beobachtbar werden. Mit jener ‚Distanz', die gegenüber dem Kommen und Gehen von Empfindungen und Gedanken eingenommen werden kann, ist aber keine Selbstaufgabe des Bewusstseins

---

[8]Vgl. den kritischen Artikel zum Achtsamkeits-Hype von Birgit Schmid (2015).
[9]Vgl. zur Formulierung einer „totalen Religion" die Kritik der drei monotheistischen Religionen von Jan Assmann (2017).

gemeint.[10] Stattdessen geht es um eine ‚verbesserte' Einstellung zu den Inhalten, Verflechtungen und Effekten von Bewusstseinsprozessen. Die Einsicht, die in die zeitliche Vergänglichkeit von Empfindungen und Gedanken gewonnen wird, soll dazu führen, gegenüber negativen Reizen resistenter zu sein.

Für einen Diskurs zu Ambient ist das deshalb wichtig, weil Achtsamkeits-übungen eine Schulung der Beziehung zur Umgebung beinhalten. Im Fokus der Übungen steht die bewusste, aufmerksame Wahrnehmung des raumzeitlichen ‚Jetzt'. Ausgeprägt ist eine starke Fokussierung auf ‚Präsenz' (vgl. Nehring und Ernst 2013). Achtsamkeit soll sich auf die ganze ‚Fülle' der Wahrnehmungen richten. ‚Fülle' wird hier als eine höhere Rezeptivität für wahrnehmbare senso-rische Reize und die ganze Breite der mentalen Zustände begriffen. Der Grund-annahme der buddhistischen Psychologie folgend, die den Weg zur Klarheit des Bewusstseins bei den Fehlanpassungen des Bewusstseins beginnen lässt,[11] unter-stellt man, dass die aufmerksame Fokussierung auf das ‚Jetzt' erst hergestellt werden muss – dass sie also nicht den Normalzustand des Bewusstseins bildet (vgl. Williams und Penman 2015, S. 31–52). Während sich die alltägliche Auf-merksamkeit selektiv von Information zu Information hangelt, schult Achtsamkeit in einer ruhigen Beobachtung der ganzen Breite der Bewusstseinsfacetten. Die achtsame Aufmerksamkeit ist also eine in einem sehr speziellen Sinn ‚zielgerich-tete' Bewusstseinshaltung. Sie ist eine Form der Aufmerksamkeit, die ihren Fokus gerade nicht verengt, sondern auf das gesamte Spektrum der potenziell wahr-nehmbaren inneren und äußeren Kognitionen erweitert.

An dieser Stelle setzen nun, erstens, die Parallelen mit der Ambient-Ästhetik ein. Um eine solche ‚gelassene' Beobachtung von Empfindungen und Gedanken einzuüben, beginnt die Vermittlung von Achtsamkeitsmeditationen mit der Konzen-tration auf die unmittelbare Umgebung auf den eigenen Atem. In Achtsamkeitsme-ditationen wird die Aufmerksamkeit auf Aspekte gelenkt, die häufig unbewusst und automatisiert ablaufen oder die schlichtweg als vorhanden vorausgesetzt werden.[12]

---

[10]Das gilt zumindest für die säkularen Varianten von Achtsamkeitsmeditation, die sich pri-mär als Therapie verstehen.

[11]Die für die Praxis des Buddhismus zentralen ‚Vier Edlen Wahrheiten' des Buddha sind „bewußt konstruiert nach dem Muster einer medizinischen Diagnose und Präskription […]." Vgl. Brück (2007, S. 117–121, hier S. 117).

[12]Vgl. u. a. Williams und Penman (2015, S. 17 f.). Das Interesse für die Atmung hat die Achtsamkeits-Meditation nicht für sich gepachtet. Auch andere Stressreduktionsverfahren setzen auf die Atmung. Allerdings hat Achtsamkeits-Meditation inzwischen auf dem Markt der Entspannungsverfahren die beherrschende Stellung.

Durch die Konzentration auf solche unbeachteten Aspekte gewinnt das Bewusstsein einen Bezugs- und Ankerpunkt, der die Beobachtung automatisierter und routinisierter Prozesse aus einer anderen, in sich selbst ‚ruhenden' Perspektive erlaubt. Zweitens kann diese Haltung deshalb als Bewusstseinstechnik vermittelt werden, weil sie postuliert, dass auf körperliche Schmerzempfindungen oder psychische Belastungen, wie z. B. negative Zukunftserwartungen, nicht mehr mit Emotionen wie Angst reagiert werden muss. ‚Negative' Gewohnheiten, etwa übermäßige Sorgen oder sprunghafte Gedankenmuster, verlieren ihren Stachel, weil den mit ihnen assoziierten Impulsen nicht mehr gefolgt wird. Reiz-Reaktions-Ketten – ob als mentale Denkmuster oder als ausagierte körperliche Handlungen – verändern sich und das Verhältnis von Wahrnehmung, Denken und Handeln strukturiert sich neu.[13]

4   Sei achtsam! Apples *Health*-Interface und Selbstoptimierung

Diese Anpassungsfähigkeit an die alltägliche Praxis ist mutmaßlich einer der dominanten Gründe für die diskursive Vervielfältigung des Achtsamkeits-Diskurses. Nicht nur existiert kaum eine Praxis, die nicht jederzeit achtsam vollzogen werden könnte. Die Formulierung kann sogar noch zugespitzt werden: Es existiert kaum eine Praxis, die nicht prinzipiell nicht auch achtsam hätte vollzogen werden können.

Die Betonung des Konjunktivs II akzentuiert den Vorwurf eines schuldhaften Verhaltens. Misslingt etwas oder gerät man in negativen Stress, dann war man – als Subjekt und als Individuum – eben ‚unachtsam', ist also seiner Sorgfaltspflicht für sich selbst nicht nachgekommen. Vorwürfe wie diese können allerdings nur erhoben werden, wenn von bekannten und akzeptierten Normen abgewichen wird. Diese Normen liegen nicht nur als explizite, festgeschriebene Gesetze vor. Im Alltag wichtiger ist das Wissen um implizite Normen – also die präsupponierten Regeln, die im ‚Hintergrund' zu Praktiken und Handlungen befähigen (vgl. Reckwitz 2003). Neben praktischem Wissen, etwa den ‚Skills', eine Tätigkeit auszuführen, gehören hierzu auch diskursive Bestände wie etwa Handlungsideale. Kann die Norm, in allen Lebensbereichen achtsam sein zu können, als Ausdruck eines Wandels solcher impliziten Normen gewertet werden?

Zwei Dinge sind nun zu tun: Erstens ein iPhone von Apple zur Hand zu nehmen und zweitens das vorinstallierte *Health*-Interface zu öffnen. 2014 erstmals

---

[13]Generell sind die Querbezüge des Achtsamkeitsdiskurses zum amerikanischen Pragmatismus, auch historisch, sehr wichtig.

veröffentlicht, handelt es sich bei Apples *Health* um eine auch für Apps von Drittanbietern geöffnete Self-Tracking-Schnittstelle zur Sammlung von gesundheitsbezogenen Daten. Anfänglich war Apples Anwendung auf die körperliche Bewegung konzentriert. Aufgezeichnet wurden die Quantität der Schritte und die zurückgelegte Route. Bewegt man sich, oder bewegt man sich nicht – das war die Frage und die App hielt eine Antwort bereit. In der Version für iOS 10 von 2016, also zwei Jahre später, ist der Umfang angewachsen. Wählbar sind jetzt 1) Aktivität, 2) Ernährung, 3) Schlaf und 4) Achtsamkeit. Mit diesen vier Kategorien hat Apple der *Health*-Schnittstelle einen ganzheitlichen Anstrich gegeben. In Gestalt von Achtsamkeitsmeditation ist auch das Bewusstsein Teil des Funktionsumfanges der App. Für welches Gesundheitsproblem Achtsamkeit die Lösung ist, erfährt man in dem Informations-Film, der in die App eingebunden ist. Achtsamkeit, so ist dort zu erfahren, hilft bei „Stress": Das „Gehirn ist nicht dafür gemacht, pausenlos zu arbeiten."[14]

Artikuliert wird damit zunächst erst einmal die Unterstellung, *dass* man pausenlos arbeitet. Das war erwartbar. Erwartbar ist überdies die Annahme, dass man bei dieser Arbeit die Geräte von Apple nutzt. So sind in dem Video die Nachrichtentöne eines iPhones zu hören und eine iMac-Tastatur zu sehen. Allerdings ist nicht nur arbeitsbezogener Stress als Problem benannt. Auch Stress, der aus privaten Umständen entsteht, findet Erwähnung. Zum Thema Schlaf heißt es: „Es ist wichtig, gut zu schlafen. Aber oft kommt etwas dazwischen. Statusupdates, nervige Gedanken, die letzte Folge der dritten Staffel." Der private Stress wird also zwar nicht ausschließlich, aber doch wesentlich durch Mediennutzung auf mobilen Medien generiert. Die Einbindung von Schlaf und Achtsamkeit in die *Health*-Schnittstelle ist mithin eine in das Smartphone integrierte Lösung für ein Problem, das von diesem Medium mit hervorgebracht wurde.

Dieser Befund ist nicht so trivial, wie er sich anhören mag. Derartige Selbstreferenzen sind für die zeitgenössischen Diskurse rund um Themen wie Arbeit, Gesundheit und Work-Life-Balance sehr wichtig. Auf der diskursiven Ebene der propagierten Semantik werden hier die von Apple designierten Medienpraktiken greifbar. Der mit der App einhergehende Diskurs legt offen, was seitens des Unternehmens Apple nutzungspraktisch – und damit auch normativ – für ‚normal' gehalten wird; er gibt Auskunft über einen idealen, impliziten User, den sich die Akteure in Apples Design- und Marketingabteilung imaginieren. Zur Kategorie der Aktivität heißt es: „Sitze weniger, beweg dich mehr und treib Sport."

---

[14]Alle Zitate sind den Instruktionstexten der *Health*-App entnommen (iOS Version 10.2).

In der Kategorie Ernährung wird postuliert: „Iss mehr richtiges Essen, weniger Junkfood und achte auf die Menge." Die Kategorie Schlaf wird kommentiert mit: „Lege regelmäßige Bett- und Aufwachzeiten fest und halte sie ein". Und zu Achtsamkeit erfährt die Userin: „Beruhige Deine Sinne, sei entspannt und achtsam."

Wie man angesichts dieser befehlsartigen Ansage entspannt bleiben soll, bleibt Apples Geheimnis. Genau dieser Widerspruch aber ist das Problem. Denn alle Mottos sind Imperative. Es handelt sich um explizite Befehle, die sich an die praktische Lebensführung richten. Daher liegt die Annahme nah, dass die idealisierte implizite Adressatin von Self-Tracking-Apps wie *Health* nicht nur *nicht* ablehnend auf Befehle reagiert. Regeln und Befehle werden von dieser impliziten Userin erwartet. Dabei erweist sich das, was von Apple als ‚Gesundheit' für die Psyche verkauft wird, als eine Variante von ‚Fitness'. Der Achtsamkeits-Diskurs folgt dem Vorbild anderer Fitness-Diskurse und Fitness-Apps, die ihrerseits oft Bezüge zu militärischen Kontexten aufweisen.[15]

Die hohe Akzeptanz für Befehle in Fitness-Kontexten ist eine körperbezogene Ausprägung der neoliberalen Kultur der Selbstoptimierung, die ihrerseits einer durch die Digitalisierung hindurch gegangenen „Risiko-Gesellschaft" entsprungen ist (vgl. Beck 1986). In Zeiten des durch Depression, Burn-out und Angststörungen „erschöpften Selbst" (vgl. Ehrenberg 2008) gilt es nicht nur die körperliche Fitness herzustellen und zu erhalten. Die Risiken für eine psychische Erkrankung auszuschließen, gilt als ebenso wichtig, wie das eigene Bauchfett abzutrainieren. Gut passt es hier ins Bild, dass die Forschung zu psychischer Resilienz derzeit einen Boom ohne Vorbild erlebt – bis hin zu Büchern wie *Resilienz für Dummies,* in denen, natürlich, auch ein Abschnitt über die Resilienz-fördernde Wirkung von Achtsamkeit enthalten ist (Kalbheim 2016, S. 74 f.).

Naheliegend ist es da, dass die mobilen Medien auch ihren Beitrag zur allgemeinen Optimierung beitragen sollen. Dementsprechend ist eine Vielzahl von Meditations-Apps, die bei der Achtsamkeitsmeditation helfen, in den App-Stores

---

[15]Soldaten aus Spezialeinheiten wie dem Kommando Spezialkräfte (KSK) der Bundeswehr oder den Navy Seals der US-Marine sind Referenzen, die im Fitness-Bereich sehr häufig zu finden sind. Als Idealtypen gelten hochtrainierte Spezialisten, denen der (falsche) Mythos anhaftet, das Unmögliche möglich machen zu können. Ähnliches kann bei Fitness-Bewegungen wie ‚Crossfit' beobachtet werden. In Gestalt von sogenannten „*Spartan*-Races" orientiert man sich an der Semantik militärischer Eliten. Solche Veranstaltungen bringen die Hinderniskurse militärischer Ausbildungslager – inklusive Robben unter Stacheldraht hindurch – erfolgreich als Sportprogramm an den Markt. Vgl. Spartan Race (2017).

erhältlich. Was diese Achtsamkeits-Apps auf dem Smartphone leisten, ist allerdings eine andere Frage. Apple hat hierzu seine eigene Meinung:

> Nimm dir etwas Zeit zum Durchatmen. So bekommst du den Kopf frei, baust Stress ab und verbesserst deine allgemeine Gesundheit. Genau darum geht es bei Achtsamkeit. Viele Apps auf dem iPhone und Apps wie Atmen auf der Apple Watch helfen dir dabei, über den ganzen Tag zu entspannen und konzentrierter zu bleiben. Egal welche App du nutzt, Health rechnet alles zusammen und zeigt dir, wie viel Zeit du damit verbracht hast, auf dich zu achten.[16]

Folgt man diesem Werbetext, dann liefert die *Health*-Schnittstelle quantitatives Wissen über die Menge der Zeit auf, die man achtsam war. Der Passus ist ein weiteres Beispiel für den unerschütterlichen Glauben an statistisch Zählbares.

Aber: Müsste Achtsamkeits-Meditation ihrem Anspruch nach nicht alle User für widersprüchliche Befehle sensibilisieren? Müsste also ein achtsames Bewusstsein nicht die Absurdität in der Gleichsetzung von Achtsamkeit mit Fitness und Selbstoptimierung erkennen? Noch naiver gefragt: Müsste das Smartphone im Kontext einer Meditationspraxis nicht eigentlich abgeschaltet werden?

5 Spielräume der Kritik – Ambient Monitoring

Dass der Widerspruch nicht thematisiert und durch eine softwareseitige Funktion kompensiert wird, ist hier entscheidend. Die in der ‚Academia' arg in Misskredit geratene Dekonstruktion hält dazu eine Perspektive bereit. Seit den späten 1960er Jahren hatte die Dekonstruktion auf Prozesse der Ausstreichung von Medialität aufmerksam gemacht. Im Lichte dieser Perspektive ist es bemerkenswert, dass in Apples Diskurs diverse medieninduzierte Stressoren bemängelt werden, die Nutzung des Smartphones selbst aber unhinterfragt bleibt. Nur vor dem Hintergrund von Apples Unterstellung, dass das Smartphone genutzt wird, um zu meditieren, macht die *Health*-Schnittstelle Sinn. Was aber wird dann mit der oben genannten Selbstreferenz? Kann man diesen blinden Fleck als – im Geiste der vergangenen Zeiten der Dekonstruktion – als einen „Spielraum der Kritik" nutzen (Bertram 1999, S. 222), um den Achtsamkeits-Hype zu hinterfragen?

Gegenüber einer solchen Kritik stehen abgeklärte Argumente im Raum. Zweifelsohne ist es möglich, dass man vor der Meditation alle irritierenden Dienste

---

[16]So auf der Apple-Website zu *Health,* siehe Apple (2017).

des Smartphones deaktiviert. Der Flugmodus des Smartphones ist wahrlich keine neue Funktion. Ebenso gut lässt sich ein Smartphone aber auch als ein Medium der Meditation „remediatiseren" (vgl. Bolter und Grusin 2000). Das Smartphone kann leicht als die digitale Variante des Glöckchens verwendet werden, das den Anfang oder das Ende der Meditation signalisiert. Entscheidend ist aber etwas anderes: Der ‚Shutdown' des Gerätes als solcher ist nicht vorgesehen. Dahinter stehen die datenkapitalistischen Kalküle der Industrie.[17] Normative Kraft kann die Strategie des Konzerns, das Smartphone als Teil von Meditationspraktiken zu vermarkten, nur entfalten, weil der Smartphone-Gebrauch als eine im Hintergrund des Alltags normalisierte Praxis vorausgesetzt wird. Es ist normal, dass das Smartphone in einer möglichst großen Zahl von Lebensbereichen genutzt wird. Die diskursive Anschlussfähigkeit von Achtsamkeit in nahezu allen Praktiken des Alltags verbindet sich mit dem alltäglichen Gebrauch von digitalen Gadgets. Dieser Gebrauch ist derart routinisiert, dass diese Geräte als Bestandteil unseres alltäglichen ‚Ambients' zu zählen sind.

Angesichts dieser Konstellation ist die theoretische Begründung der medienästhetischen Lesart von Ambient in einer Theorie der *Medienpraktiken* zu suchen (vgl. Bräuchler und Postill 2010; Couldry 2012). Technologieparadigmen wie das AmI-Paradigma, das auf Wohnen, Arbeit und Gesundheit zielt, haben die Eigenschaft mobiler Medien, ständig verfügbar zu sein, signifikant erweitert. Die Ausdifferenzierung dieser Klasse von Medien ist eine Konsequenz eines simplen Kalküls. Umso mehr vernetzte digitale Medien genutzt werden, umso mehr können relevante Daten aufgezeichnet und ausgewertet werden. Dabei ist, das ist trivial, nicht nur zwischen explizitem Frontend in einer konkreten Praxis und implizitem Backend seitens automatisierter Nutzungsdatenauswertung zu unterscheiden, sondern auch auf das Problem der Identifikation einer *spezifischen* Nutzung des Mediums hinzuweisen. Damit Daten sowohl beim User als auch bei dritten Parteien sinnvoll ausgewertet werden können, muss die Identifikation einer Praxis als ‚bestimmter' Handlung erfolgen. Zu wissen, was genau die Praxis der Nutzung ist, welche Handlung also vollzogen wird, ist von größter Bedeutung.

Sowohl für die Identifikation einer Praxis als auch die Zurechnung der Praxis zu einer bestimmten Handlung ist die Aufklärung des situativen Kontexts die Grundlage. An dieser Stelle kommt die oben erwähnte Operation des *Ambient Monitoring* ins Spiel. In einem medientheoretischen Verständnis richtet sich *Ambient Monitoring* nicht nur von Innen nach Außen, sondern auch von Außen

---

[17]Vgl. zum komplexen Diskurs um „Big Data" hier Kitchin (2014).

nach Innen. *Ambient Media* stellen, wie alle Medien, Beziehungen her. Allerdings weist dieses Verständnis von *Ambient Monitoring* von fachsprachlichen Verwendungen des Begriffs erheblich ab. Üblicherweise sind mit *Ambient Monitoring* Operationen wie die Messung von Schadstoffen in der externen, natürlichen Umwelt gemeint (Luft etc.). Im vorliegenden Kontext aber bezeichnet der Begriff ein Sammeln von solchen Informationen, die über lange Zeiträume über alltägliche Praktiken erfasst werden können – und zwar mittels Medien, die ständig im ‚Hintergrund‘ der Praktiken aktiv sind. Dazu gehören auch Bewegungs- und Umgebungsinformationen. Auch das Aufzeichnen und Auslesen von Daten über Biofunktionen ist zu nennen, etwa mittels eines in Nähe des Herzes implantierten Event-Recorders.

Ambient Monitoring ist also eine ‚Monitoring‘-Praxis im breiteren Sinn. Als solche ist sie ein generelles Funktionsprinzip von Ambient-Media. Um die Implikationen dieses allgemeinen medientheoretischen Zusammenhangs für die Ambient-Ästhetik zu verstehen, möchte ich vertiefend auf einige Grundprobleme eingehen, die sich hier ergeben.

6 Theoretische Hintergründe – Medienpraxis, Kulturtechnik, Interfaces

Liest man den Umweltbegriff im Geiste der Systemtheorie Niklas Luhmanns, gewinnt man bei der Diskussion dieses Sachverhalts eine wichtige Problemdimension hinzu (vgl. auch Löffler und Sprenger 2016, S. 12 f.). Um diese Implikation zu sehen, ist es nicht nötig, die Bedeutung der System/Umwelt-Differenz in der Systemtheorie zu referieren (vgl. Esposito 1999). Für den vorliegenden Zweck reicht es aus, daran zu erinnern, dass die Systemtheorie den Gedanken formuliert hat, dass zwischen Bewusstsein, Körper und Kommunikation wechselseitige Umweltbeziehungen bestehen.

Versteht man Kommunikation als die Grundoperation aller ‚Gesellschaft‘, dann gehört das Bewusstsein zu ihren strukturellen Umweltvoraussetzungen, sofern die Kommunikation der Gesellschaft durch Bewusstsein irritiert und damit stimuliert wird. Weil aber Bewusstsein und Kommunikation sich nie vollständig durchdringen, herrschen Verhältnisse der Unbeobachtbarkeit, die dazu führen, dass dem Bewusstsein Eigenschaften, Zustände etc. zugeschrieben, sie mithin ‚beobachtet‘ werden (vgl. Luhmann 2004). Ähnliches kann man vom Verhältnis von Bewusstsein zu Körper sagen: Der Körper ist eine Umweltvoraussetzung des Bewusstseins, aber über die meisten Zustände des Körpers wird sich das Bewusstsein – mit oder ohne Umweg über die Kommunikation – nie klar.

Den Medien fällt die Aufgabe zu, das jeweilige ‚Innen' mit dem jeweiligen ‚Außen' zu verkoppeln, speziell aber Bewusstsein und Kommunikation zu verbinden (vgl. ebd.). Folgt man dieser Annahme, dann ist das Bewusstsein eine für mediale Beobachtung ‚unsichtbare' Umwelt, als ebendiese Umwelt ist das Bewusstsein aber auch, über das Medium seines Körpers, in eine für Medien erfassbare ‚sichtbare' Umgebung integriert.[18] Das Bewusstsein ist also ein *in* der beobachtbaren Umgebung enthaltenes ‚Außen' und es bilden sich mitunter hochgradig komplexe Formen aus, um das Bewusstsein in die Kommunikation zu integrieren.

Gerade in Bezug auf die Integration mit der materiellen Umwelt (Körper, Natur, Technik) hat die Systemtheorie allerdings nicht das letzte Wort gehabt. Praxistheoretische Ansätze haben andere Wege beschritten. Für die Praxistheorie sind soziale Strukturen nicht außerhalb der Praxis individueller Akteure realisiert, sondern in einer Sphäre materieller Immanenz (vgl. Postill 2010, S. 6–12; Reckwitz 2002, 2003). Wenn etwa Andreas Reckwitz soziale Praktiken als körperliche und *mentale* Routinen fasst (vgl. Reckwitz 2002, S. 256), dann ergeben sich Widersprüche zu der Systemtheorie. Dass das Bewusstsein innerhalb der Kommunikation einen blinden Fleck darstellt, also eine Zone der Irritation im Sinne einer Indetermination von Folgeaktionen, steht in beiden Theoriemodellen außer Zweifel. Ob das Bewusstsein aber in der Weise ‚draußen bleibt', also zur Umwelt der Systeme der Gesellschaft gerechnet werden muss, wie die Systemtheorie argumentiert hat, ist äußerst streitbar. Dies gilt zumal im Lichte neuerer Kognitionstheorien, die Kognition als sozial und materiell ‚verteilte' Prozesse denken, die gerade nicht eindeutig differenzlogisch aufgelöst werden können, wie die Systemtheorie dies noch propagiert hatte.[19]

An der Medientheorie führt bei der Diskussion dieser Fragen kein Weg vorbei. Gleichgültig welches sozialtheoretische Vokabular auch ausgewählt wird: Der zeichenhafte Gebrauch von Medien ist wesentlich, um das Bewusstsein in den ‚Innenraum' sozialer Umwelten zu integrieren. Dadurch verschiebt sich die

---

[18]Mit Sichtbarkeit/Unsichtbarkeit ist hier sowohl die visuelle Seite der Begriffe als auch ihre metaphorische Verwendung für erkenntnistheoretische und epistemologische Prozesse gemeint. Das Bewusstsein ist aufgrund seiner immer nur partiellen Beobachtbarkeit und medialen Repräsentierbarkeit ein konstantes Irritationsmoment in der Kommunikation und der Gesellschaft. Vgl. Luhmann (2004).

[19]Vgl. techniktheoretisch Hörl (2011), kognitionswissenschaftlich Walter (2014, S. 51–97), Fingerhut et al. (2013).

Bedeutung des Begriffs der Medienpraktiken. Sofern sie für die Konstitution von Kommunikation und Erkenntnis unabdingbar sind, werden Medienpraktiken zu einem Kernbestand sozialer Praktiken. Wie man dann die Grenze zwischen dem allgemeinen Praxisbegriff und dem Begriff der *Medien*praxis zieht (vgl. Bräuchler und Postill 2010; Couldry 2012), hängt vom jeweiligen Medienbegriff ab. Denkbar sind sehr verschiedene Konzepte. Neigt man eher einer medienphilosophischen Betrachtungsweise zu, könnte man überlegen, ob nicht Medialität, etwa in Form von Zeichengebrauch, für den Begriff sozialer Praxis generell konstitutiv ist. Verzichtet man auf derart weit gefasste Ansätze, dann sind Medienpraktiken hingegen ein empirisch beobachtbares, begrenztes, aber erweiterbares Set von Praktiken, das sich auf den Gebrauch von ‚Medien' beziehen – wobei Medien als kulturelle Bedingungen der Ermöglichung von zeichenhafter Kommunikation und kognitivem Problemlösen gelten (vgl. auch Luhmann 2004, S. 117 f.).

Als wichtige Verbündete eines solchen, eng gefassten Konzeptes von Medienpraktiken darf die Kulturtechnikforschung gelten (vgl. auch Maye 2014). Zu den Grundideen der Kulturtechnikforschung gehört es, den „Eigensinn" (Jäger 2011) der Materialität von Medien gegenüber solchen Philosophien und Theorien einzufordern, die Erkenntnis nur in den mentalen Leistungen des Geistes oder in einer immateriell-virtuellen Zeichenstruktur angesiedelt haben. Andererseits will diese Forschung – etwa in Gestalt des programmatischen Ansatzes von Sybille Krämer und Horst Bredekamp (2003) – auch das andere Extrem vermeiden, also einen Technik- und Hardwaredeterminismus, der gerade von Mensch, Kognition und Zeichenhaftigkeit absieht. Krämer und Bredekamp haben den Kulturtechnikbegriff deshalb bereits sehr früh in Richtung praxistheoretischer Ideen gedeutet. Kulturtechniken sind routinisierte, regelgeleitete Praktiken, die im Rahmen dynamischer Interaktionssituation zwischen Kognition, Zeichen und Materialität vollzogen werden. Vor diesem Hintergrund können dann medienbezogene Kulturtechniken wie das Lesen und Schreiben, Zeichnen oder Programmieren als konventionalisierte Medienpraktiken beschrieben werden (vgl. ebd.).

Zweifelsohne kann man sich streiten, ob sich auch die Meditation als Kulturtechnik qualifiziert. Verglichen mit traditionellen Kulturtechniken wie Lesen, Schreiben und Rechnen wird man ihr nicht zusprechen können, konstitutiv für die Kultur zu sein (vgl. Maye 2014, S. 175). Legt man dagegen, wie etwa Thomas Metzinger dies getan hat, einen weiter gefassten Begriff von Kultur an, der auch „Bewusstseinstechniken" und eine „Bewusstseinskultur" umfasst (vgl. Metzinger 2005), sieht der Fall anders aus. Bewusstseinskultur umfasst alle Praktiken, mit denen Bewusstseinszustände je nach kulturellem Kontext induziert oder geschult werden – von Trance über Entspannungstechniken und Meditation bis Drogen. Zu den Voraussetzungen der Bewusstseinskultur rechnet Metzinger (ebd., S. 10) auch „[m]ediale Umwelten". Und wenngleich er einen strikt medienskeptischen Ansatz einnimmt, der von einer – kaum plausiblen – Diskrepanz zwischen Evolution des Gehirns und den Umwelten von Informations- und Kommunikationstechnologien ausgeht, ist sein Hinweis wichtig. Denn praktiziert werden Bewusstseinstechniken wie die Meditation nicht nur als Körpertechnik (Atmung, aufrechtes Sitzen, Gehmeditation etc.) (vgl. auch Reckwitz 2003, S. 289–297; Maye 2014, S. 175 f.), sondern Meditation sieht mitunter einen bestimmten Medieneinsatz vor. Wenn aber Medienpraktiken wie die Nutzung von Smartphone-Apps die Meditation als Kulturtechnik affizieren, dann ist es deshalb nicht ausreichend, nur festzustellen, dabei handele es sich um die Verlängerung der Diskurse, die sich rund um Meditation entsponnen haben. Medieneinsatz ist der Kulturtechnik der Meditation immanent. *Wie* sich dieser Medieneinsatz ausgestaltet, ist freilich eine andere Frage.

Mobile Medien, die eng an den Körper rücken (vgl. Thielmann 2014, S. 350 f.), haben ihre ganz eigenen sozialstrukturellen Effekte bewirkt. Wenn *Ambient Monitoring* mittels mobiler Medien darauf abzielt, die Kontexte von Praktiken möglichst auszulesen, dann gelingt das bisher auf Basis der Daten von GPS, Standorten von Mobilfunkzellen oder Möglichkeiten der Ortung über WLAN-Netze in nicht ausreichendem Maße, um eine wirkliche Handlungsidentifikation vornehmen zu können. Damit statistisch präziser auswertbare Eigenschaften gewonnen werden, ist nach wie vor *social engineering* nötig. Der User muss über Diskurse motiviert werden, seine Handlungen zu spezifizieren. Für die Anbindung des Bewusstseins an die Kommunikation müssen schematisierte Skripte bereitstehen, die den Vollzug von Handlungen zur Verfügung stellen, um das Bewusstsein in seinem Situationsbezug zu lokalisieren und eine Handlung qua statistischer Extrapolation als *bestimmte* Handlung zu identifizieren.

Um diese Ebene zu erfassen, bietet sich der Interface-Begriff an. Interfaces führen semiotische und materielle Aspekte eines Mediums unter dem Gesichtspunkt seines Gebrauchs zusammen. Gebrauch wiederum ergibt sich nur relativ zu den Funktionen, die ein Interface bietet.[20] Das *Health*-Interface ist beispielsweise als eine Plattform konzipiert, welche die gesundheitsbezogenen Daten anderer Apps sammelt. Damit hat diese Schnittstelle einen anderen Funktionsumfang als das konservative Verständnis von Interface im Sinne einer Benutzerschnittstelle.

---

[20]Viele Interfaces von Meditations-Apps sind aufgebaut wie animierte Infografiken, folgen also dem, was man als generelle ‚Info-Ästhetik‘ bezeichnen könnte (vgl. auch Lischeid 2012). In semiotischer Sicht bestehen sie in der Regel aus Diagrammen, erläuternder Schrift, Hintergrundbildern sowie allerlei Symbolen, Grafiken und eingebundenen Videos und Audiotracks.

Der Erkenntnisgewinn, den Apps liefern können, liegt in einer solchen Präzisierung der Erfassung von Praktiken. Durch die Extrapolation von Regelmäßigkeiten oder Mustern, die in einer möglichst großen Menge von Daten gefunden und ausgewertet werden können, lässt sich eine Praxis als bestimmte Handlung identifizieren, ja vermutlich sogar noch Rückschlüsse auf Kontexte ziehen. Begreift man Interfaces als solche Orte, an denen sich die Diskurse der sozialen Ordnung und individuelle Praxis im Gebrauch eines Mediums kreuzen (vgl. etwa Hookway 2014, S. 1–57), dann sind sie auch die Orte, an denen die Instruktion von Praktiken und folglich die Identifikation von Handlungen stattfindet. Wie bei Apples *Health* zu studieren, können auch mehrere Integrationsebenen von Interfaces vorliegen. Interfaces können verschaltet sein und aufeinander Bezug nehmen.

Wie jetzt aber jene Medienpraktiken, die an Medien wie das Smartphone gekoppelt sind, sich im Fall der Achtsamkeitsmeditation mit einer Kulturtechnik verbinden, und wie dabei ein medienästhetisches Verständnis des Ambient-Begriffs bei der Analyse weiterhilft, möchte ich an einer kleinen Fallstudie etwas näher illustrieren.

7   Ambient Monitoring – Meditations-Apps und das meditierende Subjekt

Zunächst ist hervorzuheben, dass Achtsamkeit zwar in anderen Meditationstechniken verwurzelt ist, aber eine Flexibilisierung der Bindung von Meditation an eine statische Handlungssituation vorsieht. Das Achtsamkeits-Mindset soll in nahezu jeder Praxis – und damit auch an jedem Ort – anwendbar sein. Mobile Medien wie das Smartphone versprechen nicht nur einen Nutzungsmehrwert, weil sie die Meditation anleiten, sondern auch, weil sie eine Dynamisierung und Flexibilisierung der Bindung der Meditationspraxis an einen für die Meditation designierten Raum implizieren.

Ein Beispiel für diesen Prozess, das relativ wahllos aus einer Flut von Angeboten herausgegriffen ist, ist die App *Buddhify*.[21] Die Anwendung ist so aufgebaut, dass der User zu Beginn seine gegenwärtige Praxis angeben soll (vgl. Abb. 1). Hat man sich für eine Oberkategorie entschieden, z. B. „Work Break", dann untergliedert sich das Spektrum und es gibt sechs geführte Meditationen zur Auswahl (vgl. Abb. 2). In dieser Weise direkt bei der konkreten Praxis anzusetzen, wie das

---

[21]Aufmerksam geworden bin ich auf die Apps über einen Artikel auf SPIEGEL Online, vgl. Petersen (2016).

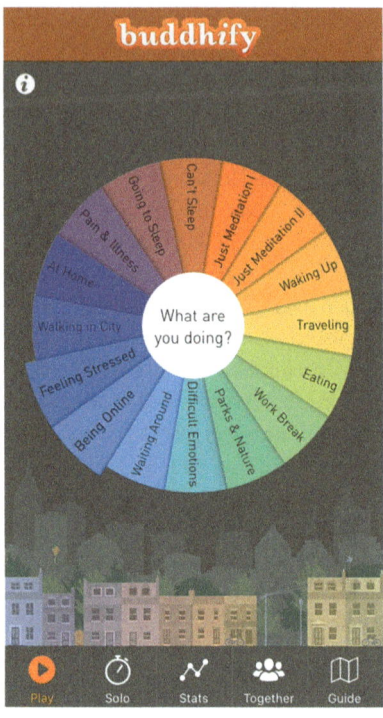

Abb. 1 *Buddhify,* iOS App, Startbildschirm. (Screenshot, 27.03.2017)

bei *Buddhify* geschieht, ist ein häufiger Einstieg in Meditations-Apps. Er ist aber nicht zwingend. Einen anderen Weg geht etwa die App *Stop, Breathe & Think.* Zu Beginn dieser App muss man sich einem „Check-In" unterziehen. Abgefragt werden mentaler, körperlicher und emotionaler Zustand. Aus dem Gesamtergebnis ermittelt die App Vorschläge, welche Meditation in der gegebenen Lage die richtige ist. Unabhängig von der App besteht der nächste Schritt dann zumeist darin, einer geführten Meditation zu folgen. Situiert und kontextualisiert die App zu Anfang also die soziale Situation, in der man sich befindet, so wird dann eine Meditation abgerufen, die möglichst passgenau auf diese Situation abgestimmt ist.

In *Buddhify* – und die meisten Apps sind nicht anders – ist der Aufbau der jeweiligen Meditationen immer der Gleiche. In mündlich vorgetragenen Instruktionen wird jeweils auf hochgradig standardisierte Elemente des jeweiligen Umgebungskontextes Bezug genommen, zum Beispiel bei einer Flugreise auf das Flugzeug oder auf andere Passagiere. Das Ziel der Meditation ist es, einen veränderten Bezug

Abb. 2 *Buddhify,* iOS App, „Work Break". (Screenshot, 27.03.2017)

diesem jeweiligen unmittelbaren ‚Jetzt' in einer solchen standardisierten Alltagssituation aufzubauen. Welche Rhetorik dabei bemüht wird, vermag exemplarisch ein Zitat aus einer geführten Meditation in *Buddhify* zu illustrieren:

If you like, gently opening the eyes and noticing of space around you, noticing the activity of the people, as they sit, stand, rest and work – and letting the body stay relaxed amongst all your fellow passengers. Now closing the eyes and noticing the background noise in the cabin. The sounds of the plane. The sounds of the people within the plane. Noticing any tension in the body. And softening the areas of tension with your awareness if you can. Noticing the touch of your headphones. All now in your ears. The feelings of your face in the dry air. The sensations of how you are sitting and resting your arms.[22]

---

[22]So zu hören in der App *Buddhify* in der Meditation „Flight" aus der Rubrik „Travelling".

Dem Instruktionstext folgend soll der angestrebte Geisteszustand zu einer breiteren Wahrnehmung des Außen und Innens sowie ihrer Übergänge bestehen. Eben das ist die oben beschriebene Reflexionsform der Wahrnehmungsschwelle zwischen der Irrelevanz und der Relevanz von Informationen.

Die Hintergründe dieses Motivs in den Theorien ästhetischer Erfahrung lassen darauf schließen, dass Achtsamkeit auf eine Art Spiritualisierung des Situationsbezugs abzielt. Durch eine Veränderung der Aufmerksamkeit soll die Vielschichtigkeit der perzeptiven und mentalen Zustände – gerade auch in ihren Übergängen – erschlossen werden. Deshalb ist die Fokussierung auf den Körper und seine Verflechtung in die sinnlich wahrnehmbare Umwelt so wichtig. Die impliziten Aspekte der Wahrnehmung des Körpers sollen wieder erfahrbar werden. Die Aktivität der regulären, auf Informationsökonomie ausgerichteten Aufmerksamkeit wird unterbrochen, indem den kleinen, routinisierten und alltäglichen Empfindungen Relevanz zugemessen wird, die von der Aufmerksamkeit unbeachtet bleiben. Über die Einübung in die Wahrnehmung solcher Empfindungen soll ein veränderter Aufmerksamkeitsmodus gewonnen werden.

Dass dabei das Atmen, oder in Apps wie *Buddhify* auch das Gehen, Sitzen und Liegen zum Anker eines „Grounding" der Aufmerksamkeit und des Bewusstseins wird, ist wenig überraschend. Alle Praktiken implizieren mindestens eine dieser Aktivitäten. Als Sprungbrett, um das Achtsamkeits-Mindset universell an die Praxis anschlussfähig zu machen, sind sie in idealer Weise geeignet. Noch wichtiger ist allerdings die ökologische Implikation von Achtsamkeit. Wenn die Aufmerksamkeit auf das Atmen, das Gehen, das Sitzen oder das Liegen gerichtet wird, dann ist es der physische Kontakt mit der Umgebung, der die Aufmerksamkeit auf die Verknüpfungen des Bewusstseins mit seiner Umwelt zurückbeugen soll. Dies ist insofern eine ‚reine' Erfahrung, als Klassifikation und Bewertung von Perzepten noch in einer relativen Unabhängigkeit von diesen erfahrbar sind. *In the long run* sollen derartige Erfahrungen dann eine Veränderung des Fühlens, Denkens und Handelns bewirken.

Mobile Medien haben in diesem Zusammenhang ihre ganz eigenen Vorteile, insbesondere in Sachen situativer Verfügbarkeit. Allerdings muss man hier die verschiedenen Interfaces auseinanderhalten. Die softwarebasierten Schnittstellen des Mediums, wie sie die operative Integration des Mediums in die Umwelt weiterer vernetzter digitaler Medien steuern, sind weitaus elaborierter, als die Schnittstelle zur ‚Wetware' des Körpers. Bei Meditationsapps zeigt sich dies in der Verwendung des Kopfhörers, die ja auch in dem zitierten Instruktionstext eine Rolle spielt.

Wenn die Ästhetik von Achtsamkeit darin besteht, dass man im Innen und im Außen andere Schichten von Wahrnehmungsinformationen wahrnimmt, als es in der regulären Aufmerksamkeitsökonomie der Fall ist, so unterscheidet sich der Einsatz des Smartphones bei der Herbeiführung dieses Zustands auf Ebene des Ausgabemediums nicht von einem alten 1980er-Jahre Walkman. Etabliert wird eine perzeptive Sonderzone, in der die Meditation vollzogen wird, wie etwa ein Werbefoto der Firma 7Mind illustriert (vgl. Abb. 3).[23] Diese Grenzziehung zwischen Innenraum und Umgebung strebt aber gerade keine Abdichtung gegenüber der Umwelt an. Achtsamkeit sieht keinen Eskapismus vor. Sie zielt auf ein verändertes Weltverhältnis im Alltag.

Damit ist das Problem berührt, dass die ‚Filter Bubble‘, in die man sich begibt, zwar im Idealzustand eine transparente, omnipermeable Schicht sein soll, derzeit aber durch die Limitationen der Ausgabeinterfaces gegenüber dem Körper nur halbdurchlässig ist. Illustriert wird das auf der Website der App *Stop, Breathe & Think,* die genau die ‚Glasglocke‘ visualisiert, die erzeugt werden soll (vgl. Abb. 4).

Kompensiert wird dies in den Apps durch den rhetorischen Kniff der langen Redepause. Die Stille der Pausen ist durch den Kopfhörer halb gedämpft, soll aber genau den Raum für die achtsame Wahrnehmung der Umgebung bieten.

Abb. 3   7Mind Werbefoto. (https://www.facebook.com/7Mind-309506115.884.031, 28.03.2017)

---

[23]Siehe 7Mind-Facebookpräsenz (2017). Die Firma bietet, neben einer App, Achtsamkeitsprodukte (Kurse etc.) aller Art. Ihr Produktdesign ist ein ziemlich eindringliches Beispiel für die Kommodifizierung von Achtsamkeit im Kontext von Selbstoptimierung.

STOP, BREATHE & THINK APP
Emotional Wellness Everyday

Abb. 4 Stop, Breathe & Think ‚Filter Bubble'. (http://www.stopbreathethink.org, 28.03.2017)

Erstrebenswert wäre hier – zumindest aus Entwicklersicht – eine feinere Auflösung der Integration zwischen Meditationspraxis und den Möglichkeiten ihrer Mediatisierung. Hier korrespondiert das Interface einerseits mit der philosophisch wichtigen Frage nach den Purifizierungsriten, die mit Meditation verbunden sind. Kann Meditation, ähnlich der christlichen Kontemplation, nur in abgegrenzten Bereichen stattfinden, oder besteht ihr eigentliches Potenzial darin, in die Unübersichtlichkeit des Alltags integriert zu sein? Andererseits muss das Interface tiefer in die Situativität des verkörperten Bewusstseins eindringen. Kognitive Interfaces sind die *ultima ratio* zur Lösung dieses Problems. Technisch gesehen liegen sie im Bereich des Denkbaren, die Alltagsrealität sieht aber anders aus. Dennoch wäre es naiv, diese Instruktion von Meditationspraktiken nicht von denjenigen Instanzen her zu denken, die kumulativ das Medium der ‚Meditationsapp' ausmachen.

Was geschieht also, wenn man die Analyseperspektive über das Informationsangebot, das die App einer Userin macht, hinaus ausweitet? Was, wenn man – den großen Theorietrend der zeitgenössischen Medientheorie folgend – dem Medium Smartphone, eine ‚Agency' zuschreibt, die unterhalb der Schwelle der menschlichen Wahrnehmung liegt, als solche aber eine Erweiterung und vor allem eine Verteilung der Wahrnehmung darstellt?[24]

---

[24]Der Unterschied zwischen Erweiterung und Verteilung betrifft ein gut bekanntes medientheoretisches Thema: Sind Medien einerseits, klassisch nach Marshall McLuhan, Erweiterungen des Menschen, so wurde andererseits gefragt, ob nicht genau diese Erweiterungen nur als Verteilung auf verschiedene Akteure mit je eigener Agenda zu denken sind.

8   Achtsames Ambient – Ambient Monitoring und verteiltes Situationsbewusstsein

Anstelle eines Fazits, möchte ich diese Perspektive zum Abschluss erproben. Ich habe auf diese Perspektive bis zu diesem Zeitpunkt verzichtet, weil sie relativ schnell in hochallgemeine Überlegungen mündet. In ihrem posthumanistischen Pathos sind diese Theorien mitunter nicht ganz frei von Esoterik. Für den vorliegenden, doch eher einfachen, Fall bedeutet diese Perspektive daher auch, mit Kanonen auf Spatzen zu schießen. Als eine Gegenprobe zu den bisherigen Überlegungen hat sie aber durchaus ihren Sinn. Um den erwähnten „Spielraum der Kritik" maximal auszudehnen, ist sie allemal hilfreich. Was also wäre, im Geiste der Dekonstruktion gesprochen, die maximale Provokation des auf Selbstoptimierung ausgerichteten Achtsamkeits-Diskurses?

Die Grundidee der Dekonstruktion hat wesentliche Motive dessen vorweggenommen, was heute die Theorieszene dominiert. Zu nennen ist etwa das Motiv der Verstrickung des Subjekts in ein materiell-semiotisches Außen, das jeder selbstgewissen ‚Innerlichkeit' des Bewusstseins vorausgeht.[25] An die Stelle der Derrida'schen „Schrift", die lange Zeit als Chiffre für diese Verstrickung eingestanden hat, ist – mit Zwischenschritten in der Wissenschaftsgeschichte und den Science & Technology-Studies – die Theorie in Medienpraktiken aktualisierter technomedialer Netzwerke getreten.[26] Überwiegend wird in diesen Diskursen posthumanistisch argumentiert und – so etwa bei Mark Hansen (2011) – eine Dezentrierung der menschlichen Kognition gedacht. Kognition gilt nicht mehr nur als exklusive Leistung des Menschen, sondern als ein in die technomediale Umwelt verteilter Prozess. Eine solche Perspektive kann sehr konkret beim Begriff des *Ambient Monitoring* ansetzen. Zwei Möglichkeiten bieten sich hier an: eine moderate und eine radikale Lesart von *Ambient Monitoring*.

Die moderate Lesart besteht darin, zu argumentieren, der Spielraum der Kritik sei in dem Moment ausgeschöpft, in dem man der Überlegung folgt, dass *Ambient Monitoring* nicht einfach nur eine Beobachtung der Umwelt im Sinne des

---

[25]Klassisch illustriert ist das bei Derrida am Beispiel des Problems des Zeichens in der Phänomenologie Husserls, vgl. Derrida (2003, S. 67–82).

[26]Die Formulierung „technomedial" soll hier auf die Verschränkung von Technik, Technologie und klassischen Medienfunktionen (etwa Information und Kommunikation) unter digitalen Bedingungen hinweisen. Explizit ist damit als Theoriereferenz auf den Komplex aus Science & Technology-Studies, insb. Akteur-Netzwerk-Theorie und ihren Begriff der „Technowissenschaften", sowie medien- und kulturtheoretischen Ansätzen hingewiesen, vgl. überblickend Weber (2015).

‚Außens' einer Umgebung ist, sondern eine Überwachungspraxis, die das Subjekt in seiner körperlichen Umgebung im doppelten Sinn ‚lokalisiert' – ihm also einen Ort gibt und Informationen über diese Verortung generiert.[27] Dieser Lesart nach ist der primäre Zweck von Meditations-Apps die Situierung des Menschen, die Kontrolle der Selbstoptimierung und die Auswertung der Daten. Die Kultur der Selbstoptimierung findet ein Widerlager in Medienpraktiken der verdateten Selbstkontrolle.[28] Ein Beispiel, wie dies auf der Mikroebene studiert werden kann, ist die Integration von Daten in übergeordnete Interfaces wie Apples *Health*-Interface. Transfers aus einer App in eine weitere App beruhen auf einer Transkription der Daten. Daten bekommen einen neuen Rahmen und einen neuen Kontext. Zu beobachten ist dann, wie die Daten von einer Interface-Ebene zur nächsten Interface-Ebene wandern und dadurch den Diskurs der Selbstoptimierung strukturieren. Einerseits wäre dies im Sinne einer historischen und kulturvergleichenden Studie zu Disziplinierungspraktiken in westlich-therapeutischen Achtsamkeitskonzepten und der buddhistischen Meditationspraxis aufschlussreich – man denke nur an die strenge Disziplin in Zen-Meditation. Andererseits wird auf diese Weise auch die Transformation einer Kulturtechnik beschreibbar, sofern Medien wie das Smartphone Disziplinierungsaufgaben übernehmen – Aufgaben, die speziell für die Optimierung der eigenen ‚Performance' verwendet werden. Genutzt werden dafür verschiedene ‚Layer' aus Interfaces. Das Zusammenspiel der verschiedenen Apps ist nötig, weil die quantifizierende Verdatung sich mit einem notorisch schwierig zu erfassenden Bereich des Wissens herumschlagen muss. Zu beobachten ist nicht einfach nur die sozial eingebundene Äußerlichkeit des Bewusstseins, sondern die – relativ zum Bewusstsein – unbewussten und impliziten Beziehungsverhältnisse zur materiellen und sozialen Umgebung. Dass die ‚sozialen' Medien auf diese Informationen über Analyse von Verhaltensmustern und Netzwerken schließen, ist nichts Neues. Meditations-Apps können dennoch als Vorstufen für eine tiefer greifende Verdatung verstanden werden. Wenngleich noch unzureichend, sind Softwareanwendungen in der Lage, die, wie Alfred Schütz das genannt hat, „Relevanzstrukturen" der impliziten Weltbezüge auszulesen (Schütz und Luckmann 2003, S. 252–312). Anhand dessen soll ein Diagramm der sozialen, situativen und materiellen Umgebungsbeziehungen des Bewusstseins extrapoliert werden. Den Begriff des Diagramms kann man hier doppelt lesen: Einerseits gattungstheoretisch als der konkrete „Chart" bzw. der konkrete „Graph", der in der App im Sinne einer optimierten

---

[27]Vgl. hier auch Thielmann (2014) (mit weiterführender Literatur).
[28]Vgl. dazu die Beiträge in Mämecke et al. (2017).

Visualisierung von Informationen ausgespielt wird,[29] andererseits – ähnlich wie es bei Foucault zu finden ist – als Metapher für das soziopolitische Kontrollregime, das diese Charts produziert, mithin als ein „Macht-Diagramm" der verdateten Medienkultur.[30]

Das aber bedeutet, dass in diesem Prozess das ‚mediale Ambient' selbst gegenüber der Praxis der Meditation ‚achtsam' ist, sofern es die Schwelle zwischen relevanten und nicht-relevanten Informationen ökonomisch und ökologisch regulieren muss. Mit anderen Worten: Die Agency wird von den Geräten ausgehend gedacht. *Ambient Monitoring* ist keine Beobachtung der Umwelt durch Menschen mittels Medien, sondern eine aus der Umwelt auf die Praktiken gerichtete Beobachtung, die durch vernetzte technische Systeme vollzogen wird. Klingt ‚Achtsamkeit' nach Entspannung und Gelassenheit, so ist die technische Variante von Achtsamkeit als externalisierter Operation einer wesentlich kühleren informationstheoretischen Lesart des Achtsamkeitsbegriffs verpflichtet. *Ambient Monitoring* in diesem Sinn ist eine Form überwachender Vigilanz, die einer technischen Rationalität folgt. Diese Vigilanz ist mit dem vergleichbar, was in der Militär- und Verkehrspsychologie als eine durch Medien gesteigerte ‚situational awareness' beschrieben wird (vgl. Ernst 2017). Bei diesem Situationsbewusstsein soll ein Zustand erreicht werden, in dem die in einer Situation potenziell lauernden Gefahren in die Handlungskalküle eingerechnet sind. Dank einer solchen Gegenprobe wird auch die auf Optimierung und Effizienz ausgerichtete Grundierung des Achtsamkeitsdiskurses deutlich. Wo Achtsamkeit sich mit Resilienz verschränkt, wird klar, dass es um eine vorbereitende Antizipation von in einer Interaktion mit einer Umgebung impliziten möglichen Risiken (bzw.: Gefahren) geht, etwa in Form von krankmachendem Stress.

Was bleibt angesichts dieser Kritik des impliziten Optimierungsdiskurses aber dann noch als radikale Lesart des *Ambient Monitoring*? Die Antwort liegt in einer im essayistischen Übergangsraum zwischen Theorie und Theoriefiktion angesiedelten Hypothese, die an Science-Fiction-Filme wie *Transcendence* (US 2014) erinnert. Was ist, wenn die technischen Mediensysteme selbst Kognitionen entwickeln, die ein artifizielles ‚Bewusstsein' informieren, das ‚mehr' ist als nur eine Metapher, in der technische Rationalität als Chiffre für Prozesse auf übergeordneten sozialstrukturellen Ebenen einsteht?

---

[29]Von hier aus ergeben sich Bezüge zum „Normalismus", der in der Visualität von statistischen Charts und Graphen angelegt ist. Vgl. dazu allgemein Link (2013).

[30]Vgl. Foucault (1976, S. 262–266), vgl. zu Foucaults Diagrammbegriff Gehring (1992, S. 92–97).

Die Medienästhetik hat in diese Richtung gedacht (vgl. Parisi und Hörl 2013). Wie sinnvoll es ist, eine Ästhetik ohne Aisthesis zu denken, sei dahingestellt. Im vorliegenden Fall allemal nützlich ist aber Mark Hansens Feststellung, dass dies mit einer Erweiterung der Bezugsmatrix für bedeutungskonstitutive Prozesse einhergeht (Hansen 2011, S. 400 f.). Nimmt man Theorien des verteilten Wissens ernst, dann ist diese Matrix nicht mehr durch den Körper und das an den Körper gebundene Körperwissen definiert. Zu denken ist vielmehr ein neuer Begriff von Kognition, der Kognition als einen in Mediennetzen verteilten Zustand versteht. In diesem Szenario wird ‚Ambient' als räumlicher Begriff, der eine Relation zu einer Umgebung in einer Umwelt beschreibt, aufgelöst. Die Rückbindung an die menschliche Wahrnehmung entfällt. Ambient wird zu einem radikal informationsästhetischen Begriff: Ambient ist ein ubiquitärer Operationszustand von verteilten Kognitionen, die – im Sinne einer *automatisierten situational awareness* – zu jedem gegebenen Zeitpunkt im Hintergrund Informationen auf ihre Relevanz für die Handlungsoperationen weiterer Instanzen innerhalb des Netzwerkes abwägen. Diese Relevanz aber ist die Relevanz einer automatisiert ausgelesenen statistischen Wahrscheinlichkeit. Sie definiert nicht nur die Handlungsoptionen für ‚den Menschen', sondern bildet auch für die technologischen Akteure ein Relevanz organisierendes Muster.

Im Lichte eines solchen Ambient-Begriffs dürfte man damit aber den Spielraum der Kritik ausgeschöpft haben, also jenseits dessen angekommen sein, was die selbstoptimierenden Achtsamkeits-Diskurse – bei aller Affinität zu Spiritualität – verkraften können.

Literatur

Apple. 2017. Apple health. http://www.apple.com/de/ios/health. Zugegriffen: 7. Febr. 2017.

Assmann, Jan. 2017. *Totale Religion. Ursprünge und Formen puritanischer Verständigung.* Wien: Picus.

Beck, Ulrich. 1986. *Risikogesellschaft. Auf dem Weg in eine andere Moderne.* Frankfurt a. M.: Suhrkamp.

Bertram, Georg W. 1999. Wem gilt die Kritik der Dekonstruktion? *Allgemeine Zeitschrift für Philosophie* 24 (3): 221–241.

Bolter, Jay D., und Richard Grusin. 2000. *Remediation. Understanding new media.* Cambridge: MIT Press.

Bräuchler, Birgit, und John Postill, Hrsg. 2010. *Theorising media and practice.* New York: Berghahn Books.

Brück, Michael von. 2007. *Einführung in den Buddhismus.* Frankfurt a. M.: Verlag der Weltreligionen.

Buddhify. 2017. Webpräsenz Buddhify. http://buddhify.com. Zugegriffen: 27. März 2017.

Bundesministerium für Wirtschaft und Technologie. 2007. Next generation media. Vernetzte Lebens- und Arbeitswelten. http://www.digitale-technologien.de/DT/Redaktion/DE/Downloads/Publikation/next-generation-media.pdf?__blob=publicationFile&v=3. Zugegriffen: 1. Febr. 2017.

Couldry, Nick. 2012. *Media, society, world. Social theory and digital media practice.* Cambridge: Polity Press.

Derrida, Jacques. 1993. *Zeit Geben I.* München: Wilhelm.

Derrida, Jacques. 2003. *Die Stimme und das Phänomen.* Frankfurt a. M.: Suhrkamp.

dict.cc. 2017a. „ambient". http://www.dict.cc/?s=ambient. Zugegriffen: 1. Febr. 2017.

dict.cc. 2017b. „attention". http://www.dict.cc/?s=attention. Zugegriffen: 1. Febr. 2017.

Ehrenberg, Alain. 2008. *Das erschöpfte Selbst. Depression und Gesellschaft in der Gegenwart.* Frankfurt a. M.: Suhrkamp.

Ernst, Christoph. 2017. Vernetzte Lagebilder und geteiltes Situationsbewusstsein – Medialität, Kooperation und Raumkonstruktion im Paradigma des Network-Centric Warfare. In *Medien, Krieg, Raum*, Hrsg. Lars Nowak. München: Wilhelm, 417–449.

Esposito, Elena. 1999. System/Umwelt. In *GLU: Glossar zu Niklas Luhmanns Theorie sozialer Systeme*, Hrsg. Claudio Baraldi, Corsi Giancarlo, und Elena Esposito, 195–199. Frankfurt a. M.: Suhrkamp.

Fingerhut, Joerg, Rebekka Hufendiek, und Markus Wild, Hrsg. 2013. *Philosophie der Verkörperung. Grundlagentexte zu einer aktuellen Debatte.* Frankfurt a. M.: Suhrkamp.

Foucault, Michel. 1976. *Überwachen und Strafen. Die Geburt des Gefängnisses.* Frankfurt a. M.: Suhrkamp.

Franck, Georg. 1998. *Ökonomie der Aufmerksamkeit. Ein Entwurf.* München: Hanser.

Gehring, Petra. 1992. Paradigma einer Methode. Der Begriff des Diagramms im Strukturdenken von M. Foucault und M. Serres. In *Diagrammatik und Philosophie*, Hrsg. Petra Gehring et al. 89–107. Amsterdam: Rodopi.

Grice, Paul H. 1993. Logik und Konversation. In *Handlung, Kommunikation, Bedeutung*, Hrsg. Georg Meggle, 243–265. Frankfurt a. M.: Suhrkamp.

Hansen, Mark. 2011. Medien des 21. Jahrhunderts, technisches Empfinden und unsere originäre Umweltbedingung. In *Die technologische Bedingung. Beiträge zur Beschreibung der technischen Welt*, Hrsg. Erich Hörl, 365–409. Frankfurt a. M.: Suhrkamp.

Harrasser, Kathrin, und Katrin Solhdju. 2016. Wirksamkeit verpflichtet. Herausforderungen einer Ökologie der Praktiken. *Zeitschrift für Medienwissenschaft* 14 (1): 72–86.

Hörl, Erich. 2011. Die technologische Bedingung. Zur Einführung. In *Die technologische Bedingung. Beiträge zur Beschreibung der technischen Welt*, Hrsg. Erich Hörl, 7–53. Frankfurt a. M.: Suhrkamp.

Hookway, Branden. 2014. *Interface.* Cambridge: MIT Press.

Jäger, Ludwig. 2011. Störung und Eigensinn. Die transkriptiven Verfahren der Medien. In *Morphomata. Kulturelle Figurationen: Genese, Dynamik und Medialität*, Hrsg. Günter Blamberger und Dietrich Boschung, 134–146. München: Wilhelm.

Kahnemann, Daniel. 2011. *Schnelles Denken, langsames Denken.* München: Penguin.

Kalbheim, Eva. 2016. *Resilienz für Dummies.* Weinheim: Wiley-VCH.

Kitchin, Rob. 2014. *The data revolution. Big data, open data, data infrastructures & their consequences.* Los Angeles: SAGE.

Krämer, Sybille, und Horst Bredekamp. 2003. Kultur, Technik, Kulturtechnik. Wider die Diskursivierung der Kultur. In *Bild, Schrift, Zahl*, Hrsg. Sybille Krämer und Horst Bredekamp, 11–22. München: Wilhelm.

Link, Jürgen. 2013. *Normale Krisen? Normalismus und die Krise der Gegenwart (mit einem Blick auf Thilo Sarrazin)*. Konstanz: University Press.

Lischeid, Thomas. 2012. *Diagrammatik und Mediensymbolik. Multimodale Darstellungsformen am Beispiel der Infografik*. Duisburg: Univ.-Verl. Rhein-Ruhr.

Löffler, Petra, und Florian Sprenger. 2016. Medienökologien. Einleitung in den Schwerpunkt. *Zeitschrift für Medienwissenschaft* 14 (1): 10–18.

Luhmann, Niklas. 2004. Wie ist Bewußtsein an Kommunikation beteiligt? In *Aufsätze und Reden*, 111–136, Hrsg. Oliver von Jahraus. Stuttgart: Reclam.

Mämecke, Thorben, Jan-Hendrik Passoth, und Josef Wehner, Hrsg. 2017. *Bedeutende Daten: Modelle, Verfahren und Praxis der Vermessung und Verdatung im Netz*. Wiesbaden: Springer VS (im Erscheinen).

Maye, Harun. 2014. Medien und Kulturtechniken. In *Handbuch Medienwissenschaft*, Hrsg. Jens Schröter, 207–213. Stuttgart: Metzler.

Metzinger, Thomas. 2005. Der Begriff einer ‚Bewusstseinskultur‘. e-Journal Philosophie der Psychologie 4. http://www.jp.philo.at/texte/MetzingerT1.pdf. Zugegriffen: 7. März 2017.

Nehring, Andreas, und Christoph Ernst. 2013. Populäre Achtsamkeit. Kulturelle Aspekte einer Meditationspraxis zwischen Präsenz und implizitem Wissen. In *Präsenz und implizites Wissen. Zur Interdependenz zweier Schlüsselbegriffe der Kultur- und Sozialwissenschaften*, Hrsg. Christoph Ernst und Heike Paul, 373–401. Bielefeld: transcript.

Parisi, Luciana, und Erich Hörl. 2013. Was heißt Medienästhetik? Ein Gespräch über algorithmische Ästhetik, automatisches Denken und die postkybernetische Logik der Komputation. *Zeitschrift für Medienwissenschaft* 8 (1): 35–51.

Petersen, Melanie. 2016. Meditation: Diese Apps sollen Ihren Geist aufräumen. SPIEGEL Online. http://www.spiegel.de/netzwelt/apps/meditations-apps-im-kurz-test-a-1072173. html Zugegriffen: 7. März 2017.

Postill, John. 2010. Introduction: Theorising media and practice. In *Theorising media and practice*, Hrsg. Birgit Bräuchler und John Postill, 1–32. New York: Berghahn Books.

Reckwitz, Andreas. 2002. Toward a theory of cultural practices. A development in cultural theorizing. *European Journal of Social Theory* 5 (2): 243–263.

Reckwitz, Andreas. 2003. Grundelemente einer Theorie sozialer Praktiken. *Eine sozialtheoretische Perspektive*. Zeitschrift für Soziologie 32 (4): 282–301.

Rothe, Katja. 2016. Medienökologie – Zu einer Ethik des Mediengebrauchs. *Zeitschrift für Medienwissenschaft* 14 (1): 46–57.

Schmid, Birgit. 2015. Die Achtsamkeitswolke. Neue Züricher Zeitung. 31. Juli. https:// www.nzz.ch/die-achtsamkeitswolke-ld.1219. Zugegriffen: 12. Febr. 2017.

Schröter, Jens. 2013. Medienästhetik, Simulation und ‚Neue Medien‘. *Zeitschrift für Medienwissenschaft* 8 (1): 88–100.

Schütz, Alfred, und Thomas Luckmann. 2003. *Strukturen der Lebenswelt*. Konstanz: UVK.

Spartan Race. 2017. Webpräsenz Spartan race. http://www.spartanrace.de/de. Zugegriffen: 7. Febr. 2017.

Sperber, Dan, und Deirdre Wilson. 1986. *Relevance. Communication and cognition*. Oxford: Blackwell.

Stop, Breathe & Think. 2017. Webpräsenz Stop, breathe & think. http://www.stopbreathe-think.org. Zugegriffen: 27. März 2017.

Thielmann, Tristan. 2014. Mobile Medien. In *Handbuch Medienwissenschaft*, Hrsg. Jens Schröter, 350–359. Stuttgart: Metzler.

Walter, Sven. 2014. *Kognition*. Stuttgart: Reclam.

Weber, Jutta. 2015. Technokultur, Posthumanität und neue Lebensform. In *Handbuch Cultural Studies und Medienanalyse*, Hrsg. Andreas Hepp, Friedrich Krotz, Swantje Lingenberg, und Jeffrey Wimmer, 387–395. Wiesbaden: Springer VS.

Williams, Mark, und Danny Penman. 2015. *Das Achtsamkeitstraining. 20 Minuten täglich, die Ihr Leben verändern*. München: Goldmann.

Wikipedia. 2017a. Ambient music. https://en.wikipedia.org/wiki/Ambient_music. Zugegriffen: 1. Febr. 2017.

Wikipedia. 2017b. Ambient intelligence. https://en.wikipedia.org/wiki/Ambient_intelligence. Zugegriffen: 27. März 2017.

Wippman, Ruth. 2016. Actually, let's not be in the moment. New York Times, 26. November. https://www.nytimes.com/2016/11/26/opinion/sunday/actually-lets-not-be-in-the-moment.html. Zugegriffen: 27. März 2017.

7Mind. 2017. 7Mind-Facebookpräsenz. https://www.facebook.com/7Mind-309506115884031. Zugegriffen: 28. März 2017.

The manufacturer's authorised representative in the EU is Springer
Nature Customer Service Centre GmbH, Europaplatz 3, 69115 Heidelberg,
Germany. If you have any concerns regarding our products, please
contact ProductSafety@springernature.com

Printed and bound by CPI Group (UK) Ltd, Croydon, CR0 4YY
23/04/2026
02095588-0003